# 坦克战术：
# 从诺曼底到洛林

# Tank Tactics:
# From Normandy to Lorraine

[加] 罗曼·约翰·亚里莫维奇 著

王法 译

民主与建设出版社

·北京·

图书在版编目（CIP）数据

　　坦克战术：从诺曼底到洛林 ／（加）罗曼·约翰·
亚里莫维奇著；王法译 . -- 北京：民主与建设出版社，
2023.3
　　书名原文：Tank Tactics：From Normandy to
Lorraine
　　ISBN 978-7-5139-4117-4

　　Ⅰ . ①坦… Ⅱ . ①罗… ②王… Ⅲ . ①装甲兵部队—
军事史－美国、加拿大 Ⅳ . ① E712.9 ② E711.9

中国国家版本馆 CIP 数据核字（2023）第 034317 号

TANK TACTICS: FROM NORMANDY TO LORRAINE by ROMAN JOHANN JARYMOWYCZ
Copyright: ©2001 by Lynne Rienner Publishers, Inc.
This edition arranged with Lynne Rienner Publishers, Inc.
Simplified Chinese edition copyright:
2023 ChongQing Zven Culture communication Co., Ltd
All rights reserved.

著作权合同登记图字：01-2023-0284

坦克战术：从诺曼底到洛林
**TANKE ZHANSHU CONG NUOMANDI DAO LUOLIN**

| | | |
|---|---|---|
| 著　　者 | [ 加 ] 罗曼·约翰·亚里莫维奇 | |
| 译　　者 | 王　法 | |
| 责任编辑 | 董　卉　唐　睿 | |
| 封面设计 | 王　星 | |
| 出版发行 | 民主与建设出版社有限责任公司 | |
| 电　　话 | （010）59417747　59419778 | |
| 社　　址 | 北京市海淀区西三环中路 10 号望海楼 E 座 7 层 | |
| 邮　　编 | 100142 | |
| 印　　刷 | 重庆市国丰印务有限责任公司 | |
| 版　　次 | 2023 年 3 月第 1 版 | |
| 印　　次 | 2023 年 3 月第 1 次印刷 | |
| 开　　本 | 787 毫米 ×1092 毫米　1/16 | |
| 印　　张 | 23 | |
| 字　　数 | 334 千字 | |
| 书　　号 | ISBN 978-7-5139-4117-4 | |
| 定　　价 | 129.80 元 | |

注：如有印、装质量问题，请与出版社联系。

# CONTENTS

# 目　录

# 前言

罗曼·约翰·冯·休格尔·亚里莫维奇，生于奥地利，追随着同为奥地利人的路德维希·里特尔·埃曼斯伯格上将的脚步，撰写关于坦克战的文章。在坦克战理论的领域，埃曼斯伯格是重要的先驱者，世人却早已遗忘。1934年，他的著作《坦克战》（*Der Kampfwagenkrieg*），就在德国赢得了广泛而专业的读者，同时对德军装甲兵与作战理论的奠基人——海因茨·古德里安大将影响很深。1936—1937年，基于埃曼斯伯格的《坦克战》，古德里安创作了更具影响力的著作《注意！坦克！》（*Achtung! Panzer!*）。

罗曼·亚里莫维奇曾担任加拿大皇家轻骑兵团（The Royal Canadian Hussars）① 团长，在加拿大陆军主力预备役皇家装甲兵服役35年。在此期间，他得天独厚地积累了大量关于坦克与装甲战斗车辆的实践知识。他毕生研习军事，尤其是装甲作战领域，不仅掌握了法语与德语，还能通读俄语。他的老师是加拿大最杰出军事史专家之一的德斯蒙德·莫顿先生。在莫顿先生的指导下，亚里莫维奇完成了自己的论文，并从享誉盛名的加拿大蒙特利尔（Montreal）麦吉尔大学获得了历史学博士学位。最近，他荣获了加拿大功勋勋章（Order of Military Merit）。由他来撰写关于在战术与战役级别对坦克进行对比的书籍，可谓实至名归。坊间流传着所谓"1940年时法军坦克性能优于德军坦克"的观点，他却更多地提醒我们无线电机与协同作战的重要性——在法军坦克的单人炮塔中，车长同时要担任炮手，与之相比，德军坦克的3人炮塔具有明显优势。

迄今为止本书或许是对二战欧洲战场上的美国、英国、法国、德国与苏联装甲兵，从发展、组织、装备、训练、作战理论与实践的角度，进行了最全面综合与对比的著作。作者也有足够的理由将加拿大与波兰装甲兵② 包含其中——

---

① 指隶属于加拿大陆军主预备役皇家装甲兵（Primary Reserve Royal Canadian Armoured Corps）的装甲侦察团。本书所有脚注均为译者注。

② 此处是指1944—1945年在西北欧战区作战的自由波兰装甲兵，隶属于英军第21集团军群。不包括1939年波兰战役中的波军装甲兵，以及1945年由苏联武装的波兰人民军装甲兵。

前者为盟军的装甲作战提供了第二个北美洲国家的视角，后者则为盟军的装甲作战提供了实践操作的研究样本。这种关注更加印证了西线的战争很大程度上是联合作战的观点。在诺曼底战役中，盟国海军总兵力的 80% 是英国与加拿大海军，其承担了大西洋战场的主要任务，才使美国海军能集中兵力在太平洋战场打击日军。在诺曼底战役中，加军占盟国陆军总兵力的 20%。正是他们在西北欧战场前赴后继地奋战，才使蒙哥马利元帅有了高调行事的资本。1944 年 9 月中旬时，西线战场上约半数的盟国陆军师，都来自美国之外的其他盟国。1945 年 5 月时，西线战场上的美军已经投入了 60 个师，其他盟国投入了 30 个师，与美军在太平洋战场上投入的师数量相同。正是其他盟国的存在，才使美军能支撑起如此广阔的战线。

诚如亚里莫维奇对美军、英军、加军、德军与苏军进行的大量研究所揭示的那样，诺曼底战役中盟军的陆战行动之间的确存在重要的关联。例如"眼镜蛇"行动，其并非如诸多历史学家所认为的那样，是单独进行的。蒙哥马利曾试图同时发起"古德伍德"行动行动。正如亚里莫维奇明确指出的那样，德军第 130 装甲教导师[①] 师长弗里茨·拜尔莱因中将观察到，通过"7 月上旬围绕卡昂进行的多次猛烈进攻，盟军司令部成功地吸引了德军最高统帅部的注意，使其对美军可能从圣洛实施的突破完全没做准备。"亚里莫维奇将诺曼底战役中的各次坦克战进行整合，聚焦于战役机动中不同寻常的细节之处，为军事史的研究贡献良多。他对乔治·巴顿将军挺进洛林的态度，以及他对如果苏军在西线将如何展开作战的思考，尤其具有启发性。当然，并非每个人都会同意亚里莫维奇的观点，就像加拿大的战时总理麦肯齐·金，他看到的美军都是最棒的，英军都是最糟的。实际上，蒙哥马利与加拿大的盖伊·西蒙兹中将，比他笔下描绘的要优秀得多。亚里莫维奇强调，苏军将炮兵攻势作为诸兵种联合作战的组成部分，而非装甲兵作战的方法途径，也暗示了他的观点。无论如何，作者对"从诺曼底到洛林"坦克战术的宏大叙事，为读者提供了公正的批判性分析与深入的探讨，绝大部分内容颇具说服力且发人深省。无论人们对二战中盟军

---

① 亦称"勒尔"装甲师（Panzer Lehr Division），"Lehr"为德语"教学"之意。

在西线的表现有怎样的争论，这位公认的坦克专家打造的学术著作，都提供了新颖且有价值的视角。其独创性与调查研究程度之深，一如挥舞着马刀的骑兵施展出的惊人绝技，值得读者研读。

约翰·英格利希

# 作者序

我要鸣谢许多人对我的支持鼓励与明智的建议。在美国与加拿大，我走过了十几个学习中心。对身为加拿大人的我来说，这次创作经历无异于孤独的苦旅。我认为，如果不是幸运地结识了美国宾夕法尼亚州（Pennsylvania）卡莱尔兵营阿普顿厅美国陆军军史研究所的首席档案官戴维·基奥（David Keough），我甚至无法开启这项研究。他耐心地引导我探索处于鼎盛时代的美国陆军。阿普顿厅的图书管理员 D. 斯洛内克（D. Slonaker），带我进入了尘封的资料库，提供了装甲兵的研究资料，为我的理论填充了内容。巴顿博物馆[①] 图书馆馆长约翰·珀迪（John Purdy）和蔼可亲。当我作别诺克斯堡[②] 时，他对我的帮助，使我已经从美军装甲兵资料的原稿中收集到了足够的数据与观点，以对其做出评判。雷金纳德·罗伊慷慨地分享了马歇尔·斯特恩斯的文件，使我对西蒙兹中将与其同僚有了初步的认知。军方的同事们也为我提供了支持，创造了条件。弗兰特纳克堡加拿大陆军指挥与参谋学院[③] 的前指挥官们——克莱夫·米尔纳（Clive Milner）准将与鲍勃·奥尔登（Bob Alden）准将，给了我参与前往法国与德国进行田野调查的机会。约翰·麦克唐纳（John MacDonald）中校慷慨地分享了他关于加拿大高级将领的笔记与手稿。戴维·格兰茨上校为我理解苏联陆军进行了鼓励并指明了方向。尽管我看似对炮兵有所保留，但我仍然要感谢两位炮兵军官——彼得·克雷默（Peter Kraemer）中校与戴维·帕特森（David Patterson）中校，允许我进入他们管理的图书馆搜集军事档案。当我重新研究军事史，并如饥似渴地想要书写往昔的战斗时，布莱恩·麦克纳给了我最初的契机。

---

① 巴顿博物馆（Patton Museum）。实际上，美国有两座博物馆都简称为"巴顿博物馆"。在肯塔基州（Kentucky）的诺克斯堡（Fort Knox），有乔治·巴顿将军博物馆（General George Patton Museum of Leadership），始建于 1948 年，最初名为巴顿骑兵与装甲兵博物馆（Patton Museum of Cavalry and Armour）。在加利福尼亚州（California）的齐里亚科萨米特（Chiriaco Summit），有乔治·巴顿将军纪念馆（General George S. Patton Memorial Museum）。作者前往的"巴顿博物馆"为前者。

② 美国肯塔基州的军事基地。这里曾是美国陆军装甲兵中心（U.S. Army Armor Center）、美国陆军装甲兵学校（U.S. Army Armor School）所在地。

③ 其前身为加拿大陆军参谋学院（Canadian Army Staff College），1948 年迁移到了弗兰特纳克堡，曾用名"加拿大陆军指挥与参谋学院"（Canadian Land Force Command and Staff College）。

在研究初期，我幸运地得到了罗伯特·沃格尔的学术指导，德斯蒙德·莫顿既赋予我对研究的热情，也对我的研究进行了严格督促。当我在加拿大军事史系进行研究时，得到了史蒂文·哈里斯（Steven Harris）的热情帮助，而加拿大人民军事史的权威专家特里·科普鼓励了我，对我提了建议，给了我在重要的读者面前展示观点的机会。当我最需要信任与支持时，约翰·英格利希挺身而出。在军事史研究中，他复原历史的方法令人叹为观止，这鼓励了我尝试这项研究。即使在我们观点相左时，他无与伦比的能力依然鼓舞着我。最后，我要感谢我的妻子桑德拉，她无比的耐心与善良的天性，使我能完成这项研究。我必须珍视那些疲惫而快乐的日子。她在计算机前孜孜不倦地尝试让我的语言风格变得更为通达，而她忠实的虎皮鹦鹉"马克西"站在她的肩膀上心满意足地陪她聊天。

罗曼·约翰·亚里莫维奇

# 引言

本书的编写有两个目的：作为战场机动作战与创新的本质意义所在，解释骑兵的地位与源流，包括装甲兵的发展；解释北美洲国家——美国与加拿大装甲兵作战理论的发展。这两个国家的社会起源有着非常明显的相似性，也都曾惯于裁军，但其陆军发展却各不相同——普遍认为，加军绝大部分的传统、风格与战术观念，都源自英军。

美国独立革命战争使大量"美洲的帝国拥护者"（American Empire Loyalists）[①]从 13 个独立的英国殖民地，撤到了加拿大，成了大量加军单位的"南方祖先"：例如，女王直属约克游骑兵团[②]亦称为"皇家美军"（Royal Americans）。1812 年的"第二次独立战争"与 1866 年美国对"芬尼亚"兄弟会（Fenian Brotherhood）[③]进犯加拿大的支持，使加拿大在政治上更为"亲英国、远美国"。从布尔战争（Boer War）[④]到 1917 年加军攻占维米岭[⑤]，加拿大的军备逐渐成熟。实际上，从英国内战以来就形成了自身军事传统的英国陆军，却忽视了加拿大陆军的存在。

第一次世界大战中，就像新近抵达欧洲的加拿大远征军一样，美国远征军遭遇的也不过是欧洲国家的预备役军，因而获得了恃强凌弱的优势。与加军相似，美军也左右摇摆于英军与法军的影响之间。其源流使之易于接受法军的作战理论与装备。从源流的角度看，英军与法军都对加军产生了重大影响，但加军没有像美军那样自由选择的余地，其受英军的影响远大于法军。

一战结束后，这两个北美洲国家都遣散了陆军主力，随后闭门造车地独立研究各自的陆军作战理论。美军作战理论明显要比加军作战理论更接近欧洲大陆国

---

[①] 更常用的称谓为"联合帝国拥护者"（United Empire Loyalist），是在美国独立战争中，反对英国在北美洲的 13 个殖民地独立并拥护英国殖民统治的殖民者。他们撤到了加拿大，人数多达 40 万。

[②] 加军皇家装甲兵女王直属约克游骑兵团（The Queen's York Rangers），亦称"第 1 美洲团"（1st American Regiment），现属于加拿大陆军主力预备役皇家装甲兵。

[③] "芬尼亚"是传说中的古代爱尔兰勇士。"芬尼亚"兄弟会是在美国组建的爱尔兰共和派组织。1866—1871 年，"芬尼亚"兄弟会以美国为基地，袭扰加拿大的英军要塞、海关检查站等目标，以向英国政府施压，迫使其从爱尔兰撤军。

[④] 通常指 1899 年 10 月 11 日—1902 年 5 月 31 日的第二次布尔战争，战争双方为英国、包括加拿大在内的英联邦国家与南非的荷兰人后裔建立的德兰士瓦共和国（Transvaal Republic）、奥兰治自由邦（Orange Free State）。

[⑤] 指维米岭战役（Battle of Vimy Ridge），一战时期，加军参加的战役之一。1917 年 4 月 9—12 日，在法国的加来海峡省（Pas-de-Calais），英军 1 个师与加军 4 个师进攻由德军 3 个师据守的维米岭，并取得胜利。

家，或者至少其看起来是如此。实际上，美国军事代表团以谨慎的态度关注着技战术的发展，美国陆军的发展也反映了欧洲大陆国家对骑兵机械化的各种争论。20 世纪 30 年代，美军与加军都受到过经济方面的钳制。然而，在受到国内普遍反对的情况下，美军骑兵的先辈仍然设法组建了试验性的坦克兵部队。同时，这两种文化日益受到相同的地理现实情况与现代通信——尤其是电影与无线广播的影响，而变得越来越紧密。加军遵从了英军的团级系统制度与军事传统，但在精神气质方面，加军官兵更接近他们的"美国邻居"，而非英军。当战争爆发，数十万加拿大平民应征入伍时，这种倾向更加明显。然而，人们却往往忽略了美军与加军之间这种天然的相似性。

研究欧洲的战役时，通常会以英军或德军装甲兵作为研究的标杆。人们普遍认为，参加战役的加军，都是按照英军的意图展开行动——或者说是"按照蒙哥马利的意图"展开行动。实际上也确实是如此。不过，当时的美军也是在蒙哥马利的指挥下展开行动。在诺曼底，蒙哥马利是作战行动的总指挥[①]，并迫使谨慎的布拉德利与克里勒依照他设计的"宏大愿景"行事。

我从诺曼底战区筛选出具体的"战术竞赛"，包括蒙哥马利试图从滩头阵地发起突破的 4 次战略攻势："古德伍德"行动"眼镜蛇—春天"行动"总计"行动与"驯服"行动。其中，"古德伍德"行动是英军与加军的联合行动，其他 3 次行动都是美军与加军的联合行动。这些行动具有重要意义，其最终演变成了北美洲国家装甲兵作战能力的首次亦是最大规模的展示——诺曼底战役中的坎尼战役——法莱斯围歼战其光芒甚至掩盖了随后盟军的两次装甲作战行动：美军装甲兵在洛林的作战，巴顿对德军阿登攻势的反击。

诺曼底战役为北美洲国家的坦克兵指挥官提供了展示装甲战斗车辆作为战役与战略决定性武器有效性的唯一机会。此外，这也是相对较弱的盟军装甲兵与在技术上具备较大优势的德军装甲兵的对抗。我的研究将主要集中于 5 个重要例证：1944 年 7 月，"古德伍德"行动与"大西洋"行动（Operation Atlantic）；1944 年 7 月，"眼镜蛇"行动与"春天"行动；1944 年 8 月，"总计"行动、"驯服"

---

① 原文此处用词为 "Mikado"（日本天皇），以表示蒙哥马利对诺曼底战役的绝对指挥权。

△ 1 辆装有 17 磅炮的"谢尔曼 - 萤火虫"——诺曼底战役中盟军最优秀的坦克。[贝尔（Bell），加拿大国家档案馆（NAC，National Archives of Canada），威尔弗雷德·劳里埃大学（Wilfred Laurier University），劳里埃军事战略与裁军研究中心（Laurier Centre for Military Strategic and Diasarmament Studies）]

行动与"眼镜蛇"行动的追歼行动；1944 年 9 月，在洛林的阿拉库尔（Arracourt）地区爆发的战斗。我认为，这些作战行动既展示了盟军作战理论当时的状况，也体现了美军与加军在文化与技术领域的异同。

我选择的这些军事行动，往往已有定论。有些人可能会认为仍存争议，但已有不少颇具威望的历史学家以严肃认真的态度对其进行过研究——尽管他们是各自独立进行的研究。然而，对德军档案的调查，以及与经历过这些军事行动的老兵重返战场进行的考据，却使我们得出了些许有趣的观点，我故而修正了部分以往人们普遍接受的定论。

罗伯特·格罗将军是位卓越、不得志，且几乎遭到埋没的机动作战倡导者。我引用他的话，作为本书的主题：从骑兵的角度对战役机动的演进进行回顾，并试图证明，骑兵并未遭到淘汰，而是通过同样具有机动性与冲击力的坦克得到了复兴。坦克结合了骑兵与炮兵，并增强了火力——坦克炮成了骑枪的继承者。

　　我的调研最终演变成了对将领领导能力的质疑，尤其是对蒙哥马利进行了极为严厉的质疑。同时，我对苏联/俄罗斯武器装备传承下来的军事"遗产"怀有极大的热情。我坚信，美军"空地一体战2000"概念源自苏联的图哈切夫斯基元帅。最后，这很可能是对装甲化骑兵（Armored-cavalry）的告别礼。随着西方国家陆军轮式车辆的激增，以及"骑士们"对装甲机器人命中注定会统治战场的恐惧，使这些现代的"博·萨博"（Beau Sabreur）<sup>①</sup>更愿意忆往昔峥嵘岁月。这本书也是对我战友们的致敬。

---

　　① 即1928年美国浪漫主义冒险题材的无声电影《博·萨博》。改编自1926年英国作家珀西瓦尔·克里斯托弗·雷恩（Percival Christopher Wren，1875年11月1日—1941年11月22日）的同名小说。在英语中，"Sabreur"指"佩马刀者"，通常用以指代骑兵，亦指击剑体育运动中的男性佩剑运动员，其词源为法语。在原文正文与注解中，作者亦使用了与之相关的词汇"马刀"，并混用了英式英语中的"Sabre"与美式英语中的"Saber"两种写法。此处的"马刀"指近代欧美国家骑兵使用的骑兵刀剑，其特点为单刃且刀身略微弯曲，起源于东欧与中欧的骠骑兵使用的刀剑。

# 第1章
# 1918—1930年，骑兵与机械化

---

*战场无骑兵，战斗无结果。——拿破仑 [1]*

---

装甲兵的历史就是骑兵的历史。在经过了骑兵与作为对手的步兵、炮兵的激烈争论，甚至是经过了骑兵内部的不幸争论之后，骑兵的机械化才得以实现。对此最为狂热的是英军军官。[2] 作为英军皇家坦克兵（RTC，Royal Tank Corps）的领路人，他们预言了完全基于坦克的新式战争形态，他们认为坦克不仅会引发战争的革命，还会淘汰所有用于机动进攻作战的武器与兵种。

普遍观点会将骑兵对机械化的拒绝斥为鼠目寸光与思维狭隘。这既不公平，也不准确。骑兵的性状看似单纯质朴，却掩盖了这个兵种的复杂、精致与深奥："与其他兵种相比，骑兵需要更聪慧，并接受更好的训练。在执行警戒哨、巡逻与侦察任务时，骑兵只能自力更生。在同样的情况下，步兵与炮兵就不需要达到此种程度。"[3] 机械化的前景无非是将"骑马作战"扫进历史的垃圾堆。"机动作战倡导者"与骑兵之间的争论，只是对作战理论释义方面的争论。纵观历史，技术进步始终推动着骑兵作战理论的发展。马镫的发明使"重"骑兵得以产生：披甲的士兵可以端坐于马背上，向目标施加冲击力。长枪与长弓的出现似乎宣判了骑兵的死亡。然而，每次战争，骑兵都通过与其他兵种的紧密协同而生存下来，但其能够生存下来的首要原因，还是因为骑兵是唯一具备机动作战能力的兵种。即使在滑膛枪与加农炮出现之后，由于重骑兵 [4] 是唯一能够以"披甲冲击"撕破战列线，并能作为整体追击敌军败兵的兵种，骑兵仍然在欧洲的战争中占据主导地位。在拿破仑战争中，出现了各种军事革新，包括机动炮兵集群、军级作战阵型、步枪旅（Rifle Brigade）、战术火箭[①]，但胸甲骑兵（Cuirassier）与线列骑兵（Line Cavalry）仍然继续影响着战役与战略行动。[5] 只要敌军重骑兵存在，其他野战兵种就没有主动权。

骑兵如此与众不同，以至于在行政管理上，其与陆军的其他兵种相分离，作战序列单独编成，用于对敌军进行最后一击。在战场上，出现一个重骑兵师，就能迫使敌军部署复杂的防御措施。骑兵能够迫使敌军原地固守，变成不敢进行机动的"死兵"，迫使敌军指挥官调动骑兵预备队或命令步兵结成方阵。这些结阵的兵力，通常能够抵御某些缺乏支援的进攻，例如金字塔战役中马穆鲁克骑兵的攻击、滑铁卢战役中的内伊元帅的冲锋，或者 1870 年色当战役中绝望的法军向普军发起的决死进攻。[6] 不合时宜的进攻就这样葬送了骑兵这支昂贵的兵种：从极具威慑力的虎狼之师迅速沦为手无缚鸡之力的乌合之众，在对抗步兵方阵时一筹莫展。马匹根本不会去撞击、跨越或踩踏严阵以待的"刺刀墙"："马会抗拒任何试图驾驭它们撞向那道密集刺刀阵线的命令。"[7] 因此如何突破敌军阵线这个核心问题，依然没能得到解决。拿破仑的大炮兵主义，以炮兵对敌军阵线进行集火射击，是解决方法之一。这需要在主力向敌军阵线发起突击之前，迅速集结所有现有的火炮，将敌军阵线炸成碎片。[8] 然而，一旦炮击停止，或敌军撤退到了炮兵的射击死角，例如反斜面阵地，那么就需要在敌军恢复防线之前，发起兵贵神速的进攻，迅速接敌。如果敌军集结或组成方阵，骑兵师的骑炮兵就会发现梦寐以求的理想目标：固定不动且拥挤在一起的步兵集群。骑炮兵的一阵齐射足以打垮敌军步兵方阵，等待多时的骑兵将挥舞着马刀痛击骑炮兵火力下幸存的倒霉蛋。东正教国家的骑兵往往在诸兵种联合作战的进攻中扮演最后一击的角色。任何步兵阵线都无法抵御这种骑兵冲锋的威力。

> 任何此刻活生生的人，余生都无法忘记那排山倒海般的冲锋。你望
> 向远方，那看上去像条修长的屏障在移动，势不可当、一往无前，如海
> 上映射着阳光的狂风巨浪一样闪耀光芒。随着战马的骑手越来越近，大

---

① 此处是指康格里夫火箭（Congreve Rocket），一种英国人自印度缴获后自行改进的黑火药铁壳火箭，在野战中可用于打破敌军步兵阵型，并对敌军造成威吓。

地也随着它们雷霆般的狂奔而颤抖。人们可能会认为，没什么能够抵挡这种狂飙突进的冲击。[9]

　　骑兵的进攻需要指挥有序的机动与精确的火力支援。骑兵进攻的初步目标，是通过声东击西的欺敌机动，在敌军尚未能组成方阵之前，以部分骑兵向其发起进攻，而且这次欺敌的进攻还要靠得足够近。这次进攻必须在精心的控制与策划之下进行。骑兵接敌的距离也要分成三段：最初阶段，以慢步接近；第二阶段，以快步或跑步接近。这样做的目的是产生足够的动量，以在卷入激烈的白刃战前，能够积蓄足够的冲击力。在战马飞驰时，对骑兵进行控制是很难的。大部分经验丰富的骑兵指挥官，更注重骑兵冲锋的规模，而非速度，冲锋时只以快步接近，在距离敌军最后几十米时才开始狂飙："在骑兵群中，任何骑兵都无法让他骑乘的战马改变方向，哪怕他希望如此……缪拉以快步发起进攻，以保持密集阵型。"[10] 幸存的骑兵疯狂地扑向防御方的官兵。实际上，一场骑兵冲锋足以打垮 1 个步兵军，一如滑铁卢战役中阿克斯布里奇向埃尔隆指挥的法军发起的冲锋，或摧毁敌军全部兵力，一如马尔伯勒在拉米伊或缪拉在埃劳的骑兵冲锋——完全有理由相信，那是最大规模的骑兵作战。[11] 如果距离敌军 1000 米，骑兵以快步冲向目标，需要 3 分 30 秒才能与敌军接触。这给了防御状态的炮兵至少 5 次齐射的战机：齐射 3 次实心弹、榴霰弹或葡萄弹，再于极近距离齐射 2 次霰弹。如果炮手能准确估算射程，首轮齐射就能破坏骑兵阵型，最后两轮齐射则能够在骑兵线列上撕开巨大的缺口，可能会使骑兵冲锋归于无效。处于防御状态的步兵能够射击 2 次：第 1 次射击最大射程上的目标，距离 90 米；大多数情况下，步兵射击 1 次后，其线列就被骑兵冲垮了，如果没有遭到突破，那么还有机会在极近距离上射击 1 次。骑兵在小号声音的控制下行动，人与马都会变得兴奋。[12] 只有最为训练有素的骑兵团，才能在进行一次冲锋之后进行重组："所有兵种中，最难控制的是骑兵。"诚如雅基诺·德·普雷勒（Jacquinot de Presle）① 的记述：骑兵需要强有力的领导才能，而这种天生的第六感只能在经验丰富的军官身上找到。缪拉、

---

　　① 19 世纪法军炮兵参谋官，曾为索米尔（Saumur）的法国皇家骑兵学校编写过教材《军事历史与艺术》（Cours d'art et d'histoire militaires，1829 年版）。

曾说过"30 岁还没有阵亡的骠骑兵都是流氓"的拉萨尔、曾说过"停下，先生！你竟然敢骑马越过你的指挥官"的卡迪根，他们都有些疯狂，但他们都知道如何领导骑兵——这是一项胆小鬼从事不了的职业。[13] 骑兵无畏，则更为善战，其他兵种少有如此热血。

　　骑兵集群的作战限制是由物理障碍构成的：地形或严阵以待的防御。骑兵会绕过城镇，他们不会进入密林地带，也不会进攻棱堡、筑垒防御工事，甚至简易野战防御工事："在战场上，骑兵是难以掌控的兵种；其极易因分散而失控。只能部署于地形有利之处。"[14] 研习战役法（Operational art）① 的人很快就会意识到，骑兵集群的行动与现代的装甲集群非常相似。巴拉克拉瓦战役就是例证之一。这场战役以两次冲锋而闻名。首先，斯卡利特将军指挥的重骑兵旅，在开阔地上冲杀，击溃了在兵力上更具优势的俄军骑兵，取得了惊人的胜利。其次，卡迪根伯爵的骑兵冒着从正面与侧面射来的炮火，冲向俄军简易野战防御工事。令人吃惊的是，英军轻骑兵旅冲进了俄军炮兵阵地，用马刀砍杀了大部分炮兵，但代价是葬送了整个轻骑兵旅。1917 年，在巴勒斯坦的会战② 中，艾伦比麾下的澳军第4 轻骑兵旅取得胜利并占贝尔谢巴（Beersheba）的冲锋也与之相似。[15]

　　在拿破仑战争中，诸兵种混成战斗群得到了完善。骑兵旅经常像步兵那样作战，会执行前哨任务，骑炮兵则作为主要机动兵力进行部署。[16] 轻骑兵要接受严格的潜伏跟踪训练，其作战方式与法军散兵（Voltigeur）或德军猎兵（Jäger）完全一致。对骑兵来说，"徒步作战"也并不鲜见，只不过并非首选作战方式。在美国南北战争[17] 与普法战争中，装备卡宾枪的骑兵下马徒步作战，已经成为绝对必要的作战方式。不过，尽管在战术上已经实践过徒步作战，那些经验最为丰富的骑兵，也从未放弃过他们的古老传统：

　　　　美国北军骑兵的很多战斗都是徒步进行的，然而他们也从未放弃骑
　　着马，挥舞着马刀，向敌军发起冲锋的作战方式。准确地说，他们有能

---

① 指以战略方针为根据，在总结战役指导的实践经验与研究战役的特点、规律的基础上制定的指导战役的方法。

② 指一战时期，1915 年 1 月 28 日—1918 年 10 月 30 日，在埃及与黎凡特（Levant）地区爆发的西奈与巴勒斯坦会战（Sinai and Palestine Campaign）由英国、法国、意大利与沙特阿拉伯，对抗奥斯曼土耳其帝国、德意志第二帝国与奥匈帝国。

力如此作战，也以如此作战为荣。1865 年 3 月 30 日，在蒙特瓦洛，北军数个装备卡宾枪的骑兵团，以骑马冲锋的作战方式，用马刀击溃了部署在野战防御工事里的南军步兵与下马作战骑兵。4 月 1 日，在埃比尼泽教堂，他们再次以同样的作战方式击败了南军。4 月 2 日，他们徒步作战，攻破了位于塞尔马的南军防御工事。[18]

速射火炮与自动武器的应用，迫使骑兵改变了进化方向。马克沁（Maxim）机枪与炮兵的榴霰弹火力，足以在骑兵接近之前就将其打得人仰马翻。甚至步兵也发现，过去的集群冲锋战术成了明日黄花。[19] 骑兵只能被迫复兴传统的龙骑兵（Dragoon）战术。原则上，骑兵接受了这种战术，但在实战中，骑兵仍然认为这不是其主要任务，而予以摒弃。他们认为，在战役机动中，敌军机枪与 75 毫米加农炮火力，不过是"毛毛雨"。骑兵致力于执行其"传统"任务——战略侦察、警戒屏护、追击与纵深作战，人们也就忽视了骑兵中队在对抗自动火力时的战术脆弱性。然而，当摩托化的曙光日益威胁到骑兵的地位时，为了有效地融入现代化战争，骑兵就不得不重新审视其存在的理由了。就像任何重大的宗教改革一样，骑兵也旗帜鲜明地否认了修正主义者的观点，并予以打压。骑兵拒绝承认步枪对象征骑兵精神的马刀具备技术优势。1907 年的美国陆军骑兵条例（U.S. Army Cavalry Regulations）记述："必须承认，作为原则，虽然步枪很有效，但其无法取代战马的速度、冲锋的魅力与马刀锋刃的威慑力所产生的效果。"[20] 骑兵的本质是人马合一的玄妙境界与高贵之感，在战斗中一往无前、所向无敌。骑兵就是两种"武器"的结合：人与其坐骑。在埃劳战役中，马塞兰·马尔博上尉的母马"莉塞特"（Lisette）救了他的性命："她扑向俄军，一口撕掉了敌兵的鼻子、嘴唇、眉毛与整张脸，使他满脸是血，像个面目全非的活死人。"在拿破仑的骠骑兵中，这个故事早已传为美谈。[21] 尽管坊间对马上的骑兵有诸多浪漫的描述，但实际上骑兵步行与骑行的时间几乎相等。对骑兵来说，与其说战马是他的骑乘工具，不如说是他的战友。在其他兵种眼中，骑兵的这种人与马的关系，简直就是怪癖，并纷纷为之侧目。[22] 在常规的行军中，都会要求骑兵有半数时间步行：

在作战中，骑兵的背疼属于"家常便饭"的职业病。对缺乏经验的骑兵来说，首先得到的教训之一就是对战马的照料要比对自己的保养更精细。解决反复背疼的方法，就是让骑兵下马，牵着他伤残的战马步行。[23]

对骑兵来说，首要任务就是照料战马，要饮马，还要检查与管制它们："第一夜，马厩的巡查员人数需要加倍，他们任务艰巨——战马之间会因为'宿怨'乘机相互报复。"[24] 骑兵认为，他们与步兵或炮兵不同，他们打交道的对象是活生生的动物，因此是个复杂的兵种。

与骑兵对抗的兵种始终在动摇骑兵地位的稳定性。无论军人或平民，对骑兵作战唯一的印象就是短兵相接的冲锋。他们往往忽略了，实际上骑兵很少如此作战，而且只有重骑兵才如此作战。骑兵对技术进步的抵触一直持续到了 20 世纪中期。至关重要的是，骑兵拒绝接受降级成为"次要兵种"。因此，欧洲大陆上关于骑兵的争论仍在继续，尤其是聚焦于战术与小规模骑兵的遭遇战。

> 或许是基于骑兵的天然属性，骑兵的训练始终集中于冲击战术与冷兵器的使用。然而，多年以来，人们早已意识到骑兵根本无法有效打击严整的步兵……这意味着火器将不再是骑兵的副武器，相反，步枪将成为骑兵的主武器，刀剑沦为副武器。[25]

争论的答案显而易见，那就是让骑兵徒步作战，成为步兵！[26] 英军官方的态度是由步兵与炮兵将领决定的，与德军的想法不约而同。

> 德国陆军也面临同样的压力，这导致德军骑兵进行了徒步作战训练，并提议装备比"毛瑟"式步枪更先进的步枪……为了增强火力，德军骑兵师为机械化运输的猎兵营配置了 1 个机枪连。法军骑兵没有经过类似的改革，因此他们拒绝执行占领或据守阵地的任务。[27]

在布尔战争中，布尔人装备"毛瑟"步枪与"克虏伯"火炮，其令人震惊的远程火力使英军骑兵陷入窘境，但英军骑兵仍然致力于冲击战术，[28] 英军诸多关于骑兵作战理论的争论，仍然集中于骑枪的效能。实际上，布尔战争之后，英军骑兵唯一接受的技术进步，是装备了 1908 式马刀 ① ——其也是人类历史上最优秀的马刀，这似乎结束了骑兵作战应该进行刺击还是劈砍的争论。

骑兵以夸张的方式炫耀其神秘感，从而彰显自身兵种的独特之处，这引起了陆军其他兵种的不满。然而，无论其他兵种是否欢迎骑兵，陆军都需要有效的骑兵，以在战斗中获取彻底的胜利。尽管越来越无法合理地证明骑兵的马刀对"马克沁"式机枪还具备哪些优势，但是在飞机与机动车辆只是富豪的"玩物"的时代，骑兵仍然是唯一的战区级机动兵力。1815 年、1870 年、1940 年与 1944 年，首先开进巴黎的兵种都是骑兵——无论是真正的骑兵，还是机械化骑兵。

## 骑兵与第一次世界大战：未能达成的歼灭战略

施利芬的目标是达到将领指挥的最高境界——打造完美的现代"坎尼战役"，换言之，打出终极的歼灭战。德国军事思想家汉斯·德尔布吕克，大胆地将目标判定引入军事史，确定了两种类型的战略："歼灭战略"与"消耗战略"。歼灭战略，即彻底摧毁敌军主力；消耗战略，又可分为两个极点：作战与机动。[29] 对这两种不同战略的选择，决定了参战国将发起速战速决的战役，还是将战争打成消耗战。施利芬则尝试了大胆的战略机动——使德意志第二帝国，在两线作战中赢得生存。

1914 年，德军需要大量骑兵，以实施"施利芬"计划。[30] 每个军至少需要 1 个骑兵旅，执行屏护与侦察任务。此外，还需要骑兵预备队，执行掩护友军、扩大突破口与追击任务。"在德国陆军中，骑兵是主要的侦察兵力。他们也进行骑马冲击的训练，然而 1914 年时，他们正逐渐成为骑马机动的步兵。"[31]

德军重骑兵师严阵以待，随时准备粉碎协约国军通过大范围机动展开的反击。1914 年，英国远征军与法军第 5 集团军的 4 个骑兵师首当其冲。[32] 在西线德军发起总攻时，冯·莫尔特克的前锋跨越边境，潜入比利时。一如 1815 年，当布吕歇尔跨越莱茵河时，德军枪骑兵执行的任务。这支极具进攻精神的屏护兵力，掩护了德军数个军进行的机动，使法军阿登猎兵（French Chasseurs Ardennais）无法对其进行袭扰。当德军骑兵遭遇有炮兵与机枪掩护的预设防御阵地时，他们

---

① 英国陆军骑兵装备的最后型号的马刀，骑兵军官使用的型号称为"1912 式马刀"。这种刀只能用于刺击，无法用于劈砍。

的表现也符合预期。

1914 年夏季，西线已经打成了漫长的堑壕战。莫尔特克未能取得战略胜利，第一次世界大战演变成了血腥的消耗战。在消耗战略中，也存在运动战与消耗战，然而铁丝网与机枪终结了战术机动的可能。在总参谋部研究如何突破"现代化防御阵地"时，主战骑兵只能回到后方牧场赋闲。因为步兵完全无法以密集阵型发起进攻，以炮兵的急促射掩护的步兵或骑兵集群的突击，已经宣告彻底失败。就像加军的俏皮话说的那样："我们从'缺口'那个'口'字中间飞奔而过，敌军就能正好瞄准"失的"中'的'字中间的那个小点了。"① 33 当时，1～2 挺机枪便足以压制 1 个旅。因此，在没有突破敌军战壕并压制敌军之前，骑兵都无法进行致命一击的冲锋，甚至在消灭敌军所有机枪之前，骑兵无法进行任何冲锋。问题再次回到如何实现军级与集团军级层面的突破。"发起突击，依然是最难做的决定。" 34

各国陆军都期待新式突破武器。炮兵提出通过进行更长时间炮火准备的方法达成突破，然而在进行了几个星期的炮击后，炮弹将战场炸成了烂泥塘，也没能达成突破。"胜利"都以前进了数百米进行衡量。当炮兵与化学武器都无能为力时，坦克横空出世了。

## 装甲兵横空出世：歼灭战略的展望

> 康布雷战役是步兵首次奉命与坦克近距离协同作战，将统治战场的主角地位，让给了坦克。
>
> ——英军皇家装甲兵，肯尼思·麦克西（Kenneth Macksey）少校

设计履带式装甲战斗车辆，是因为其可以克制阻挡步兵与骑兵前进的两道最大障碍：遍布炮弹弹坑的战场与机枪掩护的铁丝网地带。

坦克初出茅庐，但很快引人注目到了要求以其成立新兵种与制定特有作战理论的地步。早在 1914 年，欧内斯特·斯温顿中校就提出建议，装甲车应该安装拖

---

① 原文中的后半句，原意为"敌军就能正好瞄准'Futile'中的那个小点"，其指的是"Futile"中字母"i"上的小点。"Futile"有"无效、无用、失败"之意，译者此处将其译为"失的"，"的"取"箭靶中心"之意。

拉机的履带，以跨越战壕并粉碎铁丝网的缠绕。然而，这个观点并未得到支持。[35]
最终，尽管得到了约翰·弗伦奇爵士的支持，却非英国陆军，而是由英国皇家海军
实验了斯温顿提出的概念。时任英国海军大臣的温斯顿·丘吉尔是坦克的狂热拥护
者。1915 年夏季，在英国陆军部与海军部的联合影响下，首批坦克的原型车"小
威利"（Little Willie）、"大威利"（Big Willie）[36] 与"母亲"，先后问世。1916 年
1 月，这些坦克进行了试验。道格拉斯·黑格将军命令上报关于其是否适于投入实
战的报告。得益于"法军装甲兵之父"——让 - 巴蒂斯特·艾蒂安（Jean-Baptiste
Estienne）将军之前的研究成果，法军也对履带式装甲车辆展开研究，从而发明了
坦克。1916 年 9 月，在索姆河战役中，英国陆军首次将菱形坦克投入实战。

　　坦克对德军造成了巨大冲击，并奠定了坦步协同的基础："坦克所向，攻无
不克，战无不胜；坦克所缺，所攻必失，所战必败。"[37] 斯温顿认为，英军坦克首
次亮相，却仅以少数出战，未能形成规模，浪费了新技术兵器投入战场所能达成
的突然性。英军将领辩解称，让坦克迅速登场，是大胆而有计划的冒险，并非为
了赶在法军之前将坦克投入实战："我们从中吸取的教训是，如果指挥官发现某
项新发明或新式武器能够从根本上解决他所面临的问题与困难，他就有理由对其
寄予厚望，并将其迅速投入实战。"[38]

　　坦克在索姆河战役中的作战表现，促使黑格将军从官方层面肯定了坦克的试验，
将其装备编制规模从坦克连升级到坦克营，并为此"重型兵种"（Heavy Branch）配
属了完备的参谋人员。更重要的是，他将订单上的坦克生产数量提高了 10 倍。[39]

　　作为坦克最坚定的拥护者之一，英军步兵上校约翰·弗雷德里克·查尔斯·富
勒极力推崇在康布雷附近未开垦过的土地上，进行"大规模坦克突击"。坦克
能成为"陆战之王"，富勒做出的贡献可能比任何人都要大，这也是他受到排
挤与打压的原因："富勒几乎得罪了英国陆军包括炮兵、骑兵、步兵或工兵在内
的各兵种。他批判最多的是骑兵，因为主政的都是身居高位的骑兵将领。"[40]

　　然而，当时根本没人在意富勒的主张。直到英军的攻势惨败于弗兰德斯，英
军指挥高层才注意到了他提出的大规模突击计划。1917 年 11 月 20 日，英军首次
将大规模坦克投入实战：在 1000 门火炮的支援下，476 辆坦克冲向康布雷附近的
德军防线。战果成败参半：英军未能达成突破，但装甲战斗车辆显而易见地成了
打破战场僵局的法宝——在德军最为坚固的防御阵地上，英军以极小的代价撕开

了缺口，德军损失惨重。

> 15 时，在康布雷方向的马尼耶尔，作为英军骑兵前锋的加军加里堡骑兵团已经冲过了 6000 码（约 5486.4 米）宽的缺口，骑兵军的其他兵力也应该跟进。但是，考虑到天色将晚，大规模骑兵进入的条件还不成熟，英军最终叫停了骑兵军的行动。[41]

英军本可以将骑兵集群用于战役追击，但如此正确应用骑兵的战机，就这样从英军手中滑落。康布雷战役又持续了 7 天，随着英军坦克的损毁与故障，以及德军越来越顽强的抵抗，使英军攻势成为强弩之末。尽管如此，康布雷战役依然成了战争史上的转折点，其不仅确立了坦克在英国陆军作战序列中的地位，更使坦克成了未来战争中的主战武器。这场战役也促使军方更为严肃认真地看待富勒的军事思想。康布雷战役最大的影响还在于，其促使协约国决定于 1919 年为陆军装备 1 万辆坦克。美国陆军因而重审了之前轻视装甲战斗车辆的决定。1918 年 1 月 26 日，罗肯巴赫准将奉命组建美军坦克兵。

根据协约国的"1919 年计划"，协约国将通过一场战略攻势，发起排山倒海的进攻，迫使德国退出战争。这场战略攻势包括以坦克集群"像洪水般"冲垮德军抵抗的战术。然而，这个计划并未有机会付诸实践。先是在苏瓦松战役中，法军以 500 辆新式坦克（大部分是双人驾驶的"雷诺"）打得德军措手不及，并围剿了兰斯包围圈中的德军。随后，在亚眠，协约国又卷起了为期 5 天的"装甲风暴"。1918 年 8 月 8 日，在亚眠战役中，协约国以富勒提出的军事思想为指导，向德军发起进攻。这天成了德国陆军的"灾难日"，并产生了"战争爆发以来最大的转折"。[42] 在 20 英里（约 32.19 千米）宽的进攻正面上，英军与法军的 600 多辆坦克发起了一战中最大规模的坦克战。

亚眠战役体现了"康布雷战术模式"的第三次完胜。这次攻势中有不少新的技战术付诸实战，例如以重型坦克运载步兵机枪组深入战线后方，以装甲车进攻德军指挥部，以及坦骑集群战术——协同作战的"赛犬"轻型坦克与骑兵，其目的在于以坦克达成突破后，以骑兵进行追击，而实验失败的原因主要在于二者难以协同："骑兵没有像坦克那样足以抵御德军火力的钢铁之躯，无法与之共进退。

'赛犬'轻型坦克打垮德军防御后，骑兵的追击速度又太快，坦克完全跟不上。"[43]
对骑兵来说，这是最后证明骑兵集群具备可行的战役或战术价值的机会。尽管协
约国的策划者认为亚眠战役中的协约国陆军仍然存在作战理论上的瑕疵，但这场
战役足以让德国高层指挥意识到他们已经输掉了战争。对基于机械化作战理论的
战争来说，一切才刚刚开始。

## 兵种地位的决定

> *亚里士多德的教诲，是亚历山大大帝成功之道的根源之一。*
>
> *——1934 年，《未来陆军》，夏尔·戴高乐上校*

　　过去，坦克战术基于原理；此时，坦克作战理论的制定，已经能够基于作战
报告与实战经验。1916 年时，普遍认为指挥官能够直接指挥的最大编制是步兵
排。即使在军级作战中，实际的胜利也是通过以步兵排与步兵班消灭特定的机枪
阵地或坚固支撑点而获得的。因此，坦克的进攻也应该与步兵的最基础编制单位
进行协同。基于天然属性，步兵的进攻总是带有阶段性且范围有限：进攻节奏谨
慎，调整支援武器与巩固每个攻占的坚固支撑点。这种对阵式进攻，使陆军制定
了围绕炮兵展开的作战理论。在德军组建突击队[①]之前，各国步兵经常执行的任
务，就是攻占炮兵轰击过的区域，消灭机枪巢并据守阵地，抵御敌军反击。炮兵
将领策划的攻势，总是以狂轰滥炸的炮火准备作为开场，再以步兵冲向被炸得魂
飞魄散的敌军。炮兵指挥官甚至会鼓励步兵冲进炮兵弹幕。步兵攻占敌军阵地后，
等待友军炮兵重新部署，再继续发起进攻。此所谓"阶段性战线"与"对阵战"[②]。
坦克的问世，却为这套公式般的进攻理论带来了新的战术问题。在战斗初始阶段，

---

　　① 德军"暴风"突击队（Sturmtruppen），一战时期，为了打破堑壕战僵局，德军组建的突击队。其多装备轻机枪、
冲锋枪等自动武器，卡宾枪、手枪等短武器，以及手榴弹、匕首、工兵铲等近战武器，以渗透战术突破协约国军战壕。
　　② 对阵战（Set piece battle），英文亦称"Pitched battle"，日文翻译成"会战"，但其含义与汉语所称"会战"似有
一定区别。"对阵战"指敌我双方选择作战时间与地点进行的战斗，双方均可在战斗打响之前或之后选择脱离战斗。对阵
战经常会导致"遭遇战"（Meeting engagement），而小规模战斗（Skirmish）、围攻或伏击，均不属于对阵战。

坦克能对敌军形成冲击。然而，当坦克逡巡不前或陷入弹坑时，敌军的士气就会恢复。作战报告指出，当陷入敌军步兵的包围时，坦克无力自保。一战时期，据此采取的坦步战斗组战术，成了未来所有机械化战术的基础。

骑兵进攻的限制因素与之不同。骑兵进攻的基本任务，是在达成突破后，扩大战果并追击敌军。其目的在于将战术胜利演变成战役胜利。骑兵的任务不在于占领阵地，而在于直捣敌军后方，消灭敌军指挥部：一旦敌军指挥部陷入混乱，恐慌将接踵而至，受其指挥的兵力将兵败如山倒。最初，军方制定了试图融合坦克与骑兵的作战方案：坦克与步兵突破敌军防线，骑兵从缺口处鱼贯而入。1916年5月，法军指挥官观看了枪骑兵支援的进攻作战："为了这次我们期盼了两年的突破作战，军方一直将这些枪骑兵雪藏于后方……你知道，没有什么比枪骑兵更能对付机枪的了。"[44] 坦克尚有不可避免的缺陷，包括速度、灵活性与机械的可靠性问题。同时，制约坦克作战的还有弹药与燃料的补给问题，毕竟坦克不像战马那样，只要有草料与水，就能继续前进。

> 坦克的燃料有限，迫使其无限依赖于作战基地。燃料是坦克的生命之血，坦克跑得越快，消耗的燃料越多，坦克跑得越慢，就越削弱其机动性。这就决定了，所谓让坦克在敌军控制区域内"横冲直撞"的想法是不切实际的。[45]

传统兵种倾向于强化自身兵种作战理论的限制："新式的进攻作战，依赖为炮兵提供的目标情报。这意味着每次发起进攻之前，都需要时间搜集情报。"[46] 尽管存在诸多缺陷，履带式车辆的越野机动能力，都为进攻作战的成功创造了保持势头的条件："作战计划的新奇之处，在于以坦克运载步兵与补给。最重要的是通过坦克运载补给品的能力，避免步兵运载补给品所产生的疲劳。"[47] 实战显示，坦克的装甲能够抵御机枪与弹片，但无法抵御炮兵的直射火力，损失于德军炮兵直射火力的坦克，要远多于机械故障导致的坦克损失。"从亚眠战役开始，坦克将跟随步兵推进，而非先于步兵发起突击，以减少坦克的损失。"[48] 跟随步兵的作战方式，与骑兵投入作战的方式，恰恰是矛盾的。在支离破碎的地面上前进，使得坦克变成了笨重的"龟甲阵"，而不再是突破武器。只有抵达后来称为"坦克地形"（Tank country）[①] 的区域时，坦克才能像骑兵那样纵横驰骋。装甲兵的"正确"使用方法一直处于争论之中。富勒与利德尔·哈特赞成坦克集群作战。他们设想装甲兵如"奔腾的洪流"般的作战概念，激发了他们的战术思维，但此时尚未形成打垮敌军纵深防御的方案。最终，利德尔·哈特认定，在打开突破口后，"只要能得到机动兵力的支援，坦克就应突入突破口并一往无前地进攻。"[49] 20 世纪 30 年代之前，只有骑兵师才能执行这样的任务。

对装甲战斗车辆的辩论，应当着重于柏拉图式的首要问题上，那就是——坦克是什么？坦克是用于支援步兵的武器吗？如果是，那么"步兵坦克"（Infantry tank）必须符合步兵作战理论。或者，坦克只是使炮兵更具机动能力的火炮发射平台，使之能进行更有效的战术支援？如果是，那么坦克应置于炮兵管理之下。坦克演化自骑兵作战的逻辑？如果是，那么"骑兵坦克"（Cavalry tank）的设计应该符合骑兵的作战理论。法军将其装甲兵称为"突击炮兵"[②]，但也将法军坦克称为"战斗坦克"。很多法军坦克指挥官都出身炮兵。自从德维尔将加农炮安装在顶棚敞开的装甲坦克底盘上之后，坦克与自行火炮之间的界限就模糊了。同时，也不可避免地衍生出新问题——自行火炮是否属于火炮？[50] 富勒试图使英军军事思想接纳坦克是种战略武器。1918 年 5 月，他写了篇题目为《以瘫痪敌军战略为目标的决定性进攻》（*Strategical Paralysis as the Object of the Decisive Attack*）的论文，后来成了"1919 年计划"的蓝本。[51] 这也就是以机械化战争的方式实现了之前德尔布吕克预言的歼灭战。其突出特点如下：

> 军队的战斗力仰赖于其组织，可以通过"蚕食"或"鲸吞"的方式摧毁其组织，从而使敌军丧失战斗力。所谓"蚕食"，包括击毙、击伤与俘虏敌军士兵，是为消灭敌军"肉体"的战争；所谓"鲸吞"，是瘫痪其指挥，是为消灭敌军"大脑"的战争。以对抗某个人为例，所谓"蚕食"就是在其

---

① 指坦克可以通行或适于坦克通行的地形。随着坦克机动能力不断增强，多有装甲兵将领反对这个概念，并认为坦克能够在各种地形上作战。

② "突击炮兵"（英语：Assault artillery，法语：Artillerie d'Assaut），与二战时期德军的"突击炮"（英语：Assault gun，德语：Sturmgeschütz）存在差异。1918 年 8 月，时任炮兵上校、后晋升为炮兵少将的艾蒂安组建了法军坦克兵，称为"突击炮兵"，归属炮兵建制。

## 突破作战的演变
## 第一部分：第一次世界大战

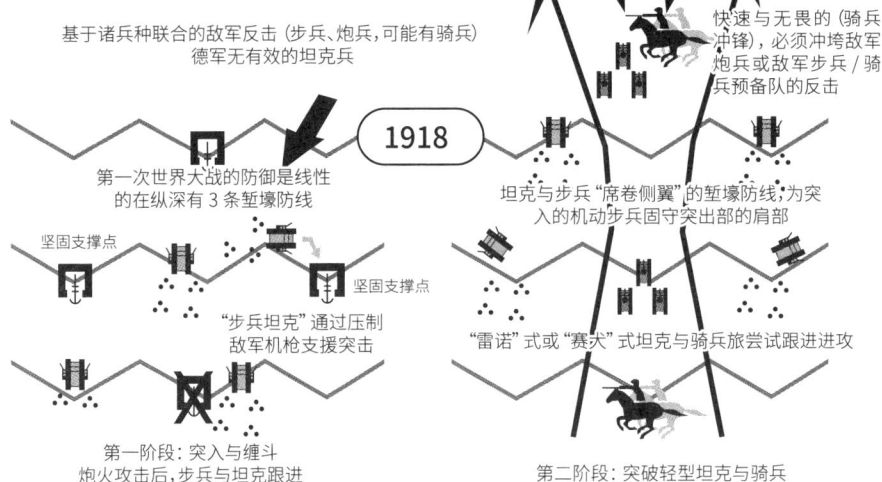

基于诸兵种联合的敌军反击（步兵、炮兵，可能有骑兵）
德军无有效的坦克兵

快速与无畏的（骑兵
冲锋），必须冲垮敌军
炮兵或敌军步兵／骑
兵预备队的反击

1918

第一次世界大战的防御是线性
的在纵深有 3 条堑壕防线

坦克与步兵"席卷侧翼"的堑壕防线，为突
入的机动步兵固守突出部的肩部

坚固支撑点

坚固支撑点

"步兵坦克"通过压制
敌军机枪支援突击

"雷诺"式或"赛犬"式坦克与骑兵旅尝试跟进进攻

第一阶段：突入与缠斗
炮火攻击后，步兵与坦克跟进

第二阶段：突破轻型坦克与骑兵

身体上造成大量伤口，最终使其流血而死；所谓"鲸吞"，就是对其头部进行致命一击。军队的大脑是其参谋部——集团军司令部、军部与师部。[52]

富勒规划的宏图并未能改变他的同僚。1919 年，不知是出于外交策略的原因，还是其确实缺乏远见卓识，炮兵出身的法军艾蒂安将军，竟然承认坦克是步兵的"侍女"。"所有真正的士兵都将接受这个标准，其确立了坦克无与伦比的价值。坦克的作用并非协助步兵前进，而是通过坦克的进攻实现步兵的前进。因而通过坦克衍生出了新式步兵——'装甲步兵'①。"[53] 最后，还有种"大逆不道"的解决方案，陆军各兵种都无法接受。此方案认为，坦克是如此具有革命性且与众不同的武器，以至于应该以通晓其性能特点的人员，成立独立的兵种。新的兵种与

---

① "装甲步兵"（Armored infantry），引文为艾蒂安少将于 1920 年发表的观点。从文中的意思可以看出，他将"伴随坦克作战的步兵"称为"装甲步兵"，其与今天的概念大相径庭。今天的"装甲步兵"指乘坐步兵战车或装甲运兵车进行机动与作战的步兵，亦称"机械化步兵"（Mechanized infantry）。第一次世界大战期间，英军进行过步兵乘坐在坦克内部，在需要时下车作战的战术，但效果不佳。这些搭载步兵的坦克仍然归类为坦克，而并非步兵战车或装甲运兵车。

△加军步兵正在查看一辆 StuG III 突击炮，该型车基于 Pz III 中型坦克的底盘，其外形低矮，使之成为有效的坦克歼击车。（贝尔，加拿大国家档案馆，威尔弗雷德·劳里埃大学，劳里埃军事战略与裁军研究中心）

新的作战理论应运而生。在英国，陆军最终组建了皇家坦克兵。

英国陆军担心英军皇家坦克兵的军事学说会将坦克凌驾于各兵种之上，衍生出使各兵种都沦为坦克附庸的作战理论。英国陆军其他兵种果不其然地对英军皇家坦克兵展开了劈头盖脸的批判。1939 年冬季，德军装甲师早已横扫波兰陆军之后，英国陆军才如梦方醒。然而，此时英国陆军也只是认为德军的"闪击战"是可靠而有效地部署诸兵种，以打赢战斗的方法而已，其仍然不承认坦克作为独立兵种的统治地位。1940 年时就已经成为德军作战原则的信条，1944 年之后盟军才真正参透。关于"坦克是什么"与"使用坦克最优方法"的争论，一直持续到二战结束。

# 注释

1. John Ellis, Cavalry: *The History of Mounted Warfare* ( Devon: Westbridge, 1978 ), p. 139.

2. 这些坦克与机动作战的倡导者包括温斯顿·丘吉尔、欧内斯特·斯温顿、艾伯特·斯特恩、默里·休特、托马斯·赫瑟林顿、威廉·特里顿与沃尔特·威尔逊。1918 年，约翰·富勒、利德尔·哈特、哈里·里卡多、珀西·霍巴特与吉法德·马特尔又加入了阵营。

3. George T. Denison, *A History of Cavalry From the Earliest Times With Lessons for the Future* ( London: Macmillan, 1913 ), p. 419.

4. 重骑兵（Heavy cavalry），指骑着 15 ~ 18 手 ① 高的马匹，身着胸甲并使用重型砍刀（Heavy broadswords）的骑兵。

5. 1957 年，纽约：哥伦比亚大学出版社（Columbia University Press），罗伯特·昆比，《拿破仑战争的背景：18 世纪法国的军事理论》（*The Background of Napoleonic Warfare: The Theory of Military Tactics in Eighteenth-Century France*）：1800 年，在马伦戈（Marengo），克勒曼以 400 名骑兵进攻察赫的侧翼。1806 年，在奥斯特里茨（Austerlitz）与耶拿（Jena），缪拉的胸甲骑兵的冲锋。1807 年，在埃劳（Eylau），法军10700 名骑兵冲击 2500 米，冲垮了俄军纵队，这是骑兵取得的最具决定性的胜利。1807 年在弗里德兰（Friedland）与 1813 年在莱比锡（Leipzig），反法联军骑兵以致命一击粉碎法军。

6. 1978 年，德文（Devon）：西桥出版社（Westbridge），约翰·埃利斯，《骑兵：骑乘作战的历史》（*Cavalry: The History of Mounted Warfare*），第 40 页：枪骑兵最主要的用途就是作为冲击敌军步兵方阵的兵力。另详见 1973 年，伦敦：利奥·库珀出版社（Leo Cooper），安格尔西侯爵七世，《英军骑兵史》（*A History of the British Cavalry*）第 1 卷与第 2 卷。

7. Capt. Rees H. Gronow, *The Reminiscences and recollections of Captain Gronow, being Anecdotes of the Camp, the Court, and the Clubs, and Society to the Close of the last war with France*, vol. 1 ( London: 1900-reprint of 1862 edition ),p. 190.

8. 在这个只能通过声音、军号与旗帜进行兵力调度的时代，这种力量展现出了令人印象深刻的灵活性。在作战中，法军能将火炮作为战术集群进行机动。

9. Gronow, p. 195.

10. 俾斯麦说："胸甲骑兵以马靴施加特殊的力道催马，且从不以比快步更快的步调前进。"霍恩洛厄记述："在距离目标 150 码（约 137.16 米）时，进行的跑步或快步，应该加速到疾驰的状态；距离目标最后 50 码（约 45.72 米）时，达到最佳速度。然而，这只是规则，实战中并非如此。"

11. 1950 年，伦敦：梅休因出版公司（Methuen），阿尔弗雷德·希金斯·伯恩中校，《陆战的战争艺术》（*The Art of War on Land*），第 150 页：1807 年，在埃劳战役中，法军帝国禁卫掷弹骑兵（Grenadiers à Cheval de la Garde Impériale）冲锋并遭到火力打击时，他们本能地缩头躲避。他们的上校临危不惧地喊道："上帝啊！抬起头来！那是子弹，不是粪便。"1978 年，德文：西桥出版社，约翰·埃利斯，《骑兵：骑乘作战的历史》，第 140 页。

12. 1996 年，伦敦：魏登费尔德与尼克尔森出版公司（Weidenfeld and Nicolson），戴维·杰里弗·钱德勒，《拿破仑的战役》（*The Campaigns of Napoleon*），第 148 页：当内伊命令米约的军单独出击时，号兵吹出的刺耳号声，刺激得人与马都兴奋了起来。由于战马已经失控，所有的骑兵中队都猛冲了出去。在没有接到命令的情况下，很多法军骑兵师就这样卷入了战斗。葡萄弹射击骑兵的效果，详见 1962 年，纽约：道布尔迪出版社（Doubleday），杰克·科金斯，《美国内战中的兵种与装备》（*Arms and Equipment of the Civil War*），第 67 页，第 77 页。

13. James Lawford, *The Cavalry* ( New York: Bobbs-Merrill, 1976 ), p. 132.Cardigan shouted at Capt Morris of the 17th Lancers during Light Brigade Charge. See Cecil Woodham-Smith, *The Reason Why* ( London: Cassell, 1953 ).

14. Denison, p. 419.

15. 1921 年，伦敦：康斯特布尔出版社（Constable），理查德·马丁·彼得·普雷斯顿，《沙漠骑兵军》（*The Desert Mounted Corps*）："他们飞驰着跨过平地，以上了刺刀的步枪作为骑枪，向土耳其军的战壕冲去。"

---

① 用于衡量马匹肩部高度的单位是"手"，1 手的高度为 4 英寸，相当于 10.16 厘米。

这些家伙骑马越壕，以笨重的武器进行冲杀，那场景简直壮观无比。"

16. 1906 年，纽约：尼尔出版社（Neal Publishing），巴兹尔·威尔逊·杜克将军，《摩根骑兵史》（*History of Morgan's Cavalry*），第 150 页："实际上，我们不是步兵，而是骑马作战的步兵。"

17. 1987 年，纽约：麦克米伦出版社（Macmillan），杰拉尔德·林德曼，《沙场之勇：美国南北战争中的作战经验》（*Embattled Courage: The Experience of Combat in the American Civil War*）："这些骑兵的战斗很糟糕。双方都不想以马刀向对方发起冲锋。他们极富有勇气地相互接近，到相互距离 40 码（约 36.58 米），需要举起马刀进行冲锋时，就会犹豫地停下来，用卡宾枪与左轮手枪进行散乱的射击……以欧洲国家骑兵的标准，斯图亚特的骑兵很难称得上是骑兵。"1978 年，德文：西桥出版社，约翰·埃利斯，《骑兵：骑乘作战的历史》，第 146 页。

18. 1979 年，巴吞·鲁日（Baton Rouge）：路易斯安那州州立大学印务（Louisiana State University Press），斯蒂芬·斯塔尔，《美国内战中的南军骑兵》（*The Union Cavalry in the Civil War*）第 2 卷，第 593 页：李将军表示："在美国南北战争后期，刀剑几乎没什么用。在我看来，任何距离的作战，左轮手枪都会取代马刀。"1868 年 10 月 31 日，《陆海军》杂志（*Army Navy Journal*）第 6 期（11 月期），第 1 页。

19. Ellis, p. 144.

20. 1909 年，美国《骑兵》杂志（*Cavalry Journal*）甚至宣称："在冲锋中手握利剑而亡，是骑兵永远的骄傲。"

21. Marcellin de Marbot, *Mémoires*（London: 1892）. See also Brian Pohanka,"Hurricane of Sword and Horse," *Military History*, December 1984. p. 22.

22. 炮兵坚持不用军旗，而是以正规的宗教仪式为他们的火炮祝福——加农炮就是其军旗。步枪旅则以军鼓为军旗。

23. 1962 年，纽约：道布尔迪出版社，杰克·科金斯，《美国内战中的兵种与装备》中的引文，第 53 页：查尔斯·罗兹上尉表示："在 1 小时的行军中，常规的步调是 20 分钟骑马快步走，停下来休息 10 分钟后，剩余时间都以步行行军。'步行'意味着骑兵要下马并牵着他的马。必须注意的是，骑兵穿着马靴，在步行行军时并不像步兵的军靴那样舒适。"1934 年第 3 期，《加拿大国防季刊》（*Canadian Defence Quarterly*），C.W. 德维少校，《穿越艾伯塔的骑兵旅程》（*A Cavalry Trek Through Alberta*）第 216 页：德维记录了 1 小时行进的正常速度："停步 10 分钟（松开马肚带）；慢步 5 分钟；快步 10 分钟；慢步 15 分钟（部分时段下马，牵马前进）；快步 10 分钟；慢步 10 分钟或更短时间。"

24. "The March of A Sqn RCD from St John PQ to Petawawa Military Camp,Ontario," *Military Gazette* XV（October 1937）.

25. 1906 年，纽约：尼尔出版社，巴兹尔·威尔逊·杜克将军，《摩根骑兵史》，第 424 页："以装备步枪与手枪进行落实。"同 1962 年，纽约：道布尔迪出版社，杰克·科金斯，《美国内战中的兵种与装备》中的内容。

26. 同上。

27. Shelford Bidwell and Domionick Graham, *Fire Power: British Army Weapons and Theories of War 1904–1945*（Boston: George Allen and Unwin, 1985）, p. 33.2

28. 1907 年版《英军骑兵条例》（*British Cavalry Regulations*）中记述："必须承认，作为原则，虽然步枪很有效，但其无法取代战马的速度、冲锋的魅力与马刀锋刃的威慑力所产生的效果。"

29. Hans Delbrück, *Das Werk des Untersuchungsausschusses der Deutschen Verfassunggebendet Nationalversammlung und des Deutschen Reichstages 1919–1926. Die Ursachen des Deutschen Zusammenbruchs im Jahre 1918*, Ⅲ（Berlin, 1927）, p. 346. See also Delbrück, R. H. Lutz, ed., The Causes of the German Collapse in 1918（Washington, D.C.: Hoover War Library Publications, No. 4）.

30. 德军第 1—5 集团军，下辖 28 个军。其中，北方机动兵力为第 2 集团军与第 3 集团军，下辖 16 个军，6 个由后备军组成的旅，以及 5 个骑兵师。

31. 1985 年，伦敦：比森出版公司（Bisson），基思·辛普森，《德国陆军史》（*History of the German Army*），第 82 页："骑兵也执行殖民统治任务。其包括俄国与美国的边境兵力，以及英国与法国的殖民地兵力。在远征墨西哥的行动中，潘兴的远征军普遍执行的是龙骑兵的任务。在印度的英军骑兵团，也不进行像普鲁士枪骑兵那样的训练。"

32. John Terraine, *Mons—The Retreat to Victory*（London: Batsford, 1960）, p.61.

33. 这句话源于布尔战争时期，当时的地图上还没有坐标网格线。有个英军骑兵团奉命从地图上标明"缺口"（Gap）处字母"G"的位置冲过去。这个"梗"后来成了 20 世纪初期骑兵的笑话。一战时期，骑兵某种报复的心态将其重新提了起来。正文中的引文，出自加里堡骑兵团团长之口，出自 1930 年，伦敦：希尼曼出版公司（Hinneman），西利准将，《历险记》（*Adventure*）。在法国，西利准将曾担任加军第 1 骑兵旅旅长。

34. Schlieffen, quoted in K. Krafft von Dellmensingen, *Der Durchbruch* ( Hamburg: Berlin 1937 ) , p. 405.

35. 1975 年，伦敦：章鱼出版社（Octopus），埃里克·莫里斯，《坦克》（*Tanks*），第 20～22 页：英军将领蛮不讲理地拒绝了斯温顿的建议，他们不仅对现代化技术一无所知，而且无条件推崇步兵进攻战术的神圣不可侵犯。英军步兵的惨重伤亡与英军炮兵的失败，促使他写编写了论文《机枪的装甲破坏者》（*The Armored Machine Gun Destroyer*），并受到了一致好评。另见 1932 年，伦敦：霍德与斯托顿出版公司（Hodder & Stoughton），恩斯特·温斯顿，《目击者：我个人对第一次世界大战某些阶段的回忆，包括坦克的起源 》（*Eyewitness: Being Personal Reminiscences of Certain Phases of the Great War,including the Genesis of the Tank* ）。

36. 英军皇家坦克团，英军皇家装甲兵与加军皇家装甲兵选定的进行曲曲目，恰好是欢快的英语民谣《我的小伙子威利》（*My Boy Willie*）。

37. Maj. Albert Stern, quoted by Kenneth Macksey, *A History of The Royal Armored Corps and its Predecessors 1914 to 1975* ( Beaminster: Newtown, 1983 ) , p. 18.3.

38. Lt. Col. G. Le Q. Martel, *In the Wake of the Tank* ( London: Museum Press, 1952 ) , p. 12.

39. Macksey, p. 18.

40. 1983 年，贝明斯特（Beaminster）：纽敦出版社（Newtown），肯尼思·麦克西，《1914—1975，英军装甲兵与其前身的历史》（*A History of The Royal rmored Corps and its Predecessors 1914 to 1975*），第 19 页：包括当时的大英帝国总参谋长罗伯逊，英国远征军司令黑格将军与他的参谋长基格尔准将。

41. Macksey, p. 26.

42. *Schlachten des Weltkriegs* XXXVI（ 1931 ）: 196.

43. "骑兵坦克"（Cavalry tank）概念的首次提出，是基于 1917 年的 Mk A "赛犬"中型坦克。其速度为 8 英里/时（约 12.87 千米/时），而 Mk V 中型坦克只有 5 英里/时（约 8.05 千米/时）。当时，英军装备时速更高的"赛犬"，被誉为"工程师对于过去骑兵无法解决的问题的解决方案"。

44. Quoted in Ellis, p. 174.

45. V. W. Germains, *The Army Quarterly* XVI（ April–July 1928 ）: 373.

46. Dominick Graham, "Sans Doctrine: British Army Tactics in the First World War," *Technology and Tactics* ( 1968 ) , p. 85.

47. W. F. Stewart, "Attack Doctrine in the Canadian Corps, 1916–1918," unpublished monograph thesis, University of Alberta, 1980.

48. 同上，p. 199.

49. Timothy Travers and Christon Archer, eds., *The Captain Who Teaches Generals. Men at War*. p. 380. See also B. H. Liddell Hart, *Paris: or the Future of War* ( New York: E.P. Dutton, 1925 ); *The British Way in Warfare* ( London: Faber & Faber 1932 ); *The Future of Infantry* ( London: Faber & Faber, 1933 ).

50. J. J. Clarke, "Military Technology in Republican France: The Evolution of the French Armored Force, 1917–1940," thesis, Duke University, 1969, and Robert Allan Doughty, *The Seeds of Disaster: The Development of French Army Doctrine 1919–1939* ( Hamden: Archon Books, 1985 ).

51. 富勒的战术是进行"粉碎式进攻"（Morcellated attack），以大量的小规模兵力打开 90 英里（约 144.84 千米）宽的缺口。根据富勒的计算，"在进攻中，1 辆坦克的攻击力等于 400 名步兵。"对此，麦克西记述："富勒自己出身步兵，因此他的说法不可能是在诋毁步兵。"

52. J. F. C. Fuller, *The Conduct of War* ( London: Eyre Methuen, 1972 ) , p. 243. Also see J. F. C. Fuller, *Lectures on FSR II* ( London: Sifton Praed, 1931 ); *Lectures on FSR III* ( *Operations between Mechanized Forces* ) ( London: Sifton Praed, 1932 ); *Towards Armageddon: The Defence Problem and Its Solution* ( London: Lovat Dickson, 1937 ).

53. J. B. Estienne: *Conférence faite le 15 février 1920*, quoted in Clarke, p. 57.

# 第 2 章
# 北美洲坦克兵

*对这个伟大的国家来说，机械化战争具有天然的吸引力。*

——吉法德·勒凯纳·马特尔中将 [1]

1917 年，美国陆军部批准美国陆军组建坦克兵 ①，下辖 25 个坦克营。美军坦克兵在英军与法军的坦克兵学校中接受训练。在美国兵工厂能量产坦克之前，美军坦克兵只能装备从英国与法国进口的坦克。美军曾费尽周折，然而在一战结束之前，也只生产了 26 辆坦克，且未能运抵海外参战。最初，美军坦克兵只编成了 3 个坦克营 ②：第 301 重型坦克营、第 344 坦克营与第 345 坦克营。1918 年 11 月时，美军已经组建了 4 个坦克旅。[2] 在圣米耶勒，美军坦克兵首次参战，投入的 49 辆坦克中，只有 3 辆毁于德军火力，其他坦克损失都归因于机械故障。当时，军方仍然存在 "坦克在战场上扮演的角色，应该更接近于骑兵，还是用于支援步兵" 的辩论。在此种辩论中，坦克的机械可靠性，始终是双方讨论的要点之一。

美军坦克兵作战理论的制定，建立在英军与法军坦克兵的训练与装备之上。美国陆军以完全学术化的姿态参战：其迅速意识到，现有的作战理论根本不适应新式的战争。随即，在法国的肖蒙（Chaumont），美军建立了作战理论中心。1917 年 6 月，在缴获的德军报告中，美军注意到了 "经验教训"（Lessons

---

① 美国陆军坦克兵，此处指的是罗肯巴赫与巴顿组建的 "美国远征军坦克兵"。1918 年 3 月 6 日，在美国本土，基于 "国民军坦克队"，美国陆军还组建了 "国民军坦克兵"。

② 美国远征军坦克兵的最初计划是装备 200 辆英制 Mk 6 式坦克与 2000 辆法制 FT-17 "雷诺" 轻型坦克。后改为组建 30 个坦克营，共装备 1990 辆坦克；其中 10 个重型坦克营共装备 450 辆 Mk 6，每个营装备 45 辆；20 个轻型坦克营共装备 1540 辆 FT-17 "雷诺"，每个营装备 77 辆。实际组建了 8 个重型坦克营与 21 个轻型坦克营，其中只有第 301 重型坦克营、第 331 轻型坦克营、第 344 轻型坦克营与第 345 轻型坦克营参加了实战。第 344 轻型坦克营与第 345 轻型坦克营，由第 326 轻型坦克营与第 327 轻型坦克营更名而来。

learned）的字样。美军立即对德军报告进行翻译、采纳并将其作为"向各有关方面提供信息"的最佳系统。[3] 美国陆军部立即创设了新的岗位——"G5"，负责训练的是助理参谋长。首任 G5 助理参谋长是菲斯克将军，他主张美军应该制定"美军作战理论"，并"从协约国军的督导中彻底解放出来"：

> 组建勠力同心的美军，将最大限度地提升全体官兵的主动性与自持力。美军不能由英国人与法国人组成……在这场战争中，我们盟国陆军的技战术，不符合美军的特点与使命。法军不喜欢步枪，也不知道如何使用步枪，法军步兵完全依赖强大的炮兵火力支援。法军步兵缺乏进攻精神与纪律性，英军步兵则无勇无谋。[4]

菲斯克的司令部整理或翻译了英军与法军的作战手册，使之"美军化"，并通过这些作战手册传授美军从实战中总结的经验教训。一战结束前，他发行了超过 100 期的作战手册。"试验性作战经验期刊"确认了友军与敌军作战理论的重要变化，对如何提高战斗力提出了建议。早期提出的建议之一，就是"组建使用新式反坦克武器与装备的机械化兵种"。对"正确"作战理论的关注，使其产生了内部的官僚监管机构。G5 司令部就此设立了"检查员""监察员"，很可能还有审查作战理论的"政委"。[5]

从美国独立战争开始，法军就一直影响着美军。美军坦克兵迅速订购了仿制的法军坦克，美军炮兵也习得了法军炮兵的风格：著名的 75 毫米炮与 155 毫米炮① 成了美国陆军直瞄与间瞄火力的基础，直到二战结束。第一次世界大战结束时，美军坦克兵的规模已经扩大到拥有 1235 名军官与 18977 名士兵。不过在 1919 年 5 月，美军遣散了坦克兵中的大部分官兵。1920 年，美军又像法军那样解散了坦克兵，将少量留存的坦克兵置于步兵管辖之下。针对那些斥责"坦克不过是堑壕战畸形发展的产物且已经过时"的批判，美军坦克兵军官试图提出合理的替代性

---

① "著名的 75 毫米炮"指法制 Mle 1897 式 75 毫米野战炮，"155 毫米炮"指法制 GPF 式 155 毫米加农炮与 C mle 1917 "施耐德"（Schneider）式 155 毫米榴弹炮。准确来说，二战中的美军 75 毫米炮与 155 毫米炮，是几种一战时期法军同口径火炮的衍生型号，而并非原型号本身。例如，M1897 式 75 毫米野战炮衍生的美军 M2、M3 式 75 毫米坦克炮，GPF 式 155 毫米加农炮衍生的 M1、M2 式 155 毫米加农炮。

方案。[6] 为了维护兵种地位，他们不得不与步兵兵种展开周旋。更有大胆人士提出的作战理论，虽然"不赞成富勒"，实际上却是在为其观点背书：

> 对美军坦克兵的所有要求，就是在作战中不囿于英军的军事思想，英军军事思想只适用于英军或适用于其笨拙的坦克设计，亦不囿于对机械缺乏甚解的法军军事思想……甚至不囿于初出茅庐的美国陆军对坦克的不正常使用……诚如鲁登道夫所言，坦克不用则已，用必集群。[7]

同年，潘兴将军在国会上表示，坦克应该作为步兵的支援性武器予以保留。《国防法》① 就此解散了美军坦克兵，并将坦克配属给步兵，并禁止组建装甲兵种。直到 1950 年，国会才废除了这道法令。一战结束后，美军的作战理论仍然禁锢于法军军事思想。1920 年，美国陆军的约瑟夫·瓦伊纳（Joseph Viner）上尉如此记述：

> 应该将坦克作为步兵的支援与伴随型武器，在战略行动与普遍意义的战术行动中，其不具备独立作战的能力，亦不能作为决定性武器。步兵或其他成建制的兵力，必须伴随或紧随坦克。否则我军将无法守住阵地，因为坦克无法巩固或长时间据守攻占的阵地。坦克的行动必须由步兵或其他成建制兵力做出的行动计划与决议来决定。不存在什么由坦克单独发起的进攻。[8]

瓦伊纳上尉苛刻的评价与富勒的理论针锋相对，但并未遭到美军中坦克支持者的反驳。作为美军坦克兵的创建者与装甲兵先驱者，塞缪尔·罗肯巴赫记述："通常情况下，在攻势行动中，坦克不应该用于进攻首道防线。"[9] 这相当于宣判了美军装甲兵的"死刑"，将其遗弃在了无人问津的角落，直到二战爆发。美军轻视坦克的原因有三：一、只有在堑壕战中，坦克才有价值；二、几乎不会再爆

---

① 此处特指 1920 年的《国防法》。1920 年 6 月 4 日，由美国国会通过，是对 1916 年《国防法》的更新。

发真正的"堑壕战"战争；三、坦克的机械性能很不可靠，不能在危机中依靠这样的武器。[10]

德怀特·艾森豪威尔上尉，既出身于步兵，又曾服役于坦克兵。他试图反驳：

> 在作战单位中服役的很多军官从未与坦克协同作战过，他们对坦克优缺点的了解都来自道听途说……很少有美军官兵驾驶的坦克与美军的师协同作战，公开拥护坦克的美国陆军军官也就相对较少。[11]

然而，就像大多数的坦克兵军官一样，艾森豪威尔也并非试图挑战"新秩序"，他也认同坦克存在动力不足与机械可靠性较差的问题。在所有唱衰坦克的观点中，听起来最合理也是难以反驳的质疑，就是坦克低下的机械效率。对此，他的回应是基于对未来的乐观情绪，而非真正的技术突破。"我们不要再考虑那些复杂、笨拙且慢如蜗牛的旧式坦克，我们要畅想快速、可靠且装有高效发动机的坦克所能具备的摧毁力。"[12] 他准确地认识到，坦克的价值所在是机动，而非"单独进攻"。

> 1870 年，在维奥维尔，德军 1 个骑兵旅向正在前进的法军步兵侧翼发起冲锋，将整个军从毁灭的边缘拯救了回来。同样是在这场战役中，在另一个侧翼方向，德军 1 个骑兵中队的冲锋，拯救了 1 个旅。毫无疑问，在未来的相似情况下，坦克的任务就是以其迅速的机动与强大的火力，通过这样的方式打击敌军进攻兵力的侧翼。[13]

骑兵对机动性的要求与步兵对装甲防护的要求，衍生出了临时解决问题的方案——步兵坦克与骑兵坦克。美军骑兵强行称"骑兵坦克"为"战斗车"（Combat car）。具有现代军事思想的军官试图消除隔阂，提出理论上的解决办法。在《骑兵》杂志上，布拉德福德·查诺韦思少校撰文表示："骑兵是混成兵种——在战斗中，机动已然无效……坦克是特殊的、技术性的、极具威力的武器。其既不是骑兵，也不是步兵。我们想要的，既非步兵坦克，亦非骑兵坦克，而是坦克兵。"[14]

颇值得玩味的是，这种观点却遭到了乔治·巴顿少校的反驳。可以说，他是美国陆军中经验最为丰富的坦克兵军官，骨子里却是个纯正的骑兵。当然，尽管带有浪漫主义情怀，但巴顿也是个具备现实眼光的战士，他很快接受了美国陆军总司令部的"步兵"坦克营 ① 与组建没有骑兵的装甲兵的思想。不过，1921 年时，他却曾抱怨："我必须从这位作者提出的最为激烈的异议说起，他描绘的骑兵可谓老态龙钟、虚弱不堪……现在的骑兵与过去一样，只能迂回前进。如果战场像在法国那样狭窄，以至于骑兵无法迂回，那么骑兵就只能等着坦克打开突破口。"[15]

尽管在法国积累了相当多的坦克战经验，但巴顿依然认为应该保留马匹，而非将坦克从步兵的控制之下解放出来。直至二战，对战马毫无保留的信仰，始终统治着美军骑兵的思想。出人意料的是，大量美军骑兵的高级军官都希望坦克能置于步兵兵种的控制之下。

> 应该将坦克作为步兵的支援与伴随型武器，在战略行动与普遍意义的战术行动中，其不具备独立作战的能力，亦不能作为决定性武器……坦克无法巩固或长时间据守攻占的阵地。阵地上的步兵指挥官必须下达战术命令，对坦克的实际部署进行分配。[16]

美军坦克委员会（Tank Board）有巴顿、瓦伊纳与詹姆斯·韦尔的支持，并得出了"坦克应置于步兵司令的全面监管之下，不应该作为独立兵种"的结论。[17]鉴于此委员会的专业背景，其结论难以反驳。在美军坦克兵解散之前，作为坦克兵司令的罗肯巴赫将军记述："坦克是纯粹的进攻型武器，必须研发并拥有强有力的手段，以帮助步兵完成其最高使命——进攻、突破并占领阵地。"[18] 在索尔兹伯里平原，英军对机械化部队进行了大胆的试验，但法军贝当元帅对美军战术思想的影响，仍然要多于富勒："或许步兵迟早都要由坦克运载，但迄今为止，坦克仍然是在步兵的簇拥下作战的武器。"[19]

---

① 文中的"美国陆军总司令部的'步兵'坦克营"，是指二战初期美国陆军部批准在装甲师的编制之外组建的独立坦克营。这些坦克营直属美国陆军总司令部，分配给各集团军或军，由集团军司令部或军将其用于补充装甲师、配属步兵师或单独执行任务。在实战中，这些独立坦克营通常配属给步兵师，用于支援步兵作战。

## 致敬与告别：1920—1930 年，美军坦克兵

《国防法》废除美军坦克兵且将其置于步兵控制之下时，美军装甲兵中却没有出现比利·米切尔式的人物，以对抗华盛顿的决策。美军步兵司令接管了坦克兵学校，将其迁移到了马里兰州（Maryland）的米德堡（Fort Meade）。[20] 此时，美军仍然装备有大量坦克——超过 1000 辆美制坦克，其中部分生产于 1919 年。绝大多数都是法国 FT-17 "雷诺" 轻型坦克的仿制品——双人驾驶的 M1917 轻型坦克，但有约 100 辆坦克仿造自令人头痛的英国 Mk Ⅷ 坦克，其最大速度仅为 6.5 英里 / 时（约 10.46 千米 / 时），制造水平粗糙且不可靠："由于振动过于剧烈，每运行 3 小时就必须重新紧固发动机的螺栓。"[21] 尽管如此，1930 年之前，美国陆军部也仅有这些坦克可用。英国陆军也面临着相同的问题：一战结束后，英国陆军的 35 个坦克营裁撤了 32 个，只保留了 3 个坦克营作为骨干。不过，当时也只有英军研制了新型坦克—— "维克斯"（Vickers）中型坦克。1923 年，英军生产了 100 辆 "维克斯" 中型坦克。对此，富勒曾详细地记述，二战爆发时，作为英军唯一装备的中型坦克，其已经在英军中服役了 16 年之久。

尽管在米德堡毫无进展，[22] 但外国的相关行动也促使美军对坦克进行研究。1927 年，英军组建了试验型机械化旅，也是一战后首次有国家组建装甲部队。当时，美国陆军部长德怀特·戴维斯正在英国访问。他立即命令陆军参谋长查尔斯·萨默罗尔将军组建 "机械化部队"。这个决定导致美军步兵与骑兵的高级指挥官们惶恐不安地开始游说，要求研制 "汽车与坦克无法取代的武器"。[23]

1928 年 7 月 1 日，在弗吉尼亚州（Virginia）的尤斯蒂斯堡（Fort Eustis），美军组建了 "汽油旅"。美军坦克陈旧，数量少，故障频繁。9 月 20 日，美军就裁撤了这个旅，也就没有坦克部队可用于理论试验。在美军步兵司令罗伯特·艾伦少将的命令下，詹姆斯·坎宁安父子公司制造了第一次世界大战以来美国的首辆——T1 轻型坦克。与第一次世界大战时期的美军坦克相比，T1 轻型坦克可谓实现了技术上的巨大飞跃，但其性能仍然远远不能令人满意。1928 年，美军又研制了 T1E1 轻型坦克。唯一对其构成严重威胁的竞争者是私人筹资制造的 "克里斯蒂"（Christie）式坦克，该车履带行驶状态时速高达 42.5 英里 / 时（约 68.4 千米 / 时），轮式行驶状态时速更是高达 70 英里 / 时（约 112.65 千米 / 时）。沃尔特·克里斯蒂才华横溢、具备远见卓识，却又特立独行。但不幸的是，他研制的坦克革命性过

于超前,因此立即遭到了军事保守派的排斥。甚至那些赞许"克里斯蒂"式坦克的人,也都称其为"野猫" ①,军械兵认为其结构不够稳固,只能用于浮华的"表演"。然而,"克里斯蒂"式坦克在展览中的表现,引起了美国与外国坦克专家的强烈关注。

尽管关于陆军机械化的争论陷入僵局,但美军非常清楚,如果美国陆军想要跟上欧洲国家陆军的脚步,那么就必须对新型装甲车辆进行测试。1929 年,当美国国会通过了当年预算时,拨款 25 万美元用于购买"6 ~ 8 辆 T1E1 轻型坦克,以供步兵进行试验"。美军新任步兵司令斯蒂芬·菲卡将军修改了部分内容,允许购买 5 ~ 6 辆"克里斯蒂"式坦克,以取代 T1E1。但是,负责此事的塞缪尔·霍夫少将却反对"克里斯蒂"式坦克。24 他认为 1 辆"克里斯蒂"式坦克的样车足矣,因此只需要 6.2 万美元,其余的资金都退回了美国财政部。对此,美军中支持坦克的官兵感到愤怒,最终迫使国会召开了与之相关的听证会。1932 年 6 月 30 日,听证会决定用于购买"克里斯蒂"式坦克的 25 万美元必须专款专用。然而,美军中的装甲兵支持者刚取得小胜,随之而来的消息就浇灭了他们的热情——英军试验型机械化旅宣告解散。

对坦克抱有好感的查尔斯·萨默罗尔行将卸任时,终于在将指挥权交给道格拉斯·麦克阿瑟之前,重建了美军独立的机械化部队。这支机械化部队驻扎在尤斯蒂斯堡,由"美军装甲兵祖父"25 丹尼尔·范沃里斯将军指挥,并很快成了集诸兵种于一体的单位。美军步兵将这支试验性机械化部队的重建视为威胁,步兵的抱怨促使陆军部长公开承诺,这支机械化部队不会削弱步兵坦克的地位。

坦克的实际地位仍处于争论中。1929 年,在美国陆军军事学院,阿德纳·罗曼扎·霞飞上校发表了关于陆军机械化的演讲,却被讥讽为"空想与疯狂"。26 然而,机动运输与机械化对世界军事的影响是不容忽视的。1931 年,胡佛总统命令麦克阿瑟对骑兵是否过时的问题进行研究。骑兵的反应更为迅捷与灵巧。深受范沃里斯影响的骑兵司令盖伊·亨利少将说服麦克阿瑟,通过骑兵重建美军的机械化部队。麦克阿瑟表示:

---

① "野猫"(Wildcat),在英语中,亦含有商业或财务上的冒险之意。美军以此表示"克里斯蒂"式坦克的技术过于超前,存在很大技术风险的意思。

骑兵得名于士兵骑在马上，骑兵机动的速度比其他兵种都要快……这让人们自然而然地认为，骑兵必须得有马匹。现代火器的出现，使马匹不再是武器，其只能作为运输工具，而且是除了徒步机动之外，速度最慢的运输工具……为了使骑兵的组织与装备得到发展，以维持其在现代条件下执行任务的能力……美军机械化部队将改组成为加强骑兵团。[27]

## 诺克斯堡的战斗车

1931 年 5 月底，美军解散了尤斯蒂斯堡的机械化部队，将剩余部分分配给了骑兵。新组建机械化部队的基地坐落在了诺克斯堡，其新任司令为霞飞上校。将坦克分配给骑兵，需要美国国会出台法案，所以霞飞没有采用"骑兵坦克"的名称，而是以"战斗车"的名称取而代之。有些骑兵军官立即将霞飞斥为叛徒。以汉密尔顿·霍金斯将军为首的保守派，警告美军骑兵，称机械化骑兵是传统骑兵的对手，并开始为骑兵存在的正当理由进行辩解，直到 1945 年才偃旗息鼓。"霍金斯游说团"认为，机械化部队的任务是支援传统骑兵。关于战马与坦克之间的争论，使骑兵产生了分裂，但双方的理论都没能提出解决这个美军问题的方案。此外，富勒与利德尔·哈特的著作中，除了关于皇家坦克兵的部分之外，其他内容都太极端。法军与德军的军事思想，此时则仍处于形成与试验阶段。

事后来看，20 世纪 30 年代，美军关于坦克的很多争论涉及的都是细枝末节的问题。机械化战争的拥护者抱怨，战马束缚了骑兵坦克的使用；坚定的骑兵拥护者则拒绝承认战马已经过时。1933 年，在《骑兵》杂志上，巴顿撰文指出"骑兵将总是冲在己方坦克前方"。同时，美军步兵也在抱怨，其指挥坦克的特权受到了侵犯。在堪萨斯州（Kansas）的赖利堡（Fort Riley），美军机械化部队进行了 3 次演习，包括装甲单位与 1 个骑兵旅。① 在第 4 次演习中，美军传统骑兵使

---

① 此处的"装甲单位"指美军第 1 机械化骑兵团，加强有 1 个摩托化炮兵连与观测机。实际上，第 1 机械化骑兵团装备的装甲战斗车辆数量非常有限。其装备的 189 辆各型车辆中，有 103 辆为补给与维修车辆。其装备的 24 辆"战斗车"中，有 18 辆是用其他型号车辆"扮演"的。"1 个骑兵旅"，是由美军第 2 骑兵团与第 13 骑兵团组成的"骑兵学校旅"，加强有 1 个骑炮营、1 个摩托化工兵排、1 个机械化化学战排与观测机。

用侦察车对抗机械化部队，而非战马。[①] 然而，机械化部队的机动性优势，带给骑兵更多的是困扰，而非激励。霞飞如此抨击其同僚的沉默：

> 他们似乎对机械化骑兵的可能性视而不见。我认为，在骑兵师中，机械化骑兵与传统骑兵不会进行较大程度的混编。驻扎在赖利堡的那些人应该明白，现在"骑兵"的概念，已经包括各种高机动装备，而并非局限于战马。骑兵学校的座右铭是"我们通过机动进行征服"，而非"我们只通过骑马机动进行征服"。[28]

在技术领域，美军骑兵并不墨守成规。在修订了战术后，美军骑兵增加了飞机与机动运输的内容，但这些仅仅是为了增强传统骑兵的作战能力。大型运载卡车用于运输骑兵团，以节省战马的体力。这些属于后勤领域，而非战术。1931 年，美军骑兵夺取了机械化部队的控制权，看似小胜，但骑兵内部关于作战理论的争议，使美军在装甲战斗车辆的战术应用方面，没有任何真正的进步。[29] 美军骑兵的内乱也导致其无法团结一致地对抗"步兵游说团"，迫使麦克阿瑟不得不再次声明"坦克的首要作战原则是支援步兵"。机械化作战理论的发展，实际上已经分裂成两条兵种路线，毕竟美军步兵学校有关于坦克的独立科室。

1933 年，德国陆军派遣联络官访问诺克斯堡。范沃里斯回忆道："比起我军装备，德军更感兴趣的是我军部署机械化部队的战术与战略。"[30] 此时，美军骑兵最为关注的问题仍然是内部的理论争议，美军步兵则继续照搬法军作战理论，认为以 1 个坦克排支援 1 个步兵营是较为恰当的战术。然而，这是 1918 年的法军战术。20 世纪 30 年代，法军已经转为青睐"突击坦克"并研制了新型车辆。美国陆军无力与时俱进。1934 年，美军预算受限，已经没有足够的资金对"克里斯蒂"式坦克进行适当的试验。

美军对坦克没有明确的作战理论要求，其实仅仅因为美国陆军根本没有坦克的作战理论。"突破"仍然是富勒式的概念，而聪慧的美国人已经意识到，坦

---

① 参加赖利堡演习的美军第 2 骑兵团与第 13 骑兵团是传统骑兵，而非机械化骑兵，但骑兵学校临时为其装备了少量轮式侦察车。

克能执行的任务并不局限于击毁敌军机枪巢。虽然美军骑兵内部对未来应该骑乘哪匹"马"的问题无法达成一致，但其仍然在寻求现代化的解决方法。然而，传统骑兵与战斗车协同作战的战术，却令人尴尬至极。诚如《步兵》杂志所述，骑兵与步兵"相互重叠"，联合行动只会使传统主义者陷入困惑。坦克的行动令人捉摸不定：它们行动缓慢，噪声巨大，长时间处于车体掩蔽状态，经常消失不见。《步兵》杂志不禁问道："在漫长的停顿阶段，坦克应该去哪儿？应该去做什么？"

1936 年，当美军还在为装备坦克还是战马争论不休时，苏军与德军都组建了各自的装甲兵。德国陆军代表团访问过诺克斯堡，但他们并未觉得有向美军学习的需要。[31] 然而，霞飞仍然下定决心：1934 年，他向美军司令提出装备自行火炮。1937 年，美军第 7 机械化骑兵旅配备了摩托化步兵与观测机。同时，在埃塞俄比亚，意大利陆军投入了几十辆 CV 3/33 超轻型坦克，而西班牙内战期间，共和军与国民军都部署了装甲营。这可能促使英国陆军组建了机械化骑兵师。美军的反应则是将第 4 骑兵团改编为第 4 机械化骑兵团，将其派往诺克斯堡。

1936 年，有限的预算迫使美军做出选择：为骑兵装备更多的轻型坦克，或为步兵装备新中型坦克。新制定的政策决定承担主战任务的步兵师将装备步兵坦克，机械化骑兵将聚焦于执行传统的侦察与警戒任务。这种对主战任务的定义，完全忽略了重骑兵在历史上承担的支配性角色：主导主战。直到波兰陷落之后，美军才开始重新考虑这个问题。[32]

从西班牙内战中返回的美国驻西班牙大使馆武官递交的报告，对战场的现状进行了严密的解释，为论辩双方都提供了丰富的材料，也提升了美军步兵与炮兵的信心。美国驻马德里大使馆武官斯蒂芬·富卡上校报告称："坦克未能自证其价值。"虽然装甲部队令人印象深刻，但报告更多赞扬了德制 37 毫米反坦克炮[①]的效能。如果反坦克炮能够打垮坦克，那么步兵就能够推翻支持坦克的人所推崇的理论，成为居于统治地位的兵种。[33] 1938 年，由于反坦克炮能够有效克制坦克的观点甚嚣尘上，美军步兵司令乔治·林奇少将命令重写陆军的坦克手册。步兵

---

① 指德军 Pak 35/36 式 37 毫米反坦克炮，在西班牙内战中首次投入实战。

与骑兵的两位司令，林奇与约翰·赫尔少将，应该为美军坦克兵发展所受到的阻碍负直接责任。1940 年 11 月，当弗兰克·安德鲁斯少将（G3）[①] 向乔治·马歇尔将军建议"应该组建独立的装甲兵兵种"时，他们仍然在进行反对。他们以个人偏见对抗美军机械化进程，阻碍美军装甲兵作战理论发展的行为，一直持续到了 1941 年。[34]

鼠目寸光并非美军步兵与骑兵专有的特例。1923 年，美军炮兵命令对"克里斯蒂"式坦克与"霍尔特"式火炮运载车进行试验，却得出了"其对轻型火炮与榴弹炮缺乏战术用途"的结论。[35] 炮兵也同样不愿意放弃马匹。20 世纪 30 年代中期，美军炮兵司令才批准在炮架上安装充气轮胎。炮兵的自信（尽管林奇认为是步兵赋予了美国陆军这样的特点）一直持续到美国陆军成立地面部队司令部并受到莱斯利·麦克奈尔将军强有力的影响才作罢。在美军地面部队司令部制定的作战理论中，反坦克炮——而非坦克，才是对抗敌军装甲的有效方式。地面部队司令部一直秉持这样的观点，直到二战结束。1939 年，当欧洲再次陷于战火时，美军发现自己根本没有坦克兵，没有堪用的主战坦克，最为致命的是，没有明确的作战理论。

## 北美洲坦克兵：加军骑兵与机械化

*在骑兵服役时，我骑马骑成了罗圈腿。*

*他们拿走了我的马与马刺，把我塞进了坦克。*

*我此生与马共度，热爱与马辛勤工作，却受不了这些靠汽油与燃料生存的新生怪兽。*

*——摩根（C.E.Morgan）中校 [36]*

一战时期，西线战场上协约国的首支现代化装甲部队，是加军摩托化机枪旅。1916—1917 年，加军摩托化机枪旅的装甲车表现突出。[37] 1918 年时，在任何战线上，加军都算得上是最具自持力的突击兵力。在完善了进攻能力的同时，其甚至

---

① G3，美国陆军参谋官中，作训官（Operations）的代号。

在对装甲战斗车辆不甚了解的情况下，就开始了自行火炮的研制。加军刚迈进机械化战争理论的大门，就订购了坦克。1918 年 5 月，加军组建了第 1 坦克营，营长为丹尼森（R. L. Denison）中校。1918 年秋季，加军组建了第 2 坦克营。1918 年 6 月 21 日，丹尼森中校的部队抵达英国，并开始训练。在博文顿（Bovington），全营 806 名官兵完成训练后，第 1 坦克营前往法国，但未赶上参战。1919 年 5 月，加军解散了这两个坦克营。

一战结束时，渥太华本可以低调地打造自己的机械化部队核心，使加军装甲战斗车辆与欧洲国家最新的发展看齐。然而，这并未发生。加拿大的军事发展从属于大英帝国的需求。英国陆军更希望加拿大提供齐装满员的步兵师，而非自治领坦克兵。英军始终以自身的模式规范着加拿大的军事发展：从操典到制服，从武器到作战理论。20 世纪 30 年代的加拿大陆军，用莫里斯·波普的话说就是"自始至终，英军只是将其自身的条件状况，几乎原封不动地强加于我们"。阿瑟·库里将军曾以长于独立解决问题著称，并拥有卓越的参谋班底。[38] 与之相反的是，"其他加军军官似乎更依赖于英军替他们进行思考……在英军军官给出答案之前，他们并不愿思考解决办法，也不愿开动自己的想象力"。[39] 作为大英帝国武装力量的组成部分，加军能得到一流的参谋系统与后勤系统的支援。唯一需要说明的是，加军是在白厅的指导下运行的，而白厅有着独特的议程——在 1933—1936 年任大英帝国总参谋长的阿奇博尔德·蒙哥马利 - 马辛贝德将军认为："要坚持认为，英国陆军的角色不是参加大规模战争，而是负责英国的防卫与治安。"[40] 在履行卫戍职责的过程中，英国陆军非常享受这种惬意。富勒表示，在一战结束那天，有个军官告诉他："谢天谢地，我们终于能去履行军人真正的职责了。"一战结束时，连渥太华都急于摆脱这台巨大而昂贵的"战争机器"，其唯一的价值就是善于杀死德军。

随即，加军刀枪入库、马放南山，从军到师的部队建制相继解散，仅保留旅级部队。在加军摩托化机枪旅也遭遇解散后，就再没有势力为装甲战斗车辆摇旗呐喊。坦克作战理论的发展问题，只能留待英国陆军部解决，然而英国陆军部却没有定论："必须铭记，英军皇家坦克兵始终处于试验阶段；没有明确的操典或战术；一切都处于组织与讨论过程中。"[41] 加军没有组建皇家坦克兵，其重新回到了参加第二次布尔战争时的模式。

加拿大陆军缩编到了只剩 3 个步兵营与 2 个骑兵团的规模。加军骑兵满足于执行传统任务。加军斯特拉思科纳勋爵骑兵团与皇家加拿大龙骑兵团拆分成了几个独立的骑兵中队，驻地相距几千英里，受到的训练也更适于执行在巴勒斯坦或印度执行卫戍任务。与在墨西哥边境执行屏护任务的美军骑兵不同，加军骑兵仅维持了作为未来战争核心的技能：其仍然处于战术演变的边缘处。"我们不希望我军骑兵前锋像 1914 年的法军骑兵那样，动辄发起盲目的冲锋，却陷入德军伏击——不过，只要条件允许，我们仍然希望骑兵能够以骑乘战马的方式径直冲击敌军，从而获得士气上的优势。"[42]

理论方面的争议基本围绕着机动性展开，因此直到摩托化使得军事运输与后勤出现革命性变革后，答案才变得显而易见。[43] 当时，骑兵师机动优势的最佳体现，是在崎岖地形上。20 世纪 30 年代，在坦克只能以步兵的速度前进的区域，骑兵却能以 5~8 英里 / 时的平均速度前进。[44] 解决办法之一是混编传统骑兵与摩托化部队或机械化部队。一战结束后的 10 年中，英军进行过几次试验。1927 年，英军制造的 2 辆"维克斯"轻型坦克，并未给坦克的支持者带来多大鼓舞。更糟糕的是，1929 年的经济危机到来后，所有常备军的训练都被迫中止。

1930 年，在加拿大安大略省（Ontario）的金斯敦（Kingston），加军依靠 12 辆"卡登·洛伊德"机枪运载车开设了机械化课程，并逐渐演变成了安大略省佩塔瓦瓦兵营的野战战术训练课程。[45] 加军根据积累的经验，在安大略省的博登兵营组建了加军装甲战斗车辆学校，也是加军装甲兵之家，其就像是霞飞在诺克斯堡进行试验的袖珍版：只有 1 个装备"卡登·洛伊德"式机枪运载车的中队与皇家加拿大龙骑兵团的 1 个骑兵中队参演。相比之下，风险代价却要小得多。诺克斯堡的试验威胁到了美军骑兵的地位，加军装甲战斗车辆学校只提供熟练技工与技术人员。该学校甚至拒绝装备 1 辆"克里斯蒂"式坦克，因为理论研发是次要的。[46] 然而，20 世纪 30 年代时，尽管效忠英国仍然是至高无上的义务，但已经有大量民族主义者强烈要求加拿大以自己的方式参加战争，喊出了"我们不再绑在祖国的围裙带上了"等口号。[47]

更重要的是，对未来的战场作战来说，加军诸兵种都处于炮兵的支配之下。1905—1939 年，加军有 75 名军官从坎伯利参谋学院或奎达参谋学院毕业。其中，有 2 人为后勤兵出身、11 人为通信兵、12 人为工兵。步兵得到的名额是 21 人，而整整 34 年，骑兵获得的名额只有 7 人。相比之下，炮兵获得了 21 个名额，与步兵持平，却是骑兵的 3 倍。1921—1939 年，只有 2 名骑兵军官，曼与福斯特，接受了高等参谋训练，而且都是在爆发了战争的年份。加军总参谋长安德鲁·麦克诺顿将军表示："20 世纪 30 年代，加军忽视了步兵与骑兵军官……简而言之，在为参谋学院挑选人才时，刻意地绕过了步兵与骑兵。这意味着 1939 年时，他们对担任高级指挥官毫无准备可言，甚至根本没有资格担任高级指挥官。"[48]

加拿大产生了自己的"莱斯利·麦克奈尔"。主导美军地面部队司令部与加拿大陆军的"炮兵政治阴谋集团"事后也招致了为数不少的批评。麦克诺顿所取得的专业成果就说明了这个问题。[49]

1939 年时，加军骑兵轻而易举地就从装备战马改编为装备坦克。与他们的美国同行不同，加军没有激烈的理论争议，也没有针锋相对的军事思想拼得你死我活。步兵坦克与骑兵坦克的支持者之间没有恶意的争吵。之所以会如此，是因为加军不存在半机械化的过渡阶段，也不存在半机械化状态下必然背上的包袱——作战理论与兵种地位的争夺。加拿大国防部的估计简单而务实："坦克耗资巨大，而且很快会过时，所以我们永远不会装备大量坦克。"[50] 就像美军坦克支持者的对手那样，加军步兵与炮兵将领们也受到了欧洲大陆理论的诱骗："发起进攻的坦克很快就会在反坦克武器的打击之下丧失作战能力。"[51] 加军高级参谋官似乎为规划如何抵御美军的入侵耗费了大量精力，就像他们为欧洲的战争制作领土的版图那样。[52] 然而，德国空军与德军装甲师，都无法进攻遥远的加拿大，从渥太华对德军闪击战的反应来说，这并不是加军如此行事的一个因素。[53] 德军装甲兵入侵波兰后，加拿大国防部迅速放弃了高等民兵参谋学院课程。"令人难以置信的是，本应该作为参谋训练催化剂的战争，最终却成了终结参谋训练的理由。"[54]

与美军、英军相比，加军机械化进程的争论，并非陆军或骑兵内部的"血海深仇"，而是作为工兵的伯恩斯与作为炮兵的西蒙兹之间关于最佳步兵师模式的军事思想争议。[55] 如果不是因为这两位未来的将军将各自狭隘的结论应用于未来的战斗中，我们倒是可以将他们的争论视为加军机械化进程中有趣的注脚。伯恩斯的坦克独立作战理论有些隐忧：他先后担任加军第 5 装甲师师长与加军第 1 军军长。然而，在地形崎岖的意大利作战，指挥他的又是苛刻的蒙哥马利，因而伯恩斯没受到严重的损失。西蒙兹则更为危险。1944 年夏季，当布拉德利在圣洛进行突破时，西蒙兹与之协同进攻。他的战术观点与关于"维持"战斗必要性的预言，使之付出了 2 个军进攻失败的代价。

△美军第 4 装甲师的"谢尔曼"重型坦克在洛林。注意 75 毫米炮型 M4A3 与图片中央经过大幅度改进，换装 76.2 毫米炮的 M4A3E8，"简 8"（Easy Eight）混编在一起。（宾夕法尼亚州，卡莱尔，美国陆军军史研究所，美军通信兵）

# 注释

1. Lt. Gen. G. le Q. Martel, *In the Wake of the Tank* ( London: Sifton Praed, 1935 ), p. 37.

2. 1917 年，美军只派了 1 个骑兵团——第 2 骑兵团，前往法国作战。详见 1966 年，纽约：兰德·麦克纳利出版公司（Rand McNally），詹姆斯·梅里尔，《从马刺到辉煌：美军骑兵的故事》（*Spurs to Glory—The Story of the United States Cavalry* ）；1990 年，诺瓦托（Novato）：要塞出版公司（Presidio Press），戴尔·威尔逊上尉，《蹂躏他们：1917—1920 年，美军装甲兵的诞生》（*Treat 'em Rough!: The Birth of American Armor, 1917-20* ），第 55 页，第 173 页。

3. 1985 年，哈姆登（Hamden）：执政官书业（Archon Books），罗伯特·艾伦·道蒂，《灾难之源：1919—1939 年，法国陆军理论的发展》（*The Seeds of Disaster: The Development of French Army Doctrine, 1919-1939* ），第 100~101 页：实际上，美军所有的炮兵作战手册与坦克作战手册，都是从法军相关作战手册翻译而来的。另见 1988 年，卡莱尔：美国陆军军史研究所，丹尼尔·维托克，《教训：美国陆军吸取经验教训的历史》（*Lessons Learned—A History of US Army Lesson earning* ）。

4. Col. H. B. Fiske, memorandum for chief of staff: "Training," 4 July 1918. *U.S. Army in the World War 1917-1919, Reports of the Commander in Chief, Staff Sections and Services* ( Washington, D.C.: U.S. Army Center of Military History [hereafter CMH] 1991 ), p. 304.

5. Vetock, *Lessons Learned*.

6. Capt D. D. Eisenhower, "A Tank Discussion," *Infantry Journal* 17（5）:454.

7. Brig. Gen. S. D. Rockenbach, "The Tank Corps," lecture delivered at the General Staff College, Washington, D.C., 3 October 1919. Int, Pt 1, Miscellaneous Lectures 1919–20, U.S. Army MHI, Carlisle Barracks.

8. Capt. Joseph W. Viner, *Tactics and Technique of Tanks*, instructional pamphlet ( Fort Leavenworth: 1920 ).

9. S. D. Rockenback, "Tanks and Their Cooperation with Other Arms," *Infantry Journal* ( January 1920 ).

10. Eisenhower, "A Tank Discussion."

11. 艾森豪威尔在第一次世界大战期间曾在马里兰州负责对一个坦克营进行训练，同上书，p. 453.

12. Ibid., p. 457.

13. Ibid.

14. B. G. Chynoweth, "Cavalry Tanks," *Cavalry Journal* 30（July 1921）.

15. Ibid.

16. Viner, *Tactics and Technique of Tanks*.

17. Wilson, p. 211; See also Mildred Hanson Gillie, *Forging the Thunderbolt: A History of the Development of the Armed Forces* ( Harrisburg, Pa.: Military Service Publishing, 1947 ), p. 17.

18. *Infantry Journal* ( January–February 1920 ).

19. 1925 年 11 月，第 62 期《步兵》杂志（*Revue d'Infanterie* ），《涉及坦克的步兵作战训练》（*Instruction de la troupe d'infanterie en vue du combat en liaison avec les chars* ），第 670~686 页，援引佩雷上校的话：法国的军事策略坚持认为，在任何情况下，坦克都应该用于支援步兵作战。法军将进行冲锋突破的坦克兵斥为"单打独斗"，将富勒的理论斥为"危险的乌托邦，盲目乐观而不现实"。1928 年 2—7 月，第 72~73 期《步兵》杂志，阿莱奥上校，《摩托化》（*Motorisation* ）。

20. 在解散时，美国远征军坦克兵有 752 名军官与 11277 名兵士。此外，在柯尔特兵营（Camp Colt）与波克兵营（Camp Polk），还有 483 名军官与 7700 名兵士。1990 年，诺瓦托：要塞出版公司，戴尔·威尔逊上尉，《蹂躏他们：1917—1920 年，美军装甲兵的诞生》，第 214 页，描述了这悲惨的一幕："罗肯巴赫摘下了将星，降回了上校军衔……当月月底，在米德堡，第 304 坦克旅与第 305 坦克旅的旅长，巴顿与米切尔，也摘下了鹰徽，别上了上尉的杠状军衔标志。"

21. 1971 年，纽约：巴兰坦书业（Ballantine books），肯尼思·麦克西，约翰·巴彻勒，《坦克：装甲战斗车辆史》（*Tank: A History of the Armoured Fighting Vehicle* ），第 25 页："坦克乘员只能通过触碰与手势进行坦克内部通信，即使吼叫也无法掩盖坦克发动机与履带的噪声。每次掉转坦克方向，都得集体协作。首先是需要转换大齿轮，并通过操纵转向齿轮的乘员关闭差动器与制动作用，才能实现转向。每个步骤都需要不同的乘员进行操作。"

22. 美国陆军军史研究所，克里滕伯格回忆录：美军第 1 坦克团，绰号"保镖"（the Heavies），具有明显的"皇家坦克团"心态。克里滕伯格文献中的回忆录记述，当他前往米德堡报告时，带着他在奥林匹克运动会上获得的步枪射击比赛金牌，却并没给他的上校留下什么深刻印象。上校说："好吧，年轻人，我来告诉你——我们不装备步枪，坦克团里也没有步兵的位置。"

23. Gillie, 21.

24. 1995 年 8 月，在美国陆军军事学院卡莱尔兵营对乔治·霍夫曼（George Hoffman）教授进行采访时，霍夫曼教授表示：“克里斯蒂与其令人感到刺激的坦克都有问题：其机械可靠性较低……克里斯蒂难以交流……军械兵拒绝与他接触。”

25. 美军装甲兵的系谱广阔，“装甲兵祖父”范沃里斯、“装甲兵之父”查菲、“装甲兵教父”罗肯巴赫、“装甲兵的邪恶继母”赫尔，后者是美军骑兵的“守护神”，他宁愿自己死去，也不愿意美军放弃战马。

26. 1947 年，宾夕法尼亚州，哈里斯堡（Harrisburg）：军事勤务出版社（Military Service Publishing），米尔德里德·汉森·吉利，《锻造雷霆：1917—1945 年，美国陆军装甲兵发展史》（Forging the Thunderbolt: History of the US Army's Armored Forces, 1917-45），第 43 页：霞飞表示：“有人告诉我，军事学院院长认为我的演讲是空想而且疯狂，对此我感到荣幸。”美国陆军史研究所，1929 年 9 月，美国陆军军事学院，霞飞上校的演讲，《机械化骑兵》（Mechanized Cavalry）。

27. Report of the Secretary of War, 1931 in Gillie, p. 48.

28. Ibid., p. 68.

29. 美军第 1 骑兵团、第 15 骑兵团与第 68 野战炮兵团奉命前往诺克斯堡，“进行机械化战争训练”。1947 年，宾夕法尼亚州，哈里斯堡：军事勤务出版社，米尔德里德·汉森·吉利，《锻造雷霆：1917—1945 年，美国陆军装甲兵发展史》，第 58 页：作为历史最悠久且最为知名的美军骑兵团，第 1 骑兵团的官兵得知要放弃战马，改为装备坦克时，曾表现出了极为深重的悲痛。

30. Gillie, p. 85.

31. 诺克斯堡的巴顿图书馆，美国陆军上校哈里森·豪厄尔·道奇·海伯格留存的文献记述：“我们认为德军的战术继承了霞飞的学说，因为德军军官频繁地造访诺克斯堡。”根据霍夫曼教授搜集的格罗少将的文件中 1938 年 7 月以来的日记：1950 年 2 月 10 日，在给贡德克（Gondek）中校的信中，格罗少将表示，1934—1935 年，有位德军参谋官访问过诺克斯堡，他甚至认为：“那个人可能就是隆美尔”。[①]

32. See: Janusz Piekalkiewicz, The Cavalry of World War II（London: Orbis, 1979）.

33. 1972 年，华盛顿特区（Washington, D.C）：军史处处长办公室（Office of Chief of Military History），玛丽·李·斯塔布斯，斯坦利·拉塞尔·康纳，《装甲骑兵》（Armor Cavalry），第 56 页：“1931 年，美国陆军部曾命令所有兵种都应该机械化与摩托化。1938 年，陆军部修改了相关命令，改为只由两支作战兵种完成机械化——骑兵与步兵。”

34. 1946 年 5—6 月期，《骑兵》杂志，第 38 页：他们的反对违反了 1920 年《国防法》的规定：“组建不包括步兵与骑兵的装甲单位。”赫尔阵营的文献，详见 1953 年，波士顿（Boston）：小布朗出版公司（Little Brown），赫尔少将，E.S. 华莱士，《美军骑兵的故事》（The Story of the US Cavalry），第 248～262 页。

35. See "Report of Field Artillery Board 1923." Also Field Artillery Journal XIII（1923）; XXVII（1937）; IXXX（1939）; and "Artillery and the Tank," XXX（1940）. For more balance, see "Obsolescence of Horse Drawn Artillery," Army and Navy Register（16 May 1937）.

36. Lt. Col. C. E. Morgan, "Trooper Jones Laments Transfer to the Tank Corps," Canadian Military Gazette 50–51（December 1936）: 22.

37. 最初，加军摩托化机枪旅的组织形式是下辖数个中队，每个中队装备 8 辆装甲车，每辆装甲车装备 2 挺“维克斯”（Vickers）机枪。其他机枪安装在特制的轻型卡车上，其速度为 25 英里 / 时（约 40.23 千米 / 时）。1924 年，第 2 期《加拿大国防季刊》，沃克（W.K.Walker）中校，《1918 年 3 月德军大攻势中，对加军摩托化机枪旅作战的部分记述》（The Great German Offensive March 1918 With Some Account of the Work of the Canadian Motor Machine Gun Brigade），第 412 页：“每 4 辆战术装甲车组成 1 个单位，因此其不能分散使用。”

38. 1980 年，哈蒙兹沃思（Harmondsworth）：企鹅出版社（Penguin），詹姆斯·莫里斯，《作别的号声：帝国的撤退》（Farewell the Trumpets: An Imperial Retreat），第 213 页：“绝大多数人都认可……加军是西线最优秀的军队。”

39. Stephen J. Harris, Canadian Brass: The Making of a Professional Army 1860–1939（Toronto: University of

---

① 补充一下，“隆美尔可能访问过诺克斯堡”的说法并无根据。20 世纪 30 年代，德军代表团确实曾频繁访问诺克斯堡，对美军机械化作战理论的试验进行过学习与观摩。德军代表团为首的人物是阿道夫·冯·舍尔（Adolph Von Schell，1893 年 8 月 21 日—1967 年 9 月 16 日）上校，后晋升为德国陆军中将。他曾在古德里安的举荐下任德军坦克与机械化兵种总监，后任德军第 25 装甲师师长。不过，格罗少将提到的“德军参谋官”并不能认定就是舍尔。

Toronto Press, 1988）, pp. 203–205.

40. John A. English, *The Canadian Army and the Normandy Campaign—A Study of Failure of High Command*（New York: Praeger, 1991）, p. 25.

41. Maj. T. V. Scudmore, "The Vickers Light Tank," *CDQ* 5（1927–1928）: 321.

42. Lt. Col. H. V. S. Charrington, MC, "The Employment of Cavalry," *Military, Gazette* 6（1927–1928）.

43. 1933 年 4—7 月，美国陆军公报（*Army Gazette*）第 22 期，第 58 页：1 个骑兵师的后勤意味着"行进 300 英里（约 482.8 千米），只要 20 辆汽油卡车，就足够 1 个骑兵旅的消耗。相比之下，1 个常规的步兵师需要 740 辆马车与 360 辆机动车辆运送补给、行李与弹药，平均每天也只能前进 15 英里（约 24.1 千米）。"

44. Maj. C. W. Devy, Lord Strathcona's Horse（Royal Canadians）, "A Cavalry Trek Through Alberta." In the other great march（St. Jean, Quebec, to Petawawa, Ontario）the Royal Canadian Dragoons squadron covered 320 miles in 13 days. *CDQ* 3（1934）: 216.

45. 参见 1927—1928 年，第 5 期《加拿大国防季刊》，N.G. 达克特中尉，《佩塔瓦瓦兵营的机械化运输车辆》（*Mechanized Transport Vehicles at Petawawa Camp*）；《近期在加拿大进行的机械化试验》（*Recent Mechanized Trials Carried out in Canada*）；L.C. 古迪夫，《机械化》（*Mechanization*）。课程指挥官查尔斯·福克斯少校，意味着可以称其为"加军皇家装甲兵之父"。

46. See Clara E. Worthington, Worthy（Toronto: Macmillan, 1961）and Brereton Greenhous, *Dragoon: The Centennial History of the Royal Canadian Dragoons, 1883–1983*（Ottawa: Guild of the Royal Canadian Dragoons, 1983）.

47. 1934 年 7 月，《加拿大国防季刊》，A.W. 博尔捷（A. W. Boultier）上尉，《机械化有何价值》（*What Price Mechanization*）；1988 年，多伦多：多伦多大学印务（University of Toronto Press），斯蒂芬·哈里斯，《加拿大铜管：1860—1939 年，打造职业化陆军》（*Canadian Brass: The Making of a Professional Army 1860–1939*），第 205 页：索厄德（G.B. Soward）少校抱怨加军"努力般地盲从基于北美大陆之外的战争需要进行的组织安排。"

48. 1992 年，渥太华，金斯敦，皇家军事学院，约翰·麦克唐纳中校，硕士学位论文《探索真相：1899—1945 年，加拿大陆军参谋官的训练》（*In Search of Veritable: Training The Canadian Army Staff Officer, 1899 to 1945*）："1919—1927 年，当麦克诺顿担任副总参谋长或主管参谋事务时，以及 1928—1935 年，他担任总参谋长时，有 15 名炮兵、10 名工兵、12 名步兵、2 名骑兵与 6 名其他兵种的军官进入参谋学院进修。有 3 名炮兵军官、3 名工兵军官与 1 名步兵军官从帝国国防大学（Imperial Defence College）毕业。"

49. 1988 年，多伦多：多伦多大学印务，斯蒂芬·哈里斯，《加拿大铜管：1860—1939 年，打造职业化陆军》，第 211 页：在海外，担任集团军司令、军长或师长的 28 名少将中，有 8 个人在未来得及参加实战的情况下，就因无能而遭到彻底解职。在首egen战阵后，又有 2 人遭到解职，还有 1 个人在 9 个月后遭到解职。

50. Maj. E. L. M. Burns, "A Step Towards Modernization," *CDQ* 12（October 1934–July 1935）: 298.

51. Chef de Battalion Baures, "The Attack Problem from an Infantry Point of View," *CDQ* 11（October 1933）.

52. 1977 年，蒙特利尔：麦吉尔—女王大学印务（McGill-Queens University Press），理查德·阿瑟·普雷斯顿，《不设防边境的防御：1867—1939 年的北美战争计划》（*The Defence of the Undefended Border: Planning for War in North America 1867–1939*），第 217 页："20 世纪 20 年代初期，最为作训与情报部门的主任，萨瑟兰·布朗上校专门负责制定关于加拿大的军事战略计划……1920 年 12 月—1921 年 4 月……布朗备了 1 号防御计划——多达 200 多页的对美战争计划……他提议……攻占位于斯波坎（Spokane）、西雅图（Seattle）、明尼阿波利斯（Minneapolis）、奥尔巴尼（Albany），缅因州（Maine）的部分地区，以及从尼亚加拉河（Niagara）到圣玛丽河（St.Mary）之间五大湖前线的桥头堡。"

53. 1936 年，渥太华批准了重新武装的项目计划，以空军最为优先，其次是海军；加拿大国防部批准了组建 4 个坦克团。对欧洲大陆战争的准备是在加拿大总理麦肯齐·金的指挥下进行的，他也是同盟国领袖中唯一真正与希特勒会面过的人。参见 1975 年，多伦多：多伦多大学印务，杰克·劳伦斯·格拉纳茨坦，《加拿大的战争》（*Canada's War*），第 55～56 页；1976 年，多伦多：多伦多大学印务，布莱尔·尼特比，《威廉·里昂·麦肯齐·金》（*William Lyon Mackenzie King*）第 3 卷，第 279～286 页；1965 年，多伦多：多伦多大学印务，詹姆斯·埃尔斯，《保卫加拿大：绥靖与再绥靖》（*In Defence of Canada—Appeasement and Rearmament*），第 45 页、第 197 页、第 226 页。

54. 1992 年，渥太华，金斯敦，皇家军事学院，约翰·麦克唐纳中校，硕士学位论文《探索真相：1899—1945 年，加拿大路军参谋官的训练》，第 86～87 页：1940 年，在坎伯利参谋学院与奎达参谋学院，为期 1 年的参谋课程取消，改为在坎伯利参谋学院为大英帝国军官教授更短（10～17 个星期）的参谋课程。加军只得到了 5 个人的名额，这引起了麦克诺顿将军的抗议。1941 年夏季，加拿大国防部再次启动了加军的参谋课程。

55. The opening volley was fired by Burns in his CDQ essay, "A Division That Can Attack," *CDQ* 14（April 1938）: 282, 297. See also E. L. M. Burns, "A Step Towards Modernization"; "Where Do Tanks Belong?" *CDQ*（March 1939）: 416; G. G. Simonds, "An Army that Can Attack," *CDQ* 16（October 1938–July 1939）; "The Attack," *CDQ*（July 1939）: 379–382.

# 第 3 章
# 打造北美洲装甲兵：欧洲的影响

---

*美国陆军不能由法国人与英国人打造！！*

*——1917 年，美国远征军 G5，哈罗德·本杰明·菲斯克将军*

---

最初，美军装甲兵发轫于美军骑兵内部诸如范沃里斯与霞飞等先驱者的推动。1934 年，在赖利堡的演习之后，美军其他兵种也出现了机械化的拥护者，并将其作为未来美军诸兵种的发展方向。[1] 这种交互作用为"前机械化"游说团创造了大量专业人才与智囊基础，但仍然未能克服阻碍他们达成目标的障碍：骑兵与步兵的门第之见。虽然步兵反对派的思想落后，但他们至少合乎逻辑。在步兵的指挥下，步兵坦克作战的效果很好："战争王后"的任务仍然是攻占阵地，固守阵地并抵御反击。即使致力于这种消耗战与实际所得的参谋人员只着眼于有限的目标，大规模的坦克部队对其来说也是毫无用途。在军事上，美国的邻国无法对其构成威胁。当时，美国与欧洲列强爆发战争的可能性也微乎其微。无论是麦克阿瑟、马歇尔，还是随后的美军步兵司令，都倾向于将坦克作为可有可无的步兵武器。

骑兵"统治集团"对坦克的反对是可悲的，但应该将其视为对实用性现代作战理论进行探索的复杂过程。1919—1933 年，骑兵对坦克最初的反对，是可以理解的。谢德维尔或许并未意识到自己在指挥上存在问题，因此才认为："坦克是非常不结实的机械。"20 世纪 30 年代中期，"克里斯蒂"式坦克与车辆的量产带来的革命，已经充分预示了摩托化甚至机械化将在战场的战术层面居于统治地位，很可能在战役层面亦如此。当然，就像英军骑兵与法军骑兵一样，美军骑兵仍然对此表示怀疑。

美军骑兵依然保持着这样的基本论点：骑兵仍然是唯一具备为野战兵力提供

"耳目"以对机动进行必要决策的兵种。战马仍然是唯一能够完成诸如屏护、侦察与快速追击等传统任务的可靠"武器"。骑兵对战马承担的义务，使骑兵不会复兴骑兵一直以来执行的传统任务：冲击与突破。骑兵准备接收装甲侦察车、战斗车与飞机作为补充，但仍然激昂地将维护战马在未来战争中的地位作为原则。1944 年，仍然有美军指挥高层公开提出五花八门的解决方案。

美军内部反对完全机械化的人士，甚至包括像乔治·巴顿这样经验丰富的坦克兵。必须强调的是，美军骑兵并未忽视机械化，甚至在数个领域独领风骚。其存在争议的问题在于"骑兵"究竟是专指骑马作战的士兵，还是乘车和骑马作战士兵的通称。前者依旧需要成百上千的战马，而后者需要的是能够继承骑兵精神的装备。纯粹的坦克拥护者认为"骑兵已死"，大量独立于传统兵种的机械将主导新时代的战争，坦克是新时代战争的象征，也是在未来战争中制胜的唯一关键因素，这更加剧了其与传统骑兵兵种之间在军事思想层面的矛盾。

20 世纪 30 年代末，西班牙内战与诺门罕战役的经验足以平息此项争论，但争论仍在继续，反对派依然存在。更糟糕的是，西班牙内战的作战报告认为，反坦克炮足以击败坦克，美军炮兵司令与步兵司令都欣然接受这个观点。作为陆军总参谋长的麦克阿瑟也停止了陆军机械化的进程，将所有装甲战斗车辆送给了步兵司令与骑兵司令——他们正是试图破坏陆军机械化进程的人。驻欧洲的美军武官提供了大量关于欧洲军事发展的信息，考虑到这些信息及时而准确，而美军保守势力在这些历史的必然趋势面前依然能够保持沉默，这实在是匪夷所思。

## 外国影响之一：英国陆军——遭忽视的"王者之剑"

*（我们的）官兵因根本不阅读而声名狼藉。事实上，我们自己的《步兵》杂志曾收到过《野战勤务条例（3）》[①]，但未能对该书提出有意义的评论……古德里安读过富勒的著作。……而铁木辛哥元帅则命令苏联红军将《野战勤务条例（3）》作为"备忘录"。*

—— 塞缪尔·莱曼·阿特伍德·马歇尔[2]

---

① 《野战勤务条例（3）》（*FSR Ⅲ*），"FSR"是"野战勤务条例"（Field Service Regulations）的缩写。

英国开创了装甲战争并终结了一战，亦是公认的装甲战领袖与专家。英军坦克是最早的突击型车辆——巨大而骇人的怪物，冲进敌军防线，摧毁步兵支撑点，吓得敌军屁滚尿流。各种文献广泛而详尽地记载了英国在装甲战争中的领导地位。富勒[3]与利德尔·哈特所展示的聪明才智得到了支持——尽管勉强，却仍然得到了支持。因而在 20 世纪 20 年代末，英军率先组建了装甲师。可悲的是，在其尚未发展到后来的德军装甲师的程度时，就终止了发展。转变军事大众的思想，需要有所行动与充足的资金。对装甲兵作战理论的发展来说，富勒的《野战勤务条例课程》是划时代的里程碑。有些军史学家认为富勒是坦克的狂热支持者，以至于排斥诸兵种的联合。他影响了世界多国的陆军，却未能改变自己国家保守势力的思想。[4]富勒的愿景是基于中世纪时代蒙古人的诸多成功战例，并将坦克包含于其中。这些令富勒振奋不已的思想，全部来源于对机械化战争的愿景，实际上也是从技术上打破堑壕战僵局的办法，并承诺以此迅速结束战争。富勒是消耗战世界中的运动战主义者，在钢筋混凝土防御作战占统治地位的时代，他却是机动作战的信徒。因此，《野战勤务条例课程（2）》与《野战勤务条例课程（3）》有着明确的方向，却经常被归入科幻小说的范畴。[5]

英军皇家坦克兵的建立，意味着"坦克狂人"或"军事叛逆者"有了大本营，在英国陆军中占据了一席之地。他们的目标是成为精锐兵种："在装甲机械的战斗中，骑兵将无立足之地。"实际上，他们甚至直言不讳地提出，以坦克取代全部 3 个战斗兵种①。这导致了些许抗议，例如："骑兵永远不会因让位于坦克而遭废弃，我们必须依靠人与马获得真正的决定性成果。"[6]不过，直到此时，坦克的支持者仍然是前卫的少数派，对骑兵产生的威胁很有限。暂且不论在白厅进行的后卫行动，对坦克支持者来说，最主要的困难在于研发性能可接受的坦克，既能解决机械与后勤的局限，又具备冲击力，还能保持骑兵那样的生存能力。快速突破的坦克能够将这些不同的性能特点集于一身，但真正的问题在于预算。正如阿奇博尔德·韦弗尔嘲讽的那样："不幸的是，速度是最昂贵的商品；就像战列舰、汽车、赛马或女人一样，任何相对小幅度的速度提升，都会使其价格翻倍。"[7]

---

① 3 个战斗兵种，指步兵、炮兵与骑兵。

第一次世界大战结束 10 年后，机械化的进程开始发展成为纯粹的"坦克师"。1927 年，英军组建了试验型机械化旅，下辖装备超轻型坦克与装甲侦察车的侦察兵力，1 个装备"维克斯"中型坦克的坦克营，1 个摩托化机枪营与 1 个混编了牵引式火炮与自行火炮的炮兵营。这是世界上首支机械化部队，也是所有装甲师的始祖。[8] 同时，苏军组建了 1 个下辖 3 个坦克营的试验性坦克团。1928 年，美军的试验性坦克兵也赶了上来。1930 年，苏军在试验中组建了 1 个完整的坦克旅。1931 年，英军亦如此行事。1932 年，法军终于推出了自己的试验型机械化部队。而此时美军的反应，却是解散试验性装甲兵，转而将坦克分成步兵与骑兵两条路线进行发展。尽管英军先声夺人，但直到完成组建坦克旅 7 年后的 1938 年，英军才组建了 1 个"机动师"。欧洲列强纷纷复制与拓展英军模式，作为坦克发明国的英国，对此却漫不经心。蒸蒸日上的试验逐步放缓，最终停止；1 年之后，英军才组建了装甲师。两种相互矛盾的作战理论始终影响着英军与法军的运转，其试验的争论焦点，就是应该选择富勒的坦克独立作战理论，还是坦克服从于步兵指挥的思想。

20 世纪 30 年代中期，索尔兹伯里平原光辉不再。美军驻英武官上呈了相关报告，美军骑兵对此并无兴趣，但仍然出于"礼貌"接收了这些报告。1937 年，当美军驻伦敦武官报告"新型英制'克里斯蒂'式坦克"[①] 时，时任美军骑兵参谋长的克里滕伯格上校在报告上写下旁注："这值得军官班级看吗？"[9] 这反映了美军各参谋学院的早期观点："1925 年，美军各常规勤务学校普遍对利德尔·哈特最著名的一篇论文持抵制态度，认为其'对这些学校的教员具有负面作用'。"[10] 对研究英军"机动师"感兴趣的人士，更是寥寥无几：

> 当时，美军骑兵认为，英军装甲师的结构配置是错误的。其规模过大，下辖的单位过多。在适宜的时机下，将其作为整体进行使用，自然会有所实效，但这种时机很少出现……其既不适于执行防御任务，也不适于拆分后作为附属兵力使用。[11]

---

① 指 1937 年开始服役的英军 A13 Mk 3 巡洋坦克，使用了"克里斯蒂"式悬挂系统。

美军骑兵并未从官方的角度正式承认英军新组建的装甲师是"富勒主义者"取得了最终胜利的象征，但显而易见的是，美军骑兵的指挥层很熟悉英军的动态，大多数骑兵军官也都阅读过《皇家装甲兵》(*The Royal Tank Corps Journal*)杂志。"在本宁堡坦克营的食堂，我偶然发现了一本《皇家装甲兵》杂志，我简直对它着了迷……士兵们简直都快把这本杂志'吃'了。"[12] 范沃里斯与霞飞意识到了英国陆军内部存在军事思想的斗争，也发现虽然英军是坦克的先驱者，但发展缓慢。1938 年时，驻扎在欧洲与印度的英军骑兵仍然像 1 个世纪以前那样生活："军官们的主要娱乐是马球……骑兵团里几乎每个军官都玩得很好。"[13] 约翰·哈克特爵士回忆："之所以参加骑兵团，很大程度是因为喜欢骑马。后来才发现，实际上，自己'阴差阳错'地入伍了。"[14] 1939 年春，英军仍在英格兰驻扎有 4 个常备军骑兵团。

尽管步兵讥笑骑兵"好的马夫都是糟糕的司机"，但总体而言，骑兵并非对机械化持保守态度，也并不拒绝接受现代发明的趋势。有观点谨慎地指出"在两次世界大战之间，绝大多数参加骑兵的士兵，对机械方面的认识要远多于对马匹的认识。"[15] 在美国与加拿大都是如此。

1938 年初，人们已经普遍接受"将骑兵送往屠马场，就是骑兵最终命运"的观点，"英军决定，除了 2 个常备军骑兵团与 8 个义勇骑兵团之外，其他骑兵团将全部进行机械化改编。"[16] 但是，这个迟来的变化无法压制德军。1939 年，大英帝国总参谋长埃德蒙·艾恩赛德爵士，如此哀叹英军皇家坦克兵："本来拥有世界上最好的装备，也拥有知道如何在战斗中使用这些装备的人员。1938 年时，除了坦克兵的素养外，其他都已风光不再。"[17] 尽管机械化是大势所趋，但传统的分歧依然存在：

> 英军将绝大多数的骑兵团硬塞进了坦克或装甲车里。骑兵觉得自己变成了酒吧吧台里的酒保……英军皇家坦克团（坦克兵）天然具有排他性：英军皇家坦克团只有狂野的机械，他们鄙视战马。[18]

英军容纳"异教徒"的准备，终于有了结果。1939 年，英军皇家坦克兵升格为英军皇家装甲兵，在英国陆军中的等级高于英军皇家炮兵团。至今，英军皇家炮兵团仍然对此耿耿于怀。英军皇家坦克团与英军骑兵，都殷切地将 1940 年的法国战役作为自我辩解的证据。对英军坦克兵来说，坦克无疑是这场战役的赢家。对英军骑兵来说，他们忽然意识到，如果他们接受坦克就是战马，德军装甲师就是重骑兵，那么他们其实并没有彻底丧失重塑骑兵往昔辉煌的机会，而且机动与冲击再次成为"骑兵"的首要战术。

　　美军《骑兵》杂志经常引用 1917 年艾伦比在巴勒斯坦的作战，作为骑兵仍然能在战场上起决定性作用的例证。然而，20 世纪 30 年代时，美国陆军更倾向于学习法军，而非英军。[19] 克里滕伯格对英军新创建的装甲编制不屑一顾，并挖苦道："众所周知，与进攻相比，英军更偏好打防御战。"[20] 对师从格兰特军事思想的美国陆军来说，"细红线"的传统几乎未能对其产生影响，英军冷漠的态度也导致未能对美军的职业化产生任何帮助。这种情况反复上演，甚至当美军成为英军雪中送炭般的"救星"时，亦是如此。哈蒙少将如此记述 1943 年在北非调研时的经历："我非常担忧英军将 1 个师拆分开来，以零散的方式逐次投入作战的态度……而安德森将军却以傲慢的态度对我报以微笑。"

**外国影响之二：苏联红军——遭误解的"纵深作战"**①

---

　　*在演习中，我看到的苏军对坦克的指挥能力，只能用"精彩绝伦"来形容。*

　　　　*——1936 年，明斯克演习后，马特尔中将为《真理报》（Pravda）撰写的文章如是说*

　　*就坦克而言，我认为苏联当居翘楚。*

　　　　*——1936 年，基辅演习后，《真理报》引述法军代表团卢瓦佐将军的评论*

　　*在我看来，我方已万事俱备。*

　　　　*——1935 年，在巴黎，图哈切夫斯基元帅与甘末林元帅的对话*

---

　　① 纵深作战（Deep Battle），准确英文称谓写作 "Deep operation" 或 "苏联纵深作战理论"（Soviet Deep Battle）。20 世纪 20—30 年代，苏联陆军发展出的军事理论。起源于苏联陆军上将弗拉基米尔·基里阿科维奇·特里安达菲洛夫（Влади́мир Кириа́кович Триандафи́ллов，1894 年 3 月 14 日—1931 年 7 月 12 日），图哈切夫斯基元帅使之理论化。其强调不仅要在战线上打击敌军，同时还要对纵深方向的敌军进行连续摧毁、压制与瓦解，以突破敌军防御为目标，对敌军进行围歼。

斯大林对装甲兵的果断风格，与希特勒所说的"这就是我需要的！这就是我想要的！"非常相似。[21] 在对抗资本主义与日耳曼民族的夹击中，坦克为布尔什维克的武装力量提供了可观的解决手段。与组建骑兵相比，坦克的制造相对简单，工厂的工人即可进行组装。在战斗中，也不需要"精英的资产阶级骑兵军官"指挥坦克。无论具备技术优势的前沙皇军官还在军事理论上进行怎样的讨论，对斯大林忠心耿耿且满怀热情的共产主义领导人率领的新式武装，都会将其影响降到最低。苏联红军得到了所有其需要的坦克，也没有毁灭性的军事理论争议：在克里姆林宫，并未上演机械化对抗骑兵的故事。在苏联，装甲兵与哥萨克都有各自的生存空间。只要斯大林想要坦克，他就能得到大量的坦克，尽管初期的苏军坦克是西方资本主义国家坦克的仿制品。[22] 斯大林与希特勒一样，对坦克的作战理论没什么观点。不过，就像希特勒一样，斯大林也有自己的"古德里安"——米哈伊尔·图哈切夫斯基元帅。

苏军总参谋部与伏龙芝军事学院得到了在军事哲学层面上进行辩论的许可。苏军中拥护机械化的人士以独有的表达方式描绘了未来的苏联红军作战理论：机动、集群与纵深作战。苏军的攻势与机动原则，必须与"资产阶级军事理论及其关于战争、军事组织的'错误的理想主义观点'"形成微妙的平衡对立：富勒与利德尔·哈特的著作翻译成了俄语，他们鼓动西方国家陆军组建装甲师，苏军亦依此行事。最初，苏联最伟大的装甲兵思想家图哈切夫斯基谴责了伏龙芝与韦尔克霍夫斯基对富勒的支持；他反对"法西斯警察式的小型机械化陆军"。他也反对精英式的装甲兵：苏联没有"英军皇家坦克兵"的容身之地。图哈切夫斯基主张的是大规模的集群机动，反对其他人提出的消耗战战略。

从开始阶段，苏军就遏制了组建精英化、专业化陆军的思想。20世纪30年代，苏联陆军有两种集团军——摩托化与机械化的突击集团军，遂行战役突破任务；"步兵集群"集团军，则是从沙皇时代演化到布尔什维克人民武装力量过程中的遗留物。[23] 苏军的保守势力将渗透进苏军的独立坦克编制思想嘲讽为"资产阶级"军事思想，图哈切夫斯基却通过引入"不间断攻势"或纵深作战的概念予以力挺。最终，"伏龙芝军事学院教授作战的教员与特里安达菲洛夫领导下的总参谋部作训处（Operational Directorate）共同打造了苏军版本的机械化战争理论"。[24]

苏联红军机械化的进程气势如虹，飞快地甩开了还在进行试验的西方国家。

1932 年,苏军组建了 1 个机械化军。① 苏军中的保守势力与新兴的"坦克游说团"展开争论，并怀疑其妄图独霸陆军，斯大林却阻止了这场争论的扩大。他支持装甲兵："苏联红军是图哈切夫斯基与斯大林达成政治协议的结果。"[25] 1935 年，在图哈切夫斯基的创建与伏龙芝军事学院的改进之下，苏军创建了强大的机械化陆军，装备 1 万辆装甲战斗车辆，且能够得到诸兵种的有效支援。此时，苏军大部分的坦克是从极富创造性的"克里斯蒂"式坦克改进而来的 BT 系列坦克，即"快速坦克"。其完善的终极型号，就是 T-34 中型坦克。数年前,德军在喀山( Kazan )进行的试验 ② 也启发了苏军研制自己的突破型坦克，即 KV-1 重型坦克。

西方国家完善其战术—战役突破理论时，苏联也奠定了未来战略攻势理论的基础。作为先驱的英国，尽管有皇家坦克兵，以及富勒与利德尔·哈特的共同努力，但在 1940 年春季之前，仍然未能组建起规范化的装甲师。1936 年，图哈切夫斯基发布的《苏联红军野战暂行条令》( PU-36 )规定各战斗兵种之间存在共生关系："每个兵种的部署必须由其特性与能力决定。在坦克与炮兵的支援下……步兵通过自身在攻势中的决定性行动……决定了战斗的结果。"但是，真正的重点在于规模庞大、集中火力与诸兵种协同。"坦克必须以集群规模部署。"[26] 虽然PU-36 条令在战略上要求骑兵进攻敌军侧后方，但真正的突破是势不可当的正面突击，这迅速从战术层面提升到了战役层面，最终提升到了战略层面：

> 由坦克、自行火炮与摩托化步兵组成的机械化陆军，能够脱离其他类型兵力单位，独立执行任务，亦能与之协同作战。机械化部队拥有极强的机动性、火力与冲击力。机械化部队作战的基础是以炮兵火力掩护的坦克进攻。机械化合成兵力的机动与冲击必须得到航空兵的支援。[27]

PU-36 条令首次提出的概念，后来变成了 1944—1945 年苏军战役机动集群，最终又成了华沙条约组织的攻势作战理论。其中的细微差别，在于后者的装甲集

---

① 实际上，1932 年苏军组建了 2 个机械化军，分别是列宁格勒军区的第 11 机械化军与乌克兰军区的第 45 机械化军。

② 第一次世界大战后，德国与苏联（1922 年之前称为"苏俄"）都遭到了协约国的制裁与包围，在共同的利益需求下签订合约。苏联为德国对坦克的试验与训练提供场地，德国为苏联提供坦克技术，并训练苏联坦克兵。两国共同建立的坦克学校位于苏联的喀山。1933 年，希特勒上台后，两国在喀山的合作终止。

群进攻范围超越了实施战役的战场，其既是诸兵种协同攻势的组成部分，也是承担战役机动任务的独立冲击兵力——在整个敌军纵深，同时摧毁敌军的作战序列。

美军武官的报告清晰而准确地描述了苏联的军事理论："以纵深行动与步兵支援坦克进行不间断行动，直到完全包围并歼灭敌军。"[28] 克里滕伯格上校向赫尔将军指出其精髓所在："苏军似乎认为坦克是一种通用武器。在各种情况下，都能独立应用或与其他兵种联合作战。"[29] 赫尔却选择无视他。

## 外国影响之三：法国与装甲兵

*我们为自己成功抵制了骑兵坦克的诱惑而感到自豪。*

*——1939 年《步兵评论》杂志（Revue d'Infanterie）*

*总体来说，我们总是赞同这点。*

*——1918 年 5 月，福煦元帅对潘兴将军如是说*

法国陆军对美军武器装备的影响非常大。1917—1940 年，法军宣传册与手册丰富了美军作战理论。一战结束后，美国陆军仍然在生产"雷诺"轻型坦克。法军炮兵的作战理论与火炮构成了美国陆军直射火力与间接火力的基础。[30] 尽管英国陆军开创了兵种先例，美国陆军中没有与英军皇家装甲兵相同的兵种，华盛顿却依然以法军模式作为坦克战的解决方案。因此，就像法国陆军一样，美国陆军中也是步兵终结了坦克。20 世纪 30 年代，法军对德军装甲兵的反应，引起了美军的兴趣。德军试验与作战理论的概念在发展过程中，即为美军所报告。

"英国是机械化进攻理论的鼻祖"。英军坦克作战理论可能影响了年轻的法军军官，但也驱使经过索姆河战役与凡尔登战役磨炼的法军高层指挥官保护自己的作战理论。英国有海峡保护，法国却要直面德军。夏尔·戴高乐中校的著作《走向职业化陆军》[①]，谋求法军转向攻势，摒弃绵延的前线，组建专业化的装甲兵，这些

---

① 《走向职业化陆军》（英文：Toward a Professional Army，法文：Vers l'armée de métier）。

观点引起了政治上的争吵并遭到强烈反对。[31] 法军作战理论从过度强调攻势与蔑视敌军火力，演变到 1921—1936 年强调火力的重要性。"进攻就是以火力推进，防御就是以火力拦阻"。"20 世纪 30 年代，法国高层军事领导人"与"1932—1940 年 5 月，法国陆军部的每个人"都"有组织地批判过"戴高乐的军事理论。[32]

1934 年，时任法国陆军部长的亨利·贝当元帅签署了法军的首部装甲兵手册——《以与步兵保持联系的方式部署坦克的暂行通告》（*Provisional Notice on the Employment of Tanks in Liaison with the Infantry*）。1936 年，尽管遭到了艾蒂安少将的批评，法军总参谋部仍然批准了坦克发展计划，规定 75% 的法军坦克为轻型坦克。此项计划采纳了"坦克进行集群机动"的概念，并明确了装甲兵的 3 项任务：与步兵协同，在步兵与协同步兵的坦克前方向后继的目标推进，进攻敌方的装甲部队。[33]

关于坦克控制权的争论迅速蔓延。法军炮兵认为，在进攻过程中，其任务是确保坦克得到保护，因此所有的炮兵都应该参与支援坦克集群机动。1937 年，法军发布了《现代坦克部署暂行通告》（*Provisional Notice of Employment of Modern Tanks*）。1939 年，法军发布了《战斗坦克单位的管理规定，第二部分：战斗行动》（*Regulation on the Units of Combat Tanks, 2d Part: Combat*）。然而，这两部文件对解决问题没有丝毫帮助，甚至削弱了法军装甲兵的地位，将其置于法军炮兵的控制之下。

法军作战理论试图以坦克打击敌军炮兵与指挥中心，但法军执行此类任务的模式是阶段性的，而非富勒倡导的"钢铁洪流"模式。其与德军在《合成化兵种指挥》①中表述的观点并不相同："协同作战的坦克与步兵通常承担着相同的任务，如果可能的话——打击敌军炮兵。"[34] 德军的军事理论批评家对法军作战理论嗤之以鼻，称其为：耗费 70 分钟等待步兵到来，再发起 7 分钟的进攻。法军坦克营奉命采取特殊的战术："突破敌军防线，着手扩大突破口，为其他兵种完成此项任务做好准备。"[35] 从凡尔登会议发回的美军报告表示，美军的基本原则应该与德军作战理论保持一致。然而，德军装甲兵作战理论将坦克作为独立兵种，能够自

---

① 《合成化兵种指挥》（英文：*Handling of Combined-Arms Formations*，德文：*Truppenführung*）。

行完成机动。与法军不同，德军没有那么多需要制订计划的阶段。德军装甲兵接受的训练是无限地扩大战果（德文"Auftragstaktik"，英文意为"任务导向型战术"，不过称其为"具有导向的主动性"亦抓住了其精髓）[①]。美军同行注意到了其不同之处，或至少注意到了其最初组织编制的结果："法军仅限于组建装甲师，德军却组建了装甲兵。"[36]

驻巴黎的美军武官报告，法军对坦克的集中指挥，实际上是官僚主义的解决方式。其增加了对坦克的指挥层级，却没有引入对机械化部队具备控制权的装甲兵指挥官。法军作战理论规定，坦克"必须在骑兵指挥官或摩托化军军长的命令下，在1个军或1个机械化集群的范围内行动"。[37] 在原则上，甘末林的解决方案是正确的。然而，此解决方案并无作战理论进行支撑，导致法军装甲兵并未集结成装甲师，而是分散成了驻扎在步兵军或"马其诺"防线背后的"消防队"。1940年春季，法军才绝望地试图组建几个装甲师，却为时已晚。这些法军装甲师只学到了德军装甲师作战理论的"形"，却不得其"神"。1940年，战斗中的法军装甲兵，已是甘末林与戴高乐军事思想达成妥协的产物。[38] 然而，这些将法军的思想趋势忠实地传递到华盛顿的报告，却成了美军步兵与骑兵高级将领坚持美军机械化部队发展应维持现状的论据：其应分属两个相互独立的兵种，相互平等，且在表面上相互补充。

## 法军先驱——步兵坦克与骑兵坦克

*法军从不吝啬军费支出。*

*——阿道夫·古塔尔上校[39]*

法军不仅展开辩论，也生产与其作战理论相匹配的坦克。1939年时，法军的作战序列中已经有了轻型坦克、中型坦克与重型坦克。法军"夏尔"B1 Bis 重型

---

① 德文"Auftragstaktik"，更为普遍的译法为"任务式战术"（Mission-type tactics），美军与英军通常称为"任务式指挥"（Mission command）。其起源于19世纪的普鲁士陆军，强调的是任务的目标，而非完成任务的手段——上级通过简洁的命令向下级传达明确的任务与意图，但并不规定执行任务的具体方法，赋予下级最大限度的自主权与行动自由。

坦克，要比当时已有的任何德军坦克都大，"索玛"与"雷诺"①的先进也有口皆碑。[40] 尽管进行了诸多试验，但此时的美军仍然拿不出任何能与欧洲国家的坦克抗衡的坦克。作为颇具影响力的军事作者，前美军骑兵司令查尔斯-托马斯·布雷卡德将军发表的论文在美军骑兵中流传，论文表示："削减战马，危害国防。"[41] 德军进攻法国之前，法军 3 个骑兵师已经改编为 5 个轻型骑兵师。军级层面还下辖 1 个独立骑兵旅与 3 个北非骑兵旅。[42] 轻型骑兵师下辖 1 个骑兵旅，1 个机械化旅（装备 25 辆轻型坦克），1 个由乘坐卡车机动的步兵组成的龙骑兵团。除了 4 个骑兵团以外，骑兵旅装备装甲侦察车用于执行侦察任务，还配属 1 个航空大队，作为"骑炮兵"的 75 毫米自行火炮，能得到 1 个摩托化炮兵营的 105 毫米炮的支援，共包括 4200 匹马、1350 辆轮式车辆、900 辆摩托车与 15 架飞机。法军轻型骑兵师的编制，可谓是赫尔与霍金斯理想中的典范。

20 世纪 30 年代，随着"夏尔"B1 系列与"霍奇基斯"—"雷诺"—"索玛"组合的出现，法军装甲兵成了世界各国陆军的学习对象。各国武官与军事首长成群结队地前往马伊勒康（Mailly-le-Camp），像国际展览上追逐时尚的人们关注"香奈儿"（Chanel）与"朗凡"（Lanvin）品牌服装一样，渴望观看法军坦克。这是首批真正根据作战理论而专门设计的步兵坦克与骑兵坦克，而非试验工程。其他西方国家并未审视法军作战理论的有效性，而是照搬其概念，研制生产了各种"步兵"坦克、"骑兵"坦克或"巡洋"坦克（英军的坦克分类分裂于其海军与中世纪的隐喻之中）。西方国家将"夏尔"B1 系列作为范本，进行盲目模仿。需要指出的是，英军与美军的首种"主战坦克"，都是以"夏尔"B1 系列作为蓝本——巨大、沉重且装甲厚重。在当时，没有坦克炮能够击穿"夏尔"B1 系列，但其坦克炮却能击毁其他国家任何型号的坦克。它是 20 世纪 30 年代的"无畏舰"，是法军"雷诺"系列坦克与英军 Mk 5 式坦克"杂交"的产物②，炮塔和车体上各安装有一门主炮。其设计直接影响了英军"玛蒂尔达"Ⅱ[43] 与"丘吉尔"式步兵坦克（对"夏尔"B1 系列近乎谄媚的仿制品），以及美军"格兰特"中型坦克，至少该型车使用了 B1 巧妙的悬挂系统。这 4 种坦克都曾傲视德军装甲兵，但只有"格

---

① 分别指法军 S-35 "索玛"式骑兵坦克（中型坦克），以及 R-35 "雷诺"轻型坦克。

② 这里是指"夏尔"B1 系列重型坦克的炮塔是"雷诺"系列坦克的单人炮塔,其过顶式履带与英军 Mk Ⅴ坦克相似。

兰特"的 75 毫米大口径坦克炮 ① 与"玛蒂尔达"Ⅱ（"1940 年最优秀的坦克"）厚重的装甲给人留下了深刻的印象。

## 预备装甲师

*尽管查尔斯·戴高乐早已发出过"只有一支装甲兵才具备消灭另一支装甲兵的能力"的警告，但法军最高司令部仍然无视重型装甲师的编制……直到 1940 年 1 月，在法军新任坦克兵总监的抗议之下，甘末林才最终同意组建 2 个重型装甲师。*

*——杰弗里·约翰斯通·克拉克，《法兰西共和国的军事技术》*[44]

　　1939 年 8 月，驻巴黎的美军武官报告了法军的新型装甲师编制——预备装甲师。法军装甲师的组织编制表，看起来就像拿破仑时代的作战序列：半旅、胸甲骑兵、猎兵、骠骑兵与龙骑兵。然而，其长有"利齿"："夏尔"B1 重型坦克与 H-39"霍奇基斯"轻型坦克。通过调查访问，美军武官指出："从武器装备与装甲兵的角度来看，法军装甲师要比德军装甲师更具冲击力。目前为止的战斗似乎已经印证了他们的口号'速度不等于装甲'。"[45]

　　法军在制定装甲师将要使用的条令时，考虑到了"夏尔"B1 系列重型坦克。1939 年 1 月，在凡尔登，美军武官参加了法军第 2 北非坦克团与第 6 摩洛哥狙击兵团的进攻演习。法军为进攻演习进行了谨慎的分配，"夏尔"B1 首拨进攻，随后两拨是 R-35"雷诺"。法军强调的是战术纵深："除非执行特种任务，否则快速坦克并非很必要……速度不等于装甲师，亦无法提供很多人臆想中的防护力。速度也往往意味着坦克将偏废装甲或火力，甚至两者皆废。"[46]

　　1940 年 1 月，法军官方宣布组建了首批的 2 个"重型"装甲师。[47]1940 年 5 月，在法国战役打响之前，法军组建了 4 个装甲师。[48]新型装甲师下辖 3 个半旅：1 个重型坦克半旅，下辖 2 个重型坦克营，装备"夏尔"B1 系列重型坦克；1 个轻型坦克半旅，下辖 2 个轻型坦克营，装备 H-39"霍奇基斯"或与之类

---

　　① 1942 年 5 月 27 日，在北非的加扎拉战役（Battle of Gazala）中，英军装备的美制 M3"格兰特"中型坦克首次参战。无论是作为使用者的英军，还是作为敌方的德军，都对其 M2 式 75 毫米坦克炮的射程与威力表示赞赏。

似的坦克；1 个机械化步兵半旅，下辖 2 个由乘坐牵引式履带拖车的步兵组成的龙骑兵营，每个龙骑兵营下辖 3 个各装备 18 辆履带式运兵车的机械化步兵连与 1 个武器连。炮兵团装备 24 门 105 毫米炮与 1 个装备 47 毫米反坦克炮的反坦克炮连。支援兵力包括 1 个工兵连与 1 个航空中队

法军将作为"突击兵力"的"夏尔"B1 系列重型坦克编为 10 个连，每个重型坦克营装备 35 辆"夏尔"B1 系列重型坦克，每个轻型坦克营装备 45 辆 H-39 "霍奇基斯"。有些较为具有进攻精神的法军将领强烈主张与德军展开"坦克对战"，并预言"当我军与德军装甲集群交战时，我军反坦克炮将就位，支援我军坦克"。[49] 每个法军装甲师装备 160 辆"主战坦克"，数量少于当时英军装甲师与德军装甲师装备的坦克。但是，在技术方面，法军坦克具备优势。如果法军坦克能够适当地集群作战，能够驱散德军装甲师普遍装备的 Pz Ⅱ 轻型坦克与 Pz Ⅲ 中型坦克。[50]

法军预备装甲师不是德军样式的装甲师。其步兵坦克的作战理论与谨慎的风格——"速度不等于装甲"——更适合米德堡的步兵坦克学校，使美军步兵司令更加确信应该遵循法军模式。美军情报官（G2）对法军第 1 装甲师的报告热情洋溢地描绘了这支武备强大且枕戈待旦的兵力："敏锐、热忱、活力充沛、雄心勃勃……他们坚忍不拔……补给丰盈……装备精良……士兵生活舒适。"[51] 这些报告可能成了赫尔为组建新型机械化骑兵师所做的最后努力，而法军的机械化与美军骑兵产生根本性差异的原因，则在于魏刚。[52]

## 魏刚将军拯救法军骑兵

1930 年 1 月—1931 年 2 月，马克西姆·魏刚上将担任法国陆军总参谋长。1931 年 2 月—1935 年 1 月，他担任法军最高国防委员会副主席，这也是法军骑兵机械化长足发展的主要时期。魏刚的支持，以及更为重要的是——他的命令弥补了那些法军步兵、骑兵与炮兵司令旷日持久的争论所延误的时间。如果道格拉斯·麦克阿瑟命令赫尔如法炮制，而不是任由折中与内耗持续下去，美军骑兵很有可能在二战中成为一支令人生畏的力量。

魏刚更关注的是骑兵，而非装甲兵。他认为，传统骑兵所执行的战役侦察、警戒与扩大突破口等任务，也是新组建的机械化师的理想任务。1933 年，在法

# 西方盟军"步兵"主战坦克
## 法国的影响 ①

**1935 年,法国:"夏尔"B1 bis 式重型坦克**
火炮:(车体) 75 毫米;(炮塔) 47 毫米
战斗全重: 32 吨
装甲厚度(最厚处): 60 毫米
最大公路速度: 28 千米 / 时
乘员: 4 人
首次参战: 1940 年,法国

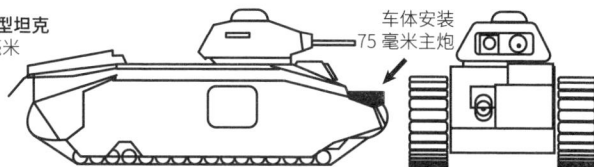

车体安装
75 毫米主炮

**1938 年,英国: Mk 2A"玛蒂尔达"式步兵坦克**
火炮: 40 毫米 (2 磅)
战斗全重: 26 吨
装甲厚度(最厚处): 80 毫米
最大公路速度: 26 千米 / 时
乘员: 4 人
首次参战: 1940 年,法国

**1940 年,美国: M3"格兰特"式中型坦克**
火炮: (车体) 75 毫米;(炮塔) 37 毫米
战斗全重: 30 吨
装甲厚度(最厚处): 51 毫米
最大公路速度: 42 千米 / 时
乘员: 6 人
首次参战: 1942 年,北非战场

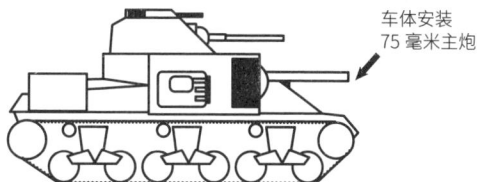

车体安装
75 毫米主炮

**1941 年,英国:"丘吉尔"Mk 1 式步兵坦克**
火炮:(车体) 76.2 毫米 (1942 年卸装);
(炮塔) 40 毫米
战斗全重: 38.5 吨
装甲厚度(最厚处): 102 毫米
最大公路速度: 24 千米 / 时
乘员: 5 人
首次参战: 1942 年,法国,迪耶普

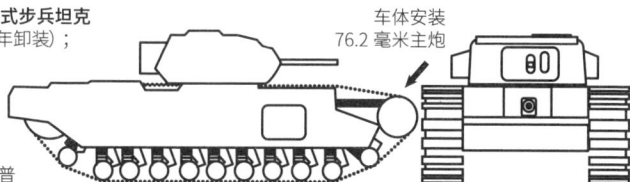

车体安装
76.2 毫米主炮

**1941 年,加拿大:"公羊"Mk 1 式巡洋坦克**
火炮: 40 毫米
战斗全重: 28 吨
装甲厚度(最厚处): 76.2 毫米
最大公路速度: 40 千米 / 时
乘员: 4 人
首次参战: 没有参战记录

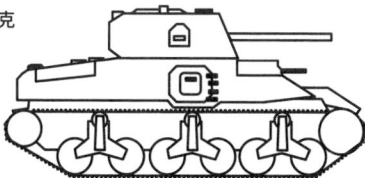

① 原文如此,但实际上其罗列的坦克并非都是步兵坦克。

△德军工程学的牺牲品之一。在法莱斯以南，1 辆"黑豹"G 中型坦克（注意其弧形的炮盾与广受赞誉的车长指挥塔）损坏后，其乘员将其摧毁。（宾夕法尼亚州，卡莱尔，美国陆军军史研究所，美国空军）

国的兰斯（Reims），法军建立了首支完全的摩托化骑兵师，称为轻型机械化师。其下辖 1 个侦察团、1 个坦克旅、1 个摩托化步兵旅、1 个工兵营与 1 个装备牵引式火炮的炮兵团。坦克旅下辖 2 个坦克团，各装备 80 辆坦克；摩托化步兵旅也装备 20 辆轻型坦克，以支援履带式牵引车拖拽的龙骑兵。1939 年，法国陆军骑兵司令将法军轻型机械化师描述为"非常复杂……极端"的编制。[53] 法军组建的 3 个轻型机械化师使法军骑兵有了清晰的作战理论——其任务是进行战略侦察，而非冲击。每个轻型机械化师装备 200 辆坦克并彻底实现了机械化。此外，法军还有 5 个由传统骑兵与履带式车辆混编而成的骑兵师。这种编制令美军骑兵高层颇为青睐。

　　这种强制性的折中可能拯救了法军骑兵，但未能拯救法国，甘末林公开指出了此种折中方案的先天弱点："法军机械化进程的特点更多是支离破碎与多样化，而非统一性或具有清晰的目标。"新作战理论表达了"坦克集群作战"的概念，但实际含义却是集群作战坦克的编制不大于 1 个坦克营。从根本上来说，魏刚拯救了法军骑兵。"法军骑兵热切地盼望能够组建大规模机械化部队，与负责组建的坦克部队的步兵军官相比，可谓判若霄壤。"[54] 20 世纪 30 年代中期，法军骑兵成了法国陆军中现代化程度最高的兵种。

然而，法军骑兵的作战理论却捆绑在了法国陆军的发展方向上。法军的军事战略是崇尚防御且与"马其诺"防线密不可分：法军装甲兵的 1125 辆坦克编成 25 个坦克营，随步兵分散部署。法军没有关于坦克军的运动战理论或概念。尽管如此，法军骑兵掌握着 1312 辆装甲战斗辆，其中约有 700 辆浪费在了传统的轻型骑兵师编制上——新编的 3 个装甲师则装备有 624 辆"主战坦克"。法军骑兵不仅在机械化进程中生存了下来，而且在坦克的装备数量上取得了优势。不过，这是场无意义的胜利——法军五分之四的坦克没有装备无线电机。古塔尔上校却评论道："坦克需要在前进过程中长时间停顿，以频繁进行加油。在坦克彼此之间位于视距内的情况下，远距离通信的无线电设备并非必要。"[55] 法军装甲兵的发展就此走偏了方向。

对任何感兴趣的观察者来说，事实都是有目共睹的。但是，美国陆军的各兵种司令，却根据各自的立场选择信息。当然，德军也敏锐地发现了法军的缺陷。法军各师的冲击力毋庸置疑，但作为整体，法国陆军的作战能力却值得质疑：其看起来过于按部就班与图表化。法军看起来仿佛是在自掘坟墓，他们从未在和平时期举办过大规模军事演习。20 世纪 20 年代，法军的努力尚且虚弱无力；20 世纪 30 年代，法军已经奄奄一息。"仅有的几次军事演习，仍然集中在静态防御战术上。1939 年 9 月—1940 年 5 月，法军最高司令部从未进行过大规模兵力的训练。"[56]

法军试图通过预备装甲师进行"装甲复兴"，为时已晚。"1939 年时，法国尚未做好再打一次第一次世界大战的准备。他们准备的是再打一次接近于 1918 年西线最后阶段战役的战争。"[57] 1940 年，当法军失去了对德军的优势时，法军过度集中的指挥很快导致了混乱。

但是，直到这点显而易见之前，法军作战理论都对欧洲各国军队与美军产生了广泛而深远的影响。在德军装甲师于 1939—1940 年取得胜利之前，美军装甲兵，尤其是其重型装甲战斗车辆的作战理论，模仿和借鉴的首选仍然是法军。

## 外国影响之四：德国陆军

*德国战略与战术理论的根基源于阿尔弗雷德·冯·施利芬的教导。*

*——1939 年，柏林，美军武官 H.T. 克雷默（H.T.Kramer）中校*

*在战争中，只有简单才能胜利。我走访了骑兵军的参谋部。在那里，我看到的事情并不简单。*

*——1932 年，参加军事演习中的冯·兴登堡元帅*

美国陆军一向非常敬重德国陆军。在这种"相爱相杀"的奇妙关系中，美军武器已经从受到强烈鄙视转变成受到奉承般的尊重。这可能是因为两国军事有诸多共同点。进攻性的战术创新与精湛的职业化军事发展，促进了双方的互敬与认真研究。第一次世界大战后，美军军官与德国国防军之间进行相互访，并到德国军事学院进修。1939 年，即使第二次世界大战爆发后，驻柏林的美军武官依然能够进行观察活动，德军慷慨地允许美军武官对德军装甲兵训练场进行诸多访问，美军武官从中获益匪浅，德军甚至允许美军武官前往波兰访问战地。[58]

在希特勒上台之前，基于现实需要，德国陆军依然秉承施利芬的歼灭战略。德国再次陷入两线作战的可能性，使其必须通过重演经典的坎尼战役获取胜利。闪击战的概念，从军事与经济两方面，为德军提供了解决问题的答案。"斯图卡"俯冲轰炸机与坦克能够迅速终结战役，于是战略上如何进行闪击战也有了答案。根据进行客观分析的优良传统，德军总参谋部研究了德军过去的失败，并提出了像闪电般摧毁欧洲大陆各国军队的方案——装甲兵。

> 卢茨与古德里安决定将坦克组建成大规模编制……在德国军官团中，有很多高级军官认为装甲部队只能执行支援步兵的任务，反对以其执行攻势任务。德军装甲兵在此期间的壮大，对他们来说并非小事一桩。[59]

早在希特勒掌权之前，德军就已经满心欢喜地接受与发展了坦克装甲战斗车辆。20 世纪 20—30 年代，尽管有《凡尔赛条约》[60] 的制约，但德军仍然在苏联的秘密基地对坦克进行了试验。在汉斯·冯·泽克特将军的布置下，德军保持了强大的专业核心骨干，使其具备在其结构体系接纳现代化机械化作战理论之后仍然能够迅速增长的能力。后来，希特勒的鼎力支持促进了德军装甲兵的迅速壮大与装甲兵将领的崛起。[61]

1935 年 10 月，德军装甲兵成立。最初的德军装甲师下辖 2 个装甲旅（每个装甲旅下辖 2 个装甲团，每个装甲团下辖 2 个装甲营，总共装备 550 辆坦克）与 1 个步兵旅，步兵旅下辖 1 个摩托车营与 2 个乘坐卡车机动的步兵营。[62] 师属炮兵装备 24 门牵引式 105 毫米炮[①] 与 1 个装备 37 毫米反坦克炮[②] 的反坦克炮营。直到法国战役结束之前，这种编制都没有过明显的改变。德军装甲兵的气质与骑兵的风格相同。德军装甲营装备的"主战坦克"，在设计阶段就强调机动——不过古德里安并不反对引入步兵坦克这种"适应步兵时空价值尺度的武器"。[63] 德国国防军的作战理论强调"集中兵力"与"兵贵神速"。20 世纪 30 年代末，尽管当时的德军装甲兵装备的坦克并非欧洲最好的坦克，但其在作战理论与机械化方面已经超过了英军皇家装甲兵，且拥有更强的通信能力，足以胜过法军预备装甲师。

早在 1941 年以前，采用了任务导向型战术（以总体目标作为基础的行动）的德国陆军，就引入了"指挥官接受的训练应该是告知下级做什么，而非告知下级怎样做"的作战理论。只要下级能秉承着指挥官的意图，他们就完全具有宽泛的自由度，以自己的方式执行命令。

> 每个德军士兵都有责任，在任何军事状况下，采取必要的行动，而非等待命令，在命令不符合实际的情况下，甚至可以违抗命令。任务导向型战术是沙恩霍斯特、格奈泽瑙与老毛奇军事思想与经验的顶峰，使德军拥有了传奇般的"灵活性"。[64]

尽管如此，或许是第一次世界大战的原因，德国陆军参谋官是美国陆军军官学校颇受欢迎的演讲者。1932 年，早在外界意识到在德国在苏联设立了秘密坦克

---

① 指 Le.FH 18 型 105 毫米榴弹炮，德军装甲师具有装备此种榴弹炮的优先权。

② 指德制 Pak 35/36 型 37 毫米反坦克炮。

中心之前，德军总参谋部的参谋官贝希托尔斯海姆上尉，在美军炮兵学校发表演讲时说："对应该如何作战的问题，德国陆军并无成规……我们相信机动是战争的要素，只有通过机动才能取得决定性的战果。"[65]

1937 年夏季，德军装甲兵专家阿道夫·冯·舍尔访问了诺克斯堡，以"研习美军机械化作战理论与装备"。美军骑兵的装备似乎给舍尔留下了深刻的印象："我乘坐过所有的外国坦克，对它们很了解。你们的骑兵'战斗车'速度更快，动力更强劲，也比任何欧洲国家的轻型坦克更容易驾驶。"[66] 美军武官着重报告了德军新型骑兵师与装甲师的扩编，并详细报告了德军新式作战理论。[67]

德意志第三帝国将装甲兵列为独立兵种，遭到了其他机械化拥护者的嫉妒。就像在英美那样，德军中的保守派势力也对机械化进行了强烈抵抗。德军步兵与骑兵将领们都不愿意看到德军版的"皇家坦克团"出现。然而，尽管这些兵种在组建自己的轻型机械化师上取得了少许成功，但德军迅速放弃了这种不那么令人满意的折中方案——在有元首支持的情况下，德军"坦克游说团"的闪击战作战理论获得了胜利。

同时，还要感谢冯·泽克特，任务导向型战术的传统与对 1918 年会战经验教训的深入研究，使德军对战役机动的基本原则具有清晰的概念，并获得了开启机械化的优势。"我们最高的战术原则就是机动。机动会下沉到步兵班级的组织。师而非军，是战略兵力单位。"[68] 德军装甲兵学校教授的作战理论吸引装甲兵与骑兵军官。德军强调简洁、进攻性与通过常识进行判断："这所学校里没有什么重大的秘密。成功使用装甲兵的最大因素是诸兵种最初获得协调的速度与执行协调任务的速度。"[69] 詹姆斯·克罗克特中校对德军战术基本原则的报告如下："1. 战术上无规则；2. 机动性；3. 主攻；4. 突然性；5. 对机动的即时性火力支援；6. 攻势行动（着重强调）。"[70]1939 年 12 月 6 日，在担任了 3 年驻柏林美军武官助理之后，珀西·布莱克少校做出了如下评述：

> 我要强调的主要部分是德国陆军压倒性胜利的原因并非在于其空军，也并非仅在于其机动兵力，而在于其平衡的野战军，具备平衡的组织与平衡的装备，在几乎完美的指挥下执行计划。[71]

有趣的是，美军却没有对德军的任务导向型战术与用于完善或许是德军最重要技术所需的训练进行任何评论。美军对德军军事风格的偏好可能出于自然，或许是对文化阶层的反映；然而，尽管美军渴望学习德军，但任务导向型战术并未出现在美军作战理论手册中。美军第 17-100 号野战手册建议下级应有主动精神与策略性的机动，却从未能摆脱法军思想的影响。然而，对具备骑兵核心的装甲兵来说，"这种思想中天然的灵活性，在肯塔基州得到了培养"，霞飞在设计装甲师的战斗群时，发出了严厉的警告——战斗群并不是为官僚主义的分隔所设计，而是服务于临时性创造的战术需要。[72] 当美国南北战争结束时，美国独立战争与边境独立的精神已经变成了命令驱动式的作战方式：格兰特与后来的潘兴，建立起了服从命令的军队。德军的作战方式并未超越美军的军事文化，美军却忽然对其感到陌生。1918 年之后，任务导向型战术仍然未能入美军的法眼——直到越南战争结束后，美军才密切地审视了德军的作战技巧。20 世纪 30 年代，自满的美国陆军既做好了学习德国国防军的准备，又做好了忽视德国国防军的准备。

## 美军各兵种高层：拒绝机械化

*美军骑兵严禁"坦克"。*

*——1982 年的采访中，威利斯·克里滕伯格将军如是说*

美军最后一任骑兵司令约翰·赫尔将军非常欣赏美军武官的报告中关于德军骑兵精神的详述，却对报告中关于德军将装甲集群升级为独立兵种的记述视而不见。赫尔的参谋长威利斯·克里滕伯格上校向他提供了涉及传统骑兵或装甲骑兵的驻外武官报告，在所有提及乘车作战兵力的下方画线，并对"骑兵任务"进行反复旁注，以吸引赫尔的注意。[73] 美军第 68 机械化野战炮兵团团长马歇尔·马格鲁德上校采访了驻柏林的美军武官后，撰写了报告。赫尔认为这份报告是其军事思想的佐证，因而对其颇为欣赏。"总体来说，坦克的战术与骑兵战术是一样的……很多骑兵军官奉命指挥坦克，他们仍然保持着骑兵的传统……其中一项是骑摩托车猎狐。"[74] 在阅读 1940 年译本的《军队之书》时，赫尔非常欣赏他所看到的内容："骑兵是独立的兵力，能在不过度疲劳的情况下，进行比步兵距离更远、速度更快的行军，骑兵可以达成突然性，并具备更强的机动性，并能够保持骑乘前进，直到因遭遇敌军火力而下马。"[75] 克里滕伯格的位置则很微妙：他机智地意识到了坦克是骑兵生存下去的关键，但只能小心翼翼地绕过落于窠臼中的上司。

作为忠诚的骑兵，建立并促进传统骑兵与机械化之间的关系，应当是我们义不容辞的职责。无论我们喜欢与否，我们都已经将机械化纳入范围，我们要全力以赴……我希望能够防止骑兵产生不可避免的内部分裂。[76]

克里滕伯格使尽浑身解数，赫尔却置若罔闻。克里滕伯格进一步描述了1937 年 8 月期间赫尔的思想状态："司令想要重启美军于 1934 年就已经废弃的马刀。"[77] 美军步兵司令与骑兵司令缺乏远见，拖延了美军装甲兵的发展，向用坦克歼击作战理论为美军地面部队司令部套上枷锁的人敞开了大门，更拒绝向其提供需要与德军分庭抗礼所需的重型坦克。甚至到了 1939 年，德军闪击战横扫坦克装备量要超过当时美国陆军的波军时，[78] 美军步兵司令林奇将军仍然公开表示，美军步兵不想要任何"德军样式的装甲师"。[79]

# 注释

1. 克拉克，雅各布·德弗斯，阿尔万·卡洛姆·吉勒姆，罗伯特·格罗，恩斯特·哈蒙，盖伊·亨利，布鲁斯·马格鲁德，奥兰多·沃德与约翰·伍德，晋升为师长或军长。雅各布·德弗斯少将，出身炮兵，接替霞飞担任美军装甲兵司令；阿尔万·吉勒姆，出身步兵，接替德弗斯担任美军装甲兵司令。

2. S. L. A. Marshal in 1943 Introduction to reprint of J. F. C. Fuller, *Armored Warfare—Lectures on FSR* III（London: Sifton Praed, 1932）.

3. 1986 年，伦敦：格拉夫顿出版公司（Grafton），艾伦·杰克·史密瑟斯，《新"王者之剑"——1909—1939 年的坦克发展》（*A New Excalibur—The Development of the Tank 1909–1939*），第 244 页：富勒遭受冷遇，愤然退出英国陆军。"随着年纪的增长，他似乎从现实逃避到了儒勒·凡尔纳的世界，这叫得很多保守派人士放弃了关于坦克的想法。不过，至少他们还熟悉所面对的这个'魔鬼'。如果他们知道，富勒与号称'恶魔 666'的阿莱斯特·克劳利具有相应的联系，他们会更为恐惧。"

4. 当富勒的《1920 年随笔》出版后，他的顶头上司冲进他的房间，向他咆哮："博尼！博尼！你都干了些什么？"富勒的朋友们都称他为"拿破仑·博尼"。

5. 1932 年，宾夕法尼亚州，哈里斯堡：军事勤务出版社，富勒，《野战勤务条例课程（3）》第 45 页，第 116 页："装甲能抵御子弹，因此在进攻中，坦克能代替步兵。"

6. 1978 年，德文：西桥出版社，约翰·埃利斯，《骑兵：骑兵作战的历史》，第 182 页：1926 年，黑格元帅指出："坦克的机动性能如此受限于后勤，只有骑兵才能实施行之有效的追歼行动。"

7. Colonel, future Field Marshal, Wavell in 1927, quoted in Macksey, *The Royal Armored Corps*, p. 37.

8. B. H. Liddell Hart, *The Tanks*（London: Cassell, 1952）, p. 365.

9. Military attaché report, London 38985, 6 October 1937.

10. Maj. Gen. John Wood, Wood Papers, MHI.

11. Comments on military attaché, London 39856 "Report on British Armored Division; 26 Jan 39." Gen. W. D. Crittenberger, 20 April 1938, Willis D. Crittenberger Papers（hereafter WDC）, MHI.

12. 华盛顿特区，美国陆军军史研究所，克里滕伯格在其著作《1920—1944 年，装甲兵发展与服役备忘录》（*Memoires of the Development and Service of Armored Troops 1920–1944*）中记述："休息室的传令兵经常会问，是不是应该再来本'英国佬的坦克书'了？"

13. Maj. Gen. Charles H. Miller, History of the 13th/18th Royal Hussars（Queen Mary's Own）1922–1947（London: Chisman, Bradshaw, 1949）, p. 19. Lord Carver, The Apostles of Mobility（New York: Holmes and Meier Publishers, 1979）, p. 128.

14. 1987 年，伦敦：利奥·库珀出版社，艾伦·杰克·史密瑟斯，《狂野的机械：二战期间坦克走向完备的记录》（*Rude Mechanicals: An account of Tank Maturity during the Second World War*），第 7 页："很多骑兵将领否认了他们最近的所有经历，并继续赞扬训练有素的马匹所具有的威力。"

15. Miller, p. 29.

16. Smithers, p. 20.

17. 艾恩赛德指出，英军装甲兵"装备过时的中型坦克，没有巡洋坦克或步兵坦克，过时的装甲侦察车，除了驻扎埃及的 1 个单位之外，也没有装备轻型坦克。"1987 年，伦敦：利奥·库珀出版社，艾伦·杰克·史密瑟斯，《狂野的机械：二战期间坦克走向完备的记录》，第 266 页。

18. Robert Sheriff, Salute If You Must（London: Jenkins, 1944）.

19. 华盛顿特区，美国陆军军史研究所："（在马伊勒康）美军坦克兵访问了法军坦克学校。"

20. WDC, MHI, 26 January 1939. Also, H. W. Winton, *To Change an Army— General Sir John Burnett-Stuart and British Armored Doctrine, 1927–1938*（Lawrence: University Press of Kansas, 1988）.

21. 1952 年，伦敦：迈克尔·约瑟夫出版公司（Michael Joseph），海因茨·古德里安，《装甲兵指挥官》，第 30 页：1933 年，在军事演习中，希特勒观看了坦克的演习。

22. 在纽约的苏联代理人，通过美苏贸易公司（AMTORG Corp.），订购了 2 辆"克里斯蒂"式坦克。最终，美军将拒绝采用的试验用"克里斯蒂"式坦克出售给了苏联。

23. John Erickson, *The Soviet High Command*（London: Macmillan, 1962）, p. 351; and John Erickson, *The Soviet High Command. A Military-Political History 1918–1941*（London: MacMillan, 1962）, p. 412.

24. Christopher Duffy, *Red Storm on the Reich*（New York: Da Capo Press, 1993）, p. 314.

25. Ibid. p.356

26. 1936 年 9 月，马特尔少将与阿奇博尔德·韦弗尔少将注意到苏联红军的演习。卡斯尔出版公司（Cassell），利德尔·哈特，《坦克》(The Tanks)，第 370 页："第 5 天，在阅兵式上，有超过 1000 辆坦克在我们面前开过。最糟糕的是，其间只有几辆坦克的发动机偶尔熄火。"

27. Provisional Field Service Regulations—Vremennyi polevoi ustav RKKA 1936（PU-36），Moscow 1937; specifically, Instrukstii po glubokomu boiyu, 1935— Instructions for Deep Battle.

28. 华盛顿特区，美国陆军军史研究所，美军武官从莫斯科发回的时间在 1936 年、1937 年、1940 年，编号为 9341-6190、9380-6190、9967 的报告指出："在敌军防御阵地的整个纵深，同时摧毁敌军目标。"

29. Crittenberger: Comment on G2 Report, Russian Army, April 1940, WDC, MHI.

30. 法军 75 毫米炮的改进型与更为重型的 155 毫米炮，构成了美国陆军直射火力与间接火力的基础，直到二战结束后依然如此。1917 年，美军最初使用的是翻译过来的法军炮兵作战条令。虽然经过不断改进，但其一直使用到了二战时期。1935 年，美军炮兵司令批准采用了法军的集中控制与测绘技术。

31. Instruction 1936, quoted in Doughty, p. 68.

32. Doughty, p. 11.

33. General Delestraint, Détachement d'expériences de Sissone, Rapport de Général Delestraint commandant le détachement, Sissone, 15 May 1937. Quoted by Doughty, pp. 152–153.

34. 《合成化兵种指挥》："当坦克束缚在步兵身边时，其将丧失天然的速度优势，并可能遭到敌军火力的毁伤。"

35. "Gamelin Note," military attaché, Berlin, secret note 4167, 18 December 1939, WDC, MHI.

36. Marginal note in WDC, MHI.

37. "Gamelin Note." See also Jeffrey Johnstone Clark, Military Technology in Republican France: The Evolution of the French Armored Force, 1917–1940, unpublished ms., Duke University, 1968, pp. 154, 194–196.

38. 这种妥协并非没有遭到强烈反对。1939 年 12 月 3 日，在给甘末林的信中，迪菲厄上将写道："在我看来，应该拒绝戴高乐上校的结论。"1940 年 1 月 1 日，他再次写道："有新的学派观点认为，大规模坦克集群能够推山倒海地突破敌军防线，并在数小时内瓦解敌军抵抗！但是，波兰的战例并不能证明这个观点。"

39. Col. A. Goutard, The Battle of France（London: Frederick Muller, 1958），p. 21.

40. 1958 年，伦敦：弗雷德里克·马勒出版公司（Frederick Muller），让-弗朗索瓦·阿道夫·古塔尔，《法国之战》(The Battle of France)，第 21 页：爱德华·达拉第总理很快批准了甘末林将军耗资 9000 万法郎的"4 年计划"，甚至将预算增加到了 140 亿法郎。1936 年 9 月 7 日，法国国会通过了允许法郎贬值，以增加 20% 的预算的计划！1938 年，法国为此发放了 120 亿法郎的贷款。1939 年初，又发放了 110 亿法郎的贷款。然而，法国步兵与炮兵仍然反对这些壮大法军装甲兵的计划。1939 年，巴黎：贝尔热-勒夫罗出版社（Berger-Levrault），纳西斯·肖维诺将军，《还可能发生入侵吗？》(Une invasion, est-elle encore possible？)："1 发成本只有 150 法郎的炮弹，就能摧毁 1 辆耗资 100 万法郎的坦克。"

41. （1）1939 年 3 月 13 日，美军情报官（G2）报告："与 1914 年相比，美军少了 50 万匹马……美军还需要 8 万匹马……很有必要装备 78 万匹马。"（2）法军扩充军备，以应对德国的威胁。1932 年，法军派出了 35.8 万名士兵；1933 年，减少至 32 万人（其中 22.6 万人只接受了不到 6 个月的训练）。1938 年，兵力增加到了 43.8 万人。其中，"现役"单位中有超过半数的官兵来自预备役官兵。德国重新武装与在苏台德地区的行动刺激了法军的生产。1938 年 12 月时，法军只有 107 辆"夏尔"B1 系列与 50 辆 D2 中型坦克，当然还有很多骑兵坦克：790 辆 R-35"雷诺"、100 辆 H-35"霍奇基斯"（Hotchkiss）与 89 辆 FCM-36。1940 年时，法军装备坦克总数增长了 145%。贝当元帅表示，法军"不适于展开战略攻势，但仍然具备发起局部战术攻势的能力"。参见 1985 年，哈姆登：执政官书业，罗伯特·艾伦·道蒂，《灾难之源：1919—1939 年，法国陆军理论的发展》，第 23 页。

42. 1979 年，伦敦：奥比斯出版公司（Orbis），雅努什·皮耶卡凯维奇，《二战中的骑兵》(The Cavalry of World War Ⅱ)，第 237 页：法军殖民地骑兵。法国政府投降后，唯一拒绝投降的法军就是茹弗罗上校指挥的北非骑兵旅。

43. 英军首次试图研制"现代化"步兵坦克，但努力的结果却令人尴尬，令人想起滑稽的无毛鸭子，也就是所谓的"玛蒂尔达"（Matilda）式步兵坦克。"玛蒂尔达"Ⅱ（Matilda Ⅱ）式步兵坦克的性能要优秀得多，只有德军 88 毫米高射炮能击毁它。

44. Clark, p. 205.

45. U.S. military attaché, Paris, G2 Report 25173, visit to 1st Armored Division, 28 August 1939, WDC, MHI.

46. U.S. military attaché, Paris, G2 Report 24728, 3 January 39, WDC, MHI.

47. 甘末林视其为"压箱底"的武器，将为法国赢得"过去无法实现的战果"。

48. 实际上，当德军入侵时，法军只有 3 个装甲师进行了部署，第 4 装甲师仍然处于集结状态。

49. Gen. J. Brosse, "The German Armored Divisions," La Science et la Vie, January 1940.

50. U.S. military attaché, G2 Report 25502, 9 February 1940, WDC, MHI.

51. 1940 年 2 月 9 日，美军武官第 25517 号情报官报告：美军报告了法军食堂的传统。法军食堂诞生于法国大革命与拿破仑战争时期，官兵同吃大锅饭。在法军中，这属于重要的集体活动——直接关系到这支部队的作战表现。其设计目的在于使新兵迅速融入集体：向新兵讲述其隶属单位的英雄事迹，并向其守护神敬酒（例如，对骑兵来说，会向圣乔治致敬）。每桌的餐管员都要站起来介绍餐食：这名以其聪明才智介绍当天菜肴的年轻军官能够确保未来的胜利。1992 年，在巴黎进行的采访中，曾在加军第 12 装甲团服役的 G. M. 布瓦里少校（毕业于巴黎军事学院，曾在索米尔骑兵学校进修，曾服役于第 12 色当轻骑兵与猎骑兵团）表示："在很多方面，法军体系都要比英军的'团'更像团。"他认为，西方国家的军队，尤其是大英帝国传统的军队，一直对法军传统有所误解。

52. 驻巴黎的美军武官对法军 1932 年制骑兵师报告如下："不那么令人满意的解决方式……无法利用摩托化兵力的战略机动 / 速度优势。"1934 年，当法军组建轻型机械化师时，"与机械化部队协同作战的传统骑兵成了阻碍……骑兵师就应该要么装备战马，要么机械化。"这份报告并未在美军骑兵中大范围流传。

53. *Règlement de la cavalerie, Première partie: Emploi de la cavalerie*（Saumur: Imprimerie de l'Ecole militaire, 1939）.

54. Doughty, p. 170.

55. Goutard, p. 28.

56. 1992 年，劳伦斯（Lawrence）：堪萨斯大学印务（University Press of Kansas），詹姆斯·科勒姆，《闪击战的起源——汉斯·冯·泽克特与德国军事改革》（*The Roots of Blitzkrieg—Hans von Seeckt and German Military Reform*），第 204～205 页："1929 年，法国陆军将应征入伍的时间削减为 12 个月。只进行 6 个月的基础训练，另 6 个月在野战部队服役。绝大多数兵力将囤积在'马其诺'防线。20 世纪 30 年代末，服役时间有所延长，但训练仍然不足。"

57. 1942 年 4 月，在维希法国的里永（Riom），法军将领试图为其作战理论与战术进行辩护。马里·凯勒将军宣称法国战败"并非作战理论问题，而是使用问题"。爱德华·达拉第随即宣读了 1940 年 7 月时，凯勒写的信件的内容："如果法军坦克兵军官超出了作战理论的限制，冲到了步兵前面，就会遭到违反纪律罪名的控告。"1985 年，哈姆登：执政官书业，罗伯特·艾伦·道蒂，《灾难之源：1919—1939 年，法国陆军理论的发展》，第 12 页，第 178 页。

58. Report, U.S. military attaché, G2 16604, June 1938 and 16017, 23 July 1938 mention "new Panzer Division" and include photographs of PKw IV（the heaviest German tank, larger than U.S. prototypes）. See U.S. Army Berlin attaché reports on organization of German Panzer units: 15596, 24 November 1937; 15827, 7 April 1938; 15957, 14 June 1938; 61425, 15 October 1939; 16955, 31 October 1939. Good relations between the U.S. and German armies resulted in the Berlin attaché's being invited to Poland. See "Visit to Polish Theatre of Operations," Maj. Percy Black, 6 December 1939, WDC, MHI.

59. 1985 年，伦敦：比森出版公司，基思·辛普森，《德国陆军史》，第 131 页：倡导机动作战的德军将领包括：奥斯瓦尔德·卢茨、海因茨·古德里安、恩斯特·赫普纳、赫尔曼·霍特、鲁道夫·施密特、埃瓦尔德·冯·克莱斯特、海因里希·菲廷霍夫、盖尔·冯·施韦朋堡、威廉·冯·托马、马克西米利安·冯·魏克斯、弗里德里希·保卢斯。

60. 1964 年，伦敦：哈蒙兹沃思出版社，艾伦·约翰·珀西瓦尔·泰勒，《第二次世界大战的起源》（*The Origins of the Second World War*），第 52 页：德国人称《凡尔赛条约》为"强令"，因为其建立在强迫之上，而非相互协商。

61. 1992 年，劳伦斯：堪萨斯大学印务，詹姆斯·科勒姆，《闪击战的起源——汉斯·冯·泽克特与德国军事改革》，第 127～141 页：科勒姆认为，西方国家的"错觉"使其误以为古德里安是创建德军装甲兵的最大功臣。实际上，恩斯特·沃尔克海姆、奥斯瓦尔德·卢茨与阿尔弗雷德·冯·阿拉ం-博尔贝尔克才是创建德军装甲兵的最大功臣，需要特别指出的是，汉斯·冯·泽克特才是德军装甲兵的先驱。

62. 从占领奥地利与捷克斯洛伐克的行动中，德军吸取了经验，将每个装甲师的坦克装备量削减到 300 辆，并增加了第 4 个步兵团。

63. 1952 年，伦敦：米切尔·约瑟夫出版公司，海因茨·古德里安，《装甲兵指挥官》，第 38～45 页：此时，德军装甲兵的主要装备是 Pz II 轻型坦克、Pz III 中型坦克与捷克斯洛伐克研制的 Pz 38（t）轻型坦克。

64. Simpson, p. 82.

65. Bechtolsheim lecture, U.S. Artillery School, 1932. WDC, MHI.

66. 哈里森·豪厄尔·道奇·海伯格上校的手稿《组建机械化部队》（*Organize a Mechanized Force*）记述，克里滕伯格向赫尔报告了德军代表团的访问。1940 年，舍尔任德军坦克与机械化兵种总监。1937 年，舍尔的来访在美军情报官圈子里引起了骚动。

67. 华盛顿特区，美国陆军军史研究所：1937 年 11 月 20 日，美军驻柏林武官，第 15587 号报告记述：1937 年 5 月 26 日，第 15307 号报告，事无巨细地记述了德军的方方面面，"发现德军第 6 装甲师、第 7 装甲师、第 8 装甲师、第 9 装甲师与第 10 装甲师挺进布拉格……在帕德博恩（Paderborn），发现德军新组建的装甲团……德国陆军的坦克装备量已经可以确定增加了 1800～3200 辆"。

68. Capt. Bechtolsheim, German General Staff, tactics lecture at the U.S. Artillery School, 1932, WDC, MHI.

69. Military attaché reports, AWC File 236F, bulletin 27. German Panzertruppen School, 28 November 1940, WDC, MHI.

70. Lt. Col. James C. Crockett, "Fundamental German Principles," 6 May 1941. Military attaché reports, WDC, MHI.

71. 华盛顿特区，美国陆军军史研究所：美军武官的报告包括了有趣的小道消息：1939 年 11 月 29 日，情报官 D 17011 号文件显示，"9 月 12 日，在亚斯沃（Jasło）附近，德军使用了芥子气；6 人阵亡，20 人中毒"。1939 年 11 月 29 日，情报官 D 17011 号文件显示，"波军缺乏主动精神"。布莱克也指出"德军坦克勉强维持了 21 天没有停下来维修的作战"。事实上，到 1939 年 5 月 24 日时，德军 3000 辆坦克已经损失半数，而损失的坦克中，战斗损失与机械故障损失各占 50%。

72. Lt. Col. Wayne D. Smart, "Combat Commands of the Armored Division," *Military Review* XXV, 11（February 1946）：7.

73. 华盛顿特区，美国陆军军史研究所：1939 年 9 月 15 日，驻柏林美军武官第 16882 号文件，"波军根本没有机会进行重组或停下来进行防御"。1940 年 2 月 7 日，驻柏林美军武官珀西·布莱克少校报告，"德军传统骑兵侦察兵力负责在德军坦克发起进攻之前，侦察波军坦克障碍"。

74. Attaché report, Berlin: Maj. Black, 5 December 1939, and report by Col. Marshall Magruder, 68th Field Artillery, 7 February 1940, WDC, MHI.

75.《军队之书》记述了 1940 年时德国陆军的战马分配比例：步兵占 50%，炮兵占 36%，骑兵占 12%。华盛顿特区，美国陆军军史研究所：1939 年 8 月 14 日，在给赫尔将军的备忘录里，克里滕伯格呈送了驻柏林美军武官报告的最新《德国陆军分析》，其中更新了关于德军新型装甲师的情况："德军新型装甲师就像胡桃钳……在 1 名指挥官的指挥下……是德国陆军的突击兵力。"（克里滕伯格对最后一句话画了 4 次线）内容出自 1939 年 8 月 14 日，驻柏林美军武官第 16805 号文件，给美军装甲兵司令的报告。

76. 华盛顿特区，美国陆军军史研究所：1939 年 4 月 1 日，克里滕伯格，《骑兵司令部备忘录》，《1940—1941 年，美军第 1 装甲师官方文件》。克里滕伯格熬过了赫尔，最终在法国指挥 1 个装甲师与 1 个军。

77. 华盛顿特区，美国陆军军史研究所：1938 年 7 月，格罗的日记记述："赫尔想要 1 支机械化师，但他不想为此改编任何骑兵。"另可参见 1987 年 8 月，《装甲兵》杂志，罗伯特·格罗少将，《从机械化部队（1930 年）到装甲兵（1940 年）的 10 年锻造》[*The Ten Lean Years from the Mechanized orce（1930）to the Armored Force（1940）*]，第 39 页；1992 年，纽约：西蒙与舒斯特出版公司（Simon and Schuster），刘易斯·索利，《霹雳：克莱顿·艾布拉姆斯将军》（*Thunderbolt—General Creighton Abrams*），第 31 页。1939 年，在国会委员会的声明中，赫尔表示传统骑兵"经受住了战争的严峻考验……并指出美国拥有超过 1200 万匹战马与超过 450 万头骡子……同时，在发动机工业方面也具有优势，他认为，美军具有发展全世界最优秀的骑兵的优势，无论是机械化骑兵，还是传统骑兵"。1969 年，华盛顿特区：军史处处长办公室，玛丽·李·斯塔布斯，斯坦利·拉塞尔·康纳，《装甲骑兵》，第 70 页。

78. 华盛顿特区，美国陆军军史研究所：1940 年 2 月 26 日，克里滕伯格，《骑兵司令备忘录》，"对美军现代坦克的调查显示，美军现有 450 辆坦克"。

79. 美国陆军军史研究所：1939 年 10 月 26 日，美国陆军总参谋部，T.J. 坎普中校，《步兵司令部备忘录》，"目前为止，还没有采取任何步骤，集中步兵坦克进行训练"。1987 年 8 月，美军《装甲兵》杂志，罗伯特·格罗在文章《贫瘠的 10 年》中记述："1939 年 10 月 17 日，赫尔将军会见步兵司令林奇将军。林奇将军提到，他不想要任何德军样式的装甲师，尽管在这个问题上，他正与手下的坦克兵产生争议。赫尔建议他，美军骑兵要将所有坦克的重量都限制在 10 吨以下，美军步兵可以将所有坦克的重量限制在 10 吨以上。"1987 年 8 月，《装甲兵》杂志，罗伯特·格罗少将，《从机械化部队（1930 年）到装甲兵（1940 年）的 10 年锻造》，第 41 页。

# 第 4 章
# 北美洲装甲兵的诞生：美国与加拿大组建装甲兵

*赫尔有颗对骑兵进行机械化改编的心，但在他心中，唯一能安装履带的却是战马。*

——哈里森·豪厄尔·道奇·海伯格上校 [1]

对二战时期美国陆军机械化进程的回顾，引出了显而易见的问题：美军骑兵发生了什么？美军装甲兵由坦克营、陆军总司令部直属坦克营与坦克歼击车营[1] 组成；骑兵的唯一用武之地是隶属于师部的临时配属侦察营。在这场充斥着波军枪骑兵、英军龙骑兵、法军胸甲骑兵、苏军哥萨克骑兵，甚至武装党卫军骑兵师的战争中，美军骑兵作为军事打击力量彻底缺席，是令人震惊的。事实上，尽管美军骑兵被送上了绞刑架，然而似乎其要比美军任何其他兵种都更具自我牺牲的精神。

美军装甲兵的建立是个令人哀伤的故事，充满了愚忠与短视的纷争。美国陆军选择以坦克参加二战，并决定组建新兵种，以巩固这个决议。美国陆军部不再信任骑兵，认为其不再具备执行现代化作战的能力，并对其进行了沉重打击——将其从具有影响力与权力的兵种，贬斥为次要的辅助兵种。最初，美军将组建装甲兵的希望寄托在骑兵身上，认为其组建装甲兵的条件，至少能与进步的法军或实现了突破性试验的德军、苏军相媲美。然而，美军骑兵的领导层并未遵循其传统精神，既没有拥抱机械化，也没有对机械化进行规划，而是选择捍卫战马的地位。霞飞简洁地反驳道："骑兵的传统是战斗！"却遭到了漠视。美军骑兵坚决捍卫其

---

① 实际上，第二次世界大战期间，美军坦克歼击车营隶属于美军坦克歼击兵（Tank Destroyer），美军坦克歼击兵是独立兵种，并不隶属于装甲兵或任何其他兵种。

根本："没有什么装甲骑兵——没有了战马，就没有了骑兵。"

　　直到 1936 年的密歇根州（Michigan）军事演习与 1939 年的普拉茨堡（Plattsburgh）军事演习时，美军各兵种司令仍然不愿组建德军样式的装甲师。最后一任美军骑兵司令约翰·赫尔少将"坚定地拒绝放弃任何一匹战马，最终却失去了一切"。[2] 罗伯特·格罗将军，是美军装甲兵历史中遭到遗忘的圣贤智者，他是美军装甲兵的先驱者之一，担任过美军第 6 装甲师师长，他经历过的实战使其成为机械化战争的领军权威之一。战后，他的著作影响了美军战役理论与北约的欧洲战略。1987 年，当他记述的美军装甲兵史发表在美军《装甲兵》杂志上时，他再次短暂地受到了公众的瞩目。

　　　　1938 年 3 月，约翰·赫尔少将接替克罗默担任美军骑兵司令……他仍然致力于保留所有的传统骑兵单位。只有传统骑兵单位没有遭到任何削减，他才能接受机械化骑兵作为重要力量，并推进其发展与扩编。然而，在预算有限的情况下，不对传统骑兵进行改编，机械化骑兵就不可能扩编，**因此实际上他有效阻止了美军机械化骑兵按照欧洲的条件所需的规模进行发展**。我坚信，如果赫尔将军能从一开始就坚定支持美军骑兵的机械化，那么美军装甲兵根本就建立不起来。[3]

　　这个论断没有受到反驳。尽管在 1945 年格罗少将所写的文件中，有来自赫尔将军的信，他带着怨恨对格罗提出异议，并试图解释他的观点：

　　　　我承认，我反对机械化骑兵吸收传统骑兵，这将毁灭传统骑兵。这仿佛抢夺彼得的财产，再赠予保罗①，是完全不明智，亦没必要的。我们既需要机械化骑兵，也需要传统骑兵……

　　　　最大的缘由是 1939 年 10 月 3 日，我将要求美军的德军样式装甲

---

　　① 彼得、保罗均为耶稣的门徒。

师归于骑兵管辖这个"炸弹"扔出去之后，陆军总参谋部的步兵军
官都瞠目结舌。

　　我曾与美军步兵司令林奇将军私下沟通过。当我提出这个要求时，
总参谋部作训官的执行官坎普上校……请求林奇将军，为了步兵对此发
展进行管控。他们都意识到美军要组建装甲师，并表示如果林奇将军不
介入，美军骑兵就会得到装甲师的控制权……

　　后来发生了什么？他们失败之后，就策划了拉拢总参谋部那些
懦弱的骑兵军官参与其中的阴谋，组建了独立的装甲兵兵种，好借此
机会晋升。[4]

　　其中的热情与谴责可谓令人醍醐灌顶。赫尔的痛苦源自策划阴谋的人背叛
了他的信仰。他反驳称他领导下的美军骑兵是需要装甲师的，但那些野心勃勃
的军官希望在独立的兵种中获得晋升，因而组建了美军装甲兵。然而，毫无疑
问的是，如果赫尔以其方式，使美军装甲师置于骑兵控制之下，那么运动战的
信徒们就再也没有回旋余地了。赫尔可能会忽略"亚历山德里亚（Alexandria）
提议"（有时称为"亚历山德里亚建议"）的支持者与拥护者，包括霞飞，巴
顿，甚至可能有克里滕伯格。乔治·马歇尔预感到了这个不祥之兆。20 世纪
30 年代末，如果美军骑兵最高层愿意对传统骑兵进行机械化改编，那么二战
时期的马歇尔将选择约翰·赫尔，而非莱斯利·麦克奈尔，去组建美国陆军地
面部队司令部。

　　美军骑兵司令对机械化的反对，并未延续骑兵兵种的基本精神："骑兵将领
应该拥有强大的创造天赋与自力更生的能力，以打开新的天地，并在他认为有必
要的地方进行改革。"[5] 德军装甲兵、苏军装甲兵，甚至法军装甲兵的发展，都是
最高层推动而来的，道格拉斯·麦克阿瑟反而选择的是阻力最小的道路。当轮到
美军迎战德军装甲兵的挑战时，乔治·马歇尔不得不提出有利于整个美军的解决
方案，而不仅仅是有利于某个兵种。

　　迅速解除赫尔的职务是个错误。1940 年时，骑兵战术是复杂的，混合着战马
与机械。骑兵成为混合着战马与坦克的"混合方阵"听起来与法军一样，但 1940
年从低地国家呼啸而过的德军坦克，彻底证明了这种混合编制并非现代化的解决

方式。美国陆军意识到需要数十个装甲师与数百个坦克营；然而，赫尔与美军骑兵的高级军官却在戴着有色眼镜去看他们的情报报告。他们认为，基于精心设计的作战理论，德军保有 70 万匹战马。当然，我们现在知道这是因为德国的工业能力无法满足闪击战的需求。然而，到 1943 年时，美军却已经有能力，也确实打造出了全摩托化与机械化的陆军。

霞飞与范沃里斯能够超越他们对战马的天然信仰，是其远见卓识的功劳。赫尔对传统骑兵的忠诚则是可敬又可悲的。在德军占领捷克斯洛伐克之后，他仍然拒绝接受现实。当时，连英军都意识到，传统骑兵的战马最终只能悲剧地送往屠马场；在法国沦陷之后，他的顽固不化就显得愚蠢了。

美军通过三次战术实践为机械化铺平的道路：1935 年，在纽约州北部，美军第 1 集团军的 3.6 万人参加的军事演习；[6] 1938 年，在得克萨斯州（Texas），美军第 3 集团军的 2.4 万人参加的军事演习；1939 年，在普拉茨堡、纽约、马萨诸塞州（Manassas）与弗吉尼亚州（Virginia），美军第 1 集团军的 5 万人参加的军事演习。[7] 1935 年的军事演习，是由休·德拉姆少将发起的，他坚持要求临时编成的参谋人员切实地部署并试验他们的作战计划流程。他得出结论："美军迫切地需要组织一支够用的野战军。"[8] 当希特勒准备入侵波兰时，美国国会"紧急行动"，批准将美军扩编到 21 万人。当德军在欧洲展开入侵行动时，罗斯福总统批准美军扩编到 22.7 万人，在乔治·马歇尔领导下的陆军部，开始为卷入全球冲突做准备。马歇尔委任莱斯利·麦克奈尔少将作为美国陆军地面部队司令与规划陆军的战术理论。麦克奈尔出身炮兵，具有非凡的行政管理技巧，但没有实战经验。他带着"意见与偏见"走上岗位，开始了他对美国陆军战斗师的改编工作，将其从四四制改编成了规模更小的三三制。[9] 这为"美国历史上首次真正的军级与集团军级军事演习"奠定了基础。[10]

美国陆军部计划先通过初步阶段的训练找出小规模编制兵力的问题，接着找出军级兵力的问题，最后是军与军之间的对抗演习。在路易斯安那州（Louisiana）进行的军事演习的时间非常短。1940 年 5 月，在路易斯安那州与得克萨斯州东部，美军第 4 军与第 9 军展开了分为 4 个阶段，为期 17 天的一系列军事演习，以测试攻势与防御作战理论。在军事演习过程中，出现了些许问题，就像作战报告记述的那样："尽管强调机械化与机动性，但指挥官们仍然建议保留作为传统骑兵的军级侦察团，并为其提供畜力运输拖车。"[11] 这份官方报告既不可靠，又只有断编残简。路易斯安那州军事演习最重要的事件发生在当地的校舍中，导致赫尔位于华盛顿的办公室发生变故，最终形成了马歇尔的办公桌上那份赞成美军应该组建独立坦克兵的提议。

## 百夫长们的起义：美军骑兵的终结

> 快点，鲍勃，我受够他了。
>
> ——1940 年 6 月，霞飞对他的副官罗伯特·梅里尔·李中校如是说

在路易斯安那州的军事演习，促成了在弗吉尼亚州亚历山德里亚公立学校地下室的这次历史性会议。参会的将官几乎包含所有参加这次演习的将领，却将同样参加了这次演习的美军步兵司令林奇与骑兵司令赫尔排除在外。参加会议的军官都是"装甲兵兄弟会"的代表，例如：霞飞、巴顿、克鲁格、坎普、吉勒姆、安德鲁斯、恩布里克与马格鲁德。他们秘密会面，评估从演习中吸取的教训，并就美军的未来所需迅速达成一致。他们的结论直截了当：在机械化战争的现代战场上，传统骑兵没有立足之地。美军陆军需要坦克兵——美军官方认可的独立兵种。他们致力于制定装甲兵作战理论、组织、装备必要与支援性的武器装备。

"亚历山德里亚建议"（对"百夫长起义"的礼貌性称谓）主张，必须开始统一发展独立于骑兵与步兵的美军装甲兵，并完善其应用。这需要革命性的变化，并展示给美军骑兵司令。众人推举霞飞穿过波托马克（Potomac），前往华盛顿，递交这个消息。他与赫尔的对抗，最终导致美军放弃骑兵，并引发了他们直接向马歇尔进行的申辩。赫尔则称之为背叛。霞飞与他的老朋友赫尔公开翻脸，并要求美军骑兵司令将传统骑兵团改编为美军首个装甲师，这也是亚历山德里亚会议所建议的。

赫尔将军"低着头，笔直地坐在椅子上，又抬起头。'阿德纳，我再也不会为了坦克放弃任何战马'"，他的手重重地拍在桌子上。霞飞冷静地保持着他的

立场："约翰尼，如果你是这样想的话。"他敬了个礼，随后转向他的副官，陆军航空兵军官李中校，说道："来吧，鲍勃，我受够他了。"[12] 霞飞回到他位于华盛顿陆军军官俱乐部的房间，并写下了备忘录。随后，他们去访问了马歇尔的作训官弗兰克·安德鲁斯少将。在这次会面中，霞飞抛出了他的爆炸性新闻：为了骑兵的目标，废弃骑兵，组建独立的装甲兵。

这已经是霞飞第三次提议组建装甲兵，但之前都是在美军骑兵内部提出，这次他准备彻底与骑兵分道扬镳。美军骑兵总是驳回他的建议，但此时已经是 1940 年 6 月：德军已经打垮了英国远征军与法军。现在，霞飞向所有对此感兴趣的人传播他的思想。安德鲁斯提出带他去见马歇尔，并问道："我们不应该拿出一些正式的提议吗？"霞飞拿出他手写的备忘录说道："这个怎么样？"安德鲁斯回答："这足够了，我这就把它打印出来。"不到 1 小时，乔治·马歇尔就看到并批准了这份提议。美军装甲兵就此诞生，终结了美军骑兵。

1940 年 7 月 10 日，美军装甲兵成立。[13] "装甲兵"的称谓是与长期以来抵制"机械化"一词的美军步兵和绝对痛恨"坦克"一词的骑兵之间达成的妥协。霞飞担任美军装甲兵首任司令，不过他在有生之年未能见证自己的信仰得到完全的印证与成功，身心压力最终击垮了他的斯巴达精神。1941 年 8 月 22 日，霞飞在波士顿去世，为美军的装甲兵发展献出了自己的生命。[14]

## "不公平的赌局"：1941 年，路易斯安那州演习与麦克奈尔

> 麦克奈尔从一开始就相信了那些说辞。（有人攻讦称）美军装甲兵是最浪费人力、装备的陆军兵种，可谓挥霍、奢侈、畸形。
>
> ——格林菲尔德，帕尔默与威利，《二战中的美国陆军》

1941 年 4 月 3 日，随着美军装甲兵的建立，美国陆军部部长命令"美军步兵司令与装甲兵司令之间要通力协作，建立以部署陆军司令部直属坦克部队支援步兵的战术理论。"美军组建了装甲兵，但并未充分理解其概念；同时，美军装甲兵奉命参加更多的军事演习。1941 年，美军举办了路易斯安那州军事演习。克里

斯托弗·加贝尔认为，这次军事演习的规模在美国陆军历史上堪称"前无古人、后无来者"。[15]

军事演习以军级规模实施，为参加这场重要之争的双方搭建了舞台。参演双方分别为"装甲骑兵"野战部队，与以步兵为主导的，以骑兵、强大的炮兵、过多的反坦克部队为支援的兵力。[16] 第 2 集团军（下辖装甲军、第 7 步兵军）下辖的 5 个步兵师与分成了两个分支的骑兵：第 1 装甲师、第 2 装甲师与第 2 骑兵师。第 3 集团军（下辖第 4 步兵军、第 5 步兵军与第 8 步兵军）下辖 9 个步兵师，以第 1 骑兵师与第 56 骑兵旅作为屏护。这两个集团军各有 1 个陆军航空兵军特遣队作为支援。两个阶段的军事演习持续了 1 个月，有 40 万兵力参与其中，最终以炮兵获得了决定性的胜利。

这场军事演习真正的胜利者是莱斯利·麦克奈尔，失败者则是美军装甲兵作战理论。当巴顿主张运动战而非消耗战时，麦克奈尔嘲讽道："战争不是这么打的。"这些军事演习从官方的角度神化了麦克奈尔抵御德军闪击战的对策——坦克歼击作战理论，是美军炮兵通过间接火力与直射火力支配战场的坚定尝试。1941 年，在路易斯安那州，"装甲兵首次出现在美军作战策略中"。军事演习的总指挥麦克奈尔与副总指挥马克·克拉克准将，操纵了裁判员的评判与军事演习后的官方评论，这是不可原谅的。美军官方兴高采烈地宣布："军事演习表明，装甲兵并非不可战胜。恰当地利用反坦克武器，地形与爆破，为如何对抗号称现代战争中最迅猛打击兵力的问题提供了答案。"[17]

麦克奈尔评论称："格里斯沃尔德将军贸然且零散地使用了他的坦克……第 1 集团军在演习中的表现不足以证明集中使用的装甲力量在战斗关键时刻所能够发挥的效用。""炮兵贵族"们毫不掩饰沾沾自喜的情绪，认为反坦克炮"非常有效；裁判员判定双方有 893 辆坦克丧失战斗能力"[18]。这相当于 1 年前在法国横扫盟军的德军坦克数量的 70%。"裁判们判断，在交通线遭到切断的情况下，第 1 装甲师发起进攻时，就遭到了毁灭。"[19] 1941 年夏末，当德军装甲兵已经横扫波兰、法国与巴尔干半岛——事实上，当时的德国国防军已经狂热地发起了"巴巴罗萨"行动，深入苏联国境 700 英里（约 1127 千米），合围并歼灭超过了 120 万苏军官兵——麦克奈尔将军却认为装甲集群过时了！[20] 美军装甲兵司令雅各布·德弗斯将军赞同他下属们的观点："我们败给了演习规则。"[21]

# 1941年，路易斯安那州演习：经验教训

*在路易斯安那州与加利福尼亚州，巴顿的胜利似乎打乱了华盛顿的"反坦克阴谋集团"试图将美军装甲兵贬斥为次要角色的计划……在路易斯安那州与加利福尼亚州的军事演习期间，麦克奈尔一直强烈地针对着巴顿……他对美军装甲兵的偏见可谓暴露无遗。*

*——卡洛·德斯特[22]*

德斯特中校的结论只是部分正确。实际上，在路易斯安那州军事演习之后，"反坦克阴谋集团"依然顺风顺水。当年12月，麦克奈尔说服了陆军部部长，装甲兵的理论是有缺陷的，"应当强调反坦克兵力的发展"[23]。美军坦克歼击兵与其作战理论显赫的地位上升到了仅次于装甲兵的地位。美军坦克歼击兵的组建与训练消耗的巨量资源，以及在研发一系列履带坦克歼击车（M10"狼獾"、M18"地狱猫"与M36"杰克逊"）上所耗费的数亿美元资金，都代表着存在强大的"说客团"将错误的作战理论推向本末倒置的危险。坦克歼击作战理论的本质（以火炮集群歼灭坦克）是正确的，其错误在于其兵种起源于单纯的兵种之争。同样源于门阀之争的短视，使美军骑兵在二战军事史中占据了令人生畏的显赫位置，几乎超越了美军装甲兵的战术地位。实际上，火炮确实能歼灭坦克，但并非以炮兵的模式，而是以强劲的高速火炮，安装在装有坚固的装甲与履带的主战坦克上。尽管如此，1941年10月7日，麦克奈尔仍然为美军地面部队司令部编写了作战序列的附录："出于心理上的原因，此兵种应该称为'坦克歼击兵'。"随后，美军组建了国家坦克歼击部队训练中心。

尽管遭到了麦克奈尔的嘲讽，但装甲兵的价值不容抹杀。不过，虽然美军装甲兵幸存了下来，却从未得到充分发展。1942年，在美国陆军最初制订的计划中，应该组建60个装甲师。实际上，二战时期的美军只组建了16个装甲师。1944年美军冲出诺曼底时，只有5个装甲师。如果我们进行有趣的历史架空，想象"眼镜蛇"行动中，美军有8～10个装甲师沿着卢瓦尔河谷（Loire Valley）轻而易举地突入洛林，那么美军可能在1944年秋季就跨越了莱茵河。[24]

通过路易斯安那州军事演习，美军获得了对作战理论、指挥与后勤补给支援

系统的全面测试的机会，并进行了对标准化燃料、备用零件、维修与回收，以及在师级、军级与集团军级层面上，对后勤参谋（G4）行军表、部署与再补给进行的试验，确保美国陆军在 1 年之内部署到北非。装甲集群的机动问题得到了彻底的调查，在美军坦克兵军官的头脑中，装甲兵存在的理由也得到了明确。正是这些军官，将率领美军装甲兵对抗最精锐的德军装甲兵。1941 年 11 月 30 日，麦克奈尔发表了对路易斯安那州军事演习的评论文章。1 个星期后，日军偷袭美国珍珠港。1941 年，美军举行的这些军事演习，是和平时期的美国举行的规模最大的军事演习。从此开始，马歇尔将全权处理有关战争的事宜。

至此，美军装甲兵已经经受住了两次在军事理论上对坦克的挑战：首先是美军骑兵反对机械化，随后是美军炮兵试图从美军装甲兵手中夺取战术支配权。美军装甲兵的幸存——实际上，是美军装甲兵的胜利——要归功于战地指挥与令人生畏的美国工业能力。尽管存在理论学说上的争论，但美国人的专业技能与华尔街的资金，为两种针锋相对的观点都提供了生存空间。到二战结束时，美国陆军已经组建了 16 个装甲师与大量陆军司令部直属坦克营。

## 组建加军装甲兵
### 沃辛顿在博登兵营

最初，坦克的本质是试图从机枪火力横飞的战场打开通路的武器。1939 年时，坦克已经发展成了具有战略决定意义的武器。加军对机械化的态度，混合着专业的兴趣与谨慎的态度——其中还夹杂着些许嫉妒：

> 装甲战斗车辆的问题是个实际问题，其成功与否，很大程度上取决于大量的机械细节，而其早已被对暴力的宣传与对避免大量"伤亡"的情感诉求所掩盖。大规模机械化部队的应用所涉及的谋划与指挥的问题是错综复杂的。仓促拼凑起来的机械化部队，其打击力将断崖式地下跌 90%。我们无法在规避指挥层全盘崩溃的风险的同时，将机械化部队突然扩大到一定规模。因此，我们必须在和平时期维持机械化部队的存在。[25]

　　加拿大国防司令部的训练备忘录，清晰地提到了加军总参谋长对装甲战斗车辆的观点："进攻以火力（炮兵与机枪）为支援，以人力（步兵）为基础……即使坦克数量有限，亦可按照此方法应用，或用于引导（步兵）进攻阵列，或用于引导执行扫荡任务的步兵营。"[26] 这就是在即将到来的战争中领导加军通过训练并走上战场的军事智慧。德军的侵略使加拿大政府进入理智状态，并迅速做出反应。

　　1940 年 8 月 13 日，在法国沦陷后，加拿大国防部部长下令组建装甲兵。[27] 与美军装甲兵的建立相比，加军引入坦克的过程没有权力斗争，也没有对传统兵种进行阉割。加军的团编制自 18 世纪以来一直保持着传统，并且已经为机械化战争做好了准备。与美军地面部队不同的是，加军没有因为类似路易斯安那州军事演习的行动而停顿。大英帝国将自己的装甲兵理论强加给了加拿大装甲兵。

　　加军装甲兵学校的首任校长是沃辛顿中校。一战时期，他是一名机枪部队军官。[28] 他随后又担任了加军装甲战斗车辆训练中心主任与第 1 装甲旅旅长。

　　加军迅速处理了骑兵：加军皇家加拿大龙骑兵团"在圣吉恩集结，进行最后的骑乘检阅，怀着沉重的心情，看着军方出售或杀掉他们的战马"。[29] 当年秋季，沃辛顿访问了美国："我继续寻找坦克，买到了 236 辆一战时期 6 吨重的'雷诺'式坦克。这些坦克尚具备机动能力，构成了加军装甲兵的基础。"[30] 美军将这些坦克运抵"博登兵营钢铁铸造厂"（Camp Borden Iron Foundry）——从当时仍然处于中立状态的美国运输坦克到加拿大的应急方法。当年冬季，加军已经将 1 个满编步兵师改编成为装甲师，另有 3 个兵力单位将编入加军第 1 陆军坦克旅。[31] 作为"部族身份"标志，所有原则中最重要的团制系统，遭到扬弃，而转变成为加军装甲兵中的各单位赋予数字番号。"沃辛顿认为，加军装甲兵必须在娴熟的指导下进行统一的训练，各装甲单位的目的与作战理论必须统一，人员必须能够互换。"[32]

　　从本质来看，其与德军的事件并无二致。然而，对具备团级名称、传统与来之不易的战斗荣誉具有重要的意义。最终，折中方案悄然而至——诺曼底战役打响时，加军部队同时具备两个名称。[33]

## 训练加军装甲兵

---

*在这场战争中，加军不一定会使用坦克。*

*——1939 年 11 月，加拿大国防部公报对沃辛顿中校的回应*

---

　　沃辛顿上校（绰号"伟人"）的愤怒中充满思想与能量。他是加拿大的"范沃里斯"与"霞飞"——士兵中的士兵，对战争了如指掌。遗憾的是，他不是巴顿。他了解人员与坦克，但对如何训练装甲师或坦克兵一筹莫展。在他孜孜不倦的领导下，加军装甲兵得到了长足的发展，但无法成熟。

　　由于沿用了英军的用语体系，加军装甲军编制下不同称谓的部队往往指代着完全不同的事物。例如"坦克"（Tanks）专指步兵军建制内的独立坦克旅装备的，战时由步兵军下辖各步兵旅指挥的"步兵坦克"①。在"装甲师"建制内，"装甲"（Armoured）部队指的是装甲师下辖的 2 个装甲旅，理论上其装备的坦克是"骑兵坦克"。1944 年，加军皇家装甲兵的所有旅都称为"装甲旅"，装备统一型号的坦克——美制 M4"谢尔曼"（Sherman）中型坦克，这意味着那些本应该执行步兵坦克任务的独立装甲旅也不复存在了。20 世纪 30 年代，欧洲国家陆军所饱受的作战理论争论之苦，现在也落到了加军装甲兵身上。加军装甲兵没有任何试验性的训练演习与实战经验，也没有人真正了解突击坦克与装甲师集群机动之间的不同。加军装甲兵将作战条令作为纯粹的理论进行教授，但条令会随着英军在西部沙漠②的每次胜利或失败而朝令夕改。1943 年时，加军皇家装甲兵宣称下辖 2 个装甲师（第 4 装甲师与第 5 装甲师）与 2 个独立坦克旅（第 1 装甲旅与第 2 装甲旅）；包括军直属与师直属侦察团，加军装甲兵共有 19 个战斗团。

　　尽管武器装备已经与其他西方盟国不相上下，但加军装甲兵的领导指挥能力仍然迫切地需要实战锤炼。加军装甲兵前往英格兰郁郁葱葱的多塞特郡（Dorset），将在那里接受沙漠战的训练。然而，令人沮丧的交通堵塞，使其成了名不副实的

---

　　① 作者称英军步兵旅指挥独立坦克旅，实际上应该是步兵师指挥独立坦克旅，独立坦克旅负责支援步兵师。

　　② 西部沙漠（Western Desert），西方国家常用的地理概念，以尼罗河为界，以东称为"东部沙漠"（Eastern Desert），以西称为"西部沙漠"。西部沙漠西部边界为利比亚边境，北部边界为地中海，南部边界为苏丹边境。

坦克训练场。与此同时，在加拿大，通过高效的公路与铁路，从底特律（Detroit）与蒙特利尔的坦克装备装配厂抵达绵延数百千米的开阔草原只需要几小时。当然，也许会有人认为，炮兵与步兵的观点在渥太华占了上风，因此即便到 1940 年之后，加军也没有进行机械化战争的军事演习。沃辛顿的价值确实可谓千金不换，但他既没有政治影响力，也没有组织类似路易斯安那州军事演习的想法。博登兵营与博文顿将完成这些使命。

美军与加军机械化之路的不同，在于论战的激烈程度。在渥太华，这是个争论点；在华盛顿，这却是个物质与哲学是否存续的生死之战。整个战争期间，美军内部的分裂始终持续（虽然主要是由于《骑兵》杂志）。加军的机械化进程是在没有激烈争论的情况下完成的，但也没有进行过认真试验。在加军装甲兵组建之前，法国已经沦陷，而此时盟国对坦克的用途几乎没有进行什么讨论。由于骑兵影响力太小，几乎在无人注意到的情况下，加军对战马的眷恋就消失了。加军并非从技术上转变为机械化，而是进化为一支机械化军队。

不幸的是，"新"加军骑兵采用了英军皇家坦克团的风格，并试图围绕"黑色贝雷帽"重新自我定位。[34] 美军则需要在矛盾与争论中艰难跋涉，首先试图通过折中方法，随后试图通过替代方法来解决这个问题。在美军中，"骑兵"仍然指代着该兵种实际承担的任务，"装甲"则彰显了自身的传统与角色。相比美军，加军轻易地实现了机械化，并通过代用传统来进行自我定位。

战前的加拿大军事哲学家概括与总结了其他国家军队的解决方案。糟糕的是，加军没有巴顿、伍德或格罗来指挥与锻造加军的"雷霆"。沃辛顿是加军的"霞飞"，他是精神领袖，被人推崇的教练员，浪漫主义者。按照比例，加军将成为整个战争中机械化程度最高的兵力：2 个装甲师、2 个独立装甲旅、3 个摩托化步兵师——但加军却没有自己独创的坦克作战理论。加军的实战战术解决方案，大部分是由炮兵制定的。就像伯恩斯中将提到的那样："在加拿大，军事观点已经意识到装甲兵将是现役兵种中最具潜力的兵种。然而，我们却没有任何士兵进行过装甲兵的实战条件下训练。更糟糕的是，我们也没有军官接受过指挥装甲兵的训练。"[35]

伯恩斯的叙述很有预见性。加军未能培养出在气质与经验方面合格的军官来领导装甲兵，并为此付出了惨重的代价。理论上，北美洲国家的装甲兵做好了前往欧洲作战的准备，但唯一能够经历实战的战区在北非，在那里也产生了西方国家最优秀的装甲兵。在这所"研究生院"中，加军出席率仅限于数千名在英军中服役以获取实战经验的军官，而没有部署战术编队。加军装甲兵雪藏于英格兰，在二线枕戈待旦。相反的是，美军地面部队的装甲兵已经部署于沙漠——从最初在埃及建立的训练基地到位于突尼斯的整编装甲师与坦克歼击车营。在北非沙漠，美军坦克兵上了第一课。

△在卡昂以南，加军第 2 装甲旅的 1 辆 M4A2 "谢尔曼"中型坦克正在跨越障碍。（贝尔，加拿大国家档案馆，威尔弗雷德·劳里埃大学，劳里埃军事战略与裁军研究中心）

# 注释

1. Col. Harrison H. D. Heiberg papers, Patton Museum Library.

2. Grow, *Armor*（January–February 1987, March–April 1987, May–June 1987, July–August 1987）.

3. Grow, *Armor*（April–August 1987）.

4. Letter from James K. Herr, President, United States Cavalry Association, to Maj. Gen. Robert W. Grow, 6th Armored Division, 7 June 1945, Special Studies, WW Ⅱ OCMH Collection, MHI.

5. 丹尼斯上校，《骑兵史》（*History of Cavalry*）。丹尼斯（加拿大人，1877 年，他写的"最好的骑兵史"，获得了沙皇奖励的 5000 卢布奖金）似乎对美军骑兵产生了极大的影响。在美军各个兵营的图书馆中，都找到了他的著作。美军的战术研究经常引述他的著作，尤其是格罗将军。美国诺克斯堡的巴顿骑兵与装甲兵博物馆主管约翰·珀坦认为，美国对丹尼斯的关注，要远多于英国或加拿大。

6. 美国陆军军史研究所：1932 年，美军组建了 4 个野战集团军，扩编的正规军与新兴的三三制战斗师，是路易斯安那州军事演习能够举行的基础。这也为美军组建军级兵力组织奠定了基础。根据汉密尔顿·豪兹将军的文件，"很少有军官对训练有所了解，所以陆军的训练非常差，也没有士兵可进行训练，更没人真正关注训练。"

7. 根据诺克斯堡的巴顿图书馆中海伯格上校的文件，当时德国国防军的军官在场参观，不过"军事演习开始之前，他们就离开了"。

8. Jean R. Moenk, *A History of Large-Scale Army Maneuvers in the United States, 1935–1964*（Fort Monroe: Headquarters U.S. Continental Army Command, 1969）.

9. Steven J. Zaloga, *Sherman—Medium Tank, 1942–1945*（London: Osprey, 1993）, p. 3.

10. Moenk, p. 27.

11. 1940 年 5 月 25 日，美军第 3 集团军军事演习总结报告，第 3 卷，附件 21："几乎没人注意到隐蔽的问题……步兵与骑兵显然受困于公路，在公路上的行军纪律也非常差……暂编第 9 军军长克鲁格将军应该明白卡车不是战斗车辆……无论何时，只要处于敌军炮兵射程范围内，我军向前推进，就一定会遭受损失。"1969 年，门罗堡（Fort Monroe）：美国大陆军总司令部（Headquarters U.S. Continental Army Command），琼·莫恩克，《1935—1964 年，美国大规模陆军演习史》（*A History of Large-Scale Army Maneuvers in the United States, 1935–1964*），第 32 页。

12. See Gen. Robert Merrill Lee papers（a splendid firsthand account）, Patton Museum Library, Fort Knox. Also see Col. H. H. D. Heiberg papers, "Report on the Alexandria Meeting."

13. 1972 年，华盛顿特区：军史处长办公室，玛丽·李·斯塔布斯，斯坦利·拉塞尔·康纳，《装甲骑兵》，第 58 页：作为美军装甲兵首任司令，霞飞晋升为准将。此时，美国国会尚未批准陆军成立独立的装甲兵种，因此其技术上是"出于勤务试验的目的"而组建的。美军装甲兵包括美军第 1 装甲军、第 1 装甲师、装甲兵委员会与位于诺克斯堡的小规模装甲兵学校。

14. 《费城公报》（*Philadelphia Bulletin*）：《为美军装甲兵奉献自我》（*Sacrificed himself for Armored Force*）。《城市》杂志（*City Journal*）：《积劳成疾》（*Physical breakdown follows intense work undertaken*）》1941 年 8 月 23 日，纽约时报（*New York Times*）：20 世纪 30 年代，美军装甲兵的缔造者……预言了"闪击战"。

15. 《1940 年 8 月，第 3 集团军，国民警卫队军事演习》（*National Guard Maneuvers, Third Army, August 1940*）：临时设置的军部没有起作用，确定需要医护兵、工兵、通信兵与宪兵，加强军级组织。"在和平时期，国民警卫队的训练是完全不足的。"《1940 年 8 月，上纽约州，第 1 集团军军事演习》（*First Army Maneuvers, Upper New York State, August 1940*）：德拉姆将军批评军官训练不足，例如"侦察不足……错误的信号通信；被动地部署反坦克炮；传统骑兵使用不当。"莫恩克的报告，《1940 年，第 1 集团军军事演习总结报告》（*Final Report, First Army Maneuvers, 1940*）。《1941 年，陆军总司令部指挥军事演习》（*GHQ-Directed Maneuvers, 1941*）《1941 年，田纳西州 / 俄克拉荷马州，第 2 集团军军事演习》（*Second Army Maneuvers, Tenn/Oklahoma 1941*）：首次使用满编状态的步兵师；《1941 年，阿肯色加州，第 7 军军事演习》（*Arkansas maneuvers, Ⅶ Corps, 1941*）："在防御战中，利用地形、障碍与爆破，抵御装甲兵进攻。"莫恩克，对美军第 7 军演习经验的批评。1941 年 8 月 1 日，德弗斯继任霞飞的位置。1943 年 5 月 11 日，第三任装甲兵司令吉勒姆继任德弗斯的位置。

16. 1995 年，纽约：哈珀·科林斯出版公司（Harper Collins Publishers），卡洛·德斯特，《巴顿——战争天才》（*Patton—A Genius for War*），第 394 页："美军新型装甲师的独创编制规模巨大，当第 2 装甲师从本宁堡出发，前往田纳西州时，其两支纵队各延伸了 60 英里（约 96.56 千米）长。"

17. 第 16 期《美军地面兵力研究》（*AGF Study*）第 26～27 页。另参见第 11 期《美军地面兵力研究》中的《美国陆军历史部分——1948 年的美军地面兵力》（*U.S. Army Historical Section—Army Ground Forces 1948*）。1941 年 9 月 11 日，美军地面兵力司令部记录，莱斯利·麦克奈尔将军《对将官的特别评论》（*Special Critique for General Officers*）笔记记述：这些军事演习同样暴露了，"军官严重士气低落，缺乏训练，战术表现不佳"。麦克奈尔通过将他的高级军官扒得体无完肤来结束他的评论："我提议，在美国陆军中保持纪律与效率……需要具备专业能力的人，敏锐与热忱的人……我们必须停止犹豫不决与优柔寡断。"路易斯安那州军事演习失败的代价是高昂的。麦克奈尔清除了那些他认为老态龙钟与缺乏才能的军官：42 名集团军司令、军长与师长中，有 32 人遭到了"无情的解职"。

18. 1946 年，美国陆军，第 1 期《美军地面兵力研究》；1940—1942 年，美国陆军总司令部，《陆军地面兵力的起源》（*Origins of the Army Ground Forces*），第 33 页；莫恩克的报告，第 67 页：在军事演习中，判定有 91% 的坦克损失于火炮，5% 损失于手榴弹，3% 损失于地雷，1% 损失于空袭。美军官方并未给出坦克的战绩。

19. AGF Study No. 1, p. 33.

20. 美国陆军军史研究所，牛顿（Newton）文件：《1941 年，基于路易斯安那州与加利福尼亚州军事演习经验的装甲兵补给报告》（*Report on Supply of Armored Units based on experience in Louisiana and Carolina Maneuvers, 1941*）其他的总结性建议包括："1. 标准化燃料。2. 零件简化……在军事演习过程中，军级区域内的军械系统运作失败……为了仓库中能有适当的储备，装甲兵官兵只能不断向仓库管理人员提出建议。"

21. 二战结束后，通过使美军坦克歼击车项目走向克制而稳定的终结，德弗斯报了这一箭之仇。在一定程度上，卡洛·德斯特同情麦克奈尔，没有发现他黑暗的炮兵阴谋。他的著作《巴顿》的第 396 页："巴顿的坦克试图撬动遭受了严重损失的第 2 装甲师，这很快引发了溃败……麦克奈尔仁慈地宣告此阶段的演习结束……1 个星期后，当演习进入第二阶段时，角色颠倒了过来……克鲁格决定以第 1 装甲军发起无畏的侧翼进攻，远程奔袭 350 英里（约 563.27 千米）才停下脚步……这次旅程甚至让巴顿一路打回了得克萨斯州……后来，麦克奈尔否认巴顿的大胆是根本原因。尽管如此，他仍然在 5 天之后，就决定提前结束演习的最后阶段。"

22. D'Este, p. 401.

23. Gabel. p. 17. See also Emory A. Dunham, *Tank Destroyer History. Army Ground Forces Study No. 29* Historical Section, Army Ground Forces, 1946, and Charles M. Bailey, *Faint Praise: American Tanks and Tank Destroyers During World War II* ( Hamden: Archon, 1983 ).

24. 1995 年，纽约：哈珀·科林斯出版公司，卡洛·德斯特，《巴顿——战争天才》，第 398 页：这个富于想象力的展望，受困于盟国远征军最高司令部（SHAEF, Supreme Headquarters Allied Expeditionary Force）的短视与汽油的问题。1944 年秋季，蒙哥马利指挥的干扰与汽油的短缺，迫使美军第 3 集团军停下了脚步。早在路易斯安那州军事演习期间，巴顿就预言了这个问题："我们需要汽油，很多的汽油。我们真的遇到麻烦了。没有汽油，这次军事演习，我们就完蛋了。没有汽油，我连 10 英里（约 16 千米）都前进不了。"

25. V. W. Germains, "Armored Warfare, A Plea for Common Sense," *Army Quarterly* XVI( April–July 1928 ): 369.

26. *CDQ* 14( October 1936 ). "Memorandum on Training," NDHQ.

27. 最初，沃辛顿说服了罗杰斯，但总理在空难中殒命。新任总理罗尔斯顿持观望态度，直到德军装甲师将麦克诺顿的远征军逐出法国，加政府才批准了沃辛顿关于组建装甲兵的备忘录。

28. RG 24 17446, 博登兵营，加军装甲兵学校《坦克》（*The Tank*），1944 年 5 月期：沃辛顿出生在苏格兰，但毕业于美国加利福尼亚大学。作为年轻人，他志愿加入"黑杰克"（Black Jack）潘兴的美国远征军，前往墨西哥追捕潘乔·比利亚。在尼加拉瓜、墨西哥与智利的革命中，他作为雇佣兵参战。他还当过骡夫与牛仔。1914 年，他参加加军皇家高地警卫团，军衔为列兵。在战争中，各获得过两次军功勋章（Military Medal）与军功十字勋章（Military Cross）。1944 年，他已经成为加军装甲兵的传奇人物："就像英国的马特尔与法国的戴高乐作为装甲师冲击力的坚定信徒，加拿大尊崇沃辛顿将军为加军装甲兵之父。"

29. Worthington, *The Spur and the Sprocket* ( Toronto: Macmillan, 1961 ).

30. RG 24 10455，1945 年 3 月 22 日，沃辛顿少校给加拿大军事指挥部（CMHQ, Canadian Military Headquarters）的信中表示，他检查了美军"格兰特"中型坦克的原型车。

31. 加军的训练尝试是令人沮丧的。根据加拿大军事指挥部文件，关于装甲兵的政策，英国陆军部致克里勒准将的信件，克里勒试图派遣 50 人前往英国，但英军谢绝了这次申请。"加军各营的装备补给如此不稳定，以至于即使派遣核心骨干前往，也无法起到好作用。"加军第 1 装甲师后来改编为加军第 5 装甲师。

32. 1965 年，基奇纳："呼啸爆炸"协会（Whizzbang Association），雷金纳德·罗伊，《钢铁肌腱》（*Sinews of Steel*），第 134 页："自由调配能够执行所需任务的军官与其他职级人员，无论其隶属单位"，萨姆森致沃辛顿的备忘录《装甲兵编制》（*Formation of Armoured Corps*）；1940 年 7 月 19 日，《加军装甲兵的组织、训练与应用》（*Organization, Training and Employment of a Canadian Armoured Corps*）。

33. 1965 年，基洛纳："呼啸爆炸"协会，雷金纳德·罗伊，《钢铁肌腱》，第 134 页：例如，加军第 3 步兵师的侦察团为第 7 侦察团，亦称"第 17 约克公爵直属皇家加拿大骑兵团"。作为装甲师师长的桑瑟姆少将，"曾经想保留原部队的名称，但他最终还是屈服于他人的意见"。

34. 英军军服风格，无论是过去还是现在，对加军来说都非常重要，甚至不将其视为"英军风格"。英军皇家坦克团的军帽是黑色贝雷帽（看不出来汽油与润滑油的污染，易于收纳，任何头部外形都能戴，还能防止瘀伤）。法军阿尔卑斯猎兵贝雷帽太大且过于软塌，法军巴斯克贝雷帽则太小，最终选择的折中方案是更具同源性的苏格兰大黑头巾形帽子（Tam-o-shanter）。二战时期英国的坦克兵普遍使用这种军帽。二战结束后，有些北约国家的坦克兵也使用这种军帽。德国国防军的坦克兵也使用了非常大的黑色贝雷帽，安装硬化皮革插口后显得有些尴尬——看起来颇像自行车头盔。

35. *CDQ* 15（1935）. E. L. M. Burns, "A Step Towards Modernization," p. 305.

# 第 5 章
# 打造北美洲装甲集团军：从欧洲与北非吸取的经验教训

*实际上，英军根本不知道他们将要打的是什么样的战争，也不知道如果敌军允许他们选择的话，打什么样的战争更适合自己。*

——弗朗西斯·图克 [1]

## 作为战术工具箱的装甲师

1940 年，法国战役成了令人顿悟的经验。如果将波兰战役斥为德军对二流对手的胜利，那么没有人能够否认德军装甲兵对法军与英军取得的胜利。所有的坦克学校也都"胜利"了。法国战役也成就了双重胜利，不仅使机械化"合法化"，也给了由"令人讨厌的狂热分子组成"而遭到排挤的英军皇家装甲兵大肆主张权利的机会。然而，美国陆军部却错误地理解了德军获得胜利的基本要素。

在法国挫败盟军的是德军装甲师，而非德军装甲战斗车辆。德军指挥官组建了任务导向型的定制战术集群，这反映了有经验的军事"工匠"依托着健全的军事理论。当任务完成时，就将工具收纳到工具箱。德军只有对师的忠诚，没有对团级系统的忠诚需要克服。正是这种能成为更大"家庭"成员的能力，使之能够迅速而高效地组成暂编作战组织。

有人认为，德军战役法的本质，闪击战的核心，是通过了解敌军的决策周期，组织大胆、富于创造性的机动从而挫败敌军。[2] 解决动态战术问题的能力，使任务导向型战术的理论依托能够成为可能。作为命令导向型战术的对立面，任务导向型战术允许级别更低的指挥官在解决战场问题时具备更高的独立性，但也需要其具有完备的理论能力。虽然到 20 世纪末时，北约国家已经接受了机动战术与任务导向型战术，但几乎没有证据表明德军将其作为理论目标，并在战术层面上专门培养任务导向型战术。

德军对任务指挥的偏爱很可能是文化上的，而非战术上的。对任务导向型战术天然属性的最佳解读或许是埃里克·冯·曼施坦因元帅给出的这段话：

> 德军的领导一直具备给予下级指挥官以广泛自主能力的专长——将任务分配给他们，由其个人自行决定如何执行。德军的方法实际上根植于德国人的性格……在冒险中获取快乐。[3]

这种乐于掷骰子的意愿，与英军（很多情况下，加军亦如此）在战斗中墨守成规的倾向形成了鲜明对比。在以服从命令为荣与压制主动性的军队里，充满活力的作战理论几乎没有立足之地。"对阵战"的概念与任务导向型战术格格不入。最终，英国陆军部自己也认识到了命令导向型战术过于安逸："英国人的好奇心天然不够强，官兵往往不愿意调查他们认为应由别人承担的事务。"[4]

这并非说个体的英军指挥官无法表现出独立的创造力与勇气。首先，必须认识到盟军是在处于战术劣势的情况下卷入战争的。1940 年，在法国战役中，英军刚进入"重新调整"状态，而当时的德军已经完成了试验。西班牙内战，占领奥地利、捷克斯洛伐克，以及在波兰的"最后彩排"，都磨砺了德军装甲兵的锋刃，培养了具有实战经验的参谋人员。然而，坚定的领导能力与优势的装备总是能够无情地阻挡优势的作战理论与经验。在彻底夺取了制空权的情况下，德军装甲兵横扫法国，击败了采用"便士小包"战术的盟军装甲兵。德军最担忧的是有盟军装甲集群进攻德军异常暴露的侧翼，这将彻底终结其命运。尽管持续的时间很短暂，但当英国远征军站稳阵脚后，德军的忧虑还是成了现实。

1940 年 5 月 20 日，在维米岭，英军"玛蒂尔达"步兵坦克几乎成功地切断了德军装甲集团军的前锋——隆美尔指挥的德军第 7 "幽灵"（Phantom）装甲师。吉法德·勒凯纳·马特尔中将的坦克驱散了德军侧卫，猛攻其主力。[5] 德军 Pz Ⅲ 中型坦克与 Pz 38（t）轻型坦克发起反击，英军轻易地将其击败。[6] 武装党卫军"骷髅"战斗群首次参战，铩羽而归。马特尔无不欣喜地记述：

我军的 2 磅反坦克炮非常轻易地击毁了隆美尔的坦克，我军步兵坦克则毫无困难地挡住了德军 37 毫米反坦克炮的射击。有的坦克中弹 15 发，但坦克与乘员都毫发无伤。我军坦克能够无视德军主力反坦克炮的射击，继续前进，极大地提升了我军的士气。[7]

隆美尔被迫从师属高射炮营调集 1 个高平两用 88 毫米炮连去抵挡英军的冲锋："我亲自为每门炮分配目标。"[8] 在没有步兵支援的情况下，马特尔的坦克遭到德军高射炮的猛轰，数量缩减到分队级规模，"在战场上几乎陷于孤立"，[9] 1940 年法国战役中唯一对德军产生威胁的坦克攻击就此瓦解。

教训是显而易见的：坦克不能在无支援的情况下发起进攻，需要装甲步兵与炮兵消灭敌军反坦克炮兵。最后，如果想要发起的装甲进攻能够承受损失并保持冲击力以实现突破，那么集群作战就是必不可少的。1940 年 12 月，马特尔晋升为英军皇家装甲兵司令，并立即对其进行改编。英军皇家坦克兵对他的改编感到愤怒，尤其是珀西·霍巴特将军。人们称他为"英国陆军中最粗野的人，狂热信仰自己对装甲兵所设定的概念，充满偏见且心胸狭窄"。[10] 霍巴特是富勒主义进攻思想的典型拥护者："他的思想基于坦克的无坚不摧与坚不可摧，拒绝部署任何比例的其他兵种。"[11]

英军装甲部队此后从步兵、炮兵与工兵都降级为辅助兵种的"全坦克"部队，改编为常设的旅级战斗群，每个坦克旅都有直辖的步兵。英军装甲兵以法军的方式进行编组：独立"坦克旅"装备步兵坦克，"装甲旅"装备骑兵坦克。英军装甲兵自豪地展现着骑兵精神：直到 1943 年，英军第 7 装甲师（"沙漠之鼠"）仍然下辖 1 个"重型"装甲旅与 1 个"轻型"装甲旅。[12] 英军装甲旅一度成了袖珍的装甲师，每个装甲旅都有直辖的步兵营与炮兵营，但没有完整的支援性兵种与勤务兵种（工兵、军械兵、运输兵与通信兵）使之成为有效的作战兵力。更有观点指责英军旅级战斗群是"为灾难性的浪费工作取了个自命不凡的名称。[13] 将英军皇家坦克兵崇尚'坦克独占'的坦克兵学校与英军骑兵认为'装甲兵即是骑兵'的骑兵学校进行合并很不顺畅。英军不仅缺乏知识上的准备，也缺乏实践上的准备"。[14]

1942 年 8 月，在沙漠会战中期，克劳德·奥金莱克将军命令英军装甲师以战术协调的方式，而非以独立旅的方式进行战斗。"我们一直反对贻害颇深的步兵旅战斗群体系。其仅对小规模战争有效，对现代化战争来说却毫无意义。这种体系会导致混乱、分散、兵力的不平衡与计划的杂乱。"[15] 最后，英军装甲师缩编为下辖 1 个编有 3 个坦克营与 1 个摩托化步兵营的装甲旅，以及 1 个编有 3 个步兵营的步兵旅。加军就采用的是这种编制形式。

英军装甲师下辖的各旅彼此孤立地投入作战，因而经常被各个击破。例如："里奇总是零散地投入他的坦克，这给了我军坦克逐一与之交战的机会。"[16] 英军装甲师的师级组织仍然以坦克为重，并将步兵与炮兵放逐为"支援集群"。与之形成对比的是，抵达的黎波里（Tripoli）的德国非洲军，他们受过良好的诸兵种协同作战训练，[17] 而英军坦克仍然在没有步兵或炮兵支援的情况下发起进攻，步兵与炮兵则锁在了"箱型阵地"里：

> 英军参谋人员未能设计出兵种搭配匀称的战斗群，甚至导致了更为灾难性的后果。在遭到德军猛攻时，"箱型阵地"中处于防御状态的英军步兵就会召唤坦克支援，他们也需要 25 磅野战炮发射榴弹进行火力支援，但其所需的火力支援规模是任何 1 个野战炮兵连都无法单独提供的。在实战中，日益增长的坦克支援需求，导致英军坦克不得不为了保护这些"箱型阵地"而在沙漠中疲于奔命。[18]

## 沙海历练

在沙漠的夜间，坦克战停息下来，双方都进行补充与维修。英军在后方集结，组成"车阵"。德军也结成了"车阵"，但他们是以电气与机械工兵组成回收与维修组，前往作战区域修理坦克。德军拥有装备精良的机动维修车间，能够解决所有小修与大部分大修。

> 得益于高效的回收系统，无论德军损失了多少车辆，在战斗中他们能投入的车辆依然远多于我军。实际上，德军巨大的履带与轮式坦克运输车甚至运载着坦克投入作战。在作战过程中，运输车上的人员时刻准备冲入战斗，钩住受损的车辆，将其拖到能够开展修理的地方。[19]

如果坦克没有当场爆炸，绝大多数遭到遗弃的坦克，是乘员担心坦克中弹后会起火而弃车产生的；双方都使用的是实心穿甲弹，弹头击穿装甲时携带的能量将会导致"溅射"——少量熔化的金属碎屑向内飞散，不仅会击伤乘员，还会导致较轻的结构损伤。[①]  通过控制战场，隆美尔每天能抢救出 50% 的损失。英军没有类似的组织：将坦克运往军级或集团军级后方区域进行有效的修理。但是，当西部沙漠会战接近尾声时，英军已经组建了自己的军级电气与机械工兵。[20]

1940 年，法国战役已经展示出装甲集群是战役机动的决定性力量。西部沙漠是锤炼战术的血汗工厂，双方竞相投入攻防能力更佳的坦克，使在这里对装甲与火力的争论变得毫无意义。德军首先取得了重要的优势——将 88 毫米高射炮作为反坦克炮使用。该型火炮能够在 2 千米或更远的距离上摧毁包括"玛蒂尔达"Ⅱ 在内的英军装甲战斗车辆。88 毫米高射炮使德军拥有了能够痛击英军装甲战斗车辆的"铁砧"，更可以在发起进攻时，成为抵御英军反击的"盾牌"。英军则似乎无力应对这个挑战。[21]

当然，美军地面部队司令部拥有足够的资源，也知道如何解决装甲兵的问题。只要得到机遇，美国的工业能够生产出更好的坦克。

## 反坦克阴谋集团：坦克与坦克歼击车之争

*发明坦克是为了对抗第一次世界大战爆发以来有着极大发展的自动化轻武器。克制坦克的方法就是攻所不能防的反坦克炮。英军与法军的反坦克炮未能抵御德军坦克，是因为其反坦克炮的数量不足，且组织涣散。*

——莱斯利·麦克奈尔

坦克歼击车的概念，"起源于乔治·马歇尔，发展于莱斯利·麦克奈尔，实现于安德鲁·布鲁斯，是美国陆军对作为战争革命的'闪击战'做出的反

---

① 虽然北非战场上的英军与德军都使用过实心穿甲弹，但作者描述的情况，更多发生在英军射击德军坦克时。英军 2 磅炮与 6 磅炮装备的各型穿甲弹都没有爆炸装药，而德军 KwK 38 型与 KwK 39 型 50 毫米坦克炮的 PzGr. 39 式被帽穿甲弹则填装有 27 克爆炸装药。

应"。[22] 1940 年，在对美军步兵司令与骑兵司令都彻底丧失了耐心后，马歇尔命令作训官制订计划并探索主要用于反坦克作战的兵种。所谓"祸起萧墙"。① 1941年 4 月，美军集结各兵种代表，召开了一系列关于反坦克作战的会议。美军决定首先制造"坦克歼击车"（安装 75 毫米炮的半履带车）："在每个徒步步兵师与摩托化步兵师组建师属反坦克炮营。如果可能的话，在每个装甲师也组建师属反坦克炮营。其次，组建陆军总司令部直属反坦克炮营。"[23] 麦克奈尔向马歇尔提出的建议，正体现了其彻底误解了装甲作战：

> 在我看来，装甲兵作战行动的基本要素是突然发起强有力的打击。虽然装甲部队可能进行拆分，配属给师或军，但也很容易能想到，也确实很可能，以统一的指挥将整支装甲部队投入决定性地点。[24]

不难理解，美军步兵热情地拥护麦克奈尔的作战理论：

> 加强坦克的装甲与火力，只是为了加强坦克的反坦克作战能力，是不合理的。而且，这样的坦克也不利于执行装甲兵的首要任务——击败在我军坦克面前较为脆弱的敌军部队。坦克歼击车才是克制敌军重型坦克的利器。[25]

通过路易斯安那州的军事演习，美军装甲兵的上层积累了装甲兵的经验。克里滕伯格写道："我们应该像在路易斯安那州军事演习那样去战斗。"在整场战争中，这些"天选者"都是通过"像引用圣经一样引用路易斯安那州军事演习的经验"来评判战术问题。[26] 然而，当英军在西部沙漠的作战经验为麦克奈尔"小集团"提供了支持的论据后，路易斯安那州军事演习理论的信徒迅速转向了其作战理论的"新教都"。1941 年 5 月，在"战斧"行动为期 2 天的战斗中，英军就损失了300 多辆坦克。美国陆军中拥护坦克歼击车的理论家指出了反坦克火力的有效性，

---

① 原文似为"教条主义的母鸡窝孵出了狐狸"。（The foxes were in the doctrinal hen house.）

并以此为论据证明其作战理论的正确性。但是，他们忽视了事实——美军与英军并没有与德军致命的 88 毫米高射炮同等的武器。

1 年后，在北非战场，美制"格兰特"式坦克的出现，使德军感到震惊。尽管有明显的缺陷，但其装甲与火力都有力证明了此种坦克存在的意义。"格兰特"的 75 毫米炮能击穿德军坦克新型的表面硬化装甲。在远距离上，"格兰特"的装甲能够抵御德军 Pz Ⅲ L 中型坦克 60 倍口径 50 毫米坦克炮 ① 的射击。最终，装有 KwK 40 L/43 式 75 毫米坦克炮的 Pz Ⅳ F2 中型坦克出场，轻松击败了"格兰特"。尽管如此，坦克歼击车"游说团"仍然反对只以坦克参加战斗。

美国陆军地面部队司令部的作战理论强调，坦克应留存于装甲师，等待步兵达成突破。当美军步兵突破敌军防线后，坦克就像蒙古骑兵群那样，席卷敌军后方。1943 年时，麦克奈尔仍然认为，"装甲部队的基本概念是扩大战果的手段，与过去的传统骑兵区别不大……装甲师的价值仅在于追击与扩大战果。"[27]

这个理论甚至渗透进了英军作战理论的军事思想。虽然，在北非战场，英军积累了重要的坦克战经验，但英国陆军部仍然主张即将参加诺曼底登陆的英军第 21 集团军群如此行事：

> 这个事实（机动性，迅速增援出事地点的能力）导致坦克很容易吸引敌军坦克。尽管在理论上，坦克应该避免卷入坦克对决坦克的战斗。只有当常规的反坦克战术不足以起作用时，将坦克用作机动预备队的情况才会频繁出现。在完全有必要时，才将坦克用于对抗敌军装甲战斗车辆。[28]

在突尼斯，美军装甲兵将经历首次锤炼。然而，事情并未像美军预想的那样顺利；不出所料，美军在卡塞林山口的行动证明了美军坦克歼击作战理论是"一

---

① 德军 Pz Ⅲ L 中型坦克装备 KwK 39 L/60 式 50 毫米坦克炮，发射 PzGr.39 式被帽穿甲弹，在 450～900 米的距离上，能击穿 M3 "格兰特"中型坦克的车体正面上部与中部装甲。M3 "格兰特"中型坦克的 M2 式 75 毫米坦克炮，发射 M61 式被帽穿甲弹、混装型穿甲弹，能在 900～1300 米距离上击穿德军 Pz Ⅲ L 中型坦克车体正面装甲。

## 沙漠战的经验教训

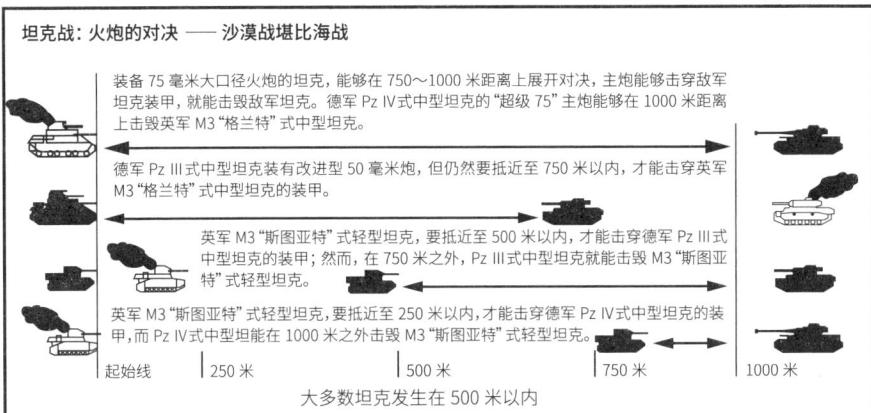

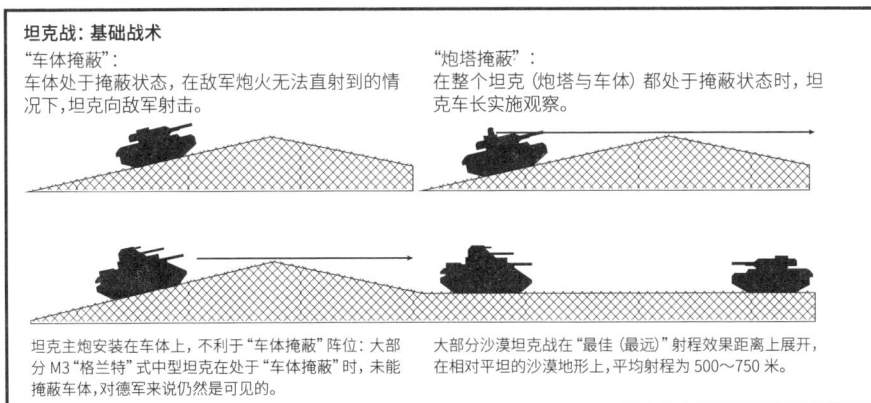

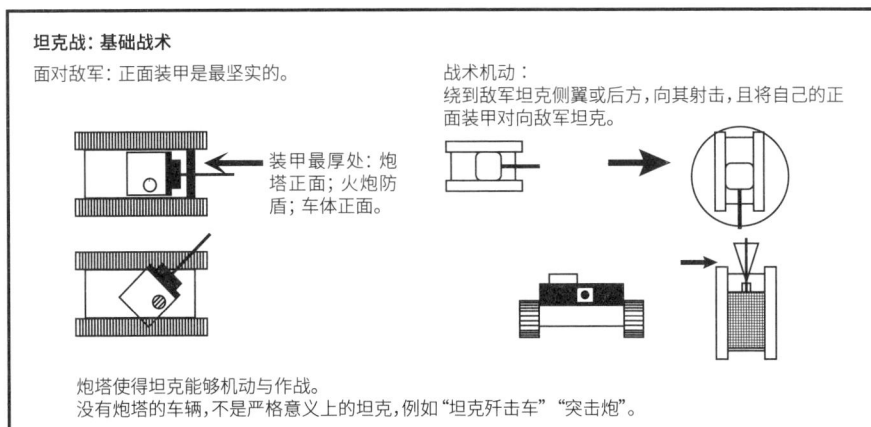

---

**坦克战：火炮的对决 —— 沙漠战堪比海战**

装备 75 毫米大口径火炮的坦克，能够在 750～1000 米距离上展开对决，主炮能够击穿敌军坦克装甲，就能击毁敌军坦克。德军 Pz IV 式中型坦克的"超级 75"主炮能够在 1000 米距离上击毁英军 M3"格兰特"式中型坦克。

德军 Pz III 式中型坦克装有改进型 50 毫米炮，但仍然要抵近至 750 米以内，才能击穿英军 M3"格兰特"式中型坦克的装甲。

英军 M3"斯图亚特"式轻型坦克，要抵近至 500 米以内，才能击穿德军 Pz III 式中型坦克的装甲；然而，在 750 米之外，Pz III 式中型坦克就能击毁 M3"斯图亚特"式轻型坦克。

英军 M3"斯图亚特"式轻型坦克，要抵近至 250 米以内，才能击穿德军 Pz IV 式中型坦克的装甲，而 Pz IV 式中型坦克在 1000 米之外击毁 M3"斯图亚特"式轻型坦克。

起始线　　250 米　　　　　　500 米　　　　　　750 米　　　　1000 米

大多数坦克发生在 500 米以内

---

**坦克战：基础战术**

"车体掩蔽"：
车体处于掩蔽状态，在敌军炮火无法直射到的情况下，坦克向敌军射击。

"炮塔掩蔽"：
在整个坦克（炮塔与车体）都处于掩蔽状态时，坦克车长实施观察。

坦克主炮安装在车体上，不利于"车体掩蔽"阵位：大部分 M3"格兰特"式中型坦克在处于"车体掩蔽"时，未能掩蔽车体，对德军来说仍然是可见的。

大部分沙漠坦克战在"最佳（最远）"射程效果距离上展开，在相对平坦的沙漠地形上，平均射程为 500～750 米。

---

**坦克战：基础战术**

面对敌军：正面装甲是最坚实的。

装甲最厚处：炮塔正面；火炮防盾；车体正面。

战术机动：
绕到敌军坦克侧翼或后方，向其射击，且将自己的正面装甲对向敌军坦克。

炮塔使得坦克能够机动与作战。
没有炮塔的车辆，不是严格意义上的坦克，例如"坦克歼击车""突击炮"。

套在根本上存在缺陷的原则"。[29] 1942 年 12 月①，美军调查团前往突尼斯调查真相。在他们的报告面前，马歇尔与麦克奈尔仍然表示怀疑，并声称"以坦克歼击车追猎坦克的作战理论是荒谬的"。②[30] 尽管坦克歼击车在战斗中难以生存，但这个项目还是持续下去；然而，更严重的是，其分散了美军加速研发重型坦克而做出的努力。坦克歼击作战理论实际上是过去的炮兵对抗骑兵的重演：集群的炮兵营以"猛烈的排炮"挫败胸甲骑兵。麦克奈尔的"袖珍战列舰解决方案"——可以通过机动性摆脱险境的装甲战斗车辆，最终并未起效——即使"施佩伯爵"号袖珍战列舰，也需背水一战。

## 通过帮助英军进行学习

美军的战备很全面。美军坦克兵车组首先以小股部队的形式投入沙漠战③，尽管麦克诺顿也曾为之努力，但加拿大陆军并未如此行事。[31] 美军地面部队司令部使用了加利福尼亚州的欧文堡，以及得克萨斯州广阔的演习区域：美军装甲师及其参谋人员抵达北非时，已经为沙漠战做好了准备。1943 年时，美军武器装备的战斗力已经得到了证明，装甲师却尚未经历实战。在美军经历了卡塞林山口（Karsserine Press）的惨败后，英军第 8 集团军司令部的优越感激怒了美国陆军的军官们。美军提供给英军的"格兰特"与"谢尔曼"拯救了埃及，美军原以为英军会因此对美军心存感激，然而他们等来的却是英军对如何击败隆美尔的建议："我认为我们不应该受英军观点的影响而过度焦虑，包括我们的组织与方法。我不认为英军比我们更了解如何用装甲师作战，也不认为英军装甲师的组织形式比我军更优越。"[32]

有经验的美军地面部队司令部坦克指挥官指出，在阿拉曼战役中，英军大获全胜，但也暴露出蒙哥马利不善于指挥装甲兵的问题。蒙哥马利首次，也是唯

---

① "1942 年 12 月"这个时间卡在前文的"美军在卡塞林山口的行动"之后，很容易令人误以为卡塞林山口战役发生在 1942 年 12 月或之前，或美军调查团前往北非是在卡塞林山口战役之后。实际上，文中所指的美军调查团前往北非是在卡塞林山口战役之前。卡塞林战役之后，美军也有其他调查团前往突尼斯调查美军在卡塞林山口战役惨败的情况。

② 马歇尔与麦克奈尔的意思是，他们认为美军坦克歼击车是没有问题的，其失败的原因应归罪于以坦克歼击车追猎坦克的作战理论或错误地应用这一作战理论。

③ 在美军登陆法属北非之前，美军就已经派遣部分坦克车组前往北非，在英军中参加实战，再返回美国教授实战经验。

一一次组建了一个由 2 个满编师组成的装甲军，但他搞砸了。[33] 西部沙漠的战役展示了两种装甲战的方法，德军整合的"工具箱"战术与英军的坦步分离战术。在英军装甲师中，步兵几乎是个累赘：作为"软目标"，步兵必须为坦克让路，或掘壕固守，坦克才能赢得主战任务。这使英军构建了"箱型阵地"与"支点"作战理论，这种战术在沙漠中是有意义的，但不幸的是，英军将其作为放之四海而皆准的坦步协同战术应用在了诺曼底。[34]

回想起来，德军的大部分教学都是在西部沙漠中完成的。他们擅长后勤、技术，尤其重要的是，他们擅长战术指挥。当然，（即便学会了这些）英军依然没有隆美尔这样的指挥官。

"英军不知道如何使用装甲兵。"[35] 在非洲与西西里的战役中，美国陆军评论员对其英国盟友的看法没有任何改善："英军士兵与其对初级战术的知识，总体来说不如我军士兵。英军高级或下级军官之间无法比较。从根本上来说，在战术上，我军军官比我见过的英军军官都要好。"[36]

## 1943—1944 年，盟军坦克的改进：寻求完美的装甲师

北非的实战经验促使美军与英军重组装甲兵。1943 年年底，美军已经选定了即将与盘踞在法国的德军装甲兵进行对抗的装甲师的编制。总体来说，这是个完美的装甲师，规模更小（10998 人），但能得到更好的支援：3 个坦克营（269 辆 M4"谢尔曼"中型坦克），3 个机械化步兵营（2994 人，装备 378 辆 M3 半履带式装甲运兵车），3 个自行炮兵营（54 辆 105 毫米自行榴弹炮）。[37] 每个步兵军下辖 1 个由数个坦克歼击车营或反坦克炮营组成的坦克歼击车集群。坦克歼击车营装备 36 辆 M10 坦克歼击车，反坦克炮营装备 36 门 M5 式反坦克炮。[38] 在试验中，美军得以组建德军风格的战斗群，但仍然不是任务导向型战术，装甲师师部得到预先组建的战斗群指挥部（A 战斗群、B 战斗群与预备战斗群）的补充，以控制为执行特定的行动组建的特定的战斗群。具有如此支援兵种与配属的武器装备，这支兵力足以使帕德博恩的德军装甲兵同行与当年马伊勒康的法军装甲兵同行艳羡不已。

英军最终的选择是组建下辖 2 个旅的装甲师：1 个装甲旅下辖 3 个坦克营（装备 195 辆 M4 与"萤火虫"）与 1 个机械化步兵营，1 个摩托化步兵旅下辖

# 1942 年，西方盟军与德军装甲师营级兵力对比

**英军装甲师**

| 侦察团 | 轻型旅 | 重型旅 | 步兵旅 |
|--------|--------|--------|--------|

6 个坦克营<sup>①</sup>：坦克 / 步兵 / 炮兵比例 6：5：4

**侦察团**

轻型旅：
3 个轻型坦克团
1 个摩托化步兵营
1 个炮兵团

重型旅：
3 个中型坦克团
1 个摩托化步兵营
2 个炮兵团

步兵旅：
3 步兵营
1 个炮兵团
1 个反坦克炮团

师直属兵力：
反坦克炮团
通信兵分队
工兵分队
高射炮分队

**德军装甲师**

| 侦察营 | 装甲团 | 装甲掷弹兵团 | 炮兵团 |
|--------|--------|--------------|--------|

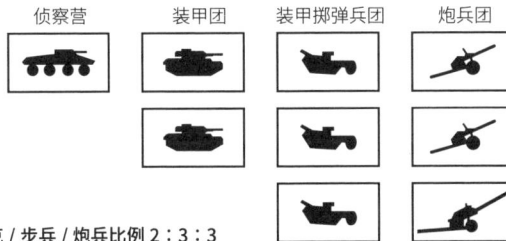

2 个装甲营：坦克 / 步兵 / 炮兵比例 2：3：3

**侦察营**

装甲团：
2 个中型装甲营<sup>②</sup>

装甲掷弹兵团：
3 个装甲掷弹兵营

炮兵团：
2 个中型炮兵营
1 个重型炮兵营

**美军装甲师**

| 侦察营 | 装甲团 | 装甲团 | 步兵团 | 炮兵团 |
|--------|--------|--------|--------|--------|

6 个坦克营：坦克 / 步兵 / 炮兵比例 2：1：1

**侦察营**

装甲团：
1 个轻型坦克营
2 个中型坦克营

装甲团：
1 个轻型坦克营
2 个中型坦克营

步兵团：
3 个摩托化步兵营

炮兵团：
3 个炮兵营

---

① 如正文所述，英军坦克团实际规模相当于营，因此按照营计算。
② 实际上，1942 年德军装甲师只下辖 1 个装甲团，该装甲团下辖 2 个中型装甲营。

3 个乘坐卡车机动的步兵营。英军装甲师属侦察团装备 65 辆"克伦威尔"，与装甲旅中的坦克团毫无区别（甚至在作战训练与作战理论方面亦是如此）。美军装甲师属侦察营装备的是轻型装甲战斗车辆——M8"灰狗"（Greyhound）装甲侦察车与 1 个连的 M5A1"斯图亚特"轻型坦克——二者都没有与敌军坦克对抗的能力。

1943 年年底时，美军装甲兵已经完成了作战与战术的实战测验。在杰拉（Gela）、西西里，美军装甲师打赢了其首次坦克战。在萨勒诺，美军挫败了德军第 16 装甲师协同拙劣的进攻。[39] 实际上，在这些战斗中，是海军的舰炮火力驱散了德军装甲兵的攻势，而非美军坦克打赢了战斗，然而人们过后才意识到这些事实。美军认为这是对 M4"谢尔曼"中型坦克的证明，作战报告也称赞其"物有所值"。在法国即将爆发的战斗中，美军将一如既往地获得胜利，看起来是符合逻辑的，驻莫斯科美军武官关于德军新型坦克——"黑豹"中型坦克的报告，也没有引起盟军的忧虑。

## 加军装甲兵

*骑士："你永远也猜不到过去我做过什么。"*
*艾丽斯："你当然是去参加战争了。"*
*骑士："是的，但不是现代条件下的战争。"*

*——萨基《艾丽斯在蓓尔美尔街》*

加军组建装甲兵的首个步骤是基础训练，这是沃辛顿将军所擅长的任务。其次，是进行作战理论的训练，这就难以掌握了。1943 年时，尽管加军装甲兵的武器装备已经能与任何西方盟国比肩，但其领导层迫切地需要实践经验。法国的战败迫使加军撤退到英国。在英国，加军装甲兵注定只能在狭窄的训练区域不断重复中队级别的训练，即使最迟钝的战术家也能因此而记住解决野战问题的方法。除了军级与师级的参谋人员处理综合机动问题之外，加军就再没有进行师级的训练，旅级与团级的训练同样令人沮丧，因为大部分区域，尤其是麦田，是严格禁止装甲战斗车辆入内的。

　　为了防止农作物减产或财产遭到损坏而制定的限制规定，使我们经常无法从训练中获得充分的价值。在这个问题上，上级下达了如此多的命令，以至于官兵有时会犹豫到底要不要开下道路；其结果就是在战术上，我们经常发生迎面的遭遇战，而无法迅速开下公路进行部署，也无法快速机动或侧翼迂回。这一切都糟透了……这种训练会使我们离真实的战场情况越来越远，也助长了部队的坏习惯，对小规模战术产生不良反应。[40]

　　最终，加军派往诺曼底的坦克兵，在驾驶与通信方面都很熟练，炮术尚可，但旅长与团长却不知道如何在开阔地形上指挥坦克作战。

　　为了对抗德军，加军各坦克营以不同的方式进行准备。加军第 2 装甲旅的定位是"陆军坦克旅"，任务是支援加军第 2 步兵师与第 3 步兵师的各步兵营，并需要在诺曼底登陆当天，作为两栖突击部队的组成兵力，支援凯勒将军的步兵。加军第 2 装甲旅的各坦克团，在练习滩头登陆与为坦克进行防水处理方面耗费了大量时间。同时，加军第 4 装甲师的各团则集中进行标准的装甲兵训练，尽管其大部分装甲团都在索尔兹伯里平原上排队等待训练场地。初级坦克课程（通常也是唯一的课程）中已经包含了基础标准的装甲兵技能。装甲兵训练项目为期 4 个星期，涵盖了装甲兵技能的方方面面，从驾驶、炮术到战术。[41] 在拉尔沃思靶场，参训官兵度过最后 1 个星期。在这里，乘员将练习用 75 毫米坦克炮发射杀伤爆破弹，用并列机枪、12.7 毫米重机枪与手枪进行射击。其余 5 天，将进行机动、安装、清理、维修与"将坦克转入新课程"。[42] 第 13 天用于休息。接下来的 15 天，主要教授的是驾驶技能。如果能继续进行更多中队级与团级训练的话，以上训练倒是个恰当的初级训练，然而有限的训练场地使之无法开展，除非施行严格的配给制，且通常仅限于分队级别。

　　1943 年，加军放弃了自行生产的坦克——"公羊"Ⅱ（Ram Ⅱ），但也拒绝使用英军的"丘吉尔"。所有加军装甲团都改为装备美制 M4"谢尔曼"。装甲师属装甲侦察团与加军的 2 个独立装甲旅也装备"谢尔曼"。军属与步兵师属侦察团装备装甲侦察车。最终，每个加军装甲团的团部与 3 个中队，共装备 79 辆装甲战斗车辆，其中 3 个中队共装备 61 辆坦克，包括 4 辆"谢尔曼"Ⅴ指挥坦克与 57 辆主战坦克（56 辆"谢尔曼"V 中型坦克、12 辆"谢尔曼 - 萤火虫"VC 或"谢尔曼 - 萤火虫"IC 混装车体型）。此外，每个装甲团还下辖 1 个装备 11 辆"斯图亚特"Ⅵ（M5/M5A1）轻型坦克的侦察分队与 1 个装备 7 辆"十字军战士 3"Mk 2 式防空坦克的防空分队在这种编制中，每个中队的每个分队都装备 4 辆 M4。每个坦克分队的 4 辆坦克中，有 3 辆装备 76.2 毫米坦克炮，只有 1 辆"萤火虫"（装备 17 磅炮，或称"超 76 毫米炮"作为主炮的 M4）。"萤火虫"是唯一一能击杀德军"虎"与"黑豹"的盟军坦克，生产的延迟限制了"萤火虫"的分配，配发的"萤火虫"只满足了 25% 的需求。1945 年，这种情况才得到改善。

根据加军装甲兵的作战理论，装甲师只能用于突破与追击阶段的战斗，步兵师所需的坦克支援则来自司令部直属的坦克营。[43] 在英军，执行此类任务的是坦克旅，装备装甲厚重而行动迟缓的步兵坦克"玛蒂尔达""瓦伦丁"，最后是"丘吉尔"。在加军，负责支援步兵的也是 M4"谢尔曼"，这是以错误的坦克承担错误的作战理论。

## 敌手：西线德军装甲兵

同时，德军装甲兵正在法国集结。在诺曼底部署的德军装甲兵是德意志第三帝国最优秀的装甲兵，绝对的精锐。

在库尔斯克战役失败之后，德军装甲师进行了重建。作为最终的编制，"1944 年型装甲师"，下辖 3 个规模相同的装甲营[①]与 2 个装甲掷弹兵团。德军坦克集中于装甲师的装甲团中：第 1 个装甲营装备"黑豹"中型坦克，第 2 个装甲营装备德国陆军的"驮马"——Pz Ⅳ 中型坦克。装甲掷弹兵营则成了盟军战略轰炸的牺牲品；生产跟不上损失的速度，更无法满足装备编制表。每个装甲师的 4 个装甲掷弹兵营，只有 1 个装甲掷弹兵营能装备 Sdkfz 251 系列半履带式装甲运兵车。其余装甲掷弹兵营只能以卡车进行运输。装甲师的炮兵团主要装备 105 毫米与 150 毫米牵引式榴弹炮，唯一的自行火炮营混编中型与重型自行火炮——"黄蜂"式 105 毫米自行榴弹炮与"熊蜂"式 150 毫米自行榴弹炮。[44]

---

① 此处所指的"装甲营"，其中之一为装甲歼击营，且其规模并非与另 2 个装甲营相等。1944 年 4 月的 1944 年型德军装甲师装备编制表中的装甲团，1 个装甲营装备 79 辆"黑豹"，1 个装甲营装备 81 辆 Pz Ⅳ，而装甲歼击营装备 31 辆 JPz Ⅳ 坦克歼击车与 13 门 Pak 40 式 75 毫米反坦克炮。

# 沙漠战解决方案

**寻找针对作战威胁的战术答案**

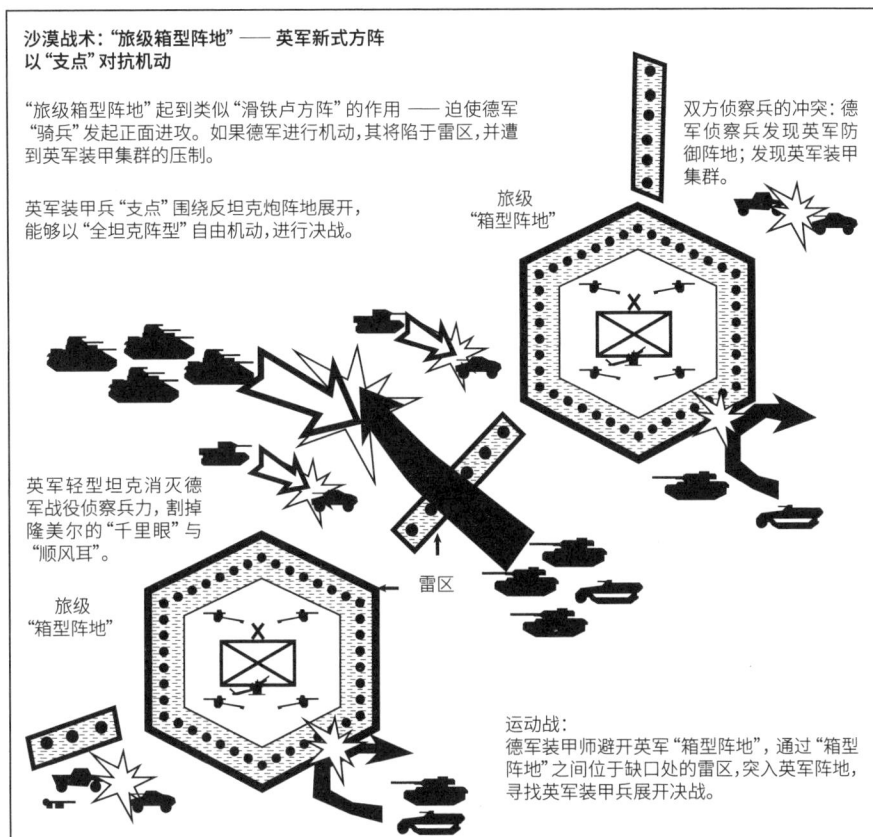

**沙漠战术："旅级箱型阵地"——英军新式方阵**
**以"支点"对抗机动**

"旅级箱型阵地"起到类似"滑铁卢方阵"的作用——迫使德军"骑兵"发起正面进攻。如果德军进行机动，其将陷于雷区，并遭到英军装甲集群的压制。

英军装甲兵"支点"围绕反坦克炮阵地展开，能够以"全坦克阵型"自由机动，进行决战。

双方侦察兵的冲突：德军侦察兵发现英军防御阵地；发现英军装甲集群。

旅级"箱型阵地"

英军轻型坦克消灭德军战役侦察兵力，割掉隆美尔的"千里眼"与"顺风耳"。

旅级"箱型阵地"

雷区

运动战：
德军装甲师避开英军"箱型阵地"，通过"箱型阵地"之间位于缺口处的雷区，突入英军阵地，寻找英军装甲兵展开决战。

1944 年型装甲师所有的坦克、突击炮与坦克歼击车，都集中于装甲团的 2 个装甲营与装甲师直辖的 1 个装甲歼击营中。最初，装甲歼击营装备的是 StuG Ⅲ 突击炮。其外形轮廓非常低矮（以 Pz Ⅲ 中型坦克的底盘），装甲更为厚重，最初的设计用途是对步兵进行近距离支援。在苏联战场，其装备的 StuK 40 L/48 式 75 毫米炮可谓不折不扣的"坦克杀手"，使其既可以作为"步兵坦克"使用，又能担任坦克歼击车。1944 年型装甲歼击营装备新型 JPz Ⅳ 坦克歼击车更是一种致命的武器，其体型更大，基于 Pz Ⅳ 中型坦克的底盘，简化成为突击炮。其装备 1 门致命的 Pak 39 L/48 式 75 毫米炮，能够击毁所有西线盟军坦克与大部分苏军坦克。1943—1944 年，德军开创了新的装甲兵编制，德军的生产却再次没能跟上德军的损失或再次囿于希特勒的固执。

在诺曼底，德军几乎没能组建起装甲师。抵达西线的德军都是空架子，没有多少坦克，在相对平静的法国进行重建。数月之后，这些装甲师填充了新兵、专业的军官、从医院或探亲假中返回的老兵。三线修理厂或工厂缓慢地修理着坦克，装备 Pz IV 中型坦克的装甲营等待换装"黑豹"。重建的装甲营则正在德意志第三帝国数个规模庞大的装甲兵训练中心进行训练：帕德博恩、格拉芬沃尔（Grafenwöhr）、瑟内拉格（Sennelager），以及前法军坦克学校所在地的马伊勒康。最初，装备"黑豹"的装甲营致力于其基础技能，包括战地维修、驾驶训练、无线电操作与炮术。1943—1944 年，对德军来说，交叉培训已经成了无法承担的奢望。新坦克乘员只学习单项岗位的技能：驾驶员、无线电操作员 / 装填手、炮手。武装党卫军第 1 装甲军军长泽普·迪特里希将军回忆，他曾看到 1 辆"黑豹"需要进行替换："车长将坦克开到了地方，但费了很大力气。"[45] 完成了基础训练，接下来就是连级机动训练与炮术。当 1 个装甲营完成训练，归于装甲师建制后，就要开始下阶段的训练。其包括集中的炮术训练与基于战斗群的诸兵种协同战术训练。教练弹奇缺：每个乘员平均每月只能发射 5 发。几乎没有进行过炮术训练，为数不多的炮术训练也只能基于库存的弹药来进行。对汽油的配给限制更限制了大规模的机动演习。

德军装甲师名声在外的效率，是建立在杰出的指挥与下级官兵充足的训练上的。战功最为卓著与经验最为丰富的士官与军官，负责训练新兵。指挥层的实战经验弥补了缺乏训练的不足。武装党卫军第 12 "希特勒青年团"装甲师就是个典型例证。其官兵主要由希特勒青年团的青少年组成，西方盟军嘲笑其为"奶瓶师"或"希特勒的婴儿师"，并视其为德国陆军衰败的象征。经过两个星期的战斗，盟军对其的评价就从"婴儿师"神奇地转变为"狂热……希特勒最宠爱的恐怖分子军团……与其说是人，倒不如说是野兽"，最终的评价是"精锐之师"。[46] 究其原因仍然是经验。武装党卫军第 12 "希特勒青年团"装甲师的军官与士官都来自其"母本单位"——德军绝对的完美标准，武装党卫军第 1 "元首警卫旗队"装甲师。在武装党卫军第 1 "元首警卫旗队"装甲师中，即使经验最少的军官与士官，也都在东线经历过一场战役，还有很多经历过两场甚至三场战役，而很多元老级的骨干军官，例如库尔特·迈尔，从 1939 年的波兰战役就开始参加实战了。

## 1944 年 6 月，德军作战序列

在诺曼底的德军装甲师作战序列各不相同。有些装甲师的第 1 装甲营仍处于改编中，参战时还没有装备"黑豹"。有 1 个装甲师装备的坦克中，有部分法制坦克。装甲歼击营的主要装备仍然是 StuG Ⅲ 突击炮，最多有 1 ~ 2 个装甲歼击连装备新式的 JPz Ⅳ 坦克歼击车。在诺曼底的德军装甲兵，坦克、坦克歼击车与突击炮装备情况如下：

**表 5.1**[①]**：1944 年 6—7 月，在诺曼底的德军装甲兵序列 [47]**

| 装甲师 | 党卫军第 1 装甲师 | 党卫军第 2 装甲师 | 党卫军第 9 装甲师 | 党卫军第 10 装甲师 | 党卫军第 12 装甲师 | 党卫军第 17 装甲掷弹兵师 |
|---|---|---|---|---|---|---|
| 装甲团 | 党卫军第 1 装甲团 | 党卫军第 2 装甲团 | 党卫军第 9 装甲团 | 党卫军第 10 装甲团 | 党卫军第 12 装甲团 | |
| 第 1 装甲营 | "黑豹" | "黑豹" | "黑豹" | | "黑豹" | 党卫军第 17 装甲营 |
| 第 2 装甲营 | Pz Ⅳ | Pz Ⅳ | Pz Ⅳ / StuG Ⅲ | Pz Ⅳ /StuG Ⅲ | Pz Ⅳ | |
| 突击炮营 | 党卫军第 1 突击炮营 | | | | | |
| 装甲歼击营 | | 党卫军第 2 装甲歼击营 | | | 党卫军第 12 装甲歼击营 | 党卫军第 17 装甲歼击营 |
| 装甲师 | 第 2 装甲师 | 第 21 装甲师 | 第 116 装甲师 | 第 130 装甲教导师 | | |
| 装甲团 | 第 3 装甲团 | 第 22 装甲团 | 第 24 装甲团 / 第 16 装甲团 | 第 130 装甲教导团 | | |
| 第 1 装甲营 | "黑豹" | Pz Ⅲ /Pz Ⅳ | "黑豹" | "黑豹" | | |
| 第 2 装甲营 | Pz Ⅳ | Pz Ⅳ | Pz Ⅳ | Pz Ⅳ / 营属"虎"式重型坦克连 | | |
| 突击炮营 | | 第 200 突击炮营 | | | | |

---

① 可参考以下书目：2018 年，费城：炮塔出版公司（Casemate Publishers），伊夫·比弗托（Yves Buffetaut），《在诺曼底的德军装甲兵》（*German Armor in Normandy*）；2019 年，费城：炮塔出版公司（Casemate Publishers），尼克拉斯·塞特林（Niklas Zetterling），《1944 年，诺曼底：德军组织、战斗力与组织效能》（*Normandy 1944: German Military Organization, Combat Power and Organizational Effectiveness*）。

续表

| 装甲歼击营 | 第 38 装甲歼击营 | 第 200 装甲歼击营 | 第 228 装甲歼击营 | 第 130 装甲歼击教导营 |
|---|---|---|---|---|
| 独立重型装甲营 | 党卫军第 101 重型装甲营，党卫军第 102 重型装甲营，第 503 重型装甲营 | | | |
| 独立突击炮旅 | 第 12 突击炮旅，第 341 突击炮旅，第 394 突击炮旅 | | | |
| 独立重型装甲歼击营 | 第 654 重型装甲歼击营 | | | |
| 独立装甲营 | 第 100 补充装甲营，第 206 补充装甲营 | | | |

　　武装党卫军第 10 装甲师与国防军第 21 装甲师没有"黑豹"。在法国，最为兵强马壮的装甲师是第 130 装甲教导师。[48] 其所有装甲掷弹兵营都装备装甲运兵车，这是包括武装党卫军第 1 "元首警卫旗队"装甲师在内的任何西线德军装甲师都无法与之比拟的。其次，是德军第 2 "维也纳"（Vienna）装甲师与武装党卫军第 12 "希特勒青年团"装甲师。其他装甲师下辖的 2 个装甲营，每个装备 Pz Ⅳ 的装甲营平均装备 45 辆 Pz Ⅳ，每个装备"黑豹"的装甲营平均装备 35 辆"黑豹"。第 100 补充装甲营与第 206 补充装甲营装备旧式的法制坦克，在后方司令部周边用于追歼法国抵抗组织时很有用处，但也仅此而已。[49]

　　在西线，"诞生"了 3 个德军装甲师：在比利时与法国，德军组建了武装党卫军第 9 "霍亨施陶芬"装甲师、武装党卫军第 10 "弗伦茨贝格"装甲师、武装党卫军第 12 "希特勒青年团"装甲师，进行了半年的训练。[50] 在诺曼底战役开始时，武装党卫军第 9 装甲师，武装党卫军第 10 装甲师还在东线，奉命营救陷于塔诺波尔包围圈的德军第 1 装甲集团军。6 月 26 日，这两个装甲师作为武装党卫军第 2 装甲军的兵力返回诺曼底；当时，这 3 个 "希特勒青年团"装甲师都由老兵组成。[51] 德军第 130 装甲教导师是纯正的精锐，其由德国全国各地装甲训练学校的人员组成，包括教导员、授勋老兵，全师上下都是行家里手。最初，盟军情报部门对德军第 130 装甲教导师有些误判，基于"教导"认为其官兵都是新兵。盟军很快就会痛苦地看到真相。其精良的装备，战斗的决心与技巧迅速赢得了盟军的敬意。

在诺曼底战役期间，德军只有 3 个装备"虎"式重型坦克的重型装甲营驻扎在法国，都专门集中于卡昂地区作战。武装党卫军第 101 重型装甲营与第 503 重型装甲营主要位于卡昂的东部与南部，武装党卫军第 102 重型装甲营在卡昂西南方的奥东河（Odon）—奥恩河（Orne）三角洲作战。德军重型装甲营下辖 3 个装甲连，每个装甲连装备 14 辆"虎"式重型坦克，理论上全营装备 45 辆"虎"式重型坦克。这种情况很少出现，一旦战斗打响，兵力规模就难以维持了。[52] 最初，装备"虎"式重型坦克的重型装甲营属于独立营，装甲师也有 1 个装备"虎"的重型装甲连。1944 年初，德军重型坦克的政策生变；德军装甲师不再装备"虎"，而是以军级司令部直辖的独立营的形式，配属给有需要的装甲师。首先是德国国防军组建了以 500 为系列番号的重型装甲营；1943 年夏季，武装党卫军也组建了重型装甲营。[53]

苏军"斯大林"重型坦克、T-34/85 中型坦克，某种程度也包括"萤火虫"，这些坦克的出现，实际上终结了"虎"式无敌的神话。[54] 随着"虎王"的投产，"虎"式的产量逐渐缩减，于 1944 年 8 月彻底停产。古德里安与德军其他装甲兵将领都认为这是个错误。转产更复杂的"虎王"所消耗的时间，足以为德军生产数百辆"虎"式。"虎王"更强大，但到了 1944 年，德军面临的问题是数量，而非质量。德军任何型号的长管 75 毫米炮，就更不用说还有 88 毫米炮，都足以击杀所有型号的盟军坦克与大部分型号的苏军坦克。最终，只有 14 辆"虎王"在诺曼底参加了实战。盟军登陆诺曼底当天，3 个重型装甲营总共只有 89 辆坦克。[55] 当然，技术优势将弥补数量的不足。除了在射程与装甲上具有优势之外，驻法国的德军装甲兵还具有最后的王牌：作战经验。大多数的德军军官与士官都是至少经历过一次战役的老兵。北美装甲兵即将进入"高标准考核"的学校——这注定是个艰难的夏季。

# 1943 年，西方盟军与德军装甲师营级兵力对比

**英军装甲师**

| 侦察团 | 装甲旅 | 步兵旅 | 师直属兵力 | | **侦察营** |
|---|---|---|---|---|---|

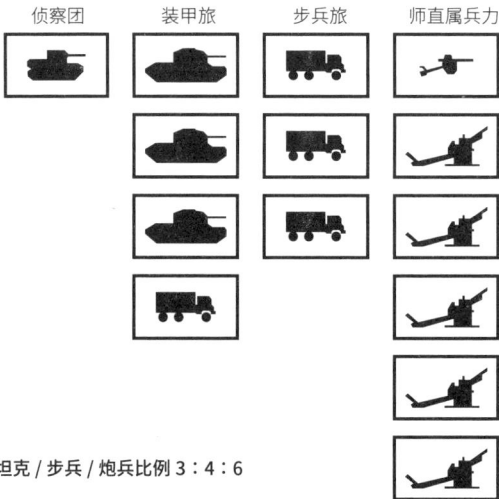

3 个坦克营 ①：坦克 / 步兵 / 炮兵比例 3：4：6

**侦察营**

装甲旅：
3 个中型坦克团
1 个摩托化步兵营

步兵旅：
3 个摩托化步兵营师

师直属兵力：
5 个炮兵团
1 个反坦克炮团
1 个高射炮团
通信兵分队
工兵分队

**德军装甲师**

| 侦察团 | 装甲团 | 装甲掷弹兵团 | 炮兵团 | **侦察营** |
|---|---|---|---|---|

2 个装甲营：坦克 / 步兵 / 炮兵比例 2：3：3

**侦察营**

装甲团：
2 个中型装甲营

装甲掷弹兵团：
3 个装甲掷弹兵营

炮兵团：
2 个中型炮兵营
1 个重型炮兵营

**美军装甲师**

| 侦察营 | 坦克营 | 装甲步兵营 | 装甲野战炮兵营 | **侦察营** |
|---|---|---|---|---|

3 个坦克营：坦克 / 步兵 / 炮兵比例 1：1：1

**侦察营**

坦克营：
3 个中型坦克营

装甲步兵营：
3 个装甲步兵营

装甲野战炮兵营：
3 个装甲野战炮兵营

① 如正文所述，英军坦克团实际规模相当于营，因此按照营计算。

# 注释

1.　Lt. Gen. Sir Francis Tuker, *Approach to Battle*（London: Cassell, 1963）, p.384.

2.　See Richard D. Hooker Jr., editor, *Maneuver Warfare*（Novato, Calif.: Presidio Press, 1993）and Robert Leonard, *The Art of Maneuver, Maneuver-Warfare Theory and AirLand Battle*（Novato, Calif.: Presidio Press, 1991）. See as well British and Canadian official variations of the U.S. Army's FM（Field Manual）100- 1 and FM 100-5 *Operations*.

3.　Erich von Manstein, *Verlorene Siege*（Bonn: Athenaeum-Verlag, 1955）, p.383.

4.　*The Tactical Handling of the Armored Division*; "Cooperation with other Arms," War Office, February 1943.

5.　1945 年，伦敦：费伯与费伯出版公司（Faber and Faber），吉法刀·勒凯纳·马特尔，《我军装甲兵》（*Our Armored Forces*），第 65 页：当时，英军坦克旅只有 2 个坦克营：第 4 皇家坦克团与第 7 皇家坦克团。

6.　1971 年，纽约：巴兰坦书业，肯尼思·麦克西，约翰·巴彻勒，《坦克——装甲战斗车辆史》，第 85 页，第 104 页：隆美尔的德军第 7 装甲师，其主力是种性能优越的捷克制坦克——Pz 38（t）轻型坦克。

7.　Martel, p. 69.

8.　Rommel's account from B. H. Liddell Hart, *The Rommel Papers*（New York: Harcourt, Brace and Company, 1953）, p. 32.

9.　Martel, p. 69.

10.　1990 年，纽约：圣马丁印务（St. Martin's Press），马特尔、J.P. 哈里斯与 F.H. 托阿斯，《装甲战》（*Armored Warfare*），《1918—1940 年，英军装甲兵：作战理论与部署》，第 48 页：霍巴特前往西部沙漠，准备接管英军第 7 装甲师，进攻意军，但很快就遭到了解职。

11.　1967 年，伦敦：哈欠森出版公司（Hutchinson），肯尼思·麦克西，《装甲十字军》（*Armored Crusader*）记述：1939 年 11 月，H·M·"巨无霸"·威尔逊中将向韦弗尔将军如此抱怨。

12.　这种对巴克拉瓦战役的纪念看起来更像是将其视为骑兵精神的胜利，而非将其视为彻底的战术失败。

13.　P. G. Griffith, "British Armored Warfare in the Western Desert 1940–43," Harris and Toase, eds., *Armored Warfare*（New York: St. Martin's Press, 1990）, p. 70. See also Paddy Griffith, *Forward into Battle*（Wiltshire: The Crowood Press, 1990）.

14.　Correlli Barnett, *The Desert Generals*（London: Viking Press, 1983）, p. 125.

15.　Lt. Gen. Sir Francis Tuker, *Approach to Battle*（London: Cassell, 1963）, p. 105.

16.　B. H. Liddell Hart, ed., *The Rommel Papers*（New York: Harcourt, Brace and Company, 1953）, p. 208.

17.　1990 年，伦敦：绿山书业（Greenhill Books），弗尼，《沙漠之鼠》（*The Desert Rats*）：相反的是，英军重新设计装甲师的编制；英军第 7 装甲师至少经历了 4 次组织结构的改编，在 2 年内下辖过 17 个不同的装甲团与 9 个不同的步兵营。

18.　1976 年，德文郡：埃尔姆斯大院，阿瑟·施托克韦尔出版公司（Arthur H. Stockwell, Elms Court），乔治·麦克洛德·罗斯，坎贝尔·克拉克少将，《1933—1945 年的坦克事务》（*The Business of Tanks 1933 to 1945*），第 174 页；1944 年，伦敦：哈米什·汉密尔顿出版公司（Hamish Hamilton），艾伦·穆尔黑德，《非洲三部曲》（*African Trilogy*），第 314 页：这些"箱型阵地"呈四面，以应对从各个方向出现的袭击。其思路来源于滑铁卢战役时期的英军方阵……每个"箱型阵地"周围遍布地雷与铁丝网，枪炮一致对外。这些"箱型阵地"的面积最多只有 1～2 平方英里（约 1.6～5.2 平方千米），储存了水、食物与弹药，以对抗围攻。

19.　Moorehead, p. 224.

20.　1944 年，伦敦：哈米什·汉密尔顿出版公司，艾伦·穆尔黑德，《非洲三部曲》，第 343 页：另一个主要问题是补给——英军使用的燃料容器有渗漏的问题，用刺刀就能轻易切割开（称为"薄薄的方形罐头盒"）。在运输过程中，就会损失多达 20% 的燃料。这种容器最流行的用法是作为火炉，乘员用来煮开茶水。"煮开"（Brew up）是个沙漠词汇，既能表示烹饪食物，也能表示摧毁坦克。德国非洲军使用的钢制的燃料罐很坚固，装有有效的瓶塞，能运输燃料或水。英军非常喜欢这些罐子，称其为"德国佬罐子"（Jerry cans），并将其作为珍贵的战利品收集起来。在使用英语的军队中，他们仍然称燃料罐为"德国佬罐子"，使用的也仍然是德军当年的基本设计形态（现在材质已经改为硬塑料）。

21. 1963 年，伦敦：卡斯尔出版公司，弗朗西斯·图克，《路上征途》（*Approach to Battle*），第 105 页："1941 年夏季，在埃及前线的塞卢姆（Sollum），当德军 88 毫米防空 / 反坦克炮出现时，有舆论呼吁开罗的英军司令部将部分 3.7 英寸高射炮配发给沙漠英军执行反坦克作战任务，然而直到 1 年后的加扎拉战役，这些威力巨大、弹道平直的火炮才装上反坦克炮瞄具，以执行打击地面目标的任务。"尽管"多达 62 门 3.7 英寸高射炮进行了此种改装，但只有少量投入了实战"。英军步兵并不喜欢这种高射炮：其外形轮廓高大，难以隐蔽，其发射时后坐力产生的巨大烟尘，使敌军很容易就会发现它。

22. C. R. Gabel, *Seek, Strike, and Destroy: U.S. Army Tank Destroyer Doctrine in World War II*（Fort Leavenworth: Leavenworth Papers No. 12. Combat Studies Institute, U.S. Army Command and General Staff College, 1985）, p. 67.

23. 第 29 页《美军地面兵力研究》，《1946 年的美军地面兵力，历史研究部，美军坦克歼击兵史》：麦克奈尔举了个确切的例证以说服国会："使用 1 辆造价 35000 美元的中型坦克摧毁 1 辆敌军坦克，这太不经济了。1 门造价只相当于其零头的反坦克炮，也能完成这个任务。"

24. K. R. Greenfield, *The United States Army in World War II*, *The Army Ground Forces, Vol. 1, The Organization of Ground Combat Troops*（Washington, D.C.: U.S. Government Printing Office, 1947）, p. 66.

25. Bailey, p. 9.

26. Richard M. Ogorkiewicz, *Armor*（New York: Atlantic Books, 1960）, p. 88.

27. Kent Roberts Greenfield, Robert R. Palmer, and Bell I. Wiley, *The Organization of Ground Combat Troops (United States Army in World War II : The Army Ground Forces)* (Washington, D.C.: Historical Department, U.S. Army, 1947), pp. 325, 334.

28. 1944 年 5 月，英国陆军部，第 63 号军事训练手册，《坦克与步兵师的协同》（*The Cooperation of Tanks with Infantry Divisions*），第 9 页，第 77 页："陆军中的装甲兵力主要有两个任务。1. 与步兵协同，以有效'突破'或攻破敌军主要防御阵地。2. 通过突破口或侧翼进攻扩大战果、对敌军后方设施进行纵深突击。"第 63 号军事训练手册，第 6 页。

29. Gabel, p. 67.

30. 《恩斯特·哈蒙文件》（*Ernest N. Harmon Papers*），德弗斯得出了有趣的结论："'谢尔曼'是战场上最优秀的坦克；坦克歼击车是种缺乏实践性的战术概念；战争是火力对决之战；应该以高标准的纪律要求美军。"美军第 1 装甲师师长恩斯特·哈蒙少将引述了以上内容，而美军选择性地忽视了德弗斯的意见。

31. 1942 年 5 月 4 日，在埃及的阿巴西亚（Abassia），来自美国阿伯丁（Aberdeen）坦克研发中心先遣队的乔治·贾勒特上校就在英军皇家装甲兵学校建立了军械训练学校。美军很快展示了其在沙漠战维修方面的高超技艺，并组建了自己的学校，成了英军沙漠战学校的竞争对手。1942 年 8 月，首批 M4 抵达埃及（这批坦克当时被视作"巨大的秘密"），直到第二次阿拉曼战役才参战。

32. Harmon Papers, MHI. Harmon commanded both the 1st and 2d Armored Divisions.

33. Barnett, pp. 269, 271-282; Tucker, pp. 252—257.

34. 1943 年 10 月 12 日，加军第 4 装甲师师部第 49 号公报，"支点"："装甲旅由 3 支独立的兵力组成……3 支兵力组成的三角形构成支点，平均每条边长不超过 2400 码（约 2200 米）。"

35. 美国陆军史研究所：1942—1943 年，美军第 1 装甲师，奥兰多·沃德将军文件，第 2 盒子，信件："我想，如果当时我能得到炮兵与步兵的支援，或者英军不来扯我的后腿，我早就打到突尼斯了。"

36. 1943 年 9 月 27 日，哈蒙将军文件，哈蒙少将致美军第 5 集团军司令马克克拉克将军的信件。这封信件发出时，正值萨勒诺登陆期间。在这封信中，哈蒙附言："我们有可能会失去这座桥头堡，如果发生这种事的话，那一定是因为德军在英军防区达成了突破。"

37. 美军 105 毫米自行榴弹炮，绰号"牧师"（Priest，得名于其讲坛形的高射机枪架）。1942—1943 年，奥兰多·沃德将军文件，第 2 盒，信件："美军装甲兵委员会很早就预料到了这种可能性……却在发展过程中无所作为……直到装甲炮兵军官爱德华·布鲁斯上校，向装甲兵委员会提出了装备装甲化火炮的项目……布鲁斯上校寻求路易斯·希思上尉的帮助……1941 年 11 月，在军械兵技术委员会会议上，美军决定制造 2 辆样车，以进行初期试验。"

38. 1944 年 1 月，美国陆军部批准生产更具机动性的运载车辆，装备 1 门 76.2 毫米炮的 M18"地狱猫"，随后是安装更大口径坦克炮的 M36"杰克逊"。

39. 在杰拉，德军"赫尔曼·戈林"伞兵装甲师（90 辆 Pz IV 中型坦克与 17 辆"虎"式重型坦克）的反击似乎并未给美军留下深刻印象。美军舰队的炮火直接射向德军，击毁 45 辆坦克，其中包括 10 辆"虎"式重型坦克。1983 年，哈姆登：执政官书业，查尔斯·贝利，《明褒实贬：二战中的美军坦克与坦克歼击车》（*Faint Praise: American Tanks and Tank Destroyers During World War Ⅱ*）中，第 53 页，记述了美军热烈的报告："他为自己指挥的 M4 击毁了 6 辆'虎'而感到自豪。"美国陆军军史研究所：1942—1943 年，奥兰多·沃德将军文件，第 2 盒，信件。1943 年 3 月 22 日，美军第 2 军司令部，巴顿中将致美军第 1 装甲师沃德少将的信件："除了长期惰怠之外，美军第 1 装甲师的表现可谓'最优秀'……所有的军官都在发扬主动性。"

40. RG 24 14136，1942 年 12 月，加军指挥官战地日志：1942 年 5 月 11 日发布，《对农作物与财产的损害》（*Damage to Crops and property*），第 7 页，第 11 页。在担任英国东南战区司令时，蒙哥马利中将记述："履带式车辆，例如坦克与运兵车，除非特别小心，否则会对耕地产生严重的损害。当穿越田野时，应该避开耕地、块根植物田与啤酒花田等。"

41. D Hist 141.009，1943—1944 年，《加军装甲兵野战训练教学大纲（装甲兵）》[*Canadian Armoured Corps Field Training Syllabus（Armored）1943–1944*]：加军用了 4 小时教授战术生存的必备技能——车体掩蔽与炮塔掩蔽阵位。用 2 天教授分队战术，再用 2 天教授中队战术。1943—1944 年，加军装甲兵野战训练大纲："中队战术包括'中队以防御状态支援步兵'。有 1 天时间用于在开阔地训练坦克对决坦克的战斗，以 1 个中队对抗另 1 个中队。如果没有 2 个中队可用的话，还可以以半个中队对抗另半个中队。"

42. 在 28 天时间里，接近 50%（12 天）的时间，都用于机动、维修与行政管理。

43. FM100-5, 24 January 1941 and the original draft, FM17-10, 21 January 1941, *Doctrine and Organization of the Armored Division*, MHI.

44. 自行火炮是在过时的坦克或现有坦克的底盘上改装而来："黄蜂"利用的是 Pz Ⅱ 轻型坦克，"熊蜂"利用的是 Pz Ⅳ 中型坦克。盟军自行火炮使用的是"格兰特""公羊"与"谢尔曼"的底盘。

45. B-155 SS Obergruppenführer Georg Keppler *I. SS Panzer-Korps 16.8–18.10 .44.* 2., and MS C-048. SS Gen. Fritz Kraemer, *Das I. SS Pz. Korps im Westen 1944*（part 2），Appendix 2, MHI. See also RG24 10 677 Interrogation Report Joseph "Sepp" Dietrich, pp. 3–6.

46. Luther, p. 58; Stacey, pp. 133–137; English, p. 212; also RG24 10811 WD Ⅱ Canadian Corps, Enemy Intelligence Summaries, June 1944, and RG24 13766 WD 3 CID June 1944.

47. 表格资料来源于以下档案文献：1944 年 7 月 25 日，西线德军最高司令部，第 5 装甲集团军战地日志；RH21-5/44 号档案，1944 年 7 月 23—25 日，德军第 5 装甲集团军战地日志；西线德军战地日志，1944 年 7 月，西线德军最高司令部战地日志，B-162 号手稿，驻法国德军完整作战序列；最近抵达的装备"黑豹"中型坦克的装甲营（近期从装备 Pz Ⅳ 改编为装备"黑豹"）。

**表 5.2：1944 年 6—7 月德军师级兵力（德军第 5 装甲集团军日志）**

| 装甲师 | 装甲营 | 坦克数量 | 月份 |
| --- | --- | --- | --- |
| 第 2 装甲师 | 第 3 装甲团第 1 装甲营 | 79 辆 | 1944 年 6 月 |
| 第 130 装甲教导师 | 第 130 装甲教导团 | 89 辆 | 1944 年 6 月 |
| 党卫军第 9 装甲师 | 党卫军第 9 装甲团第 1 装甲营 | 79 辆 | 1944 年 6 月 |
| 党卫军第 12 装甲师 | 党卫军第 12 装甲团第 1 装甲营 | 79 辆 | 1944 年 6 月 |
| 党卫军第 1 装甲师 | 党卫军第 1 装甲团第 1 装甲营 | 79 辆 | 1944 年 7 月 |
| 党卫军第 2 装甲师 | 党卫军第 2 装甲团第 1 装甲营 | 79 辆 | 1944 年 7 月 |

欧洲战区第 67 号审讯记录，德军第 5 装甲集团军第 14 号战地日志；RH19IX/20 号档案，1944 年 7 月 1 日—8 月 31 日，德军 B 集团军群审讯记录：德军装甲师的装甲团番号各异。党卫军装甲团的番号来自隶属的装甲师，例如党卫军第 1"元首警卫旗队"装甲师下辖党卫军第 1 装甲团，党卫军第 12"希特勒青年团"装甲师下辖党卫军第 12 装甲团等。国防军装甲团反映了其过去的复杂历史与演化，例如第 2 装甲师下辖第 3 装甲团，第 21 装甲师下辖第 22 装甲团等。满编师（党卫军第 1 装甲师、党卫军第 2 装甲师、党卫军第 12 装甲师、第 2 装甲师与第 130 装甲教导师）与缺编师在一起；例如，党卫军第 9 装甲师没有装甲歼击营，党卫军第 10 装甲师既没有装甲歼击营，也没有装备"黑豹"的装甲营。7 月底—8 月初，第 9 装甲师与第 116 装甲师装备"黑豹"的装甲营才前往诺曼底。

48. 德军第 21 装甲师的扩编令人咋舌，装备了 94 辆 Pz Ⅲ 式与 Pz Ⅳ 中型坦克，还包括过时的法制坦克：23 辆"索玛"、43 辆"霍奇基斯"与 45 辆"洛林"式装甲运兵车改装的坦克歼击车（在敞开的装甲战斗室安装法制 75 毫米炮和苏制 76.2 毫米炮），这种改装都是师部的参谋人员在驻扎地的工厂主动推行的。德军第 130 装甲教导师装备 97 辆 Pz Ⅳ、86 辆"黑豹"、40 辆 StuG Ⅲ 与 JPz Ⅳ，与 1 个装备"虎王"的装甲连。其装备的"虎王"遭遇了各种各样的机械故障，最终只有 6 辆抵达诺曼底。

49. **表 5.3:1944 年 6 月 7 日德军装甲兵兵力**

| 装甲师 | Pz IV | "黑豹" | 坦克歼击车 | 师 / 营 | "虎" | 坦克歼击车 | 法制坦克 |
|---|---|---|---|---|---|---|---|
| 第 2 装甲师 | 94 辆 | 67 辆 | 41 辆 | 党卫军第 17 装甲掷弹兵师 | | 32 辆 | |
| 第 9 装甲师 | 71 辆 | | 5 辆 | 党卫军第 101 重型装甲营 | 37 辆 | | |
| 第 21 装甲师 | 98 辆 | | 111 辆 | 党卫军第 102 重型装甲营 | 28 辆 | | |
| 第 116 装甲师 | 58 辆 | | 21 辆 | 第 503 重型装甲营 | 24 辆 | | |
| 第 130 装甲教导师 | 97 辆 | 86 辆 | 40 辆 | 第 654 重型装甲歼击营 | | 12 辆 | |
| 党卫军第 1 装甲师 | 42 辆 | 38 辆 | 44 辆 | 第 100 补充装甲营 | | | 15 辆 |
| 党卫军第 2 装甲师 | 44 辆 | 25 辆 | 36 辆 | 第 206 补充装甲营 | | | 24 辆 |
| 党卫军第 9 装甲师 | 41 辆 | 30 辆 | 38 辆 | | | | |
| 党卫军第 10 装甲师 | 32 辆 | | | | | | |
| 党卫军第 12 装甲师 | 91 辆 | 48 辆 | 44 辆 | | | | |

德军突击炮旅规模实际相当于突击炮营,1944 年改编为突击炮旅。德军第 100 补充装甲营装备 27 辆坦克（8 辆 "霍奇基斯"、18 辆 "雷诺"、1 辆 Pz Ⅲ）；第 206 补充装甲营装备 23 辆坦克（14 辆 "霍奇基斯" 或称德军型号 Pzkw 38-H 735[f]、4 辆 S-35 "索玛" 或称德军型号 Pzkw 35-S 739 [f]、5 辆 "夏尔" B 或称德军型号 Pzkw B-2）。

50. 关于武装党卫军师的纹章,详见 1944 年 4 月 10 日,《希姆莱对武装党卫军第 17 "格茨·冯·贝利欣根" 装甲掷弹兵师的演讲》。

51. 武装党卫军第 9 装甲师与武装党卫军第 10 装甲师都有大量武装党卫军第 12 装甲师的核心骨干成员。武装党卫军第 9 装甲师的大部分新兵是柏林附近的德国国民与匈牙利的日耳曼少数民族——70% 都是应征入伍的。武装党卫军第 10 装甲师的情况也相近。武装党卫军第 12 装甲师则建设成为 "所有德军师中的新兴精锐……第二个 '警卫旗队'"。参见 1987 年,奥斯纳布吕克（Osnabrück）：穆宁·费尔拉格出版公司（Munin Verlag），胡贝特·迈尔,《武装党卫军第 12 "希特勒青年团" 装甲师战史》（*Kriegeschichte der 12. SS-Panzerdivision "Hitlerjugend"*），第 2～8 页；路德,第 1～11 页；1972 年,圣何塞（San Jose）：本德出版公司（Bender），R. J. 本德,H. P. 泰勒,《武装党卫军的组织与历史》（*Organization and History of the Waffen SS*）第 3 卷,第 44 页、第 58 页、第 96 页；另参见,1991 年,伦敦：斯卡伯勒出版公司（Scarborough），马休·库珀,《1933—1945 年,德国陆军》（*The German Army 1933–1945*），第 502～503 页。

52. 在诺曼底,除了德军第 130 装甲教导师之外,就只有德军第 503 重型装甲营装备 "虎王"。1942 年 5 月,德军第 503 重型装甲营成立,参加了库尔斯克战役,宣称击毁苏军 "501 辆坦克、388 门火炮"。勒费布尔,第 114 页。

53. 1944 年 10 月,这些武装党卫军重型装甲营进行了重新编号。武装党卫军第 101 重型装甲营改编为武装党卫军第 501 重型装甲营,武装党卫军第 102 重型装甲营改编为武装党卫军第 502 重型装甲营。

54. 《德军装甲兵总监对 "虎" 式重型坦克营乘员命令》（*Instructions to Tiger Abt crews fm Insp General Pz Troops*）："很长时间以来,我们都将 '虎' 式重型坦克视为 '人寿保险'……'虎' 式重型坦克再也不能无视坦克战术的法则了。" 1944 年 6 月："这意味着,特别要注意的是,'虎' 式重型坦克再也不能 '虎视何雄哉' 了,其行动需要向其他坦克看齐。"

55. 德军第 503 重型装甲营第 1 重型装甲连装备 14 辆 "虎王",第 3 重型装甲连的 "虎王" 只 "抵达了巴黎,但未抵达诺曼底"。德军第 503 重型装甲营装备 24 辆 "虎",党卫军第 101 重型装甲营装备 37 辆 "虎",党卫军第 102 重型装甲营装备 28 辆 "虎"。（勒费布尔,第 119 页；1944 年 8 月 16 日—9 月 6 日,武装党卫军第 1 装甲军,克鲁格将军,第 155 号手稿；B-747；B-748；1944 年 6 月 14 日—7 月 5 日,党卫军第 2 装甲军,比特里希将军,B-749 号手稿。）

# 第 6 章
# 盟军在诺曼底的战略攻势："古德伍德"行动

*在我的东侧，我不需要任何美军装甲师存在；我自己的装甲兵足够用。*

*——1944 年 7 月 8 日，蒙哥马利对艾森豪威尔如是说[1]*

## 截然不同的陆军：1944 年的作战理论

在诺曼底与法国北部的战役，为今天参谋学院的学生提出了难以解决的战术与战役问题：突破敌军防线后，在向纵深机动时，猛然发现敌军装甲兵远优于己方，甚至己方直射火力都无法撼动敌军重型装甲战斗车辆。在政治与军事上，盟军都对装甲兵寄予厚望，希望其能够迅速获取决定性的胜利。如果没有蒙上阴影，其获取的胜利将与 1940 年德军获取的胜利相媲美。在此之前，尽管进行了有效的宣传与热情洋溢的支援，但西方盟军的坦克并未产生预期效果。

盟军装甲兵看似赢得了战争，但除了在北非进行过些许宏大的战术机动之外，其再未对德军打出过致命一击。如果隆美尔能成功进抵苏伊士运河（Suez Canal）与巴勒斯坦，那么德军非洲军获取的战略性胜利，必定归功于德军装甲师。在阿拉曼，蒙哥马利获取的胜利则是场枯燥的消耗战，在英军消耗殆尽之前，就耗干了德军。德军撤退到突尼斯的战略结局，也并不是因为英军装甲兵在追击阶段精力充沛的表现，而是因为美英联军在隆美尔的后方登陆，迫使其进行战略撤退，以保卫自己的交通线。在东线，当苏军指挥"猛犸"般的坦克进攻并歼灭整编的德军集团军时，英军还在试验战役机动集群或限于"乔克纵队"的坦克突袭与特种空勤团（SAS）对德军后方的袭扰。蒙哥马利缺乏奥康纳的创造力与性格，未能通过其胜利扩展战果，只满足于遵循拿破仑的格鲁希元帅的"最佳传统"——跟随撤退的敌军。在突尼斯北部，北非会战终结于两条战线盟军竞速般的进攻中。尽管在最后的时刻得到了 1 个"虎"式重型坦克营[①]、空军与步兵的增援，精疲力竭的德军还是放弃了。

意大利的地形使任何原本意义上的装甲战争都归于无望——在战略打击中以追击战进行的战役机动。尽管地形有明显的局限性，美军依然投入了其经验最丰富的装甲师——美军第 1 装甲师。加军放弃了其坦克兵的核心，批准投入第 1 装甲旅与唯一具备作战能力的装甲师——加军第 5 装甲师，到意大利半岛。这些装甲部队进行了英勇的战斗，承受了严重的损失，披荆斩棘地打通了通往罗马与意大利北部的道路，却从未进行过"闪击战"时代意义的装甲作战。盟军视其为"步兵坦克"，尽管其以中队、营或团为单位像古怪而壮丽的骑士那样发起冲锋，但依旧是移动速度最慢的部队。

法国是盟军装甲兵最后证明自己的机会。法国地形适于大规模地使用坦克，只要有个掌握先进战法的指挥官，盟军的"闪击战"就能轻松重演曼施坦因与伦德施泰特的胜利——实际上，甚至能遮蔽苏军在东线所获胜利的光芒。盟军作战的顺序一目了然：建立滩头阵地，突破德军阵地，纵深机动。1944 年夏季，盟军掌握着绝对的制空权，面对西线德军 10 个萎靡的装甲师，盟军前景可谓一片光明。

在诺曼底登陆日，盟军获得了胜利。然而，美军执着地在突击作战中使用"双重驱动"坦克[②]，并且在"奥马哈"海滩付出了沉重的代价，使盟军的胜利带上了污点。在诺曼底登陆当天，盟军未能攻占大多数的预定目标，但仍然获得了战略上的成功。随后 3 个月，盟军将为冲出诺曼底滩头而战。这场战役将是盟军经历过的最为血腥的战役。对盟军中那些推崇装甲兵的官兵来说，这场战役也是其最沮丧的时期。

我们可以如此概括诺曼底战役：盟军取得了最初的胜利，德军装甲师坚定的反击，阻碍了盟军对胜利的扩展，双方在滩头陷入僵局。蒙哥马利精心策划了一系列以装甲兵实施突破的战略攻势，屡败屡战，最终在法莱斯形成双重包围，包围了德军 2 个集团军，并因此解放了法国与比利时。

蒙哥马利试图通过 4 次战略攻势，从滩头达成突破："古德伍德"行动、"眼

---

① 此"虎"式重型坦克营为德军第 504 重型装甲营。1943 年 3 月 12 日，其先头兵力抵达突尼斯，装备 18 辆"虎"式重型坦克与 25 辆 Pz Ⅲ 中型坦克。4 月 13 日，抵达 17 辆"虎"式重型坦克。

② "双重驱动"坦克（Duplex-drive tank），英文通常简称为"DD坦克"，二战时期英军研制的，装备可充气浮渡围帐与螺旋桨推进器的两栖坦克的统称，多以 M4"谢尔曼"中型坦克改装而成。

镜蛇—春天"行动、"总计"行动与"驯服"行动。上述攻势首先是由英军与加军执行，随后是美军与加军。这些作战行动之所以非常重要，是因为其被认定为西方盟军装甲兵作战能力的首个例证与最大例证，且完全掩盖了盟军装甲兵随后的两次作战行动：美军装甲兵在洛林的作战与巴顿对德军阿登攻势的反击。突出部战役（阿登战役）成了一系列的战役猛攻，希特勒却未能获得战略胜利；洛林战役是战术级别的，却获得了决定性的战役成果。只有诺曼底战役，为坦克兵指挥官提供了证明装甲兵能够决定战役与战略走向的机会。同时，这场战役使较为劣等的装甲兵对抗在技术上占有极大优势的装甲兵。西方民主国家未能生产出与德军相同质量的坦克，未能创建与德军相同的作战理论，成了欧洲会战的丑闻。

对装甲兵学员来说，有充分的文献为这十数场战斗提供材料，以进行学术反思。其中，有 5 个重要例证，应予以深思：1.1944 年 7 月，"古德伍德"行动与"大西洋"行动；2.1944 年 7 月，"眼镜蛇"行动与"春天"行动；3.1944 年 8 月，"总计"行动；4.1944 年 8 月，"驯服"行动与"眼镜蛇"行动的追歼行动；5.1944 年 9 月，在洛林的阿拉库尔之战。这些行动表现了当时盟军作战理论的状态，以及同盟国内部不同国家陆军不同的文化与技术。

盟军登陆诺曼底之后，"古德伍德"行动是盟军向西北欧进行的首场攻势，以英军装甲兵的全体失败告终。"古德伍德"行动的第二幕——"大西洋"行动，短暂地夺取了至关重要的韦里耶尔岭（Verrières Ridge）。尽管承诺要恢复攻势，然而最终败于德军的一系列反击。

"眼镜蛇"行动与"春天"行动，构成了盟军在诺曼底的第二次战略攻势。"眼镜蛇"行动随即受困于灌木篱墙地带的消耗战，直到 8 月初才宣告结束。尽管如此，其仍然实施了成功的装甲作战，并引发了德军在诺曼底的首次战役级别反击。"春天"行动的目的是支援"眼镜蛇"行动，但遭到了惨败；尽管盟军掌握着绝对制空权，迪特里希的装甲兵还是向加军发起了军级规模的反击。

"总计"行动是盟军的第三次战略攻势，旨在补充"眼镜蛇"行动并歼灭巴黎以西的全部德军。最初，行动获得了胜利，随后就遭到了德军咄咄逼人的装甲反击，并再次印证了盟军在战役级别进行集中突破的无能。

"驯服"行动与"眼镜蛇"行动的追歼行动是盟军装甲兵在战役级别的绝佳之作与战略级别的拙劣之作。尽管各军与各师战果辉煌，然而巴顿的美军第 3 集团军剑走偏锋的机动与完胜，都为保守的布拉德利所不容。"驯服"行动则是唯一非美军的盟军兵力成功进行的战役机动。最终，波军第1装甲师、加军第4装甲师与加军第1集团军的某支兵力封闭了法莱斯包围圈。

阿拉库尔之战是日臻完善的美军战术指挥令人钦佩的例证，其通过运动战的优势对抗装备更好、具备技术优势的德军。

另一个纯粹的，可用于研究的装甲作战例证，是法莱斯围歼战之后，英军与加军对德军的追歼作战，尤其是英军装甲兵解放布鲁塞尔（Brussels）的战斗。盟军初期的行动，尤其是"赛马场"行动（使英军攻占卡昂与实施"春天"行动成为可能）与"蓝衣"行动（与"眼镜蛇"行动、"总计"行动同时进行），都是坦步协同战术的良好例证。"蓝衣"行动在诺曼底地区最糟糕的地形上进行，毫无进行机动或取胜的希望。英军装甲兵使用不当，导致其陷入灌木篱墙地带的消耗战，一直持续到诺曼底战役结束。与奥马尔·布拉德利不同，迈尔斯·登普西缺乏资源，蒙哥马利也不想为这场消耗战付出沉重的代价。作为格兰特将军优秀军事传统的最佳继承者，布拉德利小心谨慎地试探，直到达成突破。蒙哥马利似乎陷入无所适从之中——加军极有可能在卡昂以南获得成功，英军在中路达成突破的可能性较小。他没有支持任何一方，最终成了个"爱管闲事的看客"。

## 盟军战略指挥官

蒙哥马利是否具备战略思维，是个充满争论的问题。审视其在北非与诺曼底之后的行动，就会发现他并不擅长战役法，而更愿意涉足战役法之外的事物。蒙哥马利需要巨大优势的人力、物力、完全的制空权与规模极为庞大的炮兵，支撑他打一场对阵战，才能获取重大胜利。战斗一直持续到一方耗光了人力或装备。在北非，这似乎是奏效的。在突破德军防线阶段——亦称"第三次阿拉曼战役"，英军几乎可悲到无力组织起2个装甲师作为追歼兵力，跟随英军第8集团军进行重点突破[①]，横扫逃往的黎波里的德意联军。作为沙漠战的宗师，隆美尔要比蒙哥

---

① 重点突破（德文：Schwerpunkt，英文：Point of main effort），19 世纪以来，普鲁士或德国陆军的军事思想，用于从战术到战略的优先决策。通过这种方式，将重点区域的局部胜利，转化为对敌军的逐步瓦解，并不断创造机会扩展战果，即使己方在数量或战略上处于劣势。

马利狡猾得多。蒙哥马利对隆美尔的完胜，是在梅德宁，德军撞向了英军反坦克炮的线列阵地，英军以其人之道还治其人之身。蒙哥马利抵达诺曼底时，已经经历过井井有条的攻势，而且对盟军在意大利的攻势陷入僵局显得有些失望。

## 战略攻势的机制

尽管艾森豪威尔总揽盟国远征军最高司令部的大权，但蒙哥马利控制着战要战术。他负责在 6 月底之前达成突破，鉴于作战区域内有德军 3 个集团军的兵力，他奉命组织对德军实施战略攻势。战略攻势需要在集团军群层面上进行组织，动用全部现有资源，进行突破或形成战略据点。诺曼底登陆战是盟军名垂青史的战略攻势，如果盟军败于诺曼底，将拖延二战的历史进程。

在诺曼底发起战略攻势的目的是达成突破，直到盟军能够实施战役机动。在这样的策略与装甲—机械化军所具备的优势之下，攻势就有了战略目标：歼灭西线德军，或跨越塞纳河，攻占巴黎。达成其一，盟军就赢得了战略胜利。

当时，蒙哥马利正与时间赛跑，还需要克服诺曼底的地形。他需要与时间赛跑，是因为每星期都有越来越多的美军抵达，布拉德利的兵力正不断加强。如此判断并不算有失公允：蒙哥马利想要再次赢得在阿拉曼那样的胜利，他希望英军对德军进行致命一击，而非盟军整体或美军达成这样的战果。尽管他坚持声称，他对诺曼底战役的计划，一直是希望美军获胜（在诺曼底东部吸引德军注意力，从而使美军能够在诺曼底西部达成突破），他发起了一系列绝望的行动，试图在卡昂附近粉碎并驱逐德军，以使美军装甲兵能够进行迂回并追歼德军——将围攻布列塔尼港口作为首要目标的命令却绊住了这次行动的手脚！

除了德军装甲兵之外，灌木篱墙也阻挡着蒙哥马利。凹陷的小径与具有数百年历史的灌木篱墙平行延伸，阻挡了英军坦克的前进，将诺曼底地区的战斗变成了一系列连排级的血战，双方交火的距离往往不到 100 码（约 91.44 米）。美军与英军都面临着这样的障碍。加军防区则开阔得多，对装甲兵指挥官来说，越过卡昂之后的地形简直是理想的作战区域。然而，这种开阔地形的战斗，却非常有利于德军坦克炮发挥威力。武装党卫军第 12 "希特勒青年团"装甲师坚守在此，狂热的抵抗使之如灌木篱墙一样，有效地阻挡住了加军的进攻。在美军与英军防区，想要达成突破，意味着他们还要在灌木篱墙中奋战 2 个星期，直到抵达开阔地。

如果蒙哥马利制定过战略规划，那么他对美军的"慷慨"就有了明晰的解释——他试图布下灵巧的棋局：以"赛马场"行动（抵达奥东河）攻占卡皮奎特（Carpiquet），控制奥东河与奥恩河的交汇处，以及奥恩河以东的渡口与卡昂的左翼，最终发起"温莎"行动①，攻占卡昂。蒙哥马利不顾武装党卫军第101重型装甲营对英军第7装甲师的重创（实际上，德军出动的不过是魏特曼的2辆"虎"式重型坦克）²，成功地推进到了奥东河谷，顽强地进攻能够俯瞰奥恩河谷的制高点。攻占卡昂是如此旷日持久，代价之高昂可谓一目了然。7月16日，越来越不耐烦的巴顿对布拉德利说："蒙蒂有3500辆坦克……该死的，给我们这么多坦克，我5天之内就能打到巴黎！"布拉德利说："这是不可能的……在灌木篱墙地带，坦克需要步兵屏护。"³

蒙哥马利的解决方法是动用战略资源——盟军轰炸机——来赢得战役级攻势。他希望重型轰炸机将卡昂夷为平地，这一定能极大地鼓舞英军士气，然而此举收效甚微。卡昂被炸成瓦砾废墟，德军还可能将其作为"斯大林格勒"来据守。无论是英国皇家空军还是美国陆军航空兵，都不喜欢执行以战略轰炸支援地面攻势的任务。这种任务将轰炸机置于地面部队的指挥之下，即使只是短暂如此，而且开启了将轰炸机作为重型炮兵的危险先例。不过，进攻卡昂仍然为未来的盟军战略攻势提供了范本，在严肃认真地实施突破之前，应该以重型轰炸机的大规模空袭作为先导。这是区分盟军战略攻势行动机制的重要标志：苏军惯用炮兵，西方盟军青睐轰炸机。

蒙哥马利通过进攻卡昂开启了这种作战模式，通过"古德伍德"行动确认了这种作战模式。在"温莎"行动中，蒙哥马利未能达成突破。德军迅速撤退，但并非溃退，因此蒙哥马利不得不再次重复这种作战模式。这次，蒙哥马利占据了奥恩河的地利，还能利用诺曼底登陆当天英军第6空降师在奥恩河东岸夺取的立足点。他将英军装甲兵集中在右翼，其进攻方向是坦克作战的绝佳地形，使这场进攻极有可能成为"第四次阿拉曼战役"。如果"赛马场"行动与"温莎"行动是其战略整体的组成部分，那么这将是个宏伟的计划。相反的是，这些行动不过

①"温莎"行动（Operation Windsor），1944年7月4—5日，英军与加军进攻德军据守的卡皮奎特，以盟军获胜告终。实际上，"温莎"行动的目标是卡皮奎特，而非卡昂。

是蒙哥马利试图了结"古德伍德"行动的一系列孤立的行动，他真正的战略意图是 1944 年 7 月 25 日通过"眼镜蛇"行动与"春天"行动发起的双重攻势。

# 1944 年 7 月 18 日，"古德伍德"行动

*迄今为止，这是为支援地面部队所进行过的最猛烈与集中的空袭。*

——特拉福德·利 - 马洛里空军上将评论"古德伍德"行动[4]

"古德伍德"行动有达成突破的潜在可能，达成突破后，将德军赶过塞纳河。奥康纳将军的英军第 8 军，下辖 3 个英军装甲师，分别为"沙漠之鼠"第 7 装甲师、第 11 装甲师与禁卫装甲师，其将在卡昂以东展开，冲上布尔盖比（Bourguébus）—韦里耶尔岭，一路冲向法莱斯，或许还能冲到巴黎。7 月 13 日，英军第 8 军将根据计划发起进攻。

> 这次行动将面临非同寻常的困难，包括要通过一条 2 英里（约 3.2千米）宽的走廊并要向前推进 3 英里（约 4.83 千米），而德军就控制着我军的两翼。因此，盟军首次决定召唤大规模的战略航空兵执行战术任务，以压制这些侧翼的威胁。[5]

轰炸机的支援令人印象深刻："7 月 18 日 5 时 45 分 ~ 8 时之间，英国皇家空军轰炸机司令部的 1056 架'兰开斯特'（Lancasters）与'哈利法克斯'（Halifaxes）重型轰炸机，美国陆军第 8 航空军的 570 架'解放者'重型轰炸机与第 9 航空军的 318 架中型轰炸机，参加了这次近距离支援行动。"[6] 这次空袭的效果，最初是毁灭性的："在轰炸机司令部的空袭结束 24 小时后，70% 的德军战俘无法进行审讯，因为他们什么都听不见。"[7] 蒙哥马利对四发重型轰炸机的使用，很快使德军最高统帅部确信，没有战略轰炸机作为先导的盟军攻势，是不必认真对待的。

"古德伍德"行动的目标是极富争议的。如果其是英军宏伟战略的组成部分，旨在"削弱"德军装甲兵且为布拉德利的"眼镜蛇"行动打开突破口，那么盟军

装甲兵指挥官就不应该对此不甚了解。"古德伍德"行动失败后，蒙哥马利将这次行动辩解为"牵制行动"，目的是助攻布拉德利的"眼镜蛇"行动（在"春天"行动地点以西，与之同时进行），并以此开创了某种模式：今后所有失败的突破行动，都归结为"牵制行动"。[8] 然而，在"古德伍德"行动中发起进攻的各旅，却有不同的理解。"皮普"·罗伯茨表示：

> 在会议上，我曾与"迪克"·奥康纳讨论过，一旦我们冲上布尔盖比，稳固了高地上的阵地后，接下来我们应该做什么。我非常肯定，每个人的脑海里都将法莱斯作为目标。在"古德伍德"行动发起之前，当霍巴特来到第 8 军军部时，奥康纳曾经请教过他，"当 3 个装甲师突破到开阔地形后，应该以怎样的阵形作战。"[9]

实际上，"古德伍德"行动中包含了英军坦克作战理论中"名人录"的问题。除了作战经验极为丰富的奥康纳与具有深厚战术背景的罗伯茨之外，还有英军皇家坦克团的"蛮牛"——霍巴特将军。很有可能，英军装甲兵指挥官之间的友谊关系，使他们决定曲解蒙哥马利的"步兵"作战思想，将这次行动的目标，重新定义为"突破"。然而，更可能的是，这正是蒙哥马利想打出的"闪击战"。这场爆炸性的"重点突破"将把当年古德里安在默兹河（Meuse）达成的突破显得如同儿戏。艾森豪威尔希望盟军能够"从卡昂跨越奥恩河，向南方与东南方长驱直入，再向塞纳河盆地与巴黎扩大战果"。[10]

在"古德伍德"行动发起之前，盟军情报估计当地有德军 3 个装甲师的兵力（武装党卫军第 1"元首警卫旗队"装甲师、武装党卫军第 12"希特勒青年团"装甲师、国防军第 21 装甲师），共装备 200 辆坦克与 35 辆突击炮。这似乎没有将德军 2 个"虎"式重型坦克营列入在内：武装党卫军第 101 重型装甲营与国防军第 503 重型装甲营。后者装备 1 个连的新型"虎王"重型坦克，也是当时世界上最先进的坦克。"虎王"的增厚装甲使其正面可以抵御任何盟军火炮的打击，其侧面亦能抵御大多数盟军火炮的打击。其装备 1 门 71 倍口径 KwK 43 式 88 毫米主炮，无坚不摧。在越过奥恩之后的开阔地形上，德军准确的坦克炮火力将给英军带来灾难性后果，尤其是在英军坦克无法还击的距离上。

隆美尔亲自制定了德军的防御作战计划，"古德伍德"行动也成了隆美尔与蒙哥马利最后的对决。德军防区的最前方是稀薄的警戒哨地带，观察哨与机枪巢把控着所有通路。这道稀薄的屏障只是起着"听音哨"的作用，不过是用于初期预警的"绊网"。这道防线后方才是基于"网状"的主防御地带——堡垒化的村庄，能够形成交叉火力，控制着村庄的前方区域，其后方有更多作为坚固支撑点的村庄与线列火炮阵地进行支援。

　　　　在进攻的主要方向上，其地形包括相当开阔的农田，星罗棋布地坐落着许多坚实且修葺良好的石制建筑村庄。村庄与其周围通常环绕着高围栏的田野、果园与密集生长的大树。[11]

满打满算，隆美尔大致构筑了 5 道防线，还有机动预备队、Pz IV、"黑豹"与"虎"式重型坦克营作为支援。德军装甲兵不仅能够发起反击，更危险的是，他们能够迅速集结，以准确的远程火力封锁英军进行的任何渗透。

## 德军的还击

*88 毫米实芯穿甲弹非常奇特——当它们从庄稼地上空飞过时，你甚至能看见它们飞过来——就像鱼雷航行时留下的航迹一样……实际上，你可以躲开它。*

*——1944 年 7 月 19 日，在卡格尼（Cagny）以北，英军第 3 皇家坦克团 A 中队，比尔·克洛斯少校如是说 [12]*

从猛烈的空中轰炸中幸存下来的战地指挥官（大部分德军已处于休克或被震聋状态，很多士兵陷于精神崩溃）[13]，像英军装甲兵组成的海浪中的礁岩一样，顽强地据守堡垒化的村庄，展开激战。坚定的德军装甲兵指挥官，例如德军第 21 装甲师的汉斯·冯·卢克，抵达战场后迅速组织起了有效的临时反坦克防御阵地[14]。英军装甲战斗车辆很快就遭到了从侧后方而来的火力打击，并出现了混乱。

英军装甲师仍然在两处作战。根据富勒与英军皇家装甲兵的作战理论，坦克单独行动[15]。当德军的预备坦克营（武装党卫军第 1 装甲师与党卫军第 12 装甲

# 1944 年，西方盟军与德军装甲师营级兵力对比

**英军 / 加军 / 波军装甲师**

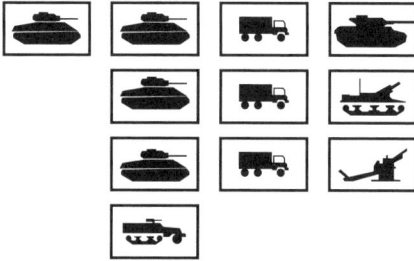

**装甲侦察团**
**装备 "谢尔曼" / "克伦威尔"**

装甲旅：
3 个中型坦克团
1 个机械化步兵营

步兵旅：
3 个摩托化步兵营
1 个自行火炮团
1 个野战炮兵团
1 个反坦克炮团
（混编坦克歼击车与反坦克炮）

**5 个坦克营：坦克 / 步兵 / 炮兵比例 5：4：2**

---

**德军装甲师**

侦察团　　装甲旅　　　装甲掷弹兵团　装甲歼击 / 师属炮兵

**侦察营**

装甲团：
2 个中型装甲营
2 个装甲掷弹兵团
6 个装甲掷弹兵营
（其中 1 个装备半履带式装甲运兵车）

炮兵团：
3 个炮兵营
（1 个自行火炮营 / 1 个中型炮兵营 /
1 个重型炮兵营）

装甲歼击营，火箭炮营
（装备多管火箭炮）

**2 个装甲营与 1 个装甲歼击营：坦克 / 步兵 / 炮兵比例 3：6：4**

---

**美军装甲师**

　　　　侦察团　　坦克营　　装甲步兵营　装甲野战炮兵营

**装甲侦察营**

坦克营：
3 个坦克营

装甲步兵营：
3 个装甲步兵营

装甲野战炮兵营
3 个装甲野战炮兵营

**3 个坦克营：坦克 / 步兵 / 炮兵比例 1：1：1**

师的"黑豹",武装党卫军第 101 重型装甲营的"虎"与国防军第 503 重型装甲营的"虎王")抵达后,英军装甲师遭到了更为致命的火力。500 辆燃烧的英军坦克,迅速布满了布尔盖比岭前方的平原。"古德伍德"行动的攻势失败了[16]。西蒙兹中将刚来接管加军第 2 军,就在卡皮奎特东南角的悬崖上看到了这场灾难。这场战斗对他产生了深远的影响,影响了他随后的两次行动[17]。

### "古德伍德"行动的加军阶段:"大西洋"行动

1944 年 6 月 29 日,盖伊·格兰维尔·西蒙兹中将接管了加军第 2 军军部。加军第 2 军在英格兰训练了 4 年,但并无实战经验。此时,加军第 2 军心怀忐忑地进入首次实战。盟军登陆诺曼底当天,加军第 3 步兵师列为突击兵力。7 月时,其已久经战阵。加军第 2 步兵师刚跨越英吉利海峡而来。其配属的装甲支援兵力——怀曼准将指挥的加军第 2 装甲旅,是少数从 6 月开始就参加过实战的加军装甲部队之一。7 月时,他们已经成了一群精干的老兵,很了解交手多次的"黑豹",警惕着尚未谋面的"虎"。他们的作战理论遵循着步兵坦克的战术——在 6 月的近距离缠斗中,这种战术很合适,但现在他们面对的是开阔地形。

为了实施"大西洋"行动,西蒙兹调动了整个加军第 2 军,包括下辖的 2 个步兵师与第 2 装甲旅,动用了加军第 2 集团军属皇家炮兵集群[18]。当英军装甲兵向东南方进攻时,凯勒少将指挥的加军第 3 步兵师将跨越奥恩河,其下辖的 2 个步兵旅沿着奥恩河东岸,将德军赶出工业区,保护英军右翼。随后,他们将进攻连接着卡昂与其南方平原的桥梁、道路与布尔盖比岭。这个过程漫长而艰辛。城市中的巷战是步兵的任务,德军称之为"老鼠战争"。轰炸与炮击将每栋房屋都变成了小型堡垒。

西蒙兹命令查尔斯·福克斯少将指挥的加军第 2 步兵师支援加军第 3 步兵师,其下辖 3 个初出茅庐的步兵旅,共有 9 个步兵营。福克斯的任务是在福堡 - 德沃塞勒(Faubourg-de-Vaucelles)占领奥恩河渡口,并向南推进,"准备按照加军第 2 军军长的命令,于南偏东 60° 方向 60 千米处,攻占韦里耶尔"。[19]

攻占奥恩河渡口的任务并不轻松。奥恩河南岸是陡峭的悬崖,能俯瞰所有从卡昂延伸而来的道路。弗里德里希 - 奥古斯特·沙克将军指挥的德军第 272 步兵师新近抵达，据守于此，其兵员混杂着经验相对的老兵与常规步兵，还有不少来自波兰、乌克兰与俄罗斯的志愿兵，该师装备良好，并得到过相当程度的训练。[20]

根据隆美尔的命令，沙克对德军第 272 步兵师进行部署。前沿阵地沿着奥恩河布设，奥恩河与 67 高地之间是一系列的坚固支撑点。第三道防线是更多的兵力构筑的网状防御阵地。第四道防线西起奥恩河畔圣安德烈（St. André-sur-Orne），沿着韦里耶尔岭（布尔盖比岭）前坡向东延伸至圣马丁（St. Martin）。最后的防线是韦里耶尔岭本身，包括东边的奥恩河畔梅伊（May-sur-Orne）、丰特奈 - 勒马尔米翁（Fontenay-le-Marmion）、韦里耶尔村与罗屈昂库尔（Rocquancourt）。韦里耶尔岭后方是德军第 272 步兵师的炮兵与隆美尔的机动预备队。其包括武装党卫军第 1 "元首警卫旗队" 装甲师与德军第 2 装甲师的部分兵力。这些位于纵深的兵力，也是德军 B 集团军群正在建立的装甲机动预备队的组成部分。

武装党卫军第 1 "元首警卫旗队" 装甲师是精锐之师。其起源于希特勒的私人卫队。1940 年，在法国，其在实战中获得荣誉，随后在苏联屡建战功。该师师长是西奥多·维施少将，全师有 "约 100～120 辆坦克能够作战"。[①] 在 "古德伍德" 行动中，武装党卫军第 1 "元首警卫旗队" 装甲师参与歼灭了蒙哥马利的装甲兵。[21]

## 第一次韦里耶尔之战：作战计划

---

*意图：加军第 2 步兵师将准备向南扩展战果，占领如下区域：北偏东 20° 方向，63 千米处的巴桑（Basse）；南偏东 60° 方向，63 千米处的伊夫（Ifs）；南偏东 60° 方向，61 千米处的 72 号地点；北偏东 40° 方向，61 千米处的奥恩河畔圣安德烈与南偏东 20° 方向，60 千米处的韦里耶尔。*

*——1944 年 7 月 16 日，"大西洋" 行动，加军第 2 军作战命令*

---

7 月 19 日夜间，英军第 2 集团军司令迈尔斯·登普西将军[22]，命令西蒙兹向北推进至韦里耶尔岭的山脚处，接管布拉村（Bras），尽快替换下英军装甲兵。

---

① 1944 年 7 月 20 日，武装党卫军第 1 装甲师，有 59 辆 Pz IV（51 辆可作战，8 辆短期维修）、48 辆 "黑豹"（20 辆可作战，28 辆短期维修），32 辆 StuG III（19 辆可作战，13 辆短期维修）。

**"古德伍德"行动的最后阶段**
**1944 年 7 月 20 日加军第 2 军形势**
**大西洋行动**

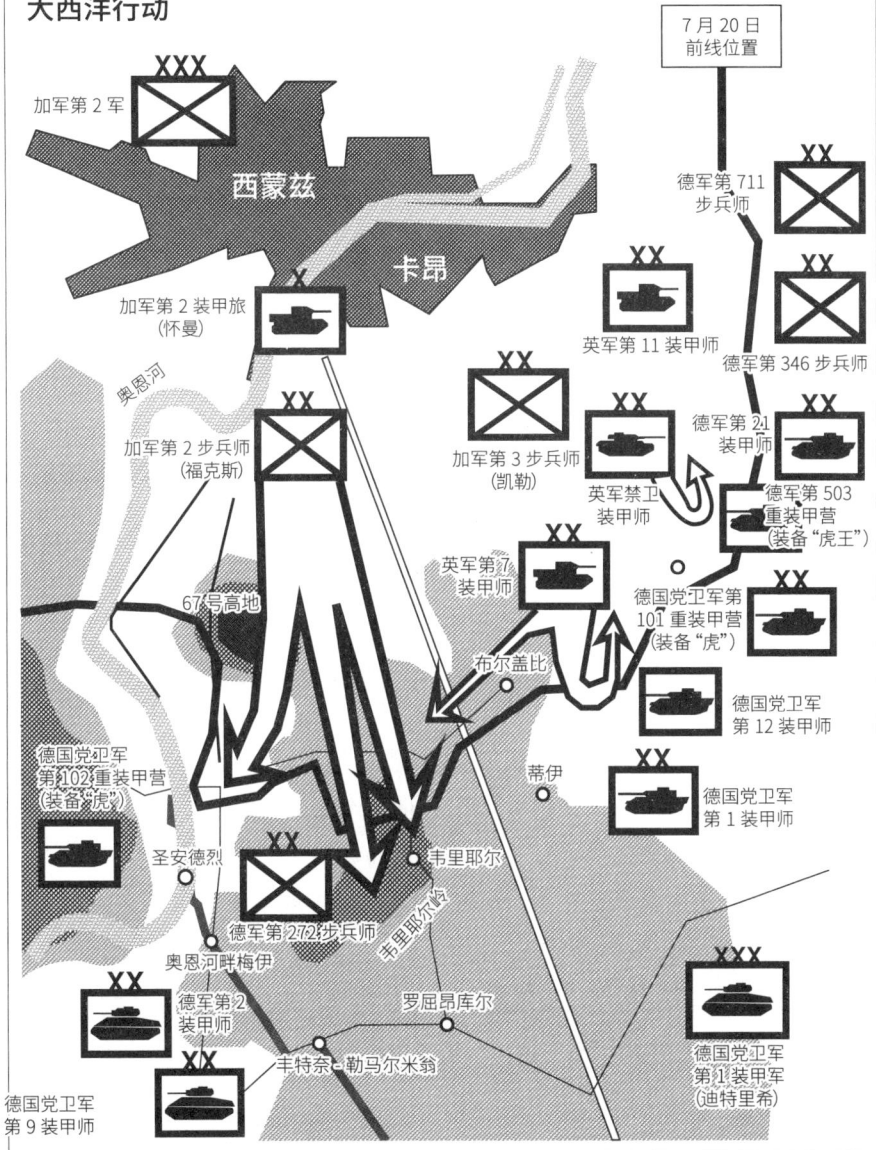

7 月 20 日
前线位置

加军第 2 军

西蒙兹

卡昂

德军第 711
步兵师

加军第 2 装甲旅
(怀曼)

英军第 11 装甲师

德军第 346 步兵师

奥恩河

加军第 2 步兵师
(福克斯)

加军第 3 步兵师
(凯勒)

德军第 21
装甲师

英军禁卫
装甲师

德军第 503
重装甲营
(装备"虎王")

67 号高地

英军第 7
装甲师

德国党卫军第
101 重装甲营
(装备"虎")

布尔盖比

德国党卫军
第 12 装甲师

德国党卫军
第 102 重装甲营
(装备"虎")

蒂伊

德国党卫军
第 1 装甲师

圣安德烈

韦里耶尔

德军第 272 步兵师

韦里耶尔岭

奥恩河畔梅伊

罗屈昂库尔

德军第 2
装甲师

丰特奈-勒马尔米翁

德国党卫军
第 1 装甲军
(迪特里希)

德国党卫军
第 9 装甲师

这却是不可能完成的任务。布拉村周围的田野，正位于山脚的中央，处于车体掩蔽状态的德军坦克星罗棋布，以火力封锁了整个区域。奥康纳的英军第8军只能彻底停止前进。

凯勒少将指挥的加军第3步兵师已经肃清了沃塞勒，并设法以1个步兵旅攻入了科尔梅勒（Cormelles）。德军仍然占据着高地。7月20日早晨，登普西发布了修订过的计划：英军第8军将固守阵地，但第7装甲师将前往进攻布尔盖比岭。加军第3步兵师将接管英军第11装甲师的阵地，加军第2步兵师将向南挺进，在韦里耶尔建立阵地。[23]"古德伍德"行动已经从战略攻势退变为战术博弈，登普西以其兵力展开正面强攻，希望能将德军消耗殆尽。英军与加军采用消耗战，是因为在运动战中，再无其他方法能对抗两翼稳固且拥有精准远程坦克火力的敌军。

西蒙兹命令福克斯调动1个旅前往韦里耶尔岭，占领俯瞰整个卡昂南部的最高点。"古德伍德"行动失败了，但如果加军能攻占并守住韦里耶尔岭，那么这场行动（与蒙哥马利的声誉）仍能得到挽救。至少，英军与加军能够借此突破并迂回隆美尔的主防御阵地。

## 第一次韦里耶尔之战：7月20—21日，德军反击

扬准将指挥的加军第6步兵旅负责向韦里耶尔岭发起最后的突击。[24]其沿着加军第2步兵师的整条战线布设开来。领头的2个步兵营——加军南萨斯喀彻温步兵团与蒙特利尔燧发枪步兵团，在2000码（约1828.8米）长的战线上铺开。这意味着2个步兵营不仅无法相互支援，而且他们还会很快失去与彼此的目视接触。加军2个装备"谢尔曼"A2中型坦克的中队将对其进行支援。[①]

15时，在英国皇家空军"台风"（Typhoon）攻击机与密集炮兵的支援下，加军第6步兵旅发起进攻。17时30分，蒙特利尔燧发枪步兵团接近韦里耶尔岭中央的韦里耶尔村。在其右翼，南萨斯喀彻温步兵团已经攻上了韦里耶尔岭西侧山顶，准备扑向丰特奈 - 勒马尔米翁。加军似乎已经获胜。此时，天上下起了雨。

---

① 详见后文附录3中关于美军与加军使用"谢尔曼"型号的对比。

　　然而，伴随着这场雨而来的烈焰风暴，将加军的胜利打成了悲剧。在韦里耶尔村地区，德军发起了凶猛的反击。蒙特利尔燧发枪步兵团领头的 2 个连全军覆没。南萨斯喀彻温步兵团领头的步兵连被迫撤退。随后，德军袭击了位于纵深的加军埃塞克斯苏格兰步兵团，将他们赶了回去。"报告称有 2 个连已经支离破碎，丧失了组织能力且损失惨重。"[25] 武装党卫军第 1 "元首警卫旗队"装甲师、德军第 2 装甲师 "科恩"战斗群与第 272 步兵师组成的战斗群进行了反击。7 月 18 日，武装党卫军第 1 "元首警卫旗队"装甲师曾在韦里耶尔岭以北参加过抵御 "古德伍德"行动的战斗。7 月 20 日，其下辖的战斗群参加了韦里耶尔岭、蒂伊 - 拉康帕涅（Tilly-la-Campagne）与拉霍格。[26] 最初，从韦里耶尔岭发起进攻的是武装党卫军第 1 "元首警卫旗队"装甲师第 1 装甲团第 2 装甲营第 5 装甲连与第 6 装甲连的 Pz IV 中型坦克与第 1 装甲掷弹兵团第 3 装甲掷弹兵营第 9 装甲掷弹兵连。他们冲垮了加军蒙特利尔燧发枪步兵团的先头步兵连，随后向西与德军 "科恩"战斗群（德军第 2 装甲师第 3 装甲团第 2 装甲营与德军第 304 装甲掷弹兵团）打通联系，粉碎了加军埃塞克斯苏格兰步兵团。[27]

### "大西洋"行动经验教训：坦克对抗步兵

　　德军的进攻短暂地威胁到了卡昂。然而，西蒙兹亲自组织了 1 个军发起反击，稳固了加军的秩序，并在令人生畏的 67 高地构筑了新的防线。加军一度控制了韦里耶尔岭，其也是诺曼底滩头与法莱斯之间唯一的屏障。7 月 20 日，德军发起的反击，恰恰是英军皇家装甲兵理想的作战模式。如果坦克在开阔地进攻毫无支援的步兵，步兵将迅速溃败。以 2 辆或 4 辆为单位的坦克，只使用机枪，就能屠杀 1 个步兵营或 1 个步兵旅。在德军击溃加军第 6 步兵旅的战斗中，德军 3 个不满编的装甲连，装备约 20 ~ 30 辆 Pz IV 中型坦克，就打垮了 1 个步兵旅。德军反击演示了基层官兵的主动性——何为 "任务导向型战术"。武装党卫军第 1 "元首警卫旗队"装甲师完成了两个目标：击退了韦里耶尔岭中央的盟军进攻，连接了德军第 272 步兵师并恢复了前沿阵地。

　　这场战斗引发了数个完全关于装甲兵的问题。首个问题是关于在开阔地形上集结的装甲战斗车辆与步兵。负责进攻的加军步兵旅配属了 2 个坦克中队。在之前卡昂以北的战斗中，步兵与坦克的协同作战配合紧密。在卡昂以南适合坦克作战的

△在"春天"行动中，韦里耶尔岭上加军装甲旅损失的 3 辆"谢尔曼"。卡昂以南的"坦克地形"有利于德军进行远距离交战。[ 诺布尔（Noble），加拿大国家档案馆，威尔弗雷德·劳里埃大学，劳里埃军事战略与裁军研究中心 ]

地带，"谢尔曼"仍然满足于在步兵后方行动，对前进的步兵提供火力支援，这使步兵对坦克产生了厌恶。[28] 加军装甲兵与步兵双方的观点与行动，各自的理由都有合理性。首要也是最为重要的原因，是英军与加军"天真"的作战理论与各层级的指挥官都缺乏经验。与"古德伍德"行动相似，"大西洋"行动失败的原因也是拙劣的战术。其次，在现阶段于开阔地形上展开的战斗中，装甲兵与步兵之间的相互猜忌远多于相互协同。在坦克车长看来，他们坦克的射程可达 2000 码，完全可以在步兵后方作为稳定的支柱，提供警戒与准确的火力，并无伴随步兵攀上山岭的必要。在开阔地上展开的加军步兵，唯一的"防护"就是钢盔与羊毛制军装，他们当然无可非议地要质疑，为什么有着 2 英寸（50.8 毫米）厚装甲防护的坦克兵没有引领步兵前进。"谢尔曼"需要与德军阵地保持距离，以免遭到隐蔽起来的反坦克炮、"铁拳"反坦克火箭筒，尤其是 Pz Ⅳ 与"黑豹"长管 75 毫米炮的打击。在 KwK 42 L/70 型 75 毫米炮面前，2 英寸厚的装甲不堪一击。

　　装甲兵学员很快就会提出新的问题：加军的装甲反击在哪儿？怀曼准将手头可用的坦克预备队是加军第 2 装甲旅，调遣了 3 个坦克中队对其进行支援，相当于 3 个坦克团的大半兵力（80～120 辆坦克）。在意识到"谢尔曼"的短管 75 毫米炮无法与德军长管 75 毫米炮对抗的情况下，英军与加军每个坦克分队装备了 1 辆装有 17 磅高速坦克炮的"谢尔曼"5C（"萤火虫"）。在诺曼底，这是最具威力的盟军坦克。美军尚无类似装备。

　　这个问题的答案，就是英军与加军的作战理论。当时，英军与加军的作战理论规定，步兵师配属的装甲旅，应置于师部控制之下，以装甲团为单位派出支援。[29] 西蒙兹计划以逐次投入各坦克中队的方式作战，根本没有考虑到德军发起反击的可能。怀曼没有组织任何用于扩展战果的战斗群，西蒙兹、福克斯与凯勒，或任何旅长也都不例外——当时英军与加军盛行的战术中，根本没有做过这样的要求。

　　蒙哥马利对自己的失败感到泄气。此时，他只能回到后方的板凳上，坐等布拉德利在西侧的突破——"眼镜蛇"行动。为了支援布拉德利，将德军装甲兵牵制在奥恩河东岸，蒙哥马利命令西蒙兹指挥的加军第 2 军再次发起进攻。1944 年 7 月 25 日，当布拉德利在圣洛进行突破时，加军第 2 军将同时发起进攻。为了给西蒙兹的猛攻增加胜利的砝码，实际上也是为了给他能够突向法莱斯的机会，蒙哥马利调给了西蒙兹 2 个英军装甲师——英军第 7 装甲师与禁卫装甲师。西蒙兹称这次行动为"春天"行动。

# 注释

1. Nigel Hamilton, *Master of the Battlefield: Monty's War Years 1942–44*（New York: McGraw-Hill, 1983）, p. 720.

2. See Chester Wilmot, *The Struggle for Europe*（London: Collins, 1952）, p.309.

3. Hanson diary, 16 July 1944, MHI.

4. RG 24 10554 L215 B2.013 LD2. Secret. T*he Goodwood Meeting, 18–21 July 1944*.

5. Ibid., para 1.

6. RG 24 10554 215 B2 Secret. *Tactical Bulletin No. 38*. Operations by Bomber Command in Close Support of the Army—Caen, 18 July 1944.

7. 引自《盟国远征军最高司令部关于"古德伍德"行动中轰炸行动的报告》（*SHAEF report on Goodwood bombing*），第 12 段。1970 年，伦敦：巴兰坦书业，休伯特·埃塞姆少将，《诺曼底滩头阵地》（*Normandy Bridgehead*），第 155 页：引用加军第 2 装甲旅某个军官的日记："景象惨不忍睹。我从未见过这样的炸弹坑。树木连根拔起，道路无法通行。尸体炸成两半，扭曲不堪。1 辆坦克仍然在燃烧，坦克下面伸着一排人的脚。在一个弹坑里，有个人的头部与肩膀从侧面露了出来。整个地方弥漫着臭味。"

8. See Field Marshal Viscount Montgomery, Memoirs（London: Collins,1958）, pp. 256–257; Hamilton, pp. 744–745,760–764. RG 24 20275 memorandum of interview with Lt. Gen. G. G. Simonds, 19 March 1946.

9. RG 24 10554 L215B2.001D2. File by C. P. Stacey, taken from draft sent to him by Liddell Hart, 9 September 1954.

10. Gen. Dwight D. Eisenhower, *Report Normandy Campaign 1944*, ETO,1946, MHI.

11. 引自"古德伍德"行动会议，第 5 段：地形。此外，此区域还有 3 条铁路，其中 2 条为高路堤铁路。布尔盖比岭（韦里耶尔岭向东北方向延伸的山角）能够俯瞰整个区域。

12. Interview, *Operation Goodwood*, British Army Staff College documentary-training film, 1981.

13. 英国航空部第 38 期战术公报数据："科龙贝勒（Colombelles），投掷 1166 吨高爆炸弹；蒙德维尔（Mondeville），投掷 1087 吨高爆炸弹；萨内尔维尔（Sannerville），投掷 1086 吨高爆炸弹；曼纳维尔（Manneville），1162 吨高爆炸弹；卡格尼，投掷 543 吨高爆炸弹。7 时整至 7 时 45 分，美军 B-17 投掷 100 磅（约 45.4 千克）炸弹与破片杀伤炸弹；8 时 30 分～9 时，在弗雷努维尔（Frénouville）、拉霍格（La Hogue）与布尔盖比，美军第 8 航空军投掷了 1000 磅（约 454 千克）炸弹，以干扰德军集结。德军第 503 重型装甲营第 2 装甲连连长描述，盟军的轰炸将'虎'式重型坦克炸得像火柴一样飞上了天，有些德军士兵在轰炸过程中自杀。"

14. 1989 年，纽约：普雷格出版公司（praeger），汉斯·冯·卢克，《装甲兵指挥官：汉斯·冯·卢克上校回忆录》：卢克惊讶地发现英军坦克集群正向布尔盖比岭与巴黎公路前进。他注意到有 1 个高射炮兵连正向盟军飞机开火。"我明确地命令他们，立即向英军坦克开火"，然而，"他们却拒绝了我的命令。我只好掏出手枪，问他……他是想立刻送命，还是想获得高级勋章。他选择了后者"。几分钟内，德军 88 毫米炮就击毁了蒙哥马利的坦克。另可详见纪录片《"古德伍德"行动》，对此有详细描述。

15. 在纪录片《"古德伍德"行动》中，曾任英军第 11 装甲师师长的罗伯茨少将，回忆了德军网状防御反坦克火力的有效性："或许你可以思考一下，如果你是指挥官，你会怎么做。你有一阵没有接到后方的中队发来的消息了。你回头一看，发现德军击毁了他们所有的坦克……有些坦克还在燃烧，有些坦克的乘员已经爬了出来——无论如何，他们都无法继续作战了。"

16. 1970 年，伦敦：巴兰坦书业，休伯特·埃塞姆少将，《诺曼底滩头阵地》，第 157 页："古德伍德"行动的失败激怒了艾森豪威尔。英国皇家空军的指挥官们也对轰炸卡昂过后，英国陆军未能乘势扩大战果而感到愤怒，"古德伍德"行动的失败也助长了他们想要让蒙哥马利下台的欲望："特德与盟国远征军最高司令部中英军参谋官的小圈子，都希望将蒙哥马利解职……实际上，（不满的意见）已经上达了丘吉尔处。"

17. Marshal Stearns: Stearns papers. Correspondence between Prof. Reginald Roy and Stearns（Simonds's ADC）during the preparation of Reginald Roy's superb book, *1944: The Canadians in Normandy*（Toronto: Macmillan, 1984）.

18. 1991 年，纽约：普雷格出版公司，约翰·英格利希，《加拿大陆军与诺曼底战役——对最高司令部的失败进行的研究》（*The Canadian Army and the Normandy Campaign—A Study of Failure of High Command*），第 162 页："没有固定编制，通常下辖 3 个中型炮兵团与 1～2 个重型炮兵团。通常认为，这种比例是最佳的组织编制，能够使陆军指挥官迅速将炮兵火力分配到正确的时间与地点。"

19. RG 24 2 Cdn Corps Operational Instr No. 2, "Operation Atlantic," 16 July 1944.2

20. 1944 年 7 月 19 日，加军第 5 步兵旅战地日志指出：“德军第 272 步兵师第 980 步兵团的战俘，看起来像日本人，可能是拉普兰人或蒙古人。”

21. The 1st SS Panzer Division was in reserve to the rear of the 272d Infantry Division（in the area of St. Aignan, Ifs, Feugeurolles, and Bretteville-sur-Laize）. ETHINT MS B 540 Statement Gen. Schack. *272 Inf Div Normandy from 5–26 Jul 44.* Taken 19 April 1947; see also ETHINT MS B-358 SS Gen. Theodor Wisch,"Leibstandarte Adolf Hitler—July 44"; "Battle at LaHogue," pp. 2–3.

22. 加军第 1 集团军正在逐步建设过程中。最初，加军第 3 步兵师隶属于登普西将军指挥的英军第 2 集团军，加军第 2 军也曾如此。

23. Stacey, p. 174.

24. 当时，加军第 6 步兵旅下辖了 1 个额外的步兵营——埃塞克斯苏格兰步兵团（The Essex Scottish Regiment）。在“大西洋”行动之前，其尚未经历过实战考验 ①。在诺曼底，加军部署了 3 个法裔官兵组成的步兵营（整个欧洲战场只有 4 个这样的步兵营），由蒙特利尔的加籍法裔精英担任军官的蒙特利尔燧发枪步兵团（Les Fusiliers Mont-Royal）是其中之一。其他 2 个步兵团则代表西加拿大：加拿大女王直属卡梅伦高地步兵团（Queen's Own Cameron Highlanders of Canada）与南萨斯喀彻温步兵团（The South Saskatchewan Regiment）。

25. Stacey, p. 175.

26. 德国联邦档案馆（Bundesarchiv），RH21-5/50 号文件，《1944 年 6 月 10 日—8 月 8 日，德军第 5 装甲团军司令部，战地日志》（*Kriegstagebuch des Panzer Armeeoberkommando 5. 10.6.44–8.8.44*）：1944 年 7 月 21—19 日报告，7 月 24 日之前，德军第 2 装甲师部、第 3 装甲团与第 304 装甲掷弹兵团，尚未抵达加军第 2 军防区。1986 年，奥斯纳布吕克：穆宁·费尔拉格出版公司，鲁道夫·莱曼，拉尔夫·蒂曼，《警卫旗队》第 4 卷第 1 章（*Die Leibstandarte Band* IV/1）第 178～182 页：武装党卫军第 1 装甲师集结于桑格莱森林（Forêt de Cinglais，韦里耶尔以南 3 千米处）。

27. 1990 年，在渥太华，对雅克·阿尔弗雷德·德克斯特雷兹将军关于诺曼底战役的采访中，其表示加军蒙特利尔燧发枪步兵团损失了 50% 的兵力。另可见德国联邦档案馆 RH21-5/50 号文件，《1944 年 6 月 10 日—8 月 8 日，德军第 5 装甲团军司令部，战地日志》。

28. 约翰·英格利希，《加拿大陆军与诺曼底战役——对最高司令部的失败进行的研究》，第 312～313 页：加军步兵认为坦克抛弃了他们，并批评加军装甲兵的作战理论。

29. 1952 年，伦敦：英国陆军部，《英军装甲师的作战》（*The Armoured Division in Battle*）：“坦克旅应置于师部控制之下，但装甲团不应置于旅部控制之下。装甲团应单独部署。”

---

① 实际上，该团参加了 1942 年 8 月 19 日的“大赦年”行动（Operation Jubilee），突袭法国的迪耶普（Dieppe）。

# 第 7 章
# 1944 年 7 月 25 日，"春天"行动：另一场"眼镜蛇"行动

> 尽管，我们是个善于自我批评的国家，这也是我们的主要力量源泉。但是，在这个阶段提出批评，似乎有些不近人情。
>
> ——吉法德·勒凯纳·马特尔中将 [1]

西蒙兹将军面对的作战问题，是蒙哥马利在"削弱"德军装甲兵的行动中"过于成功"。此时，加军第 2 军正对着盘踞在法国的德军装甲集群：5 个武装党卫军装甲师的全部与部分兵力，3 个德国国防军装甲师，全部的 3 个装备"虎"式重型坦克的重型装甲营与位于西欧唯一装备"猎豹"坦克歼击车的重型装甲歼击营。[2] 尽管德军同时面对着英军与加军，但其仍然有意集结于加军第 2 军面前。原因很简单：地形。卡昂是诺曼底地区的门户，通过卡昂能抵达诺曼底地区最适合坦克作战的区域，蒙哥马利希望能在此达成突破，迅速抵达巴黎。虽然布拉德利即将发起"眼镜蛇"行动，但在诺曼底地区茂密的灌木篱墙地带与纵横交错的羊肠小径中，美军达成快速突破的希望很渺茫。近期，盟军的失败使"眼镜蛇"行动日趋重要。在诺曼底的任何地点，盟军达成的成功突破，都能挽救蒙哥马利日渐衰弱的声誉。在代价高昂与虎头蛇尾的"查恩伍德"行动、"赛马场"行动与灾难性的"古德伍德"行动结束后，蒙哥马利的能力受到了广泛的质疑。"古德伍德"行动失败后，艾森豪威尔对蒙哥马利的态度可谓一落千丈，甚至传闻丘吉尔打算解除蒙哥马利的职务。"7 月 24 日，马歇尔将军的来访，可能是蒙哥马利最糟糕的时刻——由于蒙哥马利进展迟缓，马歇尔确实准备解除他的职务。"[3]

沿着位于圣洛的前线，布拉德利有两支野战兵力准备就绪：考特尼·霍奇斯将军指挥的美军第1集团军，下辖2个重型装甲师（美军第2装甲师与第3装甲师，每个装甲师下辖6个坦克营，而非常规装甲师下辖的3个坦克营）；巴顿将军指挥的美军第3集团军（实际上属于骑兵坦克集团军），其作为美军第12集团军群的追击兵力。盟军成功地遮蔽了德军最高统帅部的耳目，使其未能发现巴顿将军已经在诺曼底待命。如果"鹰"（美军第12集团军群司令部代号）能够挣脱灌木篱墙地带，就能长驱直入，深入卢瓦尔河与布列塔尼半岛。

同时，在卡昂方向，蒙哥马利已经集结了2个英军装甲师（第7装甲师与禁卫装甲师），将其置于西蒙兹的指挥之下："德·甘冈打电话给艾森豪威尔，向他保证蒙哥马利为这次进攻进行了足够充分的准备。"[4]无论之前的经历令其感到恐惧还是对其产生了刺激，蒙哥马利即将发起的攻势都极有可能重蹈"古德伍德"行动的覆辙。其成功的可能性非常渺小。无论如何，蒙哥马利都命令再次发起进攻。他为再次发起进攻的战略必要性提出理由。[5]蒙哥马利对布拉德利与"眼镜蛇"行动的信心不足，而且他向艾森豪威尔证明了"春天"行动的乐观前景："我们很可能会通过在东翼获取胜利，实现在西翼的目标。"对布拉德利来说，蒙哥马利的做法很不仗义。这或许是一种创造性的战术，但作为战略攻势的图景来说，却不够令人信服，然而毕竟这是他唯一的职责。[6]此时，蒙哥马利有两种选择：到底是选择将围歼式的歼灭战略，就像同时期在东线上演的攻势，还是选择消耗战略？几乎没有证据能证明蒙哥马利真正在战略层面上理解了诺曼底战役：他不是施利芬，当然也不是拿破仑。我们能够得出的结论是最终他选择了消耗战略，以期望这种攻势能够耗干德军。[7]

其他假说还包括蒙哥马利的虚荣心使他无法接受诺曼底战役以美军的全面胜利告终。他肯定感觉到了美军第12集团军群对他的蔑视："他穿着灯芯绒长裤趾高气扬地走来，他宽松的斜纹防水布上衣与贝雷帽，使他看起来像个穷讲究的波西米亚画家。"[8]然而，他非常渴望再次击败隆美尔元帅。这才是他最大的野心所在。与之相比，对美军的排挤是次要的。

"沙漠之狐"封锁滩头已经两个月，"古德伍德"行动则是盟军的最后尝试。与阿拉曼战役不同，这次隆美尔的防御挫败了蒙哥马利的对阵式进攻。[9]在"古德伍德"行动期间，隆美尔负伤，接替他的克鲁格元帅并未更改隆美尔的防御计划与部署。与之相同的是，蒙哥马利也没有更改他的计划：他只是简单地命令西蒙兹与布拉德利继续发起正面进攻。他并未从当时东线的苏联红军或北非的盟军的作战原则中吸取任何经验，对侧翼处于稳固状态的敌军发起单纯的正面进攻必然导致灾难性的后果。如果我们认为"古德伍德"行动、"眼镜蛇"行动与"春天"行动是战略攻势的组成部分，再考虑其涉及的时间（9 天）与空间 [ 圣洛与卡昂相隔 55 英里（约 88.5 千米）]，那么与苏军最高统帅部执行歼灭战略的标准相比，其囤积的物资是远远不够的。对蒙哥马利来说，指挥 4 个集团军已经超出了他的能力。

## 作战理论：装甲集群

*我永远不会采用装甲军。*

*——1944 年 1 月 13 日，英军第 21 集团军群参谋会议，蒙哥马利如是说*

1944 年 1 月 13 日，英军第 21 集团军群召开了高级指挥官会议，蒙哥马利将军重述了其关于作战行动的观点。在会议中专门讨论装甲兵应用的段落，蒙哥马利坚持坦克"必须通过大胆地突破，直扑制高点"。[10] 蒙哥马利强迫加军军长与师长接受他的会战进攻作战理论。为避免伤亡，他将各装甲师雪藏于后方，直到步兵在近距离缠斗中获胜并占据突破口之后，才命令其出击。正如苏军在东线忙于展示的那样，将战役胜利发展为战略胜利，需要 1 个坦克军的积极行动，同时伴以在规模上具有压倒性优势的炮兵火力准备。[11] 蒙哥马利则更青睐重型轰炸机。

1943 年，英国陆军正式抛弃了富勒与利德尔·哈特的军事理论，认定"坦克无法独自赢得战斗"。[12] 当然，英军仍然强调保持装甲兵的优势。如果指挥官能够在歼灭敌军装甲兵主力的同时，还能保持己方大部分坦克的作战能力，他就能在广阔的区域自由、迅速而大胆地实施行动。英军赋予装甲师的常规任务如下：

    1. 友军其他兵力先于己方装甲师所要突破的位置，在敌军防线上打开突破口，己方装甲师再通过纵深穿插或包围，协同陆军主力与空军，彻底歼灭敌军。

    2. 追击。

    3. 以反击作为形式，协同其他兵种进行防御。

    4. 威慑敌军，以迫使其更改或暴露意图。[13]

    英军与加军装甲师主要由两部分构成：1 个下辖 3 个装甲团与 1 个机械化步兵营的装甲旅，1 个下辖 3 个摩托化步兵营的步兵旅。新版装甲兵作战理论对此种强大的模式进行了阐释：

    英式橄榄球的并列争球模式，适于用来与装甲师的作战进行对比……步兵旅可以视为"前排前锋"。装甲旅则有明确的限制，其需要适合的地面才能展开作战，装甲旅本身不适于固守阵地。[14]

    英军进攻作战理论的基本原则要求装甲兵支援步兵进行突破。配属步兵的坦克中队负责保护步兵，以抵御敌军装甲兵的反击，或支援步兵进攻坚固支撑点。从效果来说，在进攻作战最初阶段，英军坦克均作为步兵坦克使用。装甲师专用于从突破口向外扩展或展开追击。坦克集群的应用必须小心谨慎，以免其"矛头"折断。

    1943 年，英军坦克作战理论的实质，是先稳固支点，使装甲旅能够围绕其进行机动。在沙漠中，这种模式运行良好，但在灌木篱墙地带是不切实际的。在卡昂以南的开阔地形，这种模式却是可选择的模式。占据支点以围绕其机动，也是混成师在攻势中的任务。有趣的是，英军将步兵师的任务定义为：

    1. 歼灭敌军主力；

    2. 为装甲师的部署创造机会，无论装甲师将迂回敌军侧翼，还是进攻敌军正面；

    3. 占领并固守己方甲兵用于展开机动的支点；

    4. 与敌军装甲兵交战，并歼灭之。[15]

　　盟军坦克在技术上的劣势，显示了盟军装甲兵固有的理论缺陷，并提出了显而易见的问题：装甲兵的任务是什么？如果步兵的任务是歼灭敌军装甲兵，那么坦克的任务是在开阔地形上，像哥萨克骑兵一样纵横驰骋吗？这个问题的答案很清楚，在 1940 年的法国，后来的利比亚与俄罗斯草原，已经反复上演：装甲集群的正确任务，是歼灭敌军装甲集群，随后通过机动与追击歼灭敌军其他地面部队。在战役行动中，机动动作给予盟军坦克的不只是寻求与敌方展开战斗的机会。盟军的诀窍，就是越过固定防御阵地。在突破与扩展突破口阶段，"谢尔曼"不是德军"虎"与"黑豹"的对手。但在追击阶段，"谢尔曼"能够撵得德军坦克人仰马翻。[16]

## 坦克进攻

*对"虎"与"黑豹"，我们没什么好怕的。我军的……17 磅炮将击穿它们。*

*——1944 年 7 月 4 日，蒙哥马利将军如是说*

　　当时，盘踞在法国的德军装甲兵，是欧洲大陆上最强大的装甲集群。无论东线还是西线，其集结的党卫军兵力也是规模最庞大的。[17] 本质上来看，"春天"行动是对这支兵力发起羊入虎口般的正面进攻。加军第 2 军的参谋人员为这次行动制定了详细的作战计划，几乎没有为旅级与营级创造战术留下任何空间。在战后的采访中，西蒙兹将军暗示加拿大历史学家斯泰西，他的真实任务是实施"牵制行动"以支援"眼镜蛇"行动，但这次行动的性质使他无法透露在 7 月 23 日举行的关于"春天"行动的会议中，他所持的真实意图。[18]

　　加军的情报搜集非常成功。[19] 加军第 2 军军部获取了完整的德军作战序列，也引起了加军对德军坦克远程火力的关注。因此，加军制定作战计划，向德军发起夜袭。[20] 7 月 25 日 3 时 30 分，加军将发起进攻。这使各旅在发起进攻的 3 小时后（德军坦克观瞄系统能够识别目标的最早时刻），才可能遭到德军准确远程火力的打击。然而，夜袭是最为复杂的，仓促组织的夜袭（"大西洋"行动之后不到两天，就制定了"春天"行动）埋下了加军灭亡的种子。西蒙兹设置了三个阶段：1. 占领起始线；2. 攻占韦里耶尔岭，包括梅伊（May）、维利耶尔与蒂伊；3. 位于第二梯队的各营攻占韦里耶尔岭反斜面上的坚固支撑点，即位于丰特奈－勒马尔米翁与罗屈昂库尔一线的德军防线。加军一旦占据了韦里耶尔岭的反斜面阵地，德军反击就会陷入不利形势。德军坦克不得不穿过加军"萤火虫"中型坦克与前进观察员俯瞰的开阔地。同时，德军榴弹炮与迫击炮阵地也将陷入致命危险，部分阵地将处于加军火力的直射之下。在此阶段，西蒙兹将命令2个英军装甲师出击，攀上制高点，随后直扑法莱斯。

如果西蒙兹能够迫使迪特里希大将指挥的武装党卫军第1装甲军调动其下辖的武装党卫军第1装甲师、党卫军第9装甲师、党卫军第12装甲师与国防军第2装甲师、第21装甲师，甚至能诱使他调动党卫军第10装甲师与第116装甲师到前沿阵地来，那么德军就根本无法再有兵力对布拉德利的侧翼发起装甲反击。此外，如果"春天"行动的目标仅限于牵制行动，那么吸引来的德军坦克当然越多越好。[21] 克鲁格部署在德军东翼的野战兵力如表7.1所示。

德军B集团军群司令部自然知晓从奥恩河到韦里耶尔岭西端防线的重要性。7月23日，伦德施泰特与克鲁格走访了位于布雷特维尔（Bretteville）的德军第272步兵师师部。[22] 沙克将军重述了数天以来的战斗，提出德军第272步兵师正处于危险境地。德军3个不同的师奉命抽调兵力，支援德军第272步兵师，包括2个装甲营、2个装甲掷弹兵营与1个侦察营。[23] 这些生力军给了沙克将军需要的纵深防御，以使其能够抵御加军1个军的进攻。这些增援兵力并非部署于德军第272步兵师的防御框架内，而是置于后方，作为前方各步兵团的预备队。[24] 沙克唯一有权调动的装甲预备队是德军第2装甲师的"施特尔茨"战斗群，下辖1个缺编的装甲营，装备"黑豹"，1个遭受严重消耗的装甲掷弹兵营与1个装甲歼击排，后者装备致命的JPz Ⅳ坦克歼击车。[25]

在武装党卫军第1装甲军的纵深内，距离梅伊只有30分钟车程的路途上，盘踞着2个武装党卫军第9装甲师的2个战斗群："迈尔"装甲战斗群与"措赫费尔"战斗群。沙克能够得到这些兵力的支援，但其调动权在迪特里希手中。这些兵力也是武装党卫军在法国最后的预备队。战区内的其他战役预备队还有部署在莱松河（Laison River）两岸的德军第116装甲师，其驻地距离韦里耶尔有45分钟车程。如果克鲁格能被迫调动这些兵力，那么西蒙兹获得的成功将超出自己的预期。

## 加军皇家汉密尔顿轻步兵团与加军第 2 军的战斗

在韦里耶尔岭中央，加军的进攻初战告捷——加军第 4 步兵旅的 1 个步兵营迅速攻占了锁钥目标。在黎明来临前，在富有进攻精神的团长罗金厄姆中校的率领下，加军皇家汉密尔顿轻步兵团（The Royal Hamilton Light Infantry）勇猛地冲锋，以激烈的白刃战，将据守石质房屋的武装党卫军逐出了韦里耶尔村。罗金厄姆中校命令其侦察排匍匐前进，用标记雷区的白色胶带标记德军阵地的位置。在昏暗的光线中，各步兵连可以通过这些显眼的白色胶带识别德军位置。7 时 50分，皇家汉密尔顿轻步兵团报告，已经攻占了韦里耶尔岭中央区域。这也是此次行动中，加军获得的唯一胜利。

在德军西线装甲集群司令部，加军皇家汉密尔顿轻步兵团的胜利引起了一阵骚动：德军参谋官们列举了英军与加军使用的人造月光、猛烈的炮火准备与前沿阵地的多处接敌报告，判断这是"古德伍德"行动的后续进攻。克鲁格却认为并非如此。"春天"行动没有盟军标志性的火力准备。他提问："盟军怎么没出动重型轰炸机？"克鲁格怀疑，这并不是蒙哥马利再次试图突破德军防线，但不可忽视的是，地图上指向韦里耶尔的巨大红色箭头，一旦向南转折，就能攻占法莱斯。他不得不前往迪特里希的司令部。

在韦里耶尔岭，英军第 22 装甲旅的坦克，正从山顶的树林中伸出炮管，看起来是在支援加军皇家汉密尔顿轻步兵团。英军的行动非常小心。他们集结了 4 个坦克团与 4 个步兵营，完全可以进攻梅伊、丰特奈与罗屈昂库尔。[26]但是，他们没有这样做。在英军与加军的作战理论中，并未提及"独立自主"。他们耐心地观望着，守株待兔，并躲避着德军 88 毫米炮从奥恩河岸射来的远程火力。

凯勒与福克斯发来了初战告捷的报告，[27] 西蒙兹予以认可，并决定等待以其作战计划的最后阶段，使整个行动画上完满的句号：以加拿大皇家黑卫士团与加拿大皇家步兵团（The Royal Regiment of Canada）攻占丰特奈与罗屈昂库尔。他暂缓了装甲兵的行动，希望先以步兵攻占目标，再命令坦克从突破口冲出去。英军第 22 装甲旅因而继续奉命"支援"皇家汉密尔顿轻步兵团。西蒙兹将怀曼准将指挥的加军第 2 装甲旅吝啬地拆分成中队使用，抑制了基层军官的主动性。当然，这并非表示曾在 6 月遭到两次德军装甲兵反击的怀曼准将如何果敢。在布隆（Buron）与勒梅斯尼帕特里（Le Mesnil-Patry），① 他的行动表明，他尚缺乏感知战场态势的能力。[28] 在加军第 2 步兵师的防区，西蒙兹花了很多时间与福克斯，以及英军第 7 装甲师师长厄金斯少将商谈，生动地印证了克劳塞维茨的那句格言："那些进攻方没有利用便就此流逝的时间，最终都为防御方的胜利增加了砝码。"

## 加拿大皇家黑卫士团的覆灭

> 从圣马丁地区，我注意到有规模不小的步兵向南进发。我认为，能有 300～400 人。最令我印象深刻，也令我感到费解的是，这些步兵手持步枪，像训练一样排成方队，穿过了山顶。
>
> ——1944 年 7 月 25 日上午，奥恩河畔梅伊，德军第 2 装甲师，彼得·普赖因中尉如是说 [29]

加军第 5 步兵旅的进攻不力，其得不到友军的支援，没能攻占梅伊。[30] 在黑暗中，领头步兵营的数个步兵连迷了路，没能拿下德军第 272 步兵师的坚固支撑点。此时，加拿大皇家黑卫士团已经做好了执行作战计划第三阶段的准备，向丰特奈-勒马尔米翁进发。加军卡尔加里高地步兵团（The Calgary Highlanders）分散在田野上，至今仍然没能占领出发阵地。

加拿大皇家黑卫士团墨守成规，却又自称精锐，毫无戒备地前进着。当德军机枪火力撂倒了团长后，作为基层军官的菲利普·格里芬少校接管了步兵团。当他试图理清出发阵地并重组步兵团时，师部与旅部却不断地催促他前进。加军第 2 装甲旅第 1 轻骑兵团的 1 个中队负责支援他们。格里芬命令坦克从右侧绕过去，向南进抵梅伊并展开，以掩护步兵团的右翼，随后在步兵向丰特奈进发时，"通过罗盘定位"向德军开火。[31] 格里芬的侦察兵报告，梅伊没有德军。看起来是如此，但实际上并非如此。沙克命令 1 个营固守于此，德军步兵纪律严明，行踪诡异，一直没有开火。加军侦察兵没能发现他们的存在。格里芬命令加拿大皇家黑卫士团穿过齐腰高的麦田，攀上韦里耶尔岭。他们还没走出 600 码（约 548.64 米），就遭到了德军"施特尔茨"战斗群的反击。

---

① 分别指 1944 年 6 月 7 日的布隆之战与 6 月 11 日的勒梅斯尼帕特里之战。在这两场战斗中，加军第 2 装甲旅都受到了武装党卫军第 12 装甲师的重创。

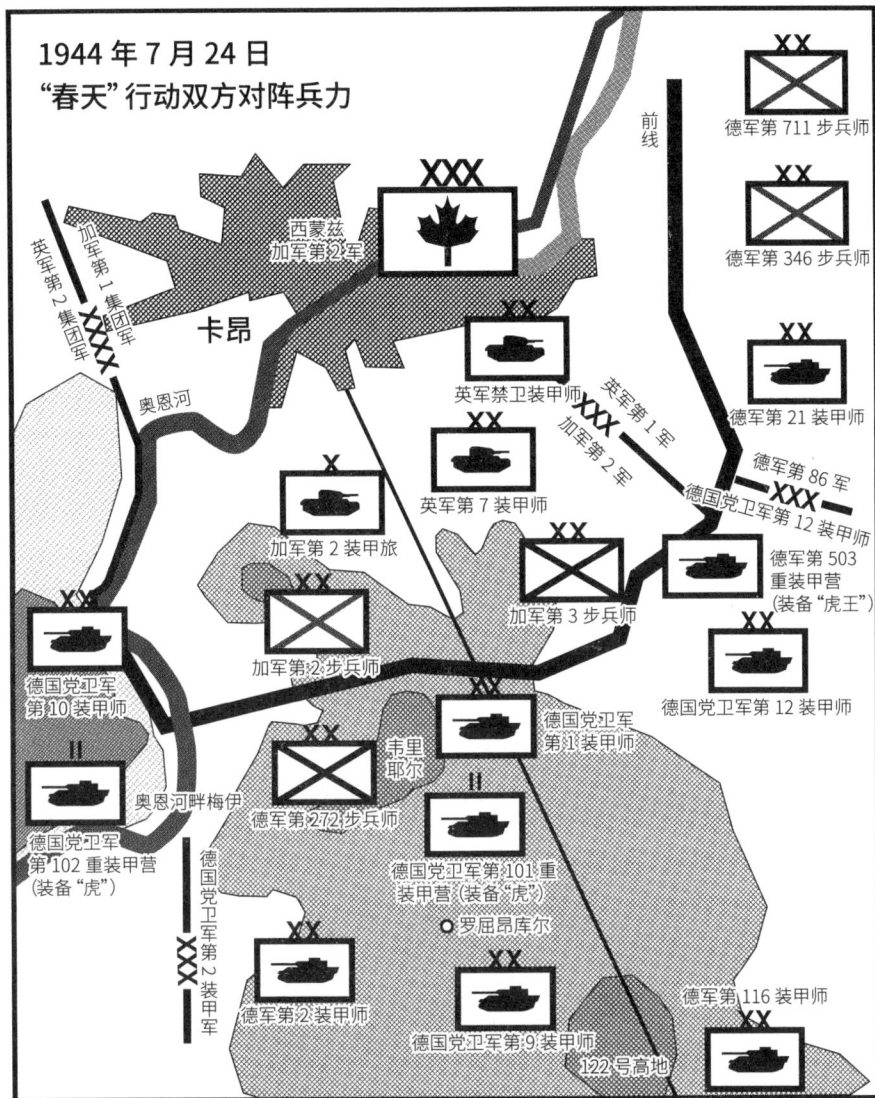

1944 年 7 月 24 日
"春天"行动双方对阵兵力

德军第 711 步兵师

德军第 346 步兵师

前线

西蒙兹
加军第 2 军

英军第 2 集团军

加军第 1 集团军

卡昂

奥恩河

英军禁卫装甲师

德军第 21 装甲师

英军第 1 军

英军第 7 装甲师

加军第 2 军

德军第 86 军

加军第 2 装甲旅

德国党卫军第 12 装甲师

德军第 503
重装甲营
(装备"虎王")

加军第 2 步兵师

加军第 3 步兵师

德国党卫军第 12 装甲师

德国党卫军
第 10 装甲师

德国党卫军
第 1 装甲师

韦里
耶尔

德军第 272 步兵师

奥恩河畔梅伊

德国党卫军
第 102 重装甲营
(装备"虎")

德国党卫军
第 2 装甲军

德国党卫军第 101 重
装甲营(装备"虎")

罗屈昂库尔

德军第 2 装甲师

德国党卫军第 9 装甲师

122 号高地

德军第 116 装甲师

## 德军装甲反击——"施特尔茨"战斗群

10 时，德军第 272 步兵师的局势越来越紧张。加军皇家汉密尔顿轻步兵团已经通过攻占韦里耶尔村，威胁到了其右翼。更糟糕的是，欣德准将指挥的英军第 22 装甲旅已经出现在了韦里耶尔岭北坡。佩珀准将指挥的英军第 131 步兵旅，正以机械化步兵与摩托化步兵支援着这些"谢尔曼"。此时，沙克已经丢掉了埃塔沃（Etavaux）、圣马丁的大部分区域与奥恩河畔梅伊的部分地区。[32] 加军卡尔加里高地步兵团正向南进攻梅伊中央偏西北方向的房屋。10时30分，沙克接到报告，有大量步兵支援着坦克，正向丰特奈进发。[33] 加军一旦占领河谷，就会威胁到德军第272步兵师的右翼，而前沿阵地也已经丢失大半，沙克只好命令其装甲预备队前出进攻圣马丁。

"施特尔茨"战斗群[34] 与加拿大皇家黑卫士团几乎同时登上了山顶，他们随即陷入了德军第272步兵师猛烈的机枪与迫击炮火力中。"最初，我们发起进攻，很快占领了阵地，并将加军1个营打得四散奔逃。"[35] 这是场大屠杀。

施特尔茨命令"黑豹"向左迂回，攻入梅伊，JPz Ⅳ坦克歼击车与装甲掷弹兵穿过山岭的开阔地，随后向右迂回。德军 JPz Ⅳ坦克歼击车进入车体掩蔽状态，用火炮与机枪横扫加拿大皇家黑卫士团。同时，"黑豹"与鲍威尔上尉指挥的加军第1轻骑兵团A中队交火。

鲍威尔命令他的坦克以机枪支援加拿大皇家黑卫士团，并调了个坦克分队沿着公路进入奥恩河畔梅伊。加军坦克与施特尔茨"黑豹"同时进入了镇中心。德军坦克迅速击毁了2辆"谢尔曼"。B中队撤退到了梅伊外围，守卫着岔路口，而唯一能够对其进行支援的加拿大皇家黑卫士团（此时只剩下约60人），此时已经消失在了山岭上。[36] 德军第2装甲师的反击无情地挡住了鲍威尔，消灭了加拿大皇家黑卫士团。

## 德军装甲反击——武装党卫军第9"霍亨施陶芬"装甲师

---

　　哈策尔，英军已经突入了第272步兵师的防区。进攻方向是通过圣马丁与梅伊，沿着卡昂—蒂里阿库尔（Thury-Harcourt）进发，以及通过罗屈昂库尔，沿着卡昂—法莱斯进发。党卫军第9"霍亨施陶芬"装甲师要尽快北上，以2个战斗群接敌，恢复前方作战区域。有任何问题吗？没有？很好，现在出发。兵贵神速！

　　——1944年7月25日，武装党卫军第1装甲军参谋长克拉默准将命令武装党卫军第9装甲师参谋长哈策尔中校发起师级反击作战命令时说

---

　　武装党卫军第1装甲军即将彻底破坏西蒙兹的计划。最终，克鲁格批准迪

特里希调动武装党卫军第 9 装甲师。作战程序很简洁，足以成为任何装甲兵作战行动的典范。迪特里希打电话给施塔德勒，告诉他"英军已经攻占韦里耶尔"。武装党卫军第 9 装甲师奉命立即北上，其目标是韦里耶尔岭中央的制高点——88 高地。[37]武装党卫军第 9 装甲师师长西尔维斯特·施塔德勒准将有 2 个战斗群整装待发。[38]"迈尔"战斗群是装甲战斗群，下辖武装党卫军第 9 装甲师装备"黑豹"的装甲营与装备 Pz Ⅳ、StuG Ⅲ 的装甲营。此外，还包括 1 个高射炮排，工兵，可能还有 1 个装甲掷弹兵连。"措赫费尔"战斗群，下辖"霍亨施陶芬"装甲掷弹兵团，[39]1 个高射炮排，还可能有 1 个装备 StuG Ⅲ 突击炮的装甲歼击排。[40]

施塔德勒发起钳形攻势。"措赫费尔"战斗群向圣马丁进发，"迈尔"战斗群直扑韦里耶尔岭中央。到达山顶后，"迈尔"战斗群遭遇了加军的 17 磅反坦克炮与英军第 22 装甲旅的坦克进行的集火射击。迈尔报告，他遭遇了英军反坦克炮线列阵地。他上报，他的战斗群所处的 88 高地，"800 米开外就是英军反坦克炮与坦克，没人能活着穿过这条山岭"。[41]他建议，他的战斗群应该向西转移，支援"措赫费尔"战斗群前进。这是典型的"任务导向型战斗"。在了解上级指挥官意图的情况下，迈尔继续在最适合其行动的区域作战。武装党卫军第 9 装甲师抵达韦里耶尔，单枪匹马地进攻圣马丁。这次进攻成了他们的"死亡之旅"，"春天"行动中英国皇家空军最活跃的空域就在这里。当天，英国皇家空军起飞 1700 架次飞机支援加军进攻与压制德军反击。加军召唤"台风"式攻击机对德军进行的火箭弹攻击就多达 50 次以上。[42]

武装党卫军第 9 装甲师肃清了梅伊的加军，夺回了圣马丁，将加军第 5 步兵旅逐退到了圣安德烈。在当天傍晚与 7 月 26 日的战斗中，加军抵御武装党卫军第 9 装甲师，防止其夺取圣安德烈与 67 高地；"黑豹"已经向北渗透到了远及韦里耶尔岭山坡处，德军装甲掷弹兵已经"恢复前沿阵地"。[43]此时，克鲁格还得同时盯着圣洛，圣洛地区的德军报告，他们遭到了盟军重型轰炸机的空袭，这是盟军大规模攻势的前兆。加军仍然占领着韦里耶尔村，但德军守住或夺回了韦里耶尔岭的大部分区域，武装党卫军第 1 装甲军与战役装甲预备队都完好无损。武装党卫军第 9 装甲师的反击破灭了西蒙兹挽救"春天"行动的最后希望。

## 对"春天"行动的分析：既非牵制行动，亦非突破行动

*我想削弱德军装甲兵。*

*——蒙哥马利元帅*

*英军与美军大多数高风险行动失败的原因之一，是缺乏情报，现有的情报质量很差。更糟糕的是，很多指挥官都拒绝听取其情报参谋的意见，就算听取了他们的意见，也不相信他们的情报。*

*——英军皇家坦克团，理查德·辛普金准将*

经典的防御战需要决心与进攻性。这要求防御方进行顽强抵抗，局部反击，以及一旦敌军攻势达到顶峰，还要对敌军进行决定性的反击。[44] 当敌军已是强弩之末时，高明的指挥官才会命令按兵不动的装甲预备队出击。这次装甲反击要么将直至歼灭敌军的最后梯队，要么将重建前沿阵地（最初的起始线），一如武装党卫军第9装甲师那样。[45]

实现此种战术效果的方法之一，称为"请君入瓮"（Allowable penetration）。防御方引诱进攻方突入，当进攻方超出了己方直射火力支援的射程，超出了炮兵观察员的视线范围，进入了反斜面阵地的杀伤区，防御方再予以歼灭。这种在有利地形上诱敌深入，采取封锁与进行反击，是防御战战役法的精髓所在。当迈尔与措赫费尔的进攻达到顶点时，如果西蒙兹对武装党卫军第9装甲师发起反击，那么"春天"行动很可能会有不同的结局。克鲁格给了迪特里希自由行动与调配资源的权利，迪特里希进行了更果断的反击，并以"防御战的完胜"回馈克鲁格。当"春天"行动结束时，克鲁格已经"一箭双雕"，不仅保持了其自由实施战役机动的能力，而且使加军第2军付出了沉重的伤亡代价。[46] 他可以命令其装甲兵进攻任何他想要进攻的地方，同时仍然保有很多坦克可以调遣。在德军第130装甲教导师师长弗里茨·拜尔莱因中将看来，"春天"行动的性质为：

"春天"行动是佯攻卡昂的组成部分：盟军最高司令部成功地彻底蒙蔽了德军最高统帅部，从而在西侧完成了在圣洛进行突破的准备。这是通过7月上旬英军对卡昂的猛烈进攻实现的。[47]

# 突破作战的演变　第二部分：第二次世界大战

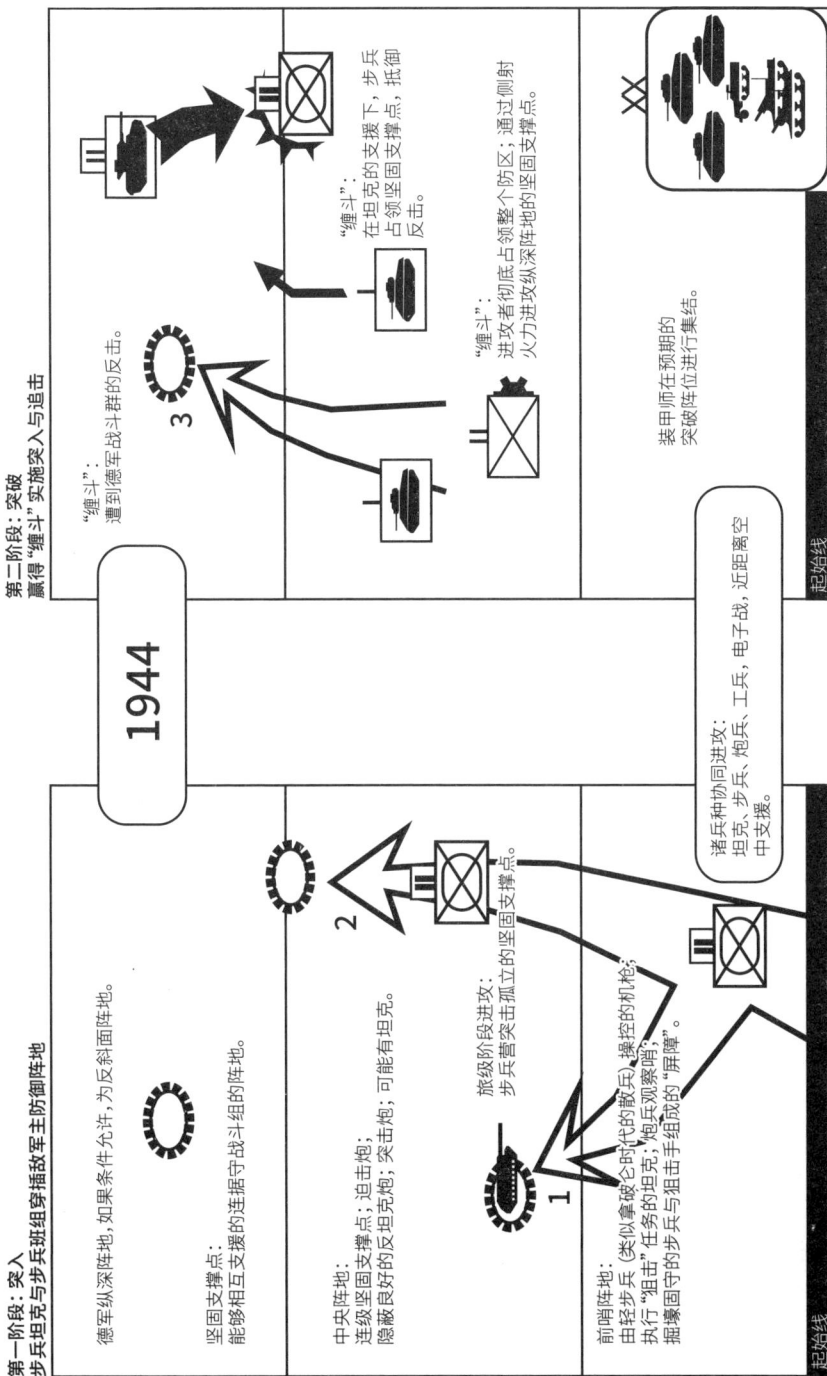

## 1944

**第一阶段：突入**
步兵坦克与步兵班组穿透敌军主防御阵地

德军纵深阵地，如果条件允许，为反斜面阵地。

坚固支撑点：
能够相互支援的连据守战斗组的阵地。

中央阵地：
连级坚固支撑点；迫击炮；
隐蔽良好的反坦克炮；突击炮；可能有坦克。

旅级阶段进攻：
步兵营突击孤立的坚固支撑点。

前哨阵地（类似拿破仑时代的散兵，操控的机枪；
执行 "狙击" 任务的坦克；炮兵观察哨；
掘壕固守的步兵与组击手组成的 "屏障"。

诸兵种协同进攻：
坦克、步兵、炮兵、工兵、电子战、近距离空
中支援。

起始线

**第二阶段：突破**
赢得 "缠斗" 实施突入与追击

"缠斗"：
遭到德军战斗群的反击。

"缠斗"：
在坦克的支援下，步兵
占领坚固支撑点，抵御
反击。

"缠斗"：
进攻者彻底占领整个防区；通过侧射
火力进攻纵深阵地的坚固支撑点。

装甲师在预期的
突破阵位进行集结。

起始线

## 表 7.1：1944 年 7 月 25 日，在卡昂地区，德军西线装甲集群兵力

| 属性 | 军 / 师 / 独立营 | | 装甲兵 | 步兵 | 炮兵 | 突击炮兵 / 装甲歼击兵 |
|---|---|---|---|---|---|---|
| 党卫军 | 党卫军第 1 装甲军 | 党卫军第 1 装甲师 | 党卫军第 1 装甲团 （2 个装甲营） | 党卫军第 1 装甲掷弹兵团 （3 个装甲掷弹兵营） 党卫军第 2 装甲掷弹兵团 （3 个装甲掷弹兵营） | 党卫军第 1 炮兵团 （3 个装甲炮兵营） | 党卫军第 1 突击炮营 （3 个突击炮连） |
| | | 党卫军第 12 装甲师 | 党卫军第 12 装甲团 （2 个装甲营） | 党卫军第 25 装甲掷弹兵团 （3 个装甲掷弹兵营） 党卫军第 26 装甲掷弹兵团 （3 个装甲掷弹兵营） | 党卫军第 12 装甲炮兵团 （3 个装甲炮兵营） | 党卫军第 12 装甲歼击营 （3 个装甲歼击连） |
| | 党卫军第 2 装甲军 | 党卫军第 9 装甲师 | 党卫军第 9 装甲团 （2 个装甲营） | 党卫军"霍亨施陶芬"装甲掷弹兵团 （4 个装甲掷弹兵营） | 党卫军第 9 装甲炮兵团 （3 个装甲炮兵营） | 党卫军第 9 装甲歼击营 （1 个装甲歼击连） |
| | | 党卫军第 10 装甲师 | 党卫军第 10 装甲团 （1 个装甲营） | 党卫军第 21 装甲掷弹兵团 （3 个装甲掷弹兵营） 党卫军第 22 装甲掷弹兵团 （3 个装甲掷弹兵营） | 党卫军第 10 装甲炮兵团 （3 个装甲炮兵营） | |
| | | 第 272 步兵师 | | 第 980 掷弹兵团 （2 个步兵营） 第 981 掷弹兵团 （2 个步兵营） 第 982 掷弹兵团 （2 个步兵营） 第 272 燧发枪步兵营 | 第 272 炮兵团 （4 个装甲炮兵营） | 第 272 装甲歼击营 （4 个装甲歼击连） |
| | 独立营 | 党卫军第 101 重型装甲营 | | | | |
| | | 党卫军第 102 重型装甲营 | | | | |
| 国防军 | 第 2 装甲师 | | 第 3 装甲团 （2 个装甲营） | 第 2 装甲掷弹兵团 （2 个装甲掷弹兵营） 第 304 装甲掷弹兵团 （2 个装甲掷弹兵营） | 第 74 装甲炮兵团 （3 个装甲炮兵营） | 第 38 装甲歼击营 （3 个装甲歼击连） |
| | 第 21 装甲师 | | 第 22 装甲团 （2 个装甲营） | 第 125 装甲掷弹兵团 （2 个装甲掷弹兵营） 第 192 装甲掷弹兵团 （2 个装甲掷弹兵营） | 第 155 装甲炮兵团 （3 个装甲炮兵营） | 第 200 突击炮营 （4 个突击炮连） 第 200 装甲歼击营 （2 个装甲歼击连） |
| | 第 116 装甲师 | | 第 16 装甲团 第 24 装甲团 （2 个装甲营） | 第 60 装甲掷弹兵团 （2 个装甲掷弹兵营） 第 156 装甲掷弹兵团 （2 个装甲掷弹兵营） | 第 146 装甲炮兵团 （3 个装甲炮兵营） | 第 228 装甲歼击营 （4 个装甲歼击连） |
| | 独立营 | 第 503 重型装甲营 | | | | |
| | | 第 654 重型装甲歼击营 | | | | |

从标准的装备编制来看，德军装甲师的装甲团下辖 1 个装备"黑豹"的装甲营与 1 个装备 Pz IV 的装甲营，党卫军第 10 装甲师、国防军第 21 装甲师没有装备"黑豹"的装甲营；第 503 重型装甲营有一个装备"虎王"的重型装甲连，重型装甲歼击营装备"猎豹"，步兵属装甲歼击营装备 StuG IV 突击炮或 JPz IV 坦克歼击车；每个装甲师都有 1 个装备半履带式装甲运兵车的装甲掷弹兵营，其他装甲掷弹兵营均为摩托化步兵；步兵师的掷弹兵团下辖 2 个步兵营，燧发枪步兵营作为师属侦察营使用，以自行车作为交通工具；党卫军装甲师的自行榴弹炮连混编履带底盘的"黄蜂"105 毫米自行榴弹炮与"熊蜂"150 毫米自行榴弹炮。

在军事历史中，"春天"行动或许是军级佯攻的最佳例证。

## "蓝衣"行动：无意中成为"眼镜蛇"行动的牵制行动

在盟军滩头阵地的西侧，尽管布拉德利决心已定，但直到 7 月 27 日，执行"眼镜蛇"行动的美军都未能攻入库唐斯 [ 距离圣洛 15.5 英里（约 25 千米）]。在最浓密的灌木篱墙地带，美军与德军坚定的后卫兵力展开激战。7 月 27 日，蒙哥马利发布了新指令（M515 号），其居然命令登普西"组织 6 个师，从科蒙向维尔发起大规模进攻，并希望这场攻势的发起时间，最迟不晚于 8 月 2 日"。[48] 7 月 30 日，登普西发起了"蓝衣"行动："这两人形成互补——蒙哥马利很外向，喜欢上新闻的头版头条；登普西很内向，避免公众宣传，但他会高效地完成工作，从不小题大做。"[49] 在努瓦耶（Noyers）西，以 700 架中型轰炸机为先导，登普西集结了 6 个师发起进攻。英军 3000 辆车辆通过诺曼瑞士[①] 挥师南下，却很快陷入雷区，英军坦克、"布轮"（Bren）机枪装甲车与半履带式装甲运兵车都动弹不得。7 月 30 日—8 月 5 日，"蓝衣"行动陷入苦战，未能达成攻占维尔的目标，最终偃旗息鼓。登普西宣告失败。如果将"蓝衣"行动与"春天"行动做对比，人们就会宽容地对登普西说："这不过是场牵制行动。"[50]

作为唯一对诺曼底的军事行动，进行过旅级研究的加拿大军事历史学家，特里·科普认为，英军与加军真正的问题是人力。[51] 1944 年 8 月，全部由志愿兵构成的加拿大陆军将面临消耗殆尽的局面，通过征召入伍的英国陆军，也承担不起德军对其造成的伤亡损失，这很可能对蒙哥马利的保守战术产生了影响。蒙哥马利命令登普西攻入灌木篱墙地带，使"蓝衣"行动从无功而返的突破行动，变成了牵制行动，却使英军毫无意义地付出了数千名步兵的伤亡代价。（"今天早晨，给登普西下令，要全力以赴发起进攻，不要逡巡不前，要不计伤亡代价，他必须前赴后继地进攻维尔。"）[52] 在西蒙兹发起进攻时，蒙哥马利没有下达这样的命令，说明在最需要意识到战略消耗时，蒙哥马利却没有意识到这个问题。

---

① 诺曼瑞士（法文：Suisse Normande / 英文：Norman Switzerland），位于法国诺曼底地区，卡尔瓦多斯省（Calvadosand）与奥恩省的交界处，其崎岖的山地地形酷似瑞士的阿尔卑斯山地区而得名。

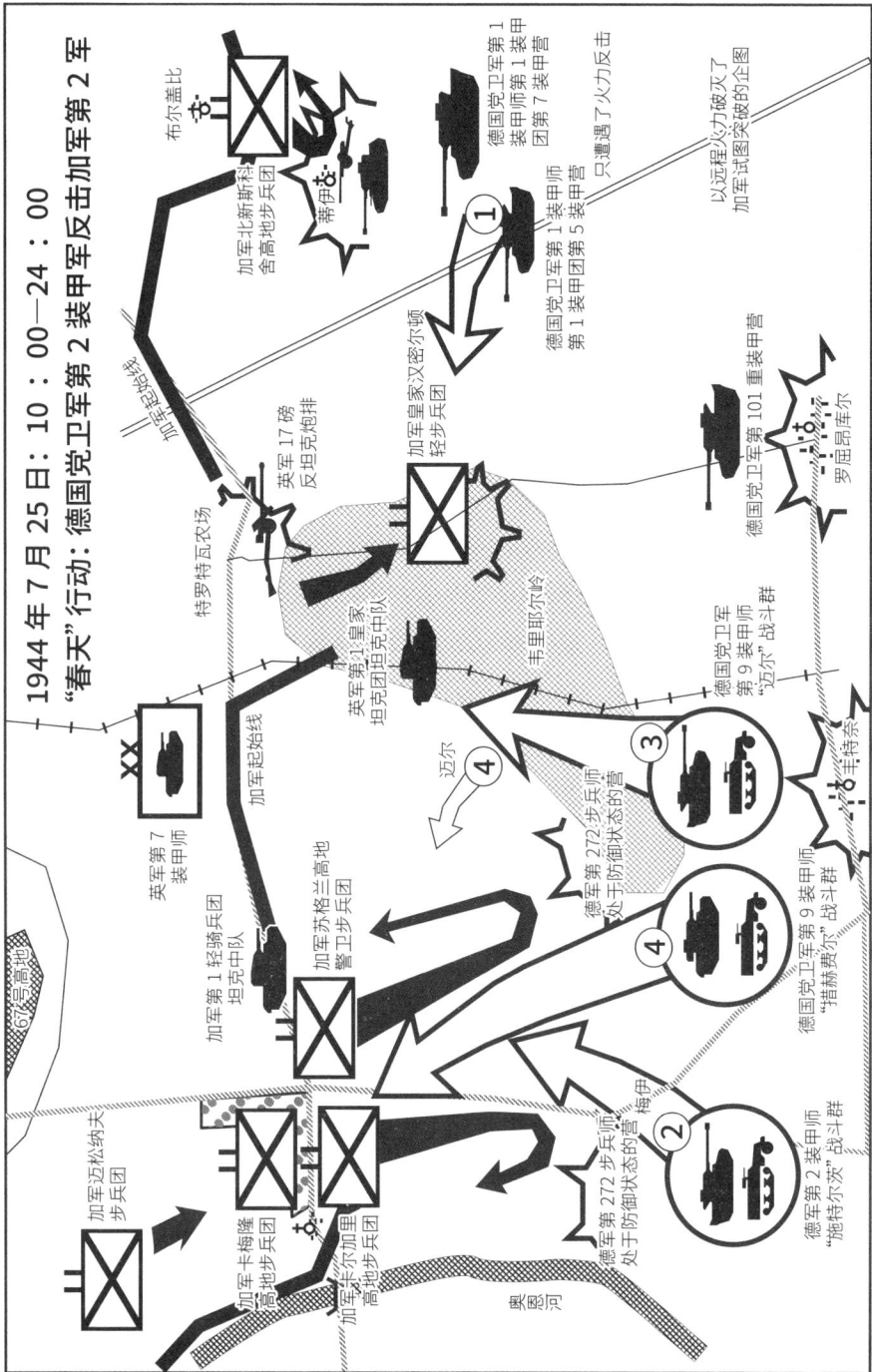

1944 年 7 月 25 日：10：00—24：00

"春天"行动：德国党卫军第 2 装甲军反击加军第 2 军

"春天"行动既没能消灭克鲁格的装甲预备队，也未能将其吸引到西蒙兹的防区。尽管"蓝衣"行动旨在助攻美军第 12 集团军群，距离西蒙兹较远，但蒙哥马利的命令却加快了德军装甲师前往美军前线进程："在莫尔坦反击战时，德军装甲兵从蒙蒂的防区赶了过来，并引起了麻烦。"[53] 如果登普西成功了，他就能进抵维尔，但必然与美军第 1 集团军交会，并发生混乱的交通堵塞，或者他只能急转弯，命令英军面向东方。如果这是蒙哥马利宏伟作战计划的组成部分，那么这次行动未免开得太晚，最终陷入了所能想象到的最糟糕的地形中。登普西闯入了地雷密布的灌木篱墙地带，遭到了武装党卫军第 9 装甲师、党卫军第 10 装甲师与德军第 21 装甲师的反击。[54] 按照蒙哥马利的设想，这些德军装甲师应该早在卡昂前线就遭到了英军的"削弱"才对。

如果"春天"行动持续的时间只有"蓝衣"行动的一半，那么这场真正能威胁到法莱斯与巴黎的行动，就能引起克鲁格更多的注意，使其放松对布拉德利的警惕。如果认为"春天"行动是成功的牵制行动，那么需要其将德军装甲师吸引在卡昂地区至少 5 天。有个必须认真思考的问题，那就是蒙哥马利的意图。如果加军第 2 军获得了全面的胜利，那么 7 月 26 日登普西应该做些什么？他可以去增援，或者更重要的，可以扩展加军的战果。蒙哥马利没有部署英军第 2 集团军，不是因为他期待成功，而是期待加军会遭遇失败。

很难想象蒙哥马利处心积虑地密谋对抗克里勒与布拉德利，但他确实没有提前做好计划。最适合登普西的行动计划应该是英军第 2 集团军另辟进攻路线，其可以以 1 个军通过卡昂向东支援加军突向莱松河或安特河（Ante River）。这需要很长的时间。蒙哥马利的战略观念似乎很模糊，尽管他信誓旦旦地宣称自己的战略规划颇为长远，但实际上他对未来作战行动的概念是很短视的："蒙蒂只盯着平坦区域与沙漠地带的坦克问题看。只有在平坦地形上，蒙蒂才获得过胜利。他不像我们那样利用地形，他只喜欢平地。"[55]

还有另一种更简单的可能性。以"事后诸葛亮"的观点来看，法莱斯包围圈的宏大包围战看起来的确光辉耀眼，但与蒙哥马利毫无关系。从逻辑推断来看，慢条斯理而按部就班的蒙哥马利，只是死抱着他在圣保罗的学校学习的基础战略不放。[56] 他希望盟军全体挥师南下，其作战行动的目的不过是要赶得上布拉德利，而非包围德军。蒙哥马利努力完成他的既定目标：肃清布列塔尼半岛，攻占适合的港口。随后的行动——以装甲兵实施突破——简单地使布拉德利与蒙哥马利，两位保守的谨慎人士，保持齐头并进。[57]

## "眼镜蛇"行动的重要地位日益增强

7月25日之后，克鲁格的注意力完全转向了布拉德利，弃登普西于不顾。希特勒命令"死守"，迫使克鲁格去阻挡盟军所有的突破行动，并守住所有区域。在"春天"行动之前，德军8个装甲师集结于卡昂周围。布拉德利发起"眼镜蛇"行动3天后，4个以上的德军装甲师呈纵队阵列，前往距离法莱斯只有半天车程 [37英里（约59.5千米）公路行程] 的圣洛。只要在夜间，通过植被茂密的诺曼瑞士地区行动，德军1个装甲师完全可以在盟军战术航空兵无法发现的情况下，于24小时内抵达美军防区。阿夫朗什 [Avranches，距离法莱斯43英里（约69.2千米）公路行程]、维尔河 [距离法莱斯28英里（约45.06千米）公路行程] 与潘松山 [Mont Pinçon，距离法莱斯19英里（约30.58千米）公路行程] 都是适于德军进行重新部署的"窗口"。盟军唯一能确认德军集团军级规模反击的手段并非空中侦察，而是通过"超级机密"[①] 对德军情报的破译。德军1个整编师与其车队完成重新部署的时间不会超过3天 [1944年6月，武装党卫军第2装甲军只用了2个星期，就从苏联的布罗迪（Brody）地区转移到了卡昂]。作为实际上挫败了盟军攻势的德军战斗群，由德军1个师的部分部队组成，能够在1天内抵达防御地点：7月26日夜间，沙克将军指挥的德军第272步兵师撤离了韦里耶尔岭，[58] 在东侧的加军第1集团军正面，接管了武装党卫军第12"希特勒青年团"装甲师的阵地。7月26日，武装党卫军第10装甲师向西进发；7月29日，武装党卫军第9装甲师[59]，德军第21装甲师与第116装甲师进行了撤退。8月1日，武装党卫军第9装甲师接管了德军第89步兵师的阵地。8月3日，武装党卫军第1"元首警卫旗队"装甲师前锋撤离卡昂地区，而此时距离"春天"行动结束已经过了8天。此时，加军第2军当面之敌只剩1个装甲师，即克鲁格仅有的预备队。[60] 这个德军装甲师就是加军的宿敌，库尔特·迈尔指挥的武装党卫军第12"希特勒青年团"装甲师。[61]

---

① "超级机密"（Ultra），1941年6月开始，位于英国伦敦布莱奇利庄园（Bletchley Park）的英国情报部门，通过对德军电话或无线电通信截获的情报进行破译，因此破译出来的情报统称"超级机密"，是最高等级的秘密情报。

# 注释

1. Lt. Gen. Sir Giffard Le Q. Martel, *In the Wake of the Tank*（London: Museum Press, 1952）.

2. RH21-5/50 号文件,《1944 年 6 月 10 日—8 月 8 日, 德军第 5 装甲团军司令部, 战地日志》, 1944 年 7 月 25 日, 作战序列: 武装党卫军第 1 装甲师、武装党卫军第 9 装甲师、武装党卫军第 10 装甲师、武装党卫军第 12 装甲师, 德国国防军第 2 装甲师、第 21 装甲师、第 116 装甲师, 武装党卫军第 101 重型装甲营、武装党卫军第 102 重型装甲营与第 654 重型装甲歼击营。所有这些部队, 除了武装党卫军第 10 装甲师、国防军第 21 装甲师与第 116 装甲师之外, 其他均与"大西洋"行动、"春天"行动与"总计"行动中与加军第 2 军交战。在"古德伍德"行动与"春天"行动过后, 武装党卫军第 2"帝国"装甲师的 1 个战斗群曾短暂出现在此区域, 但很快就被调往圣洛。最初, 布拉德利面对的德军装甲兵, 只有武装党卫军第 2"帝国"装甲师包括 1 个装备 Pz Ⅳ中型坦克的装甲营在内的兵力, 下辖 1 个突击炮营的武装党卫军第 17 装甲掷弹兵师, 以及已经屡受损失但依然狡诈的德军第 130 装甲教导师。

3. 在同盟国远征军最高司令部, 对蒙哥马利的批评甚嚣尘上。详见, 1983 年, 纽约: 哈珀·科林斯出版公司, 卡洛·德斯特,《诺曼底的决断》(*Decision in Normandy*); 1994 年, 纽约: 哈珀·科林斯出版公司, 阿利斯泰尔·霍恩,《蒙蒂, 孤独的指挥官, 1944—1945 年》(*Monty, The Lonely Leader, 1944–1945*)。1976 年, 纽约: 图书馆书业 (Atheneum Books), 阿伦·琼斯, 第 244 页:"根据道内 (Dawney) 上校的记录, 这是少数蒙哥马利明显感到忧虑的事情之一。"蒙哥马利反复承诺将在卡昂地区达成战役突破, 却屡战屡败, 这使艾森豪威尔对蒙哥马利感到十分泄气。1946 年, 纽约: 西蒙与舒斯特出版公司, 哈里·布彻 (Harry Butcher),《我与艾森豪威尔在一起的 3 年: 哈里·布彻上尉的个人日记》(*My Three Years With Eisenhower: The Personal Diary of Captain Harry C. Butcher*), 第 619 页:"艾克就像肉类储藏室里的盲犬——能闻到肉味, 却找不到肉在何处。"

4. Butcher, p. 623.

5. 1944 年 7 月 24 日, M-514 号, 蒙哥马利给艾森豪威尔的信息:"我不会坐在后方, 在西线等下去……总之, 我已经命令登普西明天出击。7 月 25 日 3 时 30 分, 加军将发起进攻。"美国陆军军史研究所, 波格的文件, 1947 年 2 月 14 日, 对英国阿瑟·科宁厄姆空军中将的采访: 英国皇家空军的观点很犀利:"蒙蒂是个不同寻常的将领。他很擅长阵地战, 但他从来无法扩展战果。在万事俱备之前, 他绝不出击……盟军达成了突破是由于布拉德利与巴顿等待蒙哥马利的突破已经等得不耐烦, 最终艾森豪威尔批准了布拉德利发起进攻。"

6. 1990 年, 渥太华: 女王印务 (Queen's Printer), 查尔斯·斯泰西,《第二次世界大战加拿大陆军官方战史》(*Official History of the Canadian Army in the Second World War*), 第 183 页: 加军控制韦里耶尔岭的行动, 本质上就是第二次"古德伍德"行动。1944 年 7 月 24 日, 蒙哥马利向艾森豪威尔提出了他关于英军第 2 集团军未来行动的概念, 包括: 首先, 加军发起进攻, 占领 (韦里耶尔岭南部的) 克拉梅斯尼 (Cramesnil) 山角; 随后, 英军第 12 军在奥恩河西岸跟进出击; 接着, 英军第 8 军通过加军第 2 军防区, 直扑法莱斯,"准备阶段的工作规模非常大, 可能要集结 3～4 个装甲师。"

7. Hans Delbrück, *Die Strategie des Perikles erlätert durch die Strategie Friedrichs des Grossen*,（Berlin, 1890）, pp. 27–28. Gordon Craig identifies this as "Delbrück's most systematic exposition of the two forms of strategy." See "Delbrück: The Military Historian," E. M. Earle, ed., *Makers of Modern Strategy*（Princeton, N.J.: Princeton University Press, 1948）, p. 273.

8. 美国陆军军史研究所, 1944 年 7 月 16—25 日, 周记, 汉森日记,《布拉德利制定的"眼镜蛇"行动计划》(*Brad Plans for Cobra*); 切斯特·汉森文件: 很多美军士兵都不约而同地不喜欢蒙哥马利。英军与加军的新兵对他的"沙漠"风格装束很着迷, 但参加过卡萨布兰卡战役与卡塞林山口战役的美军军官却不喜欢他的打扮。在"眼镜蛇"行动发起之前, 他与艾森豪威尔、布拉德利共进晚餐时, 美军官兵特别嘲笑了他的装束。

9. See B. H. Liddell Hart, *The Rommel Papers*（New York: Harcourt, 1953）; R. Lewin, *Rommel as Military Commander*（London: Batsford, 1968）.

10. RG 24 13711. Minutes of Conference Held by General Montgomery HQ 21 Army Group, 0930 hrs 13 Jan 44.

11. See Christopher Bellamy, *Red God of War—Soviet Artillery and Rocket Forces*（London: Brassey's Defence Publications, 1986）.

12. Military Training Pamphlet No. 41, *The Tactical Handling of the Armored Division and its Components*（London: War Office, July 1943）.

13. Military Training Pamphlet No. 2, *The Offensive*（London: The War Office, June 1943）, p. 8.

14. UK No. 41. The Tactical Handling of the Armored Division and its Components. War Office, July 1943.

15. Military Training Pamphlet No. 41.

16. "黑豹"受到设计缺陷的困扰：1943 年，有 325 辆"黑豹"不得不运回后方进行重新组装。1954 年 6 月，华盛顿特区：美国陆军部手册，布克哈特・米勒 - 希勒布兰特，美国陆军部手册第 20 ~ 202 期，《第二次世界大战中的德军坦克维修》（*German Tank Maintenance in World War II*），第 23 ~ 26 页："很多'黑豹'损失于基本配件的缺乏与无法及时得到维修。"

17. 德军即可能够投入的兵力包括武装党卫军第 1 "元首警卫旗队"装甲师、党卫军第 9 "霍亨施陶芬"装甲师与党卫军第 10 "弗伦茨贝格"装甲师。武装党卫军第 12 装甲师位于蒂伊东北方，其装备的坦克与榴弹炮能够提供远程火力。其坦克亦可在 15 分钟内抵达战场。德军 3 个装备"虎"式重型坦克的重型装甲营与第 654 重型装甲歼击营，可以在 30 分钟内抵达战场。德军 2 个火箭炮旅亦能覆盖整个战场。

18. Stacey, p. 186.

19. 1944 年 7 月 24 日，MA/249 号审讯报告。在"大西洋"行动最后数天，加军俘虏的德军官兵与车辆表明，在德军第 272 步兵师防区内，不仅有德军第 2 装甲师与党卫军第 9 装甲师（后者是个关键的发现），而且还缴获了德军第 272 步兵师的详细清单。MA/249 号、MA/238 号、RG 24 10677 号文件。详见加军第 2 军第 45、47、49、50、54、57 号审讯情报概要，以及 1944 年 7 月 19—22 日，加军第 5 步兵旅战地日志，对 7 月 12—26 日的审讯日志。

20. 1944 年 7 月 25 日，加军第 6 步兵旅战地日志，RG 24 14 号与 RG14 116 号文件："8 个探照灯连为行动提供了人造月光。"

21. 加军第 2 装甲旅战地日志，RG 24 14046 号文件；情报概要："附录 A，第 47 号文件，日期显示为 1944 年 7 月 24 日。"盟军情报并无法确定每件事："武装党卫军第 1 装甲师的坦克可能会作为即可发起反击的兵力。"

**表 7.2 加军第 2 军情报第 13 号情报概要：1944 年 7 月 23 日，对德军兵力的估算**

| 番号 | 步兵营 | 坦克 | | | 突击炮坦克歼击车 | 野战炮中型火炮 |
|---|---|---|---|---|---|---|
| | | Pz IV中型坦克 | "黑豹"中型坦克 | "虎"式重型坦克 | | |
| 党卫军第 1 装甲师 | 4.5 个 | 60 辆 | 20 辆 | | 35 辆 | 44 门 |
| 党卫军第 9 装甲师 | 4 个 | 20 辆 | 50 辆 | | 20 辆 | 41 门 |
| 党卫军第 10 装甲师 | 2.5 个 | 30 辆 | 25 辆 | | 30 辆 | 41 门 |
| 党卫军第 12 装甲师 | 3 个 | 45 辆 | 35 辆 | | 30 辆 | 30 门 |
| 国防军第 2 装甲师 | 3.5 个 | 30 辆 | 20 辆 | | 37 辆 | 42 门 |
| 国防军第 21 装甲师 | 2 个 | 60 辆 | | | 30 辆 | 20 门 |
| 国防军第 272 步兵师 | 4 个 | | | | 9 辆 | 48 门 |
| 党卫军第 101 重型装甲营 | | | | 25 辆 | | |
| 党卫军第 102 重型装甲营 | | | | 30 辆 | | |
| 国防军第 503 重型装甲营 | | | | 30 辆 | | |

表 7.2 中，即为加军情报的报告。作为情报估计来说，这份情报非常完整。只有对武装党卫军第 10 装甲师的估计有误，实际上其装备"黑豹"的装甲营不在诺曼底地区。此时，盟军亦尚未发现德军第 116 装甲师。

22. WD 272. Infanterie-Division. 23.7.44. RH26-272/5. Although Dietrich is not mentioned, he was probably present. He visited Schack earlier（20 July 1944）with Lt. Gen. von Luttwitz（commander, 2d Panzer Division）.

23. Bundesarchiv RH26-272/5, 272. Infanterie-Division, p. 27; see also ETHINT MS B-540 and MS B-702: "272 Infantry Division in Normandy." Manuscript by Schack and Jenner, Die 216/272. The 9th SS Panzer was Dietrich's only corps reserve.

24. MS B-470, Maj. Gen. Stadler, "9 SS Pz Div（20 June–31 July 44）," MHI.

25. RH19 IX/9. MS B-257, Gen. F. v. Luttwitz, "2 Panzer Division in Normandy." Recruited in Vienna, it arrived in the Normandy battle area in early June "west of Bretteville-sur-Laize… 25 miles south of Caen," pp. 24–26. See also Franz von Steinzer, *Die 2. Panzer Division*（Freiburg: Podzun-Pallas Verlag, 1974）, and F. J. Straas, *Kriegeschicte der 2. Weiner Panzer-Division*（Bonn: Vowinczel, 1977）.

26. 当时，英军第 4 伦敦郡义勇骑兵团与第 1 皇家坦克团都在山岭上的博瓦尔（Beauvoir）农场区域；第 5 皇家坦克团距离特罗特瓦（Troteval）很近，正与蒂伊附近的德军坦克交火。英军第 131 步兵旅（女王直属皇家步兵团第 1/5 步兵营、第 1/6 步兵营与第 1/7 步兵营）位于博瓦尔以北，距离伊夫很近，并配属了英军第 8 轻骑兵团。

27. 凯勒与福克斯都发来了乐观的报告。这使西蒙兹认为除了韦里耶尔村之外，加军步兵也攻占了蒂伊与奥恩河畔梅伊。

28. See English, pp. 209–210; Roy, pp. 322–331; Stacey, p. 140.

29. Account by Lt. Peter Prein, former signals officer, 3d Panzer Regiment, 2d Panzer Division, interviewed April 1990; and Helmut Ritgen, "Kampf um May-sur- Orne am 25 Juli 1944," unpublished manuscript, 1990.

30. War Diary, Calgary Highlanders. For details, see Terry Copp, *The Brigade*（Stoney Creek, Ontario: Fortress, 1992）, and David Bercuson, *Battalion of Heroes*（Calgary: Regimental Association, 1994）.

31. 关于此处"指责"，加军战史中诸多争论。加拿大皇家高地警卫团认为是旅长犯了错误。加拿大陆军的调查结论是格里芬指挥有误。斯泰西得到过至少 1 份目击者陈述，其表示格里芬可能确实收到过向前进攻的命令。详见，1992 年，渥太华：要塞出版公司（Fortress Publications），《旅：加军第 5 步兵旅》（*The Brigade: The Fifth Canadian Infantry Brigade*），第 77～80 页。其中，还有绝佳的 1944 年 7 月韦里耶尔岭航空照片。

32. 埃塔沃是奥恩省一座位于圣安德烈和圣马丁以北的小村，掩护着沙克的左翼。Copp, pp. 60–62.

33. Prein report. Prein was part of Sterz's Battle Group and commanded the headquarters troop. Correspondence, April 1990. See also Jenner, *Die 216/272 Niedersachsische Infanterie-Div 1939–1945*（Ban Nauheim: Podzun, 1964）.

34. 施特尔茨少校是德军第 38 装甲歼击营营长。他指挥的"施特尔茨"战斗群包括第 2 装甲师第 3 装甲团第 1 装甲营的 12～14 辆"黑豹"，杰出的"独眼"军官舍林上尉指挥的第 304 装甲掷弹兵团第 1 装甲掷弹兵营与第 38 装甲歼击营的 JPz Ⅳ 坦克歼击车。

35. F. J. Straas, p. 168.

36. 1944 年 7 月 25 日，加军第 2 军，第 2 步兵师、第 3 步兵师，战地日志；波伊斯（Powis），"春天"行动作战报告；查尔斯·斯泰西，《第二次世界大战加拿大陆军官方战史》，第 192 页；马歇尔·斯特恩斯文件，对 1944 年 7 月 25 日的注释：加军皇家高地警卫团有 300 人发起进攻，只有不到 15 人逃回了己方阵地。有 60 人穿过了韦里耶尔岭，陷入了德军包围，最后成了德军第 272 步兵师的俘虏。德军迫击炮发射的炮弹炸死了格里芬。据说，当时西蒙兹就在 67 高地上观看了整场行动。

37. 美国陆军军史研究所，P 系列手稿：1944 年 7 月 25 日—11 月，第 162 号，武装党卫军第 9 "霍亨施陶芬"装甲师，哈策尔上校。B-407 号手稿，1944 年 6 月 20 日—7 月 24 日，西尔维斯特·施塔德勒准将。施塔德勒估计，在"春天"行动时期，武装党卫军第 9 "霍亨施陶芬"装甲师的兵力相当于满编状态的 88%，装甲掷弹兵营相当于满编状态的 60%（军官数量少），炮兵相当于满编状态的 90%，坦克相当于满编状态的 70%，在诺曼底战役开始前后，其都没有接收到任何侦察兵力。

38. 根据武装党卫军第 2 装甲军军长比特里希将军的报告，B-747 号手稿与 B-748 号手稿：1944 年 6 月 14—20 日，武装党卫军第 9 装甲师抵达诺曼底时，最初不包括装备"黑豹"的装甲营。

39. RG 24 13 号报告，1944 年 7 月 25 日，武装党卫军第 9 装甲师的装甲掷弹兵缩编为 1 个团。"由于 1944 年 7 月 18 日，遭受了严重的损失，党卫军第 19 装甲掷弹兵团与党卫军第 20 装甲掷弹兵团合并为 1 个下辖 4 个装甲掷弹兵营的装甲掷弹兵团。"

40. 1987 年，奥斯纳布吕克：穆尔·费尔拉格出版公司，赫伯特·菲尔布林格，《德国党卫军第 9 装甲师：1944，诺曼底》（*9.SS-Panzer-Division Hohenstaufen: 1944 Normandie*），第 342 页：1944 年 7 月 25 日，武装党卫军第 9 装甲师报告，其现有兵力为 11 辆 JPz Ⅳ 坦克歼击车、18 辆 Pz Ⅳ 中型坦克与 18 辆"黑豹"中型坦克。

41. Ibid., p. 340.

42. 美国陆军军史研究所：埃利斯，《英国官方历史：诺曼底》（*British Official History: Normandy*），第 379 页。另可见施塔德勒 B-470 号手稿，施塔德勒对加军第 2 军炮兵的恐惧要大于对英国皇家空军"台风"式攻击机的恐惧。"英军炮兵明显要比他们的空中优势更具威力与压迫力。"

43. The 9th SS bumped into Canadian Régiment de Maisonneuve（also counterattacking）and forced it back to St. André. See Jacques Gouin, *Bon Coeur and Bon Bras—Histoire du Régiment de Maisonneuve*（Montreal: Regimental Association, 1980）, p. 103. Canadian 2d Armoured Brigade radio logs confirm a knocked-out Panther at GR 023615, the southern slope of Hill 67. See also RG 24 10677: interrogation report, Oberstgruppenführer Sepp Dietrich.

44. 克劳塞维茨，《战争论》（*On War*），第 6 章、第 7 章，"当防御方必须下定决心并采取行动时，进攻方的行动将必然达到顶点。"

45. Army Group B credited the 9th SS Panzer and the 272d Infantry Divisions with this effective counterattack: *Den Gegenangriff der 9.SS Pz.Div. und der 272.I.D.* WD Armeegruppe B, Tegesmeldung, 26 July 1944.

46. WD Heeresgruppe B, Morenmeldung, 26 July 1944, RH19 IX/M.

47. ETHINT 67, 15 August 1945. "An Interview with GenLt Fritz Bayerlein: Critique of Normandy Breakthrough," MHI.

48. Letters of instruction, M515, 27 July 1944, Heiberg Papers.

49. Sir Brian Horrocks, *Corps Commander*（New York: Charles Scribner's Sons, 1977）, p. 23.

50. 马特尔、J.P.哈里斯与F.H.托阿斯，《装甲战》，第113页：富勒对牵制行动下的定义为"牵制性的进攻，迫使敌军转入防御；换句话说，就是迫使敌军原地不动。一旦达成此效果，就能对其进行侧后迂回，以发起真正的进攻。"作为对比，另可见，英格利希，《加拿大陆军与诺曼底战役——对最高司令部的失败进行的研究》，第260页："关于'春天'行动到底是不是牵制行动，已经做过太多的研究。"

51. 1990年，蒙特利尔：麦吉尔女王直属大学印务（McGill-Queen's University Press），特里·科普，比尔·麦克安德鲁（Bill McAndrew），作战损耗（Battle Exhaustion）：科普对加军第2军的了解使他特别有资格探讨1944年8月时，加军第2军是否接近达成了突破。1997年5月，在安大略省的滑铁卢，对科普的采访中，科普表示登普西的英军第2集团军情况也很糟糕——如果不是更糟糕的话。

52. Montgomery to War Office 30 July 1944, quoted in Stacey, p. 200.

53. Gen. Omar C. Bradley, 14 October 1946, Interview, Pogue Papers, MHI

54. "21st Panzer Division, being brought up from the east bank of the Orne⋯the enemy break-through to Vire was prevented for the time being." MS B-748, 2d SS Panzer Corps, pp. 3–5.

55. Hansen Papers. 37-B. S-27, MHI.

56. 1944年6月6日—8月31日，英军第21集团军群司令部的通知；诺克斯堡，巴顿博物馆，海伯格的文件；克里勒、艾森豪威尔、汉密尔顿、德斯特等人的文件。审视"霸王"行动战略计划，就会发现盟军计划不断扩大滩头阵地，最终抵达卢瓦尔河与塞纳河，只有占领布列塔尼半岛后，才会进攻巴黎。

57. 有蒙哥马利的辩护者认为"如果德军调遣哪怕1个历经战阵而产生损失的装甲师进攻布拉德利……都会使他陷入无限的困境，付出极为高昂的代价——甚至在8月之前，他都不可能发起进攻。"1995年秋季，《军事历史季刊1》（Quarterly Journal of Military History 1），阿利斯泰尔·霍恩，《为蒙哥马利辩护》（In Defense of Montgomery）。实际上，德军向美军方向调集了4个装甲师，最终调去了6个装甲师。

58. RH21-5/44 Kriegstagebuch Panzer-Armeeoberkommando 5. WD 10.6.44–8.8.44.

59. "春天"行动之后，武装党卫军第9装甲师抵达法莱斯时，最初只有1个坦克营，后来西进莫尔坦时亦是如此。

60. Remaining panzer divisions thinned out after Operation Spring in direct reaction to Cobra: RG 24 14046 WD 2 CAB. Intelligence summary 4 August 1944. The 9th SS was at Caumont; "10SS has during past three days gone west"; "28 July⋯116th Pz Div requested to St. Lo⋯2 Aug, 9 SS launched an attack [against Bluecoat]." See MS 155, General Krueger, "1 SS Pz Corps（16 Aug–6 Sep 44）"; MS B-358 SS Gen. Theodor Wisch, "Leibstandarte Adolf Hitler in Aug 44"; MS B-034 and B-358, and MS B-470 Maj. Gen. Stadler, "9 SS Pz Div（20 June–31 Jul 44）." Also, MS B034 OKW War Dairy, "The West（1 Apr–18 Dec 44）," MHI.

61. 1984年，多伦多：麦克米伦出版公司（Macmillan Publishers），雷金纳德·罗伊，《1944：诺曼底的加军》（1944: The Canadians in Normandy），第25~50页；查尔斯·斯泰西，《第二次世界大战加拿大陆军官方战史》，第121~158页：1944年6月7日早晨，在滩头，加军就遭遇过武装党卫军第12装甲师的1个装甲战斗群的首次进攻。6—7月，武装党卫军第12装甲师始终挡在加军第3步兵师当前，封锁了通往卡昂的道路，双方激战不止。

# 第8章
# "眼镜蛇"行动：布拉德利实施战役机动

*道路可能限制我军机动，使我军没有自由机动的空间，不过这也对敌军能放什么在道路上抵挡我军前进产生了限制——你一旦突破了德军防线，你就达成了突破。*

*——乔治·巴顿将军[1]*

*在诺曼底发生的歼灭战——美军从圣洛达成的突破，使其围歼了德国守军（德军第5装甲集团军与第7集团军）——对我来说，这是这场战争中最伟大的战略与战术成就，也是最具决定性的战役。*

*——德军第130装甲教导师师长，弗里茨·拜尔莱因中将[2]*

*看到你亲临前线，官兵们一定会很高兴。*
*——1944年7月24日，诺曼底，某位佚名的参谋官对莱斯利·J.麦克奈尔将军如是说[3]*

奥马尔·布拉德利以最饱满的热情期待着"眼镜蛇"行动："从我们登陆法国开始，我就想做现在的这件事了。当我们展开行动时，我希望其能够成为世界上最惊天动地的新闻。我们希望能够长驱直入。"[4] "眼镜蛇"行动以盟军展开主攻的标志性武器作为先导——战略轰炸机["布拉德利希望在每个方向都炸出16英尺（约4.88米）深的弹坑。"]尽管谨慎地设定了轰炸的分界线，但仍然出现了炸弹落点距离美军阵地过近的情况；重型轰炸机的误击在"总计"行动与"驯服"行动中反复上演。且在这次行动的一开始，就造成了美军的严重伤亡。

> 这太可怕了。大地在震动、颤抖，将泥土抛向天空。炸弹击中了我军大量官兵，他们的尸体从狭长的散兵壕中飞了出去。许布纳（Huebner）是久经战阵的老兵，他说这是他有生以来见过最恐怖的事……美军步兵一直在散兵坑里瑟瑟发抖。[5]

尽管如此，美军轰炸对德军前线造成的震撼与毁灭效果，已经达到了布拉德利想要的程度。[6] 然而，令人讽刺的是，"眼镜蛇"行动的到来与美军装甲兵即将获得的胜利，还导致了美军装甲兵"宿敌"——莱斯利·麦克奈尔的死亡。[7] 或许是由于他完全没有过实战经验，所以麦克奈尔竭尽全力地希望通过亲临前线访问官兵的方式彰显他的个人勇气。在突尼斯，他曾受过伤。在"眼镜蛇"行动蓄势待发之时，他再次跃跃欲试地来到前线。在诺曼底前线，如果他支持德弗斯的请求，那么美军就会以 10 个装甲师实施突破，而不会只在"眼镜蛇"行动中投入 5 个装甲师。尽管如此，布拉德利手中还有 14 个坦克歼击车营与 9 个反坦克炮营，其兵力规模相当于 3 个装甲师。不过，这些坦克歼击车营与反坦克炮营也存在不适于在进攻行动中使用的缺陷。[8]

美国陆军航空兵将圣洛炸成废墟后，美军第 1 集团军势如破竹地攻入德军阵地。科林斯将军指挥的美军第 7 军（下辖 3 个步兵师、2 个装甲师与 1 个摩托化师）[①] 冲进豪塞尔的前沿防御阵地，试图冲破灌木篱墙地带的束缚。尽管经历了恐怖的"地毯式轰炸"，德军第 130 装甲教导师从中恢复过来的官兵仍然迅速对美军展开阻击。[9] 在双方近距离缠斗激战正酣时，科林斯命令美军第 2 装甲师与第 3 装甲师出击。7 月 26 日，美军第 2 装甲师的 4 个战斗群[②] 前进了 6 英里（约 9.6 千米），通过收复轰炸前放弃的阵地，恢复了美军最初的前沿阵地。

> 轰炸的效果是毁灭性的，不过某些缺陷也确实削弱了其效果。我军不得不从前沿阵地撤出兵力，导致我们失去了 1500 码（约 1371.6 米）距离的占领区域。德军紧跟我军撤退的脚步，这导致我军不得不再次通过激烈的战斗去收复失地。[10]

7 月 27 日，美军第 2 装甲师再次向南挺进 7 英里（约 11.27 千米）。他们的速度看似很慢，但对在灌木篱墙地带进行的机动来说，却是非常快的。[11] 美军第

---

① 在"眼镜蛇"行动中，美军第 7 军下辖第 2 装甲师、第 3 装甲师、第 1 步兵师、第 4 步兵师、第 9 步兵师与第 30 步兵师。文中的"摩托化师"指美军第 1 步兵师。实际上，二战时期的美军步兵师均为摩托化步兵师。

② 实际上，1944 年 6—8 月，美军第 2 装甲师只分成了 2 个战斗群，甚至未像大多数美军装甲师那样分为 3 个战斗群。

1944 年 7 月 24 日诺曼底地区形势图
"眼镜蛇" / "春天" 行动

102 机械化骑兵侦察营的柯蒂斯·丘林中士 ① 颇具创造力，发明了突破灌木篱墙的简易方法。将齿状铁铲（切割成像犀牛角的外形）焊接在坦克车头，能够将灌木篱墙连根掘起——通过这种装置，美军坦克就能在不将坦克彻底暴露给德军反坦克炮或"铁拳"反坦克火箭筒的情况下，轻松地越过灌木篱墙。这种新战术打乱了豪塞尔利用路障与弹坑迟滞美军前进的计划。在美军工兵着手摧毁德军路障时，"谢尔曼—犀牛"（Rhino-Sherman）能够在灌木篱墙上开辟支路，继续扩展战果。

当美军步兵向南奋战时，布拉德利命令米德尔顿麾下美军 2 个最好的装甲师，约翰·伍德少将指挥的美军第 4 装甲师与罗伯特·格罗少将指挥的第 6 装甲师。美军第 8 军前进了 8 英里。7 月底，在龙塞（Roncey），美军完成了诺曼底战役中的首个包围圈。

## 龙塞包围圈

7 月 28 日，伍德少将的第 4 装甲师 B 战斗群进入库唐斯，不经意地迫使德军向南撤退，与科林斯将军指挥的第 7 军迅速形成了对德军的包围圈。然而，莫里斯·罗斯的足智多谋，使他完成了更大的包围圈，也是"眼镜蛇"行动以来盟军的首个包围圈。美军第 2 装甲师的 2 个战斗群向西南方疾驰，直到对德军第 84 军正在撤退的兵力完成了包围。7 月 29 日，美军第 3 装甲师 B 战斗群抵达圣但尼 - 德加斯特（St. Denis-le-Gast）。沿着半岛西岸，伍德与格罗的 2 个战斗群兵分两路，直闯布雷阿勒（Bréhal）的大门。

德军陷入重围的兵力包括 3 个步兵师与其余位于西线的装甲师，武装党卫军第 2 "帝国"装甲师与武装党卫军第 17 装甲掷弹兵师。当他们收到了突围的命令时，遭到了美军第 3 装甲师 A 战斗群的侧翼打击。埃尔伍德·"彼得"·克萨达少将指挥的美军第 9 战术航空队突袭了正在公路上行军的德军。美军第 3 装甲师的坦克与 P-47 "雷电"战斗机的空袭，将德军撕成了碎片。[12] 在"眼镜蛇"行动中，美军第 9 战术航空队进行过 2 次成功的突袭，这次是其中之一。在法莱斯战役中，

---

① 柯蒂斯·格拉布·丘林（Curtis Grubb Culin Ⅲ，1915 年 2 月 10 日—1963 年 11 月 20 日），美国陆军中士。第二次世界大战期间，服役于配属美军第 2 装甲师的第 102 机械化骑兵侦察营。他发明了能够铲除诺曼底灌木篱墙的坦克推土铲，为美军"眼镜蛇"行动的成功做出了巨大贡献。

"雷电—台风"组合的表现可谓不负其名。

7 月 30 日，米德尔顿的坦克［美军第 4 装甲师的 2 个战斗群已经前进了 18 英里（约 28.9 千米）］攻占了位于阿夫朗什的桥梁。[13] 与"古德伍德"行动相同，"眼镜蛇"行动也是战略攻势。尽管，其仍然没有达到苏军标准。在以战术航空兵为前锋，手握 2 个集团军的情况下，布拉德利足以追猎克鲁格，将他赶出法国。与蒙哥马利相比，布拉德利缺乏鲜明的个性，但在 1944 年夏季，布拉德利所获得的胜利，要比蒙哥马利在阿拉曼获得的胜利，更具决定性。布拉德利一旦"咬"住了克鲁格，就不会松口。

"眼镜蛇"行动波澜壮阔的开端，几乎也陷于激烈的近距离作战："例如，7 月 26 日—8 月 12 日，美军第 2 装甲师的各坦克营有 70% 的坦克，损失于德军坦克与突击炮的打击。"[14] 对美军各装甲师来说，这种残酷的战斗都是严厉的考验。"眼镜蛇"行动之后，哈蒙将军总结表示："美军装甲师明显的缺陷是装甲步兵数量不足。"[15]

7 月底，尽管布拉德利完成了对灌木篱墙地带的清剿，蒙哥马利依然不相信美军能有所作为。只不过，他也意识到了"蓝衣"行动依然是"竹篮打水一场空"，所以只好命令克里勒发起"总计"行动。其状况仍然契合蒙哥马利的整体计划——以其最基本的原则相适应。尽管后来他辩称自己有包围德军的计划，但最初从滩头阵地发展的战略中，没有任何内容显示他曾计划过大胆的包围行动：

> 对这件事，甘冈将军没有说实话。确实存在以美军从右翼直奔塞纳河的计划……但是，这与将美军的右翼进攻作为决定性进攻，迅速完成对德军的包围，可完全是两码事。毫无疑问，蒙蒂希望从他的前线达成突破，再让美军尽可能地绕过来。最初，他想让巴顿把时间都耗费在清剿布列塔尼半岛的少数德军上。[16]

在冲过阿夫朗什后，布拉德利就需要着眼于布列塔尼半岛与卢瓦尔河侧翼。盟军东进的脚步步调一致：美军第 12 集团军群与英军第 21 集团军群同时抵达了塞纳河。蒙哥马利最初的计划是将德军逐出诺曼底，而非通过现代的"坎尼战役"将其歼灭。[17] 当巴顿将军指挥的美军第 3 集团军，开始对德军第 7 集团军后方实施深远突击时，这场歼灭战终于初具雏形了。这位无畏的骑士决定向西推进：

"布拉德利将军只简单地希望我能在塞吕讷河（Séelune River，位于阿夫朗什以南
10 英里处）对岸建立桥头堡。然而，我想要的是攻占布雷斯特（Brest）与昂热
（Angers）。"[18] 昂热位于阿夫朗什以南 100 英里（约 160.93 千米）处。他并不满
足于东进，而是想要扩展美军第 3 集团军控制的区域。但是，布拉德利却牢牢控
制着巴顿。在"超级机密"截获了埃贝巴赫指挥的德军第 5 装甲集团军即将奉命
进攻莫尔坦，以切断巴顿的美军第 3 集团军之后，布拉德利就对德军"列日"行
动（Operation Lüttich）惶惶不可终日。布拉德利的反应过度，也被认为是"战
争中最为愚蠢的决定之一"。[19] 巴顿挑衅地命令美军第 20 军继续前进，攻占昂热：
"我根本没与布拉德利将军商量，就下令这样做了。我敢肯定，他一定认为这次
行动有风险。确实有点风险——但这才是战争。"[20] 尽管随着"眼镜蛇"行动战略
的演进，布拉德利已经获得了他想要的自主权。尽管布拉德利现在掌握着 2 个集
团军（霍奇斯指挥的美军第 1 集团军与巴顿指挥的美军第 3 集团军），但蒙哥马
利依然控制着宏观作战行动。[21]

8 月 4 日，蒙哥马利命令克里勒进攻法莱斯。他弃登普西于不顾，给他的任
务仅仅是进军维尔，挺进阿让唐（Argenta）。霍奇斯的美军第 1 集团军继续西进，
巴顿则命令美军第 8 军进攻勒芒（Le Mans）。[22] 此时，盟军的目标仍然是进抵塞
纳河。布拉德利却打起了想出动空降兵占领塞纳河上的几座桥梁，封锁德军撤退
路线的小算盘。然而，8 月 6—8 日，克鲁格向莫尔坦发起的进攻，使他不得不另
行考虑。[23]

## 莫尔坦上空的盟军战术航空兵

1944 年 8 月 7 日，克鲁格终于发起了"列日"行动。这是个完备的作战计划：
对达成突破的盟军侧翼进行装甲反击，以短促突击直抵海岸。只要能攻占阿夫朗
什或格朗维尔（Granville），德军装甲师就能切断美军至少 4 个军的兵力——能
将巴顿的那些一路高歌猛进的装甲师与固守阿夫朗什并以其为枢纽的美军第 7 军
一网打尽。这场辉煌的战役胜利将摧毁美军第 1 集团军与第 3 集团军。即使只取
得了最保守的战术胜利，也能迫使巴顿停止前进，甚至可能迫使巴顿全面撤退。
然而，德军的计划却没有考虑过盟军战术航空兵。

对克鲁格来说，莫尔坦反击具备数项优势：美军对莫尔坦可谓"人生地不熟"，

美军防御必然不够坚固，炮兵主力也尚未向南部署，也没有障碍或地雷阻挡德军。莫尔坦是锁钥之地，其正位于高地中央，能够俯瞰通往阿夫朗什的道路，向南则是适合坦克作战的理想地带，亦有适于德军步兵对美军防线进行渗透的复杂地形。德军当然明白，开阔地形有利于德军坦克炮发挥威力，但德军步兵在潜伏与渗透盟军防线时的表现才是最好的。此外，莫尔坦地区经常雾气弥漫，恰好能对德军装甲兵的集结形成掩护，使其在进攻初期实现出其不意的效果。德军坦克一旦突入布拉德利后方，这位谨小慎微的将军必定会命令美军撤退。

克鲁格调集了他麾下最好的 3 个装甲师：武装党卫军第 1 "元首警卫旗队"装甲师、党卫军第 2 "帝国"装甲师与国防军第 2 装甲师——约 177 辆装甲战斗车辆（70 辆 "黑豹"、75 辆 Pz Ⅳ、32 辆突击炮与坦克歼击车）。[24] 这相当于每个德军装甲营装备 30 辆坦克，每个装甲连装备 15 辆坦克。几乎没有盟军装甲部队能够抵挡这样的装甲与火力发起的密集突击。当然，这次是德军发起进攻。在此之前，德军在诺曼底取得的胜利都是防御战的胜利。德军攻势的胜利也仅限于战斗群规模等级的反击。

尽管埃伯巴赫的大多数坦克都位于登普西于克里勒的防区，他还是设法组建了包括武装党卫军第 10 "弗伦茨贝格"装甲师与国防军第 116 装甲师的第二梯队装甲兵力（党卫军第 10 "弗伦茨贝格"装甲师的任务是扩展突破口）。此时，武装党卫军第 17 装甲掷弹兵师与国防军第 130 装甲教导师剩余的兵力，只够各自组成 1 个战斗群，负责守卫德军突出部的 "肩"部。这次行动，德军没有投入 "虎"式重型坦克营。德军第 503 重型装甲营仍然在协同德军第 21 装甲师，阻击在 "蓝衣"行动中进行最后挣扎的英军。武装党卫军第 101 重型装甲营与党卫军第 102 重型装甲营在奥恩河附近，党卫军第 12 装甲师将指挥其成功地挫败西蒙兹发起的 "总计"行动。德国空军将出动 300 架战斗机与战斗轰炸机进行支援，以防止盟军战术航空兵干扰埃伯巴赫的进攻。德军地面攻势的计划可圈可点，空中作战的计划却是痴人说梦。

布拉德利求助于美军第 9 战术航空队，并让他的参谋部制定了防御计划：美军第 30 步兵师死守不退，美军各陆攻战斗机中队负责打击德军坦克。克萨达将军组织起了非常有效的空中掩护。[25] 首先，他为美军构筑了空中保护伞，以阻止德国空军的袭扰：第 9 战术航空队的 P-51 "野马"（Mustang）战斗机与 P-47 "雷电"战斗机将在美军第 30 步兵师上空巡逻，建立起德国空军无法进入的空域。在此空域内，P-47"雷电"战斗机与英国皇家空军第 83 大队的"台风"攻击机将用机关炮与火箭弹横扫德军纵队。

当"列日"行动开始时，地面迷雾升腾。"冯·克鲁格亲临德军第 87 号战斗哨所，对现已彻底完成集结的兵力进行督战。"[26] 13 时，首批英军"台风"攻击机从前线机场起飞。

> 在莫尔坦附近，飞行员观察到，两道灌木篱墙之间的道路上，有约 60 辆坦克、200 辆车辆。有些坦克的伪装很严密，但坦克紧挨着坦克，好像尚未对快速升起的雾气有所准备。在低空飞过并确认了那是德军之后，"台风"式攻击机开始俯冲，进攻德军纵队的前部与后部，立即阻止了德军纵队的前进。飞行员发现，他们的空袭引起了极为严重的混乱，德军坦克兵从坦克中爬出来，四散奔逃，寻找掩护，完全不顾他们的坦克是否堵住了道路。此时，首批美军战斗轰炸机抵达战场，P-47 与装备火箭弹的中队轰炸了德军运输车。[27]

英国皇家空军第 83 大队与美军第 9 战术航空队出动 494 架次前往此区域。德军高射炮的反应很迟钝。[28] 当德军终于建立起防空据点时，盟军已经对德军造成了重大损失。盟军飞行员宣称击毁了德军 252 辆坦克与 228 辆运输车辆，这个说法过于乐观。实际上，盟军战术航空兵击毁了德军 46 辆坦克与自行火炮，50 辆运输车辆，足以破坏"列日"行动。8 月 7 日，德军继续进攻，但已是强弩之末。"尽管'超级机密'截获了情报并对盟军发出了警报，但美军仍未来得及集结坦克歼击车。美军第 30 步兵师只能以配属的第 823 反坦克炮营装备的 36 门牵引式反坦克炮迎击来袭的德军。"[29]

布拉德利没有"萤火虫"，只能以步兵反坦克防御阵地抵挡德军进攻："重型牵引式反坦克炮一旦因开火而暴露阵位，就会成为固定不动的靶子……那天，那些带着洋葱味口臭的德军本可以获胜的。"[30] 有些德军装甲掷弹兵连获取的战果令人印象深刻，但德军获得战役胜利的美梦就此破灭。德军承认进攻失败是因为盟军的战斗轰炸机："数百架盟军战斗机轰炸机扑过来，发射火箭弹。"[31] 当"列日"行动日渐凋零，盟军迅速反扑，巴顿再次奉命进攻阿让唐。美军（而非西蒙兹）进抵法莱斯越来越可能成为现实。问题在于，根据蒙哥马利的划定，美军第12集团军群与英军第21集团军群的分界线就在阿让唐。尽管对此深恶痛绝，但巴顿不得不因此收住脚步。同时，约翰·伍德指挥的美军第4装甲师，也成了"哪里用就哪里搬"的"一块砖"。8月4日，他没好气地奉命围攻距离雷恩（Rennes）75 英里（约 120.7 千米）的洛里安（Lorient）与圣纳泽尔（St. Nazaire）。8月19日，在巴顿的指挥下，美军第4装甲师已经位于雷恩以东180英里（约289.6千米）处的奥尔良（Orléans）。巴顿将坦克集结于勒芒，时刻警惕着冯·克鲁格从包围圈中撤出，但他同时也紧盯着巴黎。

布拉德利关于停止前进的命令遭受了诸多批评："（布拉德利）是那种20世纪30年代步兵学校怎么教，他就怎么做，丝毫不敢有所突破的人。他根本无法理解那些疯狂的装甲兵。"[32] 布拉德利的决断，看起来似乎过分热忱于认定划定边界与盟军内部的繁文缛节。当然，他也可能是出于对蒙哥马利的厌恶才这样做——顽固地坚持明显过时的控制措施，使本来已经处于混乱的状态变得更为复杂，能够将蒙哥马利无力控制这场战役的局面描得更糟。[33] 当各师都在为封堵法莱斯包围圈努力时，布拉德利却在防止加军第1集团军司令部与美军第3集团军司令部之间进行直接联络。

> 加军第1集团军来了个联络官，自称是英军联络官。我们告诉他，很不幸，美军第3集团军司令不能接受加军第1集团军来的联络官，两个集团军司令之间应该通过美军第12集团军群司令进行联系；对这种情况，美军第3集团军司令对此表示非常遗憾，这是真实情况，但这是美军第12集团军群司令下达的命令，因此只能这样执行。[34]

这是一个非同寻常的例证，集团军群司令未能理解属下集团军司令的意图——任务导向型战术在高层级的失败。在运动战中，当传统惯例干涉任务时，就应该抛弃传统习惯："边界不是不可逾越的障碍。恰恰相反的是，边界是对友军指挥官的某种邀请，邀请其跨越这条线，寻找他附近的友军，以与之商议毗邻的行动，以确保互利。"[35]

克里勒未能按时抵达法莱斯，很可能导致布拉德利认为加军不会在阿让唐与美军会师："与所有的盟军指挥官一样，布拉德利对加军前进的速度也过于乐

"眼镜蛇"行动：战役局势演变
第1部分

1944年8月8日形势：克里勒命令西蒙兹发起第二次突破行动
目标法莱斯

1944 年 8 月 14 日形势：克里勒命令西蒙兹发起第三次突破行动，目标法莱斯

"眼镜蛇"行动：战役局势演变
第 2 部分

观。"[36] 在法莱斯达成合围的可能性，似乎正在从盟军手中滑落。在希特勒的催促下，冯·克鲁格准备向阿让唐与马耶讷（Mayenne）之间暴露的美军侧翼再次发起进攻。然而，美军第 7 军迅速封堵了暴露的侧翼，德军因而未能发起这次进攻。后来，瓦尔特·莫德尔元帅接替了克鲁格的岗位。在盟军包围圈逐渐形成的情况下，他认可了克鲁格全线撤退的命令，但德军在阿让唐的抵抗反而因此变得更为激烈。[37]

当斯坦尼斯瓦夫·马切克将军指挥的波军第 1 装甲师冲过迪沃河，出现在特伦（Trun）以北时，情况进一步发生了变化：盟军再次有了包围德军的希望。蒙哥马利命令克里勒（尤其是波军）与布拉德利攻占尚布瓦（Chambois）。[38] 8 月 21 日，盟军封闭了包围圈，最终有 15 万名德军逃出了包围圈。

最初，巴顿命令海斯利普将军指挥的美军第 15 军向西进抵德勒（Dreux）。"对实际的突破而言，美军第 3 集团军与第 15 军都没做什么事。我们只是从突破口冲出来。当我指挥的美军第 15 军抵达马耶讷河时，其下辖的 2 个步兵师正齐头并进地前进，刚交付给我的法军第 2 装甲师正位于拉瓦勒（Laval）西南。"[39]

8 月 14 日，巴顿命令美军第 12 军与第 20 军紧跟伍德指挥的美军第 4 装甲师前进。8 月 18 日，当美军攻占沙特尔（Chartres）后，基于现实状况，布拉德利终于解除了所有东进的限制。其效果非常显著。8 月 19 日，美军第 15 军跨越塞纳河，在对岸建立了桥头堡。8 月 25 日，勒克莱尔指挥的法军第 2 装甲师进入巴黎。在他们身后，德军"埃伯巴赫"装甲集群还在埃尔伯夫（Elbeuf）与鲁昂（Rouen）之间的塞纳河沿岸惊慌失措地到处乱撞。8 月 26 日，在埃尔伯夫，美军、英军与加军完成会师，将所有试图逃跑的德军封闭在了包围圈内。此时，莫德尔已经率领 165800 人，以及数量惊人的坦克与火炮逃过了塞纳河。[40]

美军东进以占领塞纳河上的渡口，来自巴顿的作战意识。最初，布拉德利与克里勒都未意识到这点："当然，布拉德利是个基础良好的步兵，是个受人爱戴的角色，是个伟大的士兵，令人钦佩。不过，他没什么想象力。"[41] 布拉德利与克里勒都只用薄弱的兵力封堵向东通往法国首都的道路，也都固执己见地命令下属将注意力放在法莱斯包围圈的缺口处，而不是塞纳河或巴黎。值得称道的是，巴顿一直致力于纠正他的上司。[42]

△在"总计"行动中，波军第 1 装甲师的"谢尔曼"式坦克穿过刚刚遭到 B-17 式轰炸机与集团军群直属炮兵轰炸的区域。注意遭到猛烈轰炸的树木与乡野。(贝尔，加拿大国家档案馆，威尔弗雷德·劳里埃大学，劳里埃军事战略与裁军研究中心)

# 注释

1. File 37-B, Col. Chester B. Hansen Papers, U.S. Army Military History Institute（hereafter MHI）.
2. ETHINT 67, Lt. Gen. Fritz Bayerlein, "Normandy Critique," ETO, 15 August 1945, MHI.
3. Entry in personal diary, Col. Chester B. Hansen, 26 July 1944, Col. Chester B. Hansen Papers（Hereafter Hansen Diary）. MHI.
4. 美国陆军军史研究所：汉森日记，1944 年 7 月 12 日，《布拉德利制定的"眼镜蛇"行动计划》。美军轰炸区域面积为 6000 码 ×2500 码（也就是 5486.4 米 ×2286 米 =12.54 平方千米），投掷了 4200 吨炸弹。
5. 汉森日记，1944 年 7 月 25 日。另见，1992 年，莱文沃斯堡（Fort Leavenworth）：美国陆军指挥与总参谋学院印务，R.J. 施皮勒（Spiller），《1939 年以来的诸兵种协同作战》（*Combined Arms in Battle Since 1939*），迈克尔·珀尔曼，《第二次世界大战中的近距离空中支援："眼镜蛇"行动悲剧的根源》（*Close Air Support in World War Two: The Roots of the Tragedy in Operation Cobra*），《美国卷入二战时，美国陆军航空兵没有作战理论》（*The US Army Air Corps entered World War Ⅱ without doctrine*），第 154 页：布拉德利大发雷霆："飞机的航线垂直于我军战线，而非他们保证过的那样，会平行于己方战线。我很少这么生气。这是口是心非——令人震惊的背信弃义。"
6. 1945 年 8 月 15 日，欧洲战区第 67 号审讯记录：对弗里茨·拜尔莱因中将的采访，《对诺曼底突破作战的评论——德军第 130 装甲教导师从圣洛到鲁尔》，第 12 页："我军前线看起来就像月球表面，第 130 装甲教导师有 70% 的官兵丧失了战斗力——或死，或伤，或疯，或傻……1944 年 7 月 25 日、26 日、27 日与 28 日，我军的所有通信实际上已经中断，只能通过通信兵骑摩托车传递信息。"
7. 美国陆军军史研究所：汉森日记，1944 年 7 月 25 日：麦克奈尔的死引起了巨大的不安。马歇尔暴跳如雷。作为"保镖"行动的组成部分，麦克奈尔奉命"接管"巴顿的岗位，任虚构的"美军第 1 集团军群"司令。当时，他在美军第 30 步兵师先头营阵地的狭长散兵壕中观察轰炸。"曾有人告诉他，'看到你亲临前线，官兵们一定会很高兴。'"然而，美军炸弹恰好扔在了他头上，"把他炸得飞出了 60 英尺（约 18.29 米），尸体炸得面目全非，只能通过领章上的 3 颗将星辨认出这是他的尸体"。最初，美军第 12 集团军群战地日志称其为"X 将军"，"……'X 将军'的死是绝对机密"。然而，秘密没有保守住，在前线访问的军官们知道了华盛顿，传出了这条消息。
8. 麦克奈尔计划组建 222 个坦克歼击车营与反坦克炮营。1943 年 4 月，组建新坦克歼击车营与反坦克炮营的进度停了下来。第二次世界大战期间，美军装备的坦克歼击车中，只有战争后期服役的 M36 才能击穿"虎"与"黑豹"的装甲。1944 年 8 月，美军 M18 与 M36 抵达欧洲，开始替代 M10。1984 年，诺瓦托：要塞出版公司，谢尔比·斯坦顿，《二战美国陆军作战序列》（*Order of Battle US Army, World War Ⅱ*），第 26 页："战争结束时，美军第 12 集团军群有 45 个坦克歼击车营，其中 27 个坦克歼击车营装备 M36，13 个坦克歼击车营装备 M18，6 个坦克歼击车营装备 M10，还有 4 个是反坦克炮营。"
9. 1945 年 8 月 15 日，欧洲战区第 67 号审讯记录：对弗里茨·拜尔莱因中将的采访，《对诺曼底突破作战的评论——德军第 130 装甲教导师从圣洛到鲁尔》，第 8 页：德军第 130 装甲教导师拼凑了 1 个战斗群，包括 8 辆"黑豹"与师属侦察营的部分兵力。德军第 2 装甲师与第 116 装甲师奉命前往阻击美军，却被消耗殆尽。
10. Report of the 2d Armored Division, Appendix A to Operational Memorandum No. 34, 30 August 1944. Col. S. E. Edwards Papers, G3 Air, 12th Army Group, MHI.
11. 美国陆军军史研究所：1979 年 3 月 19 日，卡莱尔兵营，美国陆军大学，高级军官报告项目，德普伊将军的演讲："灌木篱墙地带是……大片的树根，非常巨大的树根，非常巨大的树。任何坦克都开不进去……德军沿着灌木篱墙前沿布设陷阱，并且在缺口处做记号。
12. 1991 年 6 月，《战略研究》杂志，第 14 期，伊恩·古德森，《1944—1945 年，西北欧战场，盟军战斗轰炸机对决德军装甲兵：虚构与真相》（*Allied Fighter-Bombers versus German Armor in North-West Europe 1944–45: Myths and Realities*），第 217 页：美军地面兵力发现，空袭与地面兵力"毁伤了德军 122 辆坦克与 259 辆车辆"。这种空地协同作战，为后来的莫尔坦之战提供了作战模式的雏形。最终，武装党卫军的 1 个小规模战斗群设法突出重围，与包围圈外的德军第 130 装甲教导师会合。
13. 对布拉德利的胜利来说，阿夫朗什的桥梁至关重要。克鲁格集结了各种兵力，从蛙人到无线电制导导弹 ①，竭尽全力地试图摧毁这些桥梁。

---

① 此处是指德军 Hs-293 式无线电制导炸弹，通常用于执行反舰作战任务

14. 美国陆军军史研究所：1949 年，诺克斯堡，美军第 2 装甲师参谋部，《驶向鲁尔的 "地狱车轮"》(*Hell on Wheels in the Drive to the Roer*)。另可见，美军第 113 机械化骑兵团的威廉·比德尔的文件：有个会说英语的德军对我们喊："乔，你现在可不是在布鲁克林老家！"美军第 2 装甲师的 1 个坦克营损失了 70% 的坦克，51% 的官兵非死即伤。美军装甲兵学校研究报告，1944 年 8 月，美军第 1 集团军群每月军械报告（FUSA Monthly Ordnance Report），《1944 年 7 月 17 日—8 月 31 日，美军第 4 装甲师作战报告》，美军第 4 装甲师报告，"7 月 17—27 日，在激烈的灌木篱墙地带作战中，有 60 人阵亡，290 人负伤，11 人失踪。8 月 14—31 日，在追歼行动中，有 52 人阵亡，87 人负伤，28 人失踪。"

15. 美国陆军军史研究所：马丁·菲利普斯博恩文件；欧内斯特·内森·哈蒙文件：1944 年 10 月，美军第 1 集团军情报官第 130 号文件，第 229 号周报，翻译自武装党卫军第 1 "元首警卫旗队" 装甲师基于诺曼底战役的情报公报：尽管美军已经做好了为取得胜利而付出惨重代价的准备，但德军情报依然做出了蔑视美军的评估："英军如此，甚至美军亦是如此，在整场战争中，他们一直害怕并避免遭遇任何大规模的人员伤亡……他们一直不愿意进行真正的英勇牺牲。"德军也评价了美军的指挥水平："继续进行已知的那种有条不紊、小心谨慎地前进……通常会避免近距离作战……协同作战通常只停留在营级层面……突破非常迅速，能从后方得到强有力的支援，能够持续加强攻势。"

16. 美国陆军军史研究所：1947 年 2 月 12 日，波格的文件：此段引文出自特德元帅的副官莱斯利·斯卡曼空军中校。盟军最高司令海军总参谋长休斯 - 哈利特上校也表示："蒙蒂说过，他最初的计划是以卡昂为中心枢纽，这个计划绝对愚蠢到家了。"

17. 蒙哥马利发布了一系列命令，包括 M502、M504、M504、M510、M512、M515 与 M516 号命令，而他对命令的反复修饰，使这些作战行动的意图始终处于不断地修订或更改中。M518 号命令再次将重点转移到了登普西指挥的英军第 2 集团军上，并命令克里勒制定 "驯服" 行动的计划，相当于第二次 "总计" 行动。8 月 19 日，在与艾森豪威尔、蒙哥马利一起开完会议之后，布拉德利返回后，在日记上写道："现在，蒙哥马利又有了新计划。"

18. 1992 年，《军事历史季刊》第 14 期，凯莱布·卡尔：当伍德意识到他指挥的美军第 4 装甲师距离巴黎的路程与距离布雷斯特的路程一样时，他立即命令向西南方进发，攻占昂热。最初，巴顿发怒了，并命令伍德赶紧回来。

19. Wood to Liddell Hart, quoted in B. H. Liddel Hart, *History of the Second World War*（New York: Putnam, 1970）, p. 557.

20. Ladislas Farago, *Patton—Ordeal and Triumph*（New York: Obolensky, Inc., 1963）.

21. 沃尔特·比德尔·史密斯中将表示："蒙蒂一直在策划正面突破的宏大作战计划……最终，他通过他从未计划过的包围战赢得了这场战役。"

22. 1970 年，纽约：巴兰坦书业，查尔斯·怀廷，《巴顿》：巴顿告诉第 6 装甲师师长格罗："听着，鲍勃，我与蒙蒂打了 5 英镑的赌，赌我们星期六晚上就能进抵布雷斯特。"格罗奉命 "绕过德军抵抗"。他 "从一名真正的骑兵那里，接到了骑兵执行的任务"！

23. 1983 年，纽约：西蒙与舒斯特出版公司，奥马尔·布拉德利，克莱·布莱尔，《将军的一生》(*A General's Life*)，第 291 页：有趣的是，后来布拉德利否认了这个说法："（关于莫尔坦）'超级机密' 的价值极为有限或根本没有价值。直到德军发起进攻的数小时之前，'超级机密' 才向我们发出警报。"然而，"超级机密" 的报告与情报概要有过记录，他们对德军装甲兵西进的警报，促使布拉德利警告巴顿不要东进。

24. 欧洲战区第 24 号审讯记录，ML 2148 号，弗里茨·克拉默少将，《对阿夫朗什的反击》(*Counterattack on Avranches*)：最初的进攻是基于德军第 2 装甲师与第 116 装甲师："第 116 装甲师有 60 ~ 70 辆坦克，德军第 2 装甲师有 40 ~ 50 辆坦克……在科蒙，损失了三分之一的步兵，党卫军第 1 装甲师有 60 辆坦克……1 个步兵团已经受到严重损失，但炮兵尚且完备，团长约阿希姆·派佩正在生病。"特奥多尔·维施准将 B-358 号手稿，第 3 页：武装党卫军第 1 装甲师 "投入了 22 ~ 25 辆 '黑豹'，共有 70 ~ 80 辆坦克抵达了莫尔坦。"

25. *Report IX Tactical Air Force*: "Mortain Operations. August; No. 2 Operational Research Unit Report 4: Air Attacks on Enemy tanks and Motor Transport in the Mortain Area, August 1944," and RAF Report: "The Liberation of Northwest Europe, Vol. Ⅲ , The Landings in Normandy," pp. 84–86.

26. MS B-723 Breakthrough to Avranches, p. 13.

27. Gooderson, p. 220.

28. 欧洲战区第 24 号审讯记录，ML 2148 号，克拉默后来悲伤地写道："如果当时派佩在那里，就不会出这样的事。"

29. 查尔斯·贝利，《明褒实贬：二战中的美军坦克与坦克歼击车》，第 111 页：在诺曼底地区的灌木篱墙地形中，美军坦克营与坦克歼击车营无法对其作战理论进行战斗试验。

30. 1950 年，诺克斯堡，美军装甲兵学校，军官高级课程，第 24 期指挥研究，《在欧洲战区，对 4 个坦克歼击车营的部署》(*Employment of Four Tank Destroyer Battalions in the ETO*)，第 95 页："对有些部队来说，莫尔坦之战完全就是十万火急地去增援。"

31. 1948 年，伦敦：达顿（Dutton），米尔顿·舒尔曼，《西线的胜利》(*Defeat in the West*)，第 148 页："在遭到空袭之前，德军第 2 装甲师已经行进了约 10 英里。"欧洲战区第 17 号审讯记录，ML-863，1945 年 8 月 1 日，19—21：德军第 116 装甲师师长格哈德·冯·什未林中将认为有 6 个原因，导致了德军进攻阿夫朗什的失败："一、认识到德军第 84 军的虚弱无力与其正处于危险境地太晚……二、对主攻方向的选择不当……三、德军第 47 装甲军过早地发起进攻……四、德军第 2 装甲师与第 116 装甲师已然损失过重……五、盟军强大的炮兵……六、盟军航空兵的优势。"1962 年，纽约：普雷格出版公司，沃尔特·瓦尔利蒙特，《1939—1945 年，在希特勒的司令部之内》(*Inside Hitler's Headquarters 1939–45*)，第 449 页：希特勒不同意以上说法："这次进攻失败是因为克鲁格希望这次进攻失败。"

32. 布鲁斯·克拉克将军文件："他（布拉德利）非常信任自己的情报官，最后也是他对情报官的信赖，导致他在阿登战役中吃了大亏。"

33. 美国陆军军史研究所，波格文件，1947 年 2 月 14 日，对阿瑟·科宁厄姆空军中将的采访，第 3 页：英国皇家空军的高级军官如此评论："在法莱斯，蒙蒂应该做得更好才对。然而，他却把德军放跑了……他再次带着集团军群之间的门阀之见来处事。这个小矮子，他嫉妒巴顿。"

34. Extract from war diary, HQ U.S. Third Army, 17 August 1944; Hobart R. Gay Papers, MHI.

35. 美国陆军军史研究所，《*HIS 314*》第 7 期特别研究，：格罗将军将边界线称为"'停下来待命'线……如果以恰当的方式进行划定，其并非藩篱，反而有所裨益。"

36. Sir Brian Horrocks, *Corps Commander* (New York: Charles Scribner's Sons, 1977), p. 39.

37. 1989 年，伦敦：魏登费尔德与尼克尔森出版公司，科雷里·巴尼特，《希特勒的将军们》(*Hitler's Generals*)，第 406~408 页："冯·克鲁格走访前线部队时，与德军最高统帅部失去了联系。1944 年 7 月，在经历暗杀事件后，希特勒的司令部里到处都弥漫着怀疑的气氛。克鲁格与德军最高统帅部的失联，导致大家人心惶惶。克鲁格想要率领西线德军投降布拉德利吗？"

38. 1944 年 9 月 5 日，《每日电讯报》(*Daily Telegraph*)：登普西也曾命令攻占法莱斯，后来向东南方向进攻，封闭包围圈，与布拉德利会师。登普西辩解道："当美军从右翼进行迂回时，我不得不稳住英军，等着美军后撤……最终，美军从我前沿撤出了 2 个师，我才能继续前进。这浪费了我 48 小时。"美国陆军军史研究所，奥马尔·布拉德利文件，1944 年 9 月 10 日，通信：布拉德利对此表示愤怒，在给艾森豪威尔的信中，他写道："我认为登普西将军的陈述是对美军的直接批评，这是有失公允的！"

39. "The Corps in Combat—XV Corps closes Falaise Gap from South" Wade H. Haislip Papers, p. 11, MHI.

40. 从法莱斯包围圈中逃出来的德军坦克数量，各种报告的数量很不一致，从（2 号作战报告）的 250 辆到（1944 年 8 月 22 日，德军 B 集团军群的报告）72 辆不等。德军也四处搜集各种瘫痪的武器装备（由于盟军战术航空兵摧毁了铁路或其发动机，导致只能搁置在火车的平板车上的"虎"或"黑豹"），以及仍然在（巴黎以南）德军装甲兵学校中训练的装甲兵学员。

41. Bruce Clarke Papers.

42. 美国陆军军史研究所，汉森日记，22-A，第 5~6 页：巴顿曾对布拉德利说："你与我的组合真是天衣无缝。我想出各种主意，你从中取其精华，去其精粕。"这是巴顿在谄媚而已——布拉德利的大部分命令，他都想方设法地不去执行。

# 第9章
# 突破：1944年8月8日，"总计"行动

---

*蒙蒂的问题在于他的指挥能力从未达到过能胜任集团军群司令的水平。他喜欢单打独斗，亲自指挥1个集团军或1个军作战。*

*——盟国远征军最高司令部总参谋长，沃尔特·比德尔·史密斯中将[1]*

*敌军首个目标，是在进行持续正面突破进攻的同时，从两翼对我军第5装甲集团军与第7集团军主力实施迂回包围。*

*——1944年8月7日，德军B集团军群，秘密情报报告[2]*

---

尽管盟国远征军最高司令部的夏季攻势有些令人印象深刻的进展，但与苏军最高统帅部的标准相比，还是有些生疏与拖沓。当面临的作战问题急需简练的方法解决时，蒙哥马利与布拉德利鲜有创造良机的表现，他们回归于此时已经明显不合时宜的总体作战计划，充斥着蛮力的战术。在美军第7军深陷灌木篱墙地带时，蒙哥马利酝酿了"蓝衣"行动。在茂密的灌木篱墙中，美军与德军坚定的后卫行为展开激战。对美军装甲兵来说，这是艰苦的作战。正如马特尔将军所言："坦克并不害怕火炮，但坦克忌惮隐蔽起来的火炮。"[3] 7月29日午夜时，特洛伊·米德尔顿的前锋已经抵达阿夫朗什的桥梁。在诺曼底前线，"春天"行动的失败与"眼镜蛇"行动的稳健，使战场局势变得不对称。"蓝衣"行动的事倍功半，使暴躁的蒙哥马利[4] 孤注一掷地命令加军第1集团军再次对卡昂前线发起装甲突击。

与巴顿形成鲜明对比的是，克里勒对其最关键的军长盖伊·西蒙兹可谓倾其所有。西蒙兹掌握着加军装甲兵主力，兵力规模相当于盟军4个装甲师。这使蒙哥马利具备了在东翼实施战役机动的能力，从而与布拉德利展开竞争。理论上，西蒙兹可以就此成为加军的"巴顿"，实施突破与迂回，与海斯利普会师，就此

将全部德军一网打尽，并解放盟军的战略目标——巴黎。这需要加军实施成功的战术穿插，将其扩大为战役突破，以此获得战略胜利。苏军最高统帅部可能会对此时西方盟军的战役法颇感兴趣：在法国的西翼，布拉德利掌握着 2 个满编的集团军；在东翼，盟军的下次主攻，却由 1 名军长执行。同时，蒙哥马利向加军许诺，会出动重型轰炸机进行支援——在西方盟军中，其等同于苏军的突破炮兵。①

与卡昂周围令人泄气的战局相比，美军防区内的装甲作战打得可谓风生水起。科林斯封闭了龙塞包围圈，米德尔顿的"坦克军"——美军第 4 装甲师与第 6 装甲师，正冲向阿夫朗什。美军第 6 装甲师 B 战斗群长驱直入 18 英里，攻占了诺曼底战役以来，盟军夺取的首座桥梁。8 月 1 日，美军第 3 集团军出战，巴顿指挥 7 个师横扫布列塔尼半岛。当天下午，他命令伍德将军的第 4 装甲师进抵雷恩，格罗将军的第 6 装甲师攻占布雷斯特。在阿夫朗什，当美军掉转进攻方向后，他们忽然发现自己极有可能重演古代的坎尼战役。"眼镜蛇"行动逐渐从突破行动升级成为全面的战役突破：布拉德利正在克鲁格的战役纵深实施战役机动。

8 月 3 日，伍德将军指挥的美军第 4 装甲师抵达雷恩，格罗将军指挥的美军第 6 装甲师，在冲向布雷斯特的道路上，也已经走完了半程。这深深震撼了克鲁格的高级参谋官们。从诺曼底出击，巴顿将军已经狂奔了 80 英里（约 128.7 千米）。当晚，蒙哥马利给克里勒打电话，命令他从卡昂区域发起猛烈进攻，直扑法莱斯。但是，在 8 月 8 日之前，克里勒都无力发起"总计"行动。然而，在 8 月 8 日前一天，德军就在莫尔坦实施了反击。

与"眼镜蛇"行动与"蓝衣"行动不同的是，"总计"行动将攻入适合坦克作战的地带。卡昂以南开阔的平原，非常适于装甲兵实施机动，也是非常利于德军的"虎"与"黑豹"炮击远程目标的战场。西蒙兹忌惮德军坦克的优势，不得不再次发起夜袭。"总计"行动发起时，"眼镜蛇"行动已经持续了 2 个星期。第二天，克鲁格的"列日"行动就拉开了帷幕。此时，布拉德利已经席卷诺曼底、布列塔尼与卢瓦尔河，盟军在法国的作战似乎即将取胜。然而，布拉德利忽然变得极端保守。情报部门发出了希特勒命令反击的警报，称德军 7 个装甲师正磨刀

---

① 突破炮兵（Breakthrough Artillery），1943 年 4 月，苏军组建了 7 个突破炮兵师。在编制上，其比标准的常规炮兵师多 1 个装备 152 毫米榴弹炮的炮兵团与 1 个装备 203 毫米榴弹炮的炮兵团。

霍霍，准备杀奔莫尔坦。正是这些德军装甲师——在"春天"行动中，西蒙兹未能牵制住他们；在"蓝衣"行动中，登普西也能未能伤其分毫。德军第 21 装甲师、党卫军第 9 装甲师与党卫军第 10 装甲师（以其唯一的 1 个装备"黑豹"的装甲营）继续在西翼监视"蓝衣"行动。其他 4 个装甲师（包括 4 个装备"黑豹"的装甲营）向西进攻布拉德利。这些德军装甲师的行动，足以使美军指挥官在要不要允许巴顿继续发起猛烈进攻的问题上犹豫不决。布拉德利不愿意让巴顿继续前进，战役方向就此转回到了盟军的东翼。

　　"总计"行动应该会更容易：当然，胜算已经改变了。在"古德伍德"行动与"春天"行动期间，双方兵力对比，对德军非常有利。此时西蒙兹麾下有 3 个步兵师（加军第 2 步兵师、第 3 步兵师与英军第 51 苏格兰高地步兵师），2 个装甲旅（加军第 2 装甲旅与英军第 33 装甲旅），以及其中坚力量，2 个新锐的装甲师（加军第 4 装甲师与波军第 1 装甲师）。与之对抗的是德军第 89 步兵师与库尔特·迈尔上校指挥的武装党卫军第 12"希特勒青年团"装甲师。德军第 89 步兵师此前长期在挪威执行卫戍任务，此时刚刚抵达诺曼底。[5] 武装党卫军第 12"希特勒青年团"装甲师是德军在诺曼底前线的战役预备队。[6]

　　"总计"行动将成为诺曼底战役中最后的大规模攻势。尽管与"眼镜蛇"行动关系不大，其仍然乐于动用盟国远征军最高司令部发起攻势的标志性关键组成部分——战略航空兵。重型轰炸机的出现，就意味着盟军发起了战略攻势。如果没有重型轰炸机，就不是战略攻势。在达成突破之前，西蒙兹几乎没有选择进行机动的空间，因此他决定通过技术增强其正面进攻的力度。[7] 从作战理论的理论角度来看，这种改变令人震惊。他准备在此次夜袭中，以坦克为先导：这次夜袭的前锋不是步兵，而是由装甲纵队组成的"绞肉机"，作为突击兵力。

　　"总计"行动是个错综复杂的阅兵式：混合着导航坦克、连枷式扫雷坦克、装甲推土机、"丘吉尔"喷火坦克（绰号"鳄鱼"），主战坦克与尾随的"袋鼠"，后者是根据西蒙兹的要求，在"牧师"式自行榴弹炮的基础上改装的装甲运兵车，用于运输步兵。[8] 每个装甲集群的密集程度，都超过了皮卡迪利广场交通高峰期的车流："我从坦克中爬出去，前往团纵队的尾部，我们的坦克密集到我的脚不用接触地面就可以从 1 辆坦克跨到另 1 辆坦克上。"[9] 这次进攻以罗盘进行导向，以连枷与推土铲扫雷。为了确保攻势能够保持方向，加军在进攻纵队的两翼部署了"博福斯"（Bofors）高射炮，发射曳光弹指示进攻方向。巨型探照灯提供人造月光与锁定在远程目标上的强光束——超现实般的目标指示。在"春天"行动与"大西洋"行动中，英军与加军投入的坦克很少，而这次则是矫枉过正。在第一阶段，英军与加军将投入 2 个坦克旅①；在第二阶段，"在窄正面，以密集方阵的队形"，投入 2 个整建制装甲师。"德军还有希望可言吗？"[10]

## 铁甲重拳

*快看，"苏军"已经突入圣洛！*

*——1944 年 7 月，切斯特·汉森[11]*

*当我们告诉他们，我们将继续发起进攻时，他们非常震惊。*

*——1944 年 7 月 27 日，西蒙兹对其苏联访问者的描述[12]*

西蒙兹要解决的问题，对英军第 21 集团军群来说，实际上就是无法突破德军防线的问题。在东线，苏军已经发现了解决这个问题的方案：德军坦克预备队无法封堵苏军压倒性的炮火与以梯队阵型发起进攻的机械化军撕开的突破口。当德军坦克试图封堵苏军第二梯队的坦克时，将被迫暴露侧翼，遭到苏军战役机动集群的打击。盟军将领没有研究过苏军的技战术，然而具有讽刺意义的是，就在"总计"行动发起之前的 1944 年 7 月 27 日，斯大林派来的代表团访问了西蒙兹。[13]他们询问了双方的兵力对比，西蒙兹告诉他们："加军第 2 军当面的德军兵力与加军几乎相等。当我们告诉他们，我们将继续发起进攻时，他们非常震惊。他们说，除非苏军的规模达到德军的 5 倍或 6 倍，否则苏军根本不会发起进攻。"[14]

对此，西蒙兹与他的参谋们报以礼貌的微笑，并谢绝了苏军的建议：他们认为苏军缺乏品位，（同时也认定他们）很不可靠。他们对苏军的评估是可悲的，

---

① 原文如此。实际上，投入"总计"行动的是加军第 2 装甲旅与英军第 33 装甲旅。在英军与英联邦军中，"装甲旅"与"坦克旅"是不同的。前者以中型坦克或巡洋坦克为主要装备，后者以步兵坦克为主要装备。

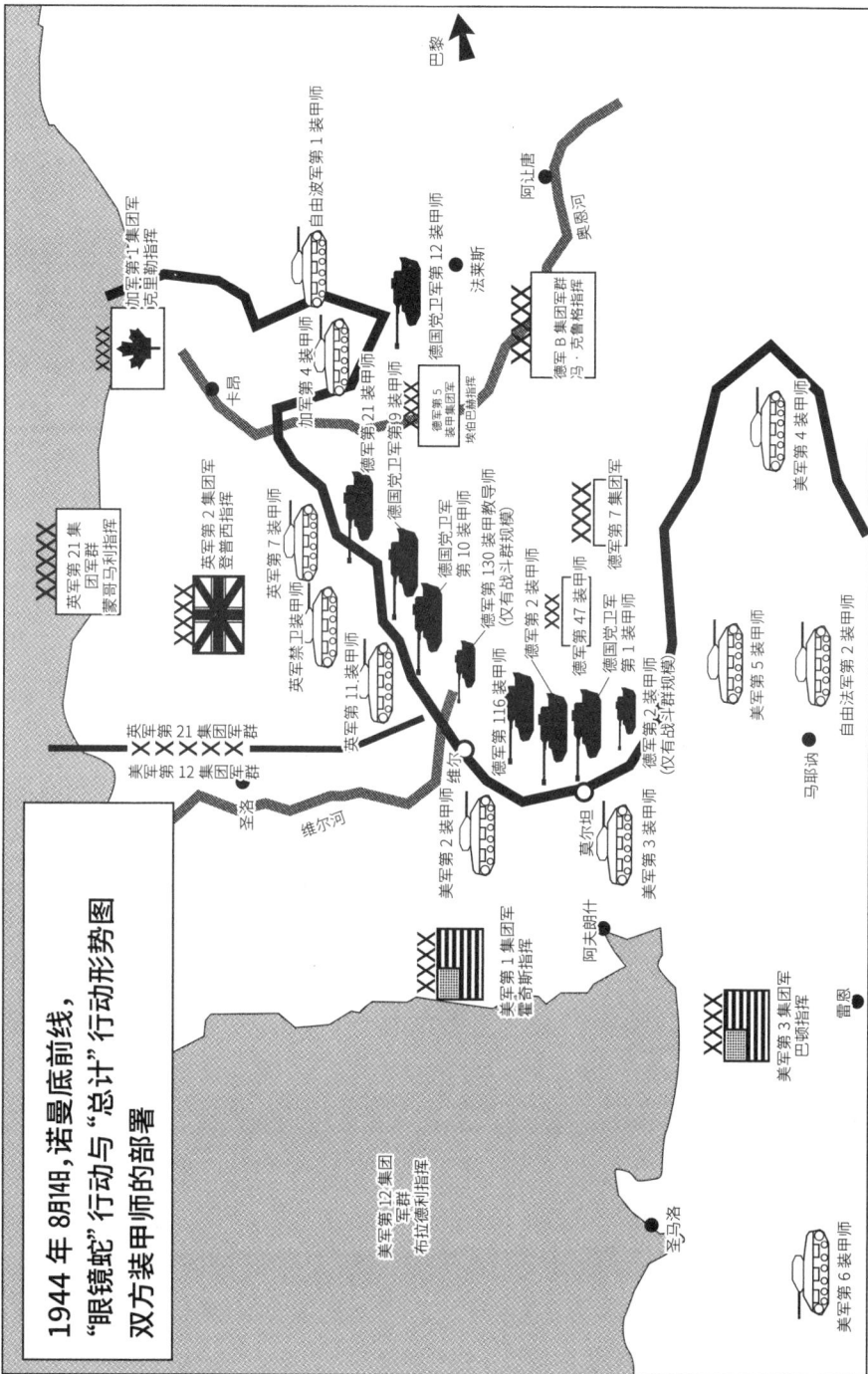

1944 年 8月14日，诺曼底前线，
"眼镜蛇"行动与"总计"行动形势图
双方装甲师的部署

苏军的战役法比西方盟军"不知高到哪里去了"。驻苏联的西方盟军武官发回的报告中，苏军战役法非常粗糙，西方盟军的参谋学院对此颇为不屑。他们认为，苏军对大规模军事行动的应用只适用于技术粗糙与作战理论简陋的陆军。然而，事实却截然相反。在师级、营级与排级，苏军的战术不如西方盟军，但在集团军群与战区等级上，苏军却将美军与英军的总参谋部远远甩在了后方。

西蒙兹认为，其当面的德军并非只构筑了一道防线，而是布设了两道密布雷区的防线。武装党卫军第 12"希特勒青年团"装甲师得到了党卫军第 1"元首警卫旗队"装甲师的秘密增援。[15] 如果他重新评估德军兵力，他可能会考虑一些更为重要的消息。在诺曼底，西蒙兹很可能是唯一能直接获取"超级机密"情报的军长。[16] 他本可以借此获悉希特勒的命令——8 月 3 日，最后批次的武装党卫军师已经从加军第 2 军防线前沿阵地撤了出去。其次，位于加军走廊上唯一的德军机动预备队——武装党卫军第 12 装甲师，已经撤到了法莱斯地区。再次，在加军当面，守卫防线的是缺乏实战经验的德军第 89 步兵师。因此，加军第 2 军突击兵力的规模，已经超出了苏军的最低标准。实际上，如果对比双方步兵、坦克与炮兵，西蒙兹的兵力优势已经接近苏军发起进攻时所追求的 10∶1 的比例。1940—1941 年时，这种兵力对比的状态正是实施"闪击战"的绝佳时机。

新闻报道刻意将"总计"行动塑造成创造性计划的杰作，但显而易见的是，其本质不过是个迟缓且控制过度版本的"春天"行动。在"春天"行动中，英军与加军各师各旅几乎没有进行自主机动的空间。在"总计"行动中，则是完全没有任何机动的空间。此外，一旦英军与加军达成突破，这场攻势就会停下来，以待美国陆军航空兵的 B-17 将诺曼底的村庄彻底抹去。

在单行通道中展开行动必然是困难的，对两个初出茅庐的装甲师来说，这样投入首战，也必然引起混乱。使之更为陷入困境的是，根据西蒙兹的部署，这两个装甲师需要在这条单行通道中并列出击。波军第 1 装甲师与加军第 4 装甲师，"各自的进攻正面只有 1000 码（约 914 米）。"通常来说，这样的宽度只够 1 个装甲团展开进攻。加军第 4 装甲师师长乔治·基钦少将回忆："我与马切克将军都请求西蒙兹将军能扩展我们的进攻正面，以给我们用于机动的空间，但他没有批准，他说这意味着两个执行突击任务的师，有 1 个师的进攻目标需要改变。"[17] 最终，这导致了交通堵塞的问题："很快，能见度就下降为零……巨大的炸弹弹坑挡住

1944 年 8 月 8 日，"总计"行动，
加军第 1 集团军前沿，双方兵力部署情况：

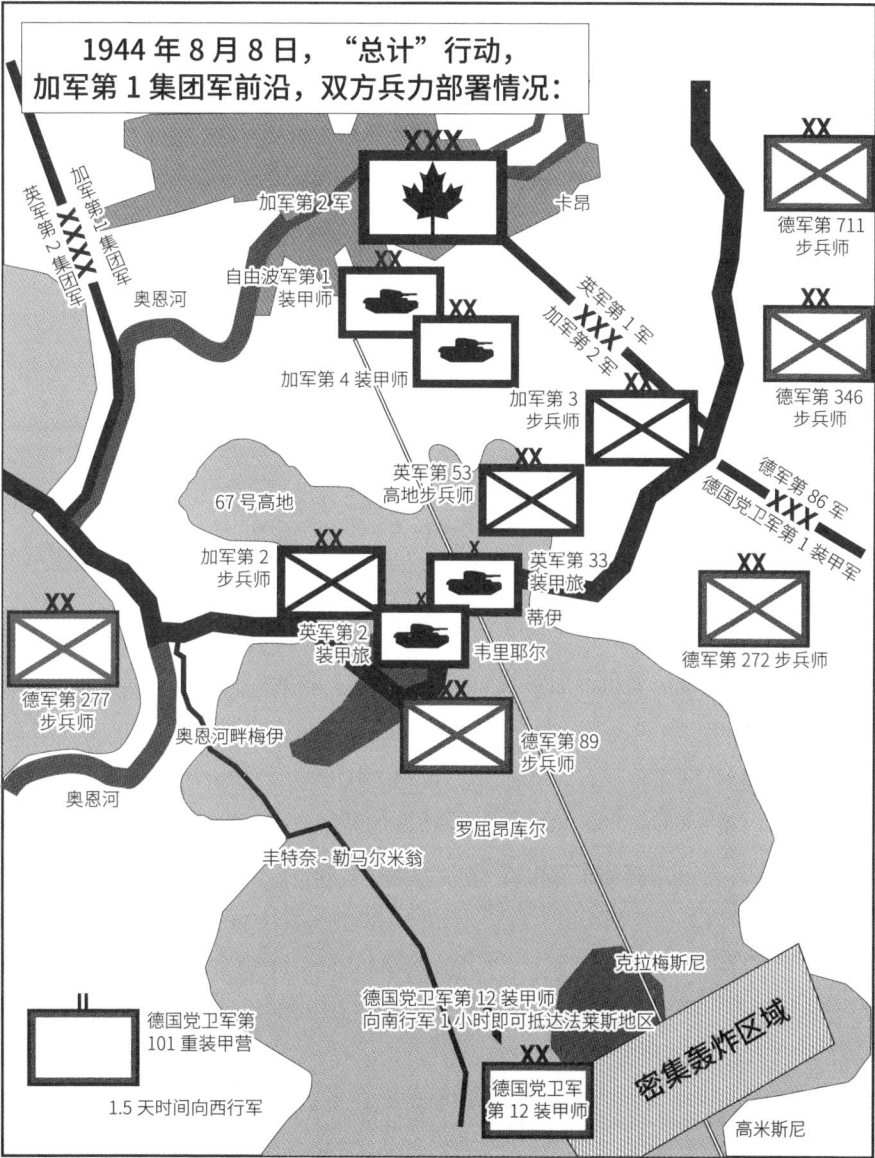

英军第 2 集团军

加军第 1 集团军

奥恩河

加军第 2 军

卡昂

德军第 711
步兵师

自由波军第 1
装甲师

加军第 4 装甲师

英军第 1 军

加军第 2 军

德军第 346
步兵师

加军第 3
步兵师

英军第 53
高地步兵师

67 号高地

德军第 86 军

德国党卫军第 1 装甲军

加军第 2
步兵师

英军第 33
装甲旅

蒂伊

英军第 2
装甲旅

韦里耶尔

德军第 272 步兵师

德军第 277
步兵师

奥恩河畔梅伊

德军第 89
步兵师

奥恩河

罗屈昂库尔

丰特奈－勒马尔米翁

克拉梅斯尼

密集轰炸区域

德国党卫军第
101 重装甲营

1.5 天时间向西行军

德国党卫军第 12 装甲师
向南行军 1 小时即可抵达法莱斯地区

德国党卫军
第 12 装甲师

高米斯尼

了我们的去路……坦克掉了进去……无法回收。"各团都迷失了方向，还遭到了友军火力的误击。"两名军官试图引领装甲纵队，在浓密的烟雾中寻找路标，纵队前锋就此分成了两组。军官步行，引导着坦克，有个组走得太远，脱离了己方所在的方向，走到了右侧的加军纵队里。"[18]

早晨，他们发现，与其说自己是抵达的是目的地部队，不如说是在一个拥挤的坦克停车场，正位于第二阶段的轰炸起始线附近。位于他们正前方的是空旷的田野。加军第 2 军已经达成了突破。

## 万事俱备却无所作为

*我们要全力以赴。在卡昂附近，盟军以我们前所未见的阵势达成了突破。*

*——1944 年 8 月 19 日傍晚，克鲁格对豪塞尔如是说* [19]

根据作战计划的要求，加军第 2 军停止前进，等待炮兵跟进。西蒙兹认为，在韦里耶尔岭后方，就是德军构筑的纵深防御——克鲁格的主防御阵地。加军第 2 军停止前进时，盟军重型轰炸机将彻底粉碎这道防线。遗憾的是，并没有什么"第二道防线"。流逝的每分钟，都给了武装党卫军第 1 装甲军军长"泽普"·迪特里希与党卫军第 12 装甲师师长库尔特·迈尔调集更多预备队封堵盟军突破口的时机。然而，此时叫停轰炸机却为时已晚：当初，为了筹备这次轰炸，参谋部做了大量复杂的工作。因此，克里勒很可能不太情愿告诉哈里斯"不用了，谢谢"。拂晓时分，加军第 2 军完全停止了前进，在出发阵地上等待 B-17 的空袭。然而，这场空袭，他们一等就是 6 小时。[20]

首先抵达此区域的是库尔·特迈尔，他立即命令在公路上撤下来的德军散兵游勇，围绕桑托（Cintheaux）建立临时防御阵地，形成新的封锁区域。加军的停顿也给了沃尔夫冈·皮克特中将（德军第 3 高射炮军军长）时间，将 88 毫米高射炮作为反坦克炮，补充到武装党卫军第 12 装甲师在魁奈（Quesnay）森林区域，用反坦克炮与师属高射炮组成的反坦克炮阵地中。个体的主动性、指挥的统一性与纪律的严格性，再次拯救了德军。尽管在加军、英军与美军中也可能发生这样的情况，但在德军中，这更为普遍。英军与加军的团级系统，带有某种"部族身份"性质，会区分"我们的军官"与"他们的军官"，怀着"快看，其他团已经崩溃了"的心态，使英军与加军很难进行临机的重组。

德军高层指挥部对"总计"行动做出了迅速的反应。"泽普"·迪特里希命令武装党卫军第 12 装甲师发起反击，封堵盟军的突破。同时，德军第 5 装甲集团军司令，海因里希·埃伯巴赫装甲兵上将，驱车前往于尔维尔（Urville）会见库尔特·迈尔。他认同迈尔对此刻形势的判断，并支持他发起反击的决定。迈尔决定出动 2 个战斗群，"瓦尔德米勒"战斗群与"温舍"战斗群。后来，他更是将武装党卫军第 12 装甲师的全部兵力派了上去。[21] 迈尔下达的反击命令，足以使其登上诺曼底坦克战的《名人录》。武装党卫军第 12 装甲师就此将武装党卫军中杰出的战士押了上去：克劳泽、瓦尔德米勒、温舍，与"黑骑士"本人米夏埃尔·魏特曼。

瓦尔德米勒与温舍的部队首先抵达，迅速部署，迅捷地展开反击。他们在旷野上进行重组，以进攻 122 高地（加军出发阵地的中央）。瓦尔德米勒将其装甲掷弹兵团与 JPz Ⅳ 坦克歼击车留在桑托，在主干道上设立路障。他的 Pz Ⅳ 中型坦克向东北方机动，魏特曼的"虎"式重型坦克沿着第 158 号公路，一路向北，隆隆开进。此时，迈尔驱车前进，以观察加军前沿阵地。当他看到盟军装甲集群时，他震惊得瞠目结舌："看到如此密集的坦克，简直令我感到窒息。我们无法理解加军的做法，这排山倒海般的坦克，为什么不向我们发起进攻？"[22] 当迈尔眺望迟钝的盟军装甲方阵时，他又注意到了头顶上空 1 架孤零零的 B-17。那是 1 架领航机，是重型轰炸机的前进观察员，在空中飞行的前线空中指挥所，负责引领重型轰炸机机群与标记目标。在之前盟军轰炸卡昂与"古德伍德"行动时，迈尔就见识过这种战术。在加军出发阵地附近，他向瓦尔德米勒与魏特曼下达了进攻命令。[23]

在高米斯尼（Gaumesnil）以北，加军第 2 装甲旅与英军第 4 装甲旅① 正在布设伏击阵地时，他们遭到了"瓦尔德米勒"战斗群的进攻：39 辆 Pz Ⅳ 中型坦克与 10 辆"虎"式重型坦克。双方的兵力对比令人发笑：德军 49 辆坦克对决加军 600 辆坦克。然而，加军狭窄的进攻正面却平衡了德军数量上的劣势。西蒙兹

---

① 原文如此。实际上，与加军第 2 装甲旅处于并列状态的是英军第 33 装甲旅。加军第 4 装甲旅隶属于加军第 4 装甲师，此时尚未跟上来。

最好的 2 个装甲旅，只能各自调动 1 个装甲团前进，每个装甲团只能展开 2 个坦克中队。这将迈尔与盟军的兵力对比缩小到了 1∶2。尽管仍然没什么胜算可言，但考虑到处于进攻中的德军具有士气高昂的优势，瓦尔德米勒仍然可以放手一搏。他利用星罗棋布的农舍作为掩护，缩短与盟军的距离，在农舍之间进行机动时，一边前进一边向盟军开火。只有魏特曼的数辆"虎"式，在正中央一马当先地冲向盟军。[24]

### 德军装甲兵反击

只要有任何机会，德军的"虎"式重型坦克都会发起进攻。德军组建精锐装甲营的益处，在于其经受了良好的训练，具有高度的积极性，对其武器装备的优势具有高度的自信，但也因此而经常忽视战术现实。"有时，对'虎'式重型坦克的应用，几乎无所顾忌；其乘员敢于如此冒险，这意味着他们对自己的座车具有高度的信心。"[25] 这次，情况略微生变。魏特曼与迈尔握手之后，调整了自己的喉部通话器，下达命令："坦克，前进！"他指挥 4 辆"虎"式重型坦克，呈楔形阵出击。在高米斯尼附近的灌木篱墙，他们短暂地停留了一会儿，随后隆隆地开过旷野，短停并在远距离击毁了 1 辆"谢尔曼"："正在发起进攻的'虎'式重型坦克，注意力都集中于加军第 2 装甲旅的坦克，这些加军坦克正沿着国道两侧开进。"[26] 当双方的距离缩短后，加军第 2 装甲旅与英军第 33 装甲旅的坦克，以 75 毫米炮与 17 磅炮还击。突然，魏特曼的"虎"爆炸了，火光晃得盟军坦克的炮手睁不开眼。炮塔飞到半空中，又砸在 007 号"虎"式重型坦克后方的地面上。这位"王牌中的王牌"就此殒命沙场。究竟是谁击杀了魏特曼，这个问题至今仍有争议。[27]

魏特曼的"虎"式重型坦克与瓦尔德米勒的坦克发起的进攻，搅得整个加军前沿阵地都不得安宁。战场的正上方，美军第 8 航空军的 492 架"空中堡垒"正嗡嗡作响。[28] 有些领头的轰炸机过早地投下了炸弹，后方的各中队也如法炮制，结果误炸了西蒙兹的前锋兵力。波军第 1 装甲师、加军第 3 步兵师、加军第 2 装甲旅旅部、加军第 2 皇家炮兵集群与第 9 皇家炮兵集群，都遭到了误炸。冲击与混乱接踵而至。13 时 30 分，西蒙兹的加军第 2 军司令部向克里勒请求"停止所有轰炸"。其中 1 名伤亡人员是加军第 3 步兵师师长罗德·凯勒。人们最后一次看见他时，他正被抬进救护车。当时，他正冲着自己的勤务兵大喊："罗伯茨，把我的左轮手枪给我！我要打死我看见的第一个美国人！"[29]

## 钦基的战斗群

---

*敌军似乎进行了重组，他们的坦克倾巢而出发起进攻，却没有步兵伴随。*

*——1944 年 8 月 8 日 22 时 30 分，埃伯巴赫将军向克鲁格元帅报告时如是说*

---

当波军第 1 装甲师与加军第 4 装甲师正忙于重组时，德军"瓦尔德米勒"战斗群向其发起了进攻。加军第 2 装甲旅的"谢尔曼"与魏特曼的"虎"进行了残酷的对决。"瓦尔德米勒"战斗群以魏特曼为中心，突袭了西蒙兹的前沿阵地。武装党卫军第 12 装甲师凌厉的攻势，逼退了波军第 1 装甲师与加军第 4 装甲师。这次进攻打乱了英军与加军发起进攻的时间表。[30] 15 时 30 分，"总计"行动才展开第二阶段，与原计划相比推迟了 2 小时。距离德军第 89 步兵师最初的崩溃，已经过去了 9 小时。

加军第 4 装甲师开始前进，很快遭遇了德军远程反坦克火力的打击。加军的前锋是"哈尔彭尼"战斗群（Halpenny Force），其为比尔·哈尔彭尼中校指挥的装甲战斗群，下辖他指挥的装甲团——加拿大禁卫掷弹兵团，与苏必利尔湖苏格兰步兵团（The Lake Superior Scottish Regiment，1 个机械化步兵营）。此时，在桑托以南 1 千米处，他们与迈尔临时组建的后卫兵力展开激战，陷入胶着。马切克的先锋旅，以其 2 个装甲团（波军第 2 装甲团与第 24 枪骑兵团）发起进攻，击退了德军"瓦尔德米勒"战斗群的 Pz IV 中型坦克，但此时他们遭遇了武装党卫军第 12 装甲师师部警卫连从东方发起的反击。此时，武装党卫军第 12 装甲师的 JPz IV 坦克歼击车正置于其指挥之下。这些装甲防护力强且外形轮廓低矮的坦克歼击车击毁了波军 26 辆"谢尔曼"。波军被迫躲入克拉梅斯尼森林，逡巡不前。西蒙兹试图通过无线电指挥这场战斗，但并不如愿："为什么波军不继续进攻？"[31] 马切克试图向他解释："德军反坦克炮与数辆'虎'式重型坦克隐蔽在两片树丛中……但是，我们会立即重组坦克，在地狱般的声音里继续发起缓慢而坚忍的进攻。"[32] 尽管遭遇的都是 Pz Ⅳ 中型坦克，但迈尔灵活的防御，使在窄正面上发起进攻的波军第 1 装甲师毫无进展。

加军发起的进攻，规模零敲碎打，且得不到支援。迈尔认为，德军简直幸运得不可思议，因为盟军没有发起任何集中兵力的进攻。当盟军的各战斗群向布雷特维尔莱拉贝（Bretteville-le-Rabet）发起轮番进攻时，他们遭到了位于魁奈森林中武装党卫军第 12 装甲师第 12 装甲歼击营与德军第 3 高射炮军的 88 毫米高射炮的打击。[33] 这些反坦克炮与高射炮 "伪装良好，打得很准……在不到 48 小时里，超过 150 辆 '谢尔曼' 的残骸，就横七竖八地散落在了莱松河以北的麦浪中"。[34] 钦基的装甲突击宣告结束，从其所有意图与目的来看，"总计" 行动也就此结束了。迈尔对此的分析值得重读：

> 加军每次行动的开始阶段都可谓完胜，其参谋作业堪称精密的杰作……加军每次行动都在计划阶段设置了密集的标志，并建立在健全的原则之上。加军从未将开局的胜利扩展为全面胜利，每次进攻都是仅推进了数英里，就衰竭成了强弩之末。
>
> 装甲战争就是在战场上是否能抓住稍纵即逝的时机的问题，因此师长应该与前锋战斗群在一起。[35]

## 指挥与控制

*为什么停下来了？……继续滚滚向前！……如果你的前方没有阻拦，你就必须前进。进行侧翼迂回，继续前进！前方没有阻拦，前进速度依然缓慢。我再也等不下去了——我要求你们快速前进！*

*——1944 年 8 月 8 日，钦基将军下达的命令*

尽管钦基全天都在催促，但他麾下的各装甲团仍然未能摆脱困境。德军 "瓦尔德米勒" 战斗群的反击将毫无经验的加军第 4 装甲旅吓了一跳。他们对友军的轰炸感到恐惧，小心翼翼地绕过弹坑，对德军的任何反击，都感到风声鹤唳。实际上，"坦克单打独斗"，或者说以坦克为主力的战斗群，只配属极少的步兵或根本没有步兵，但配属炮兵的前进观察员、前线空中控制员与工兵，足以在对抗机动反击兵力时有巨大的斩获。加军第 4 装甲旅的首次行动就遭受了打击：他们要么忘记了支援步兵，要么"没有彻底意识到炮兵的能力；他们从未呼叫过烟幕弹的掩护"。[36] 对加军第 4 装甲师来说，其当时所面对的战术态势，需要其动用两种战斗群：以炮兵支援更为平衡的步兵战斗群清剿德军防御阵地，以坦克为主力的战斗群对抗德军"瓦尔德米勒"战斗群。这要求指挥官必须具备在前沿进行动态指挥的能力，这才是最重要的。达成目的的方法就是战役机动，而非仅限于连级的战术。这种机动需要旅长或参谋长为各旅与各团指出正确方向，并以第二梯队的兵力扩大战果。

西蒙兹的装甲兵指挥官，从波军装甲旅的马耶夫斯基，到加军第 2 装甲旅的怀曼、加军第 4 装甲旅的布思，都未能对战斗的走向施加任何影响。西蒙兹麾下的各装甲师师长，都从未僭越过军部的直接命令，他们对各自的装甲师，也只是进行管理，而非进行指挥。钦基迫不及待地想要继续突破：加军浪费的每个小时，都意味着将有更多的"虎""黑豹"与装甲掷弹兵抵达战场。钦基愤怒地将各装甲团团长召回到后方开会，[37] 命令他们通宵前进——这些装甲团分毫不差地重复了英军从 1939 年以来，就在英格兰、意大利与北非沙漠曾经做过的事——夜幕降临后，他们就停止前进，布阵设防。

克里勒耐心地审视着战局，并放手将其交给西蒙兹。他的对手海因里希·埃伯巴赫，面部在战场上被严重烧伤。他戴着布制军帽，穿着黑色装甲兵制服，制服喉部别着骑士十字勋章，亲自开车到前线观察"总计"行动的情况，随后直接向克鲁格做出了悲观的报告："我已经没有其他兵力可用。如果明天继续这样下去，我们将无法阻止盟军前进。"[38] 埃伯巴赫的报告，说服了克鲁格元帅动用武装党卫军第 9 装甲师装备"黑豹"中型坦克的装甲营与装备"虎"式重型坦克的党卫军第 102 重型装甲营，前往增援迈尔。

## "总计"行动：第二次夜袭

西蒙兹仍然决定要为"总计"行动"做些什么"。他将再次发起夜袭，再次以探照灯创造"移动光"。他命令 2 个装甲战斗群沿着通往法莱斯的 158 号国道兵分两路前进。武装党卫军第 12 "希特勒青年团"装甲师不可能堵住宽达 6 英里的突破口，尤其是当波军第 1 装甲师大胆向东迂回，再挥师南下的情况下。

"总计"行动是加军装甲兵进行的首次连续进攻，颇值得研究。双方兵力对比，对进攻方有利：加军第 4 装甲旅有 240 辆坦克，而库尔特·迈尔只有约 100 辆坦克。此外，迈尔的坦克仍然在赶往战场，还需要守卫整条前沿阵地。他唯一能得到的增援兵力是根据克鲁格的命令，临时调派来的武装党卫军第 9 装甲师装备 "黑豹"中型坦克的装甲营，以及德军第 85 步兵师的掷弹兵，后者正取道维穆捷（Vimoutiers）与特伦。对加军来说，幸运的是加军第 4 装甲旅区域，最多只有 50 辆德军坦克，而加军有超过 200 辆坦克。再考虑到加军第 2 装甲旅的存在，此时加军第 2 军正具有压倒性的进攻兵力优势，约 685 辆加军与波军坦克，对抗 100 辆散落在前沿阵地各处的德军坦克。即使只统计 "萤火虫"中型坦克的数量，加军依然对德军具有绝对的数量优势。

**表 9.1 "总计"行动第二阶段，西蒙兹掌握的装甲兵力**

| | | |
|---|---|---|
| 加军<br>第 4 装甲师 | 第 4 装甲旅 | 第 29 装甲侦察团 / 南艾伯塔装甲团（South Alberta Regiment） |
| | | 第 21 装甲团 / 总督直属禁卫团（The Governor General's Foot Guards） |
| | | 第 22 装甲团 / 加拿大禁卫掷弹兵团（The Canadian Grenadier Guards） |
| | | 第 28 装甲团 / 英属哥伦比亚装甲团（The British Columbia Regiment） |
| 波军<br>第 1 装甲师 | 第 10 装甲<br>骑兵旅 | 第 10 猎骑兵团（10th Mounted Rifle Regiment） |
| | | 第 1 装甲团 |
| | | 第 2 装甲团 |
| | | 第 24 轻骑兵团（24th Lancer） |
| 独立装甲旅 | 加军第 2 装甲旅 | 第 6 装甲团 / 第 1 轻骑兵团（1st Hussars） |
| | | 第 10 装甲团 / 加里堡骑兵团（The Fort Garry Horse） |
| | | 第 27 装甲团 / 舍布鲁克燧发枪装甲团（Sherbrooke Fusiliers Regiment） |
| | 英军第 33<br>装甲旅 | 第 1 北安普顿郡义勇骑兵团（1st Northamptonshire Yeomanry） |
| | | 第 1 东赖丁义勇骑兵团（1st East Riding Yeomanry） |
| | | 第 144 皇家装甲团（144th Regiment Royal Armoured Corps） |
| 共计：14 个装甲团（840 辆坦克） | | |

（1）加军第 29 装甲侦察团装备 M4 "谢尔曼"中型坦克，波军第 10 猎骑兵团装备 "克伦威尔"式巡洋坦克。
（2）加军与波军装甲团（每个装备约 60 辆主战坦克）。

8 月 9 日凌晨，沮丧而暴怒的钦基终于让他的各装甲团动了起来。他的突击兵力中包括 "沃辛顿"战斗群（Worthington Force），基于加军第 28 装甲团组建而成，配属了阿尔贡金步兵团（The Algonquin Regiment）的 3 个步兵连，乘坐 M5 半履带式装甲运兵车进行机动。有军事历史学家表示："这个战斗群随后的表现与哈尔彭尼进行的说明进行对照，可谓展现了战术上的矛盾对英军与加军装甲兵的束缚有多深重。"[39]

## 装甲突破：8 月 9 日，"沃辛顿"战斗群的覆灭

*他们不得不进行的狂飙，不利于他们对战场进行冷静的评估。*

——*L.C.* 蒙克少校[40]

唐纳德·沃辛顿中校（与弗雷德里克·富兰克林·沃辛顿将军无关）计划与158 号国道平行前进，挥师南下，穿过公路之后，再向东南方迂回，攻占他的目标，这片区域的制高点——195 高地。然而，在夜间穿过德军防区，对首次参战的加军英属哥伦比亚装甲团来说，是个充满危险的挑战。盟军激动人心的轰炸与首次接敌的时机，已经使全团进入兴奋状态，迷乱的前进步伐，更使气氛越发紧张。"天色如此黑暗，以至于我只能看见前方坦克后部的红色车灯。有时，我们只能缓慢前进……还出现过故障。我指挥的分队绕过 1 辆抛锚的'谢尔曼'之后，很快就迷路了——到处都是坦克履带的车辙。"[41]

加军"沃辛顿"战斗群主力向东南方进行迂回，但他们可能将从布雷特维尔莱拉贝向东延伸而来的硬质路面公路，误认成了 158 号国道。在暗夜中，高地非常显眼，加军坦克向着高地一路挺进。他们抵达 140 号高地后，就停了下来。在这里的峭壁上，他们能够俯瞰莱松河。在不知不觉的情况下，加军"沃辛顿"战斗群占领了波军第 1 装甲师所要占领的目标："他们位于目标东北方 4 英里（约 6.4千米）处，正位于波军第 1 装甲师防区的边界处。"[42] 无论如何，加军英属哥伦比亚装甲团已经突入德军防区。无论他们自己，还是西蒙兹的军部都不知道，他们的悲剧即将降临。早晨，加军才发现，"沃辛顿"战斗群开到了 158 号国道以北，而不是计划中的 158 号国道以南。或许，加军第 2 军军部与英属哥伦比亚装甲团有些困惑，德军第 12 "希特勒青年团"装甲师却很清醒。

加军"沃辛顿"战斗群真正地引发了德军第12"希特勒青年团"装甲师的恐慌。加军1个装甲战斗群突入，这意味着加军2个装甲旅即将攻占法莱斯。在加军英属哥伦比亚装甲团与法莱斯之间，唯一的德军兵力就是迈尔的师部，距离不到2英里。他命令"温舍"战斗群立即展开反击。温舍利用党卫军第12装甲团第1装甲营1个装备"黑豹"中型坦克的装甲连与党卫军第102重型装甲营部分刚抵达的"虎"式重型坦克，对加军"沃辛顿"战斗群进行双重包围。南部的"虎"将远距离炮击"谢尔曼"，同时能够沿着158号国道形成支援。北部的包围圈能有效封堵加军"沃辛顿"战斗群后方波军第1装甲师的前进。

然而，8月9日，波军的表现并未有明显的改观。尽管他们遭遇的德军反坦克阵地很少，但他们仍然像加拿大禁卫掷弹兵团进攻魁奈森林那样，很快停止了前进。真正的悲剧是，当德军在波军当面的140高地上慢慢蚕食加军"沃辛顿"战斗群的英属哥伦比亚装甲团时，波军却无法接近友军。如果波军以1个装甲旅发起坚决的进攻，不仅能够拯救加军英属哥伦比亚装甲团，而且还能迂回迪特里希的侧翼。然而，马切克每次进攻，只出动1个装甲团，并遭到了温舍凶猛的进攻："他们有10~20辆Pz Ⅳ中型坦克与'虎'式重型坦克。德军步兵守卫着圣西尔万。德军使用迫击炮的技巧非常高超。"[43] 德军的进攻精神与毫无经验的加军坦克兵对德军"虎"式重型坦克的惯常恐惧，拯救了迈尔，葬送了沃辛顿："在'虎'式重型坦克的支援下，德军发起了强大的反击。"①[44] 有些坦克中队决定尝试。波军第10猎骑兵团抵达了圣西尔万，但温舍的数辆"黑豹"将其赶了回去。[45]

斯特凡诺维奇少校指挥的波军第1装甲团从东北方向发起进攻，宣称在鲁夫雷（Rouvres，距离英属哥伦比亚装甲团1英里多）附近抵达了莱松河。在那里，他们消灭了德军第85步兵师的1个骑自行车的步兵连。他们也遭遇了温舍的坦克："在圣西尔万，迈尔的武装党卫军第12装甲师挡住了波军。"[46] 在没有步兵与炮兵前进观察员的情况下，斯特凡诺维奇决定撤退。马切克的数个装甲团遭到了德军1个缺编的"黑豹"装甲连、少量Pz Ⅳ中型坦克与JPz Ⅳ坦克歼击车的进攻。这些坦克与坦克歼击车是8月8日德军"瓦尔德米勒"战斗群发起的进攻之后剩

---

① 实际上，波军第1装甲师并未遭遇过德军"虎"式重型坦克。

余的兵力。畏首畏尾的波军装甲团再次将其误认成了"虎"式重型坦克。经过短暂的远距离对射后，处于劣势的波军装甲团很快撤了回去。[47]

尽管得到了英国皇家空军的支援，而且波军前锋距离他们也只有 2 英里，但当温舍的坦克逐一摧毁加军坦克时，加军"沃辛顿"战斗群已经陷入孤立无援的状态。当晚，德军已经歼灭了加军英属哥伦比亚装甲团的坦克，阿尔贡金步兵团大部分的装甲步兵也非死即伤。[48] 加军残余兵力弃守已经成为"坦克墓地"的 140 高地，突围回到了加军阵地。阵亡的加军官兵中，包括英勇的沃辛顿中校。

加军英属哥伦比亚装甲团抵达了错误的目标。对此，很多评论都认为这是"悲剧性地混合了英勇与愚蠢的插曲"。[49] 人们将加军英属哥伦比亚装甲团视为半途而废，但实际上加军 1 个装甲战斗群已经突入德军防区，渗透到了迪特里希的后方区域。英属哥伦比亚装甲团需要的只是成功的增援。大规模装甲突击行动，尤其是师级与军级行动，4 英里实在只是"毛毛雨"。运动战不是争夺阵地的战斗，而是包围敌军阵地的机动行动。如果沃辛顿能立即得到 1 个装甲团的增援，再有 1 个装甲旅能从其侧翼进行迂回，那么加军英属哥伦比亚装甲团的装甲突击，将重演 1940 年时隆美尔的第 7 装甲师在默兹河上演的神话。然而，沃辛顿根本不知道自己在哪儿，钦基与西蒙兹也不知道沃辛顿在哪儿，虽然他们麾下有 5 个侦察团。按照王尔德的话说，在黑夜中损失 1 个团只是运气不好，但在晴朗的白昼损失了 1 个整编战斗群，则完全是粗心大意的恶果。[50] 加军第 2 军损失了 1 个团，英属哥伦比亚装甲团就此覆灭。[51]

西蒙兹命令加拿大禁卫掷弹兵团向南进攻 195 高地。皮克特的 88 毫米炮以猛烈的火力击退了他们。当天的剩余时间，加军第 2 军都浪费在了令人沮丧的无线电通信中。从本质上来说，加军第 2 军（此时还有 13 个装甲团）就这样停止了前进，等待英属哥伦比亚装甲团弄清自己的所在位置。无论波军第 1 装甲师还是加军第 4 装甲旅，似乎都没有能力冲过温舍的几辆坦克把守的侧翼。马切克对波军第 1 装甲师所做的决定，因而受到质疑。加军 1 个装甲团出现在了波军第 1 装甲师的目标位置上，似乎对波军没产生什么影响："有些官兵似乎在遭遇相对小规模的抵抗后，就转身后撤了。"[52]

遗憾的是，在诺曼底登陆之前，驻扎在英格兰的西蒙兹与钦基都没有指挥作战的训练经验。1944 年 2 月，他们才抵达英格兰。当时，蒙哥马利麾下的各集团军正忙于演练两栖登陆行动。在这种情况下，根本不可能进行军级或师级的军事演习。加军第4装甲师与波军第1装甲师抵达诺曼底时，也只刚好赶上参加"总计"行动。[53] 在没有充分测试其战术与通信标准的情况下，西蒙兹就将1个装甲军投入到他经历过的最宏大的战役中。那些惯于当"事后诸葛亮"的人，肯定要发出一片嘘声。然而，必须指出的是，西蒙兹根本没有得到足够有利的时机。在战役的白热化阶段，他却在背负着不近人情的时间表的状态下遭遇劲敌。在"总计"行动之前，加军第4装甲师下辖的各装甲团实施过试验性的"突袭"，参加了两次对蒂伊-拉康帕涅的进攻，却全部失败。加军第4装甲师与波军第1装甲师各自的装甲旅，显然还没有为参与师级与军级行动做好准备。

任何对"总计"行动的事后分析，都会将盟军失败的原因归于缺乏经验。对已经进行了4年训练的加军装甲兵来说，这恐怕是严厉的批评。从战术上来看，英军与加军独立装甲旅都轻松地挫败了德军"瓦尔德米勒"战斗群最初的反击。"萤火虫"终结了"虎"式的命运。有经验的官兵能够对抗"虎"式，但新兵仍然恐惧怪物般的"虎"式。德军的批评能够非常准确地反映加军自己导致的拖延。在评论中，库尔特·迈尔毫不留情地批评"总计"行动：

> 英军与加军的计划是不冒任何风险的。他们都不会动用充足的兵力去实现其计划（的目标）。英军与加军坦克扮演的角色，或多或少，都更接近于支援步兵的自行火炮……装甲战争需要抓住稍纵即逝的战机，因此装甲师师长应该与领头的战斗群一起行动，亲自观察战场形势，以节省时间，对正处于机动中的坦克迅速下达命令。师长，而非其他人，必须成为他所指挥师的领头羊……英军与加军实施行动时很教条，浪费时间，不知变通。作为装甲战争中最具威力的武器"快速"，他们从未做到过。[54]

老兵与历史学家都对迈尔的评论嗤之以鼻，但这可能是"吃不到葡萄说葡萄酸"的心理。在可能想象到的人中，他是最有资格批评"总计"行动的——他打赢了对"总计"行动的战斗。

这并非表示换成美军装甲师，其表现就能比加军第4装甲师与波军第1装甲师更好。不过，从美军的作战记录来看，巴顿的"胆大妄为"结合伍德与格罗出

# 1944 年 8 月 8 日—9 日，"总计"行动战术态势分析

安特河

法莱斯

XXX

德国党卫军第 1 装甲军
（迪特里希指挥）

卡昂—法莱斯公路

莱松河

德国党卫军第
12 装甲师
（迈尔指挥）

尽管加军"沃辛顿"战斗群突入了德国党卫
军第 12 装甲师后方区域，但其并未得到加
军第 4 装甲师或加军第 2 军的支援。温金
上校指挥的德国党卫军第 12 装甲师战斗群
歼灭了加军战斗群。

XX

德军"虎"式
重型坦克

140 高地

195 高地，加军"沃辛
顿"战斗群目标

德军"黑豹"式
中型坦克

德军坦克歼击车

远程反坦克火力阻止了波军前进

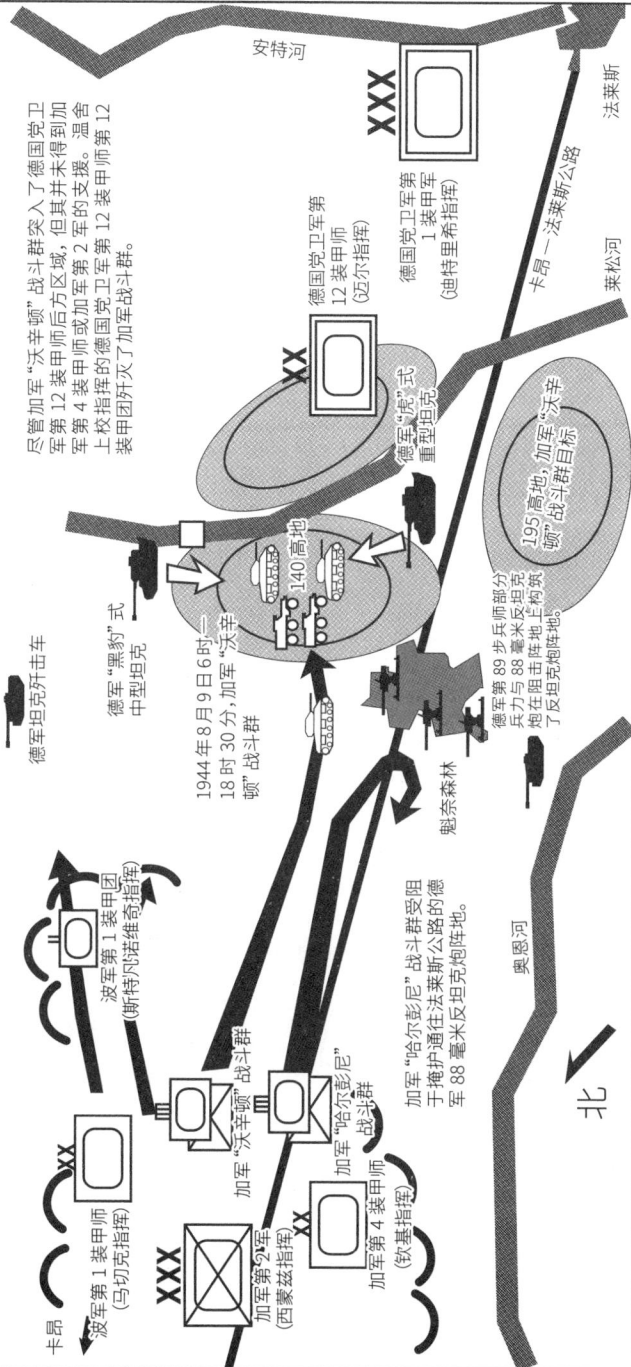

德军第 89 步兵师部分
兵力与 88 毫米反坦克
炮在阵地上构筑
了反坦克炮阵地。

1944 年 8 月 9 日 6 时—
18 时 30 分，加军"沃辛
顿"战斗群

魁纳森林

奥恩河

北

波军第 1 装甲团
（斯特闪猪维奇指挥）

波军"沃辛顿"战斗群

波军第 1 装甲师
（马切克指挥）

加军"哈尔彭尼"战斗群

加军"哈尔彭尼"战斗群受阻
于掩护通往法莱斯公路的德
军 88 毫米反坦克炮阵地。

XX

加军第 2 军
（西蒙兹指挥）

XXX

加军第 4 装甲师
（钦基指挥）

## 图例

加军坦克中队
（12~19 辆坦克）

德军"虎"式重型坦克连
（12~15 辆坦克）

加军机械化步兵连（12~15
辆 M5 半履带式装甲运兵车）

德军中型坦克连（12~15 辆 "黑
豹"式或 Pz IV 式中型坦克）

加军反坦克炮连（4~
8 门 88 毫米反坦克炮）

德军 12~15 辆 Gtug III 式突
击炮或 JPz IV/V 式坦克歼击车

1944 年 8 月 7 日—8 日夜间，
加军第 2 军突入德军第 89 步兵师防区。

卡昂

色的态势感知能力，更能在需要时下令实施大胆的机动。从战术上来看，克拉克与艾布拉姆斯的遭遇，有可能重蹈哈尔彭尼与沃辛顿的命运，但更可能是，伍德能够制定出比钦基更卓越的方案。与克里勒麾下的那些死气沉沉的装甲旅旅长所表现出的麻木相比，巴顿麾下的将官更具创造力与干劲。

西蒙兹简短地尝试了战役机动，随后弃如敝屣。"总计"行动的战役结果，是加军第2军向前挺进了8英里，从实质上摧毁了德军1个步兵师，重创了另1个步兵师。自从诺曼底战役以来，这是加军第1集团军或英军第2集团军达成的最深远的突破。德军已经濒临崩溃，克里勒则占据了能攻占法莱斯的绝佳跳板。此时的西线战略态势，引用克鲁格的话，那就是"爆炸"了。[55] 巴顿已经攻入了勒芒，距离加军英属哥伦比亚装甲团最后的阵地只有80英里。盟军正在完成"法莱斯包围圈"。

△在"驯服"行动中，加军第5反坦克炮团的1辆"阿喀琉斯"自行17磅反坦克炮（改装自M10坦克歼击车）。（加拿大国家档案馆，威尔弗雷德·劳里埃大学，劳里埃军事战略与裁军研究中心）

# 注释

1. Interview Lt. Gen. Walter Bedell Smith, 8 May 1947, Pogue Manuscripts, Dr. Forrest C. Pogue, Patton Museum Library.

2. *Kriegstagebuch oberkommando der Heeresgruppe B Ia Ⅲ H 15450* August 1944, RH19 IX/8.

3. Gen. Sir Giffard Le Q. Martel, *Our Armored Forces* ( London: Faber and Faber, 1943 ), p. 216.

4. 艾森豪威尔对"古德伍德"行动、"春天"行动与"蓝衣"行动非常失望,他严令蒙哥马利"大胆些"。

5. 1944 年 8 月 6 日,加军第 1 集团军第 38 号情报摘要;RH 21—5/44,《1944 年 6 月 10 日—8 月 8 日,德军第 5 装甲团军司令部,战地日志》;RG 24:德军第 89 步兵师下辖第 1055 掷弹兵团、第 1056 掷弹兵团、1 个燧 发枪连与第 189 炮兵团。"用于作战的步兵人数为 3000 人。"不过,其装备了相当数量的反坦克炮与榴弹炮。

6. 1944 年 6 月 14 日,迈尔接管了武装党卫军第 12 装甲师的指挥。当天盟军舰炮火力炸死了其师长弗里 茨·维特准将。

7. 1944 年 8 月,加军第 2 军战地日志,第 4 号命令,"总计"行动:"意图:突破横亘于卡昂—法莱斯公路 的德军阵地。方法:通过三个阶段:一、突破丰特奈(0358)—拉霍格(0960)。二、突破欧梅尼勒(Hautmesnil, 0852)—圣西尔万(St. Sylvain, 1354)。三、根据加军第 2 军军长的命令扩大战果。"

8. 加军第 3 步兵师配属的装备 M7 "牧师"105 毫米自行榴弹炮的炮兵团(第 12、13、14、19 皇家野战炮兵团), 最初配备 105 毫米榴弹炮。在射程上其不如加军皇家炮兵的制式装备——25 磅野战炮(口径为 88 毫米)。"教 堂司事"(Sexton)自行野战炮(装备加军第 4 装甲师、第 5 装甲师与波军第 1 装甲师)配备 25 磅炮。加 军第 2 军不再需要 M7 "牧师"式 105 毫米自行榴弹炮后,才得以组建"解职牧师"① 的部队(正如之前加 军经常建议的那样)。此时,牵引式 25 磅野战炮负责支援步兵,加军装甲旅则装备"教堂司事"自行榴弹炮。

9. Interview, Gen. R. V. Radley Walters, Cam, 1991.

10. "Current Reports from Overseas" ( CRFO ) 6 ( 26 July 1943 ), pp. 17–18. Quoted by English, p. 267.

11. Hansen Diary, 13–26 July 1944, MHI.

12. Stearns Papers, correspondence to Dr. Roy, 27 April 1981.

13. 美国陆军军史研究所,汉森日记;1944 年 7 月 27 日,加军第 2 军第 10808 号战地日志,RG 24:7 月 13—26 日, 他们曾造访了布拉德利的司令部,他们在那里喋喋不休地说道:"快看,'苏军'已经突入圣洛!"这些苏 军将领包括斯列洛夫少将、瓦西列夫少将、戈尔巴托夫上校与哈拉莫夫海军少将。访问克萨达与西蒙 兹的苏军访问团成员,"都是些年轻人,头戴大盖帽,穿着宽松肥大的裤子,用背带紧紧地吊着,脚蹬高 筒皮靴。他们羞涩而不苟言笑,以浓重的童音,说着词汇量有限且绊绊磕磕的英语,对将军表示欢迎。" 详见汉森日记,斯特恩斯文件与加军第 2 军战地日志,RG 24。

14. Stearns Papers, 27 April 1981.

15. 美国陆军军史研究所,特奥多尔·维施上将,第 358 号手稿,1944 年 8 月的武装党卫军第 1 "元首警卫旗 队"装甲师:武装党卫军第 1 "元首警卫旗队"装甲师为莫尔坦反击进行了重新部署。1944 年 8 月 6 日, 其开始公路行军。

16. G2 SHAEF Internal Memo, "List of Recipients of Ultra." Richard Collins Papers ( G2 SHAEF ) August 1944. MHI and, SRH-023, "Reports by US Army ULTRA Representatives with Army Field Commands in the ETO," MHI.

17. Maj. Gen. George Kitching, *Mud and Green Fields. The Memoirs of Maj. Gen. George Kitching* ( St. Catherine's, Ontario: Vanwell Publishing, 1993 ), p. 193.

18. RG 24 10455 Armor: *Totalize Report*: 2 CAB and 144 RAC, with 51st Highland Div.

19. SS Gen. Paul Hausser, ETHINT B-179 "Seventh Army in Normandy 25 July–20 Aug 44" ETO, 1946.

20. 6 时,加军装甲前锋兵力将近就位。11 时,两个装甲师也已经就位。12 时 55 分,盟军轰炸机投掷的炸弹 才落到目标上。

21. An interesting example of *Auftragstaktik*, maneuver warfare, feeling for operations, and luck. See Meyer's complete order for the divisional counterattack in H. Meyer, p. 172.

22. 迈尔对加军审讯人员的供述是夸张的。当时,加军第 2 装甲旅与英军第 33 装甲旅正徘徊于出发阵地。加 军第 4 装甲师与波军第 1 装甲师则刚抵达作战区域。

---

① 指由 M7 "牧师"式 105 毫米自行榴弹炮改装的"袋鼠"式装甲运兵车。

23. "我与米夏埃尔·魏特曼握了手，向他提起了现在非常危急的局势。我们优秀的米夏埃尔带着孩子气的笑声爬上了他的'虎'式重型坦克。当时，他的战绩达到了已经击毁过 138 辆坦克。"①

24. 1951 年 10 月，陆军部手册，第 20-233 号，《对抗苏军突破的德军防御战术》（*German Defense Tactics against Russian Break-Throughs*）："封堵突破口或粉碎穿插的最简单方法就是正面反击。"

25. RG 24 14186 BRAC, 1st Cdn Army 15 Oct 44 from: 2 NZ Div Int Sum 334 "Experience with Tiger Tanks."

26. Pamphlet No. 20-233, p. 336.

27. 当时，战场上既有英军装甲旅，也有加军装甲旅。其前锋中队正在掩护加军第 4 装甲旅的部署。曾有观点认为，英军"台风"式攻击机击毁了魏特曼的座车（1982 年，人们才发现了魏特曼的遗骸）。对加拿大档案馆中相关照片的研究并无结论。有军事历史杂志中的 1 篇文章（详见《战斗之后》，*After the Battle*）第 48 期，莱斯·泰勒，《米夏埃尔·魏特曼的绝唱之战》（*Michael Wittmannn's Last Battle*），认为是英军第 1 北安普顿郡义勇骑兵团（1st Northhamptonshire Yeomanry）A 中队的"萤火虫"中型坦克炮手，乔·伊金斯，击杀了魏特曼。该团的战地日志记录："有报告，3 辆'虎'向 A 连开来。这 3 辆'虎'分别在 12 时 40 分、12 时 47 分、12 时 52 分发生了爆炸。"另有观点认为，是加军的拉德利·沃尔特斯击杀了魏特曼。他回忆称，在东北方，他指挥的中队也遭遇了这些"虎"，他的炮手击毁了 1 辆"虎"。1984 年，纽约：西蒙与舒斯特出版公司，马克斯·黑斯廷斯，《霸王》（*Overlord*），第 299 页：魏特曼"遭到了加军'谢尔曼'密集火力的攒射，迎来了自己的终结。"1994 年，阿特格伦（Atglen）：希弗出版公司（Schiffer），加里·辛普森，《"虎"式王牌：装甲兵指挥官米夏埃尔·魏特曼的故事》（*Tiger Ace: The Story of Panzer Commander Michael Wittmann*），第 304 页："魏特曼发现有些盟军的'谢尔曼'正向桑托开来，就向其开火……这些加军坦克正从西方开来，试图攻占 112 高地附近的制高点。"

28. 库尔特·迈尔，《武装党卫军第 12 装甲师史》，第 173 页：盟军因有轰炸机的空袭时间重新安排在了 12 时 26 分。根据记录显示，12 时 55 分，第 23 野战炮兵团发射了指示弹。令人惊讶的是，武装党卫军第 12 装甲师居然对盟军报以嘲笑。有个年轻的装甲掷弹兵打破了紧张的气氛："太荣幸了，丘吉尔送了我们每个人 1 架轰炸机！"

29. Maj. Gen. W. J. Megill, interview, Kingston, Ontario, 15 January 1990, also see Tony Foster, *Meeting of Generals*（Toronto: Methuen, 1986），p. 360.

30. RG 23 WD，波军第 1 装甲师师长马切克少将《波军第 1 装甲师作战报告——1944 年 8 月 7—12 日的战斗》《1944 年 8 月 13 日》，第 2 页："14 时 25 分，德军 20 辆坦克挡住了我军 2 个装甲团的进攻，可能是'虎'式重型坦克与 Pz Ⅳ 中型坦克。

31. RG 24 10635. WD; Ops Message Log. 2 Cdn Corps HQ. 1705 hrs, 8 August 1944.

32. 1945 年，布鲁塞尔：波军第 1 装甲福利部门，《波军第 1 装甲师》（*La Première Division blindée polonaise*），第 11 页：从历史的角度来说，波兰人更倾向于将法语作为第二语言，而不是英语。②1961 年，巴黎：城市印务（Presse de la Cité），斯坦尼斯瓦夫·马切克将军，《我的装甲兵》（*Avec mes Blindés*），第 187～188 页：马切克继续争辩："有件事必须承认，这是波军第 1 装甲师的首战。到目前为止，全师上下无人有过实战经验。"另详见 RG 24 10942，波军第 1 装甲师：《1944 年 8 月 7 日，第 1 装甲团，"总计"行动中的进攻作战命令》。

33. RH21-5/44 号档案，《1944 年 6 月 10 日—8 月 8 日，德军第 5 装甲团军司令部，战地日志》1944 年 8 月 8 日傍晚，德军第 3 高射炮军报告："在朗加纳里耶（Langannerie）以南，构筑了由 88 毫米炮组成的坦克陷阱。"

34. Shulman, p. 151.

35. DHIST 81/104: Interview Kurt Meyer; Cdn Chaplain's Report. 3 September 1950.

36. 1990 年 3 月 12 日，R.S. 卢卡斯中校在给约翰·英格利希中校的信中如是说。在"总计"行动期间，卢卡斯中校服役于加军第 23 皇家野战炮兵团，担任前进观察员，负责支援加军第 4 装甲旅作战。

37. 加拿大国防部司令部史志部（DHIST，Directorate of History,Canaian National Defense HQ），皇家装甲兵，英军第 7 装甲师行动，1 号作战通告，1943 年 11 月 26 日，从北非到意大利沃尔图诺河。英军皇家装甲兵文件，RG24 号文件，加军第 4 装甲师 TRG 文件。从北非与意大利会战中返回的英军与加军军官训练出来的坦克兵，习得了"坦克只在白昼作战"的心理："除非有某种最终的目标，否则前进是没有限制的，从曙光乍现开始，一直到余晖落尽。作为惯例，在天黑之前 1 小时，指挥官就会开始安置夜间事宜。如果可能的话，会命令

---

① 该段文字可能引自库尔特·迈尔所著的《武装党卫军第 12 装甲师史》（*Kriegsgeschichte der 12.SS Panzer Division*），第 173 页。此外，原文注释还表示另可见库尔特·迈尔的审讯报告，RG24，第 7～8 页。

② 原文引述的马切克将军的原话是法语。

部队脱离战斗，保持安全并进行补给。如果这些事做得成功，第二天早晨就会很顺利。"

38. Kluge to Hausser, German Seventh Army telephone log, August 8, 1845 hrs.

39. English, p. 280.

40. Maj. L. C. Monk quoted in Maj. G. L. Cassidy, *Warpath: The Story of theAlgonquin Regiment, 1939–1945*（Toronto: Ryerson, 1948）, p. 80.

41. 1994 年，P.A. 菲尔克斯中校提供的加军英属哥伦比亚装甲团团史文件。1944 年 8 月 9 日，加军英属哥伦比亚装甲分队长，哈维·克克德莫特中尉的记述："加军英属哥伦比亚装甲领头的是'温·丁'·威尔逊中尉——他向右转弯，但其他人向左转了——不敢相信居然让他领航……这就是我们迷路的原因。"

42. Roy, *1944*, p. 214.

43. RG 24 13712. WD 2 Cdn Corps. Msgs fm 1 Pol AD, 1800 and 2345 hrs 9 Aug 44.

44. 1945 年，布鲁塞尔：波军第 1 装甲福利部门，《波军第 1 装甲师》，第 12～13 页。

45. 1961 年，巴黎：城市印务，斯坦尼斯瓦夫·马切克将军，《我的装甲兵》，第 3 页：1944 年 8 月 13 日，波军第 1 装甲师作战报告。马切克坚持认为，有强大的德军占据着圣西尔万，装备了自行式重型迫击炮与自行榴弹炮……有数次，10～15 辆德军"虎"式重型坦克与波军第 1 装甲师麾下数个装甲团展开激战，波军损失惨重……22 时，波军攻占圣西尔万。第 188 页：最后，马切克对未能成功营救加军英属哥伦比亚装甲团的原因是"超出了波军第 1 装甲师的能力。"

46. 1965 年，波恩（Bonn）：博多·齐默尔曼出版社（Verlag Worteverlegar Bodo Zimmermann），埃迪·鲍尔，《坦克战》（*Der Panzerkrieg*）：参见迈尔的《武装党卫军第 12"希特勒青年团"装甲师战史》与马切克的《我的装甲兵》。皮克特的 88 毫米炮得到了机动坦克歼击车（StuG Ⅲ 突击炮）的增援，可能是他们的阻击，使斯特凡诺维奇与哈尔彭尼未能冲过魁奈与圣西尔万："在 80 辆突击炮与 88 毫米高射炮的支援下，迈尔的武装党卫军第 12 装甲将波军挡在了圣西尔万，将试图撤退的加军堵在了布雷特维农。"

47. 库尔特·迈尔，《武装党卫军第 12"希特勒青年团"装甲师战史》，第 178 页：武装党卫军第 12 装甲师战史记述，马切克的进攻消灭了德军 2 个战斗组（Combat team）。

48. 加军英属哥伦比亚装甲团与阿尔贡金步兵团损失了 47 辆坦克、250 人与数量不详的半履带车。

49. Stacey, p. 229.

50. 1944 年 8 月 10 日，加军第 4 装甲旅 RG24 14052 号战地日志：布思旅长发疯般地命令加军第 21 装甲团"疯狂地冲出去营救他们！"

51. 有人坚决地想要找到他们。加军第 4 装甲师属炮兵司令"赫尔姆"·兰准将，对他的火炮无法支援英属哥伦比亚装甲团感到非常沮丧。他驾驶着"虎蛾"式观测机沿着 158 号国道向南飞行，搜索"沃辛顿"战斗群。他将目光锁定在了 195 高地上，他报告称没有发现加军哥伦比亚装甲团，因此他决定飞过 195 高地，直到能看见法莱斯为止。如果他向左方看一眼，很快就会发现高地上有 1 个团的"谢尔曼"，混杂着半履带车与步兵，其中大量车辆正冒着黑烟。他为什么没能看见这些景象，是个谜。最简单的解释是他看到了这个景象，但"沃辛顿"战斗群不应该在那里，因此他认为他看见的是马切克指挥的波军第 1 装甲师的"谢尔曼"。

52. 1981 年 3 月 23 日，斯特恩斯文件：西蒙兹对此的愤怒很快就传到了蒙哥马利的耳朵里。1983 年，纽约：麦格劳山出版公司（McGraw-Hill），奈杰尔·汉密尔顿，《战地大师：1942—1944 年，蒙蒂的战争岁月》（*Master of the Battlefield: Monty's War Years 1942–44*），第 782 页：1944 年 8 月 9 日，蒙蒂告诉布鲁克。

53. 驻扎在英格兰时进行的训练是缺乏远见的。在代号为"霜冻"的（Frost）演习（1943 年 12 月 4 日）中，训练的目标是"练习白昼与夜间的隐蔽"；强调的重点是"不留痕迹地解除隐蔽"。随后代号为"闪光"（Flash）与"苏打薄荷"（Sodamint）的演习中，并不强调机动：他们"受制于道路的使用"。事后来看，加军皇家装甲兵匆忙赶到英格兰，然而在那里却无法进行训练，最悲哀不过如此。

54. 详见库尔特·迈尔《对"总计"行动的总结》（*Analysis of Totalize*）。1950 年 9 月 3 日，加军牧师的报告；加拿大国防司令部史志部，3—4，对迈尔的采访。迈尔提出了坚定的苏军指挥官如何发起进攻，如果有加军军官愿意预测未来的北大西洋公约组织与苏联的武装冲突，这或许会有所裨益。他认为，苏军指挥官会进行不间断的战术空袭，强调宽大的战线，以使发起进攻的苏军得以绕过北约军队的坚固支撑点。他没有提到苏军是否会用"斯大林"式重型坦克与 T-34/85 中型坦克替换"谢尔曼"。

55. 1962 年，纽约：普雷格出版公司，沃尔特·瓦尔利蒙特，《1939—1945 年，在希特勒的司令部之内》，第 446 页：在看了克鲁格表示担忧的报告之后，希特勒厉声告诉瓦尔利蒙特："你去告诉冯·克鲁格元帅，让他盯着他的正面，盯着敌军，不要环顾两翼。"

# 第 10 章
# 战略突破："驯服"行动

> "驯服"行动投入的兵力，无疑是最奇怪的进攻阵型之一。所有人都曾梦想过这样的进攻阵型，但作为计划却毫无成功的希望。
>
> ——哈里·福斯特准将

> 他组建了大规模且深远的纵队，驱使他们向着进攻目标运动。在如此大规模的集群中，即使哪个骑兵想要改变方向，他也根本无法如愿。此外，缪拉以快步发起进攻，以保持密集的阵型。
>
> ——霍恩洛厄《关于骑兵的对话》

西蒙兹雷打不动地执行着蒙哥马利的对阵战。实际上，尽管"驯服"行动是仅持续 1 天的行动，但其很大程度上借鉴了"总计"行动。这次行动仍然打着盟军最高司令部的烙印：以重型轰炸机发起进攻。此时，对航空兵的危险性依赖，已经彻底颠覆了盟军攻势行动。英国皇家空军特拉福德·利 - 马洛里上将"成了地毯式轰炸的主要倡导者——在'眼镜蛇'行动之前，盟军很少使用的战术"。[1]与此相反的是，性格冷淡的阿瑟·"轰炸机"·哈里斯空军中将，此时却发现自己已经成了地面攻势的主要参与者。英国陆军制定了作战计划，英国皇家空军执行作战计划。这简直就是英国陆军在"指挥"英国皇家空军。他不喜欢如此，但仍然勉强接受了任务。哈里斯回顾了"查恩伍德"行动（首次使用重型轰炸机），并提出了尖锐的批评："很遗憾，英国陆军未能把握战机。"[2] 随后，"古德伍德"行动与"总计"行动的失败，更是引发并加强了英国皇家空军中反蒙哥马利集团的愤怒，他们坚决地要求蒙哥马利下台。[3] 哈里斯中将或许曾经说过"不要耻于提问"，但很有理由怀疑他想表达的真实含义究竟是什么。将轰炸机作为超重型火炮使用是不恰当的。尽管听起来有些夸大其词，但轰炸机可以说是种"区域型武器"。轰炸区域的半径从 2 英里到 15 英里不等。在罗屈昂库尔或"眼镜蛇"行动的出发阵地后方进行轰炸，与轰炸柏林或科隆可不是相同的事。一旦犯了错误，空军就会受到沉重的压力。炸弹总是会落在错误的位置。哈里斯清醒地认识到了问题所在，他曾经抱怨过，表示自己不愿意"在陆军的两腿之间进行轰炸"。在"眼镜蛇"行动、"总计"行动与"驯服"行动期间，美国陆军航空兵与英国皇家空军的误炸，导致不少盟军高级军官与大量士兵伤亡。这是场大规模且长时间的"兄弟相残"。

无论如何，得益于蒙哥马利的支持与克里勒的社交技巧，"驯服"行动再次动用了轰炸机。这次出动的是英国皇家空军。[4] 目标仍然是向南进攻，反复打击德军与塞纳河沿线的通信线路。8 月 11 日，蒙哥马利发布的命令包括：

> 1. 加军将攻占法莱斯。这是首要任务，应迅速完成此项至关重要的任务。
> 2. 随后，加军将以强大的装甲兵与机动兵力占领阿让唐。
> 3. 在法莱斯与海岸之间，必须建立面向东的防线。[5]

后来，蒙哥马利修改了任务，决定以英军第 2 集团军攻占法莱斯。"驯服"行动的目标是控制法莱斯，"防止德军通过法莱斯或其附近的道路逃出包围圈"。蒙哥马利的意图是什么，并不是很清晰，但迅速占领法莱斯，可以困住克鲁格的各集团军，从而赋予登普西应得的奖赏。[6] 同时，在莫尔坦，布拉德利赢得了辉煌的胜利。随着美军坦克畅通无阻地进入布列塔尼与卢瓦尔河谷，世界的媒体也将目光聚焦在了美军身上。

英军第 21 集团军群，尤其是加军第 1 集团军，忽视了其东翼，随着战线的延伸，其兵力稀薄得像膨胀起来的气球表皮。德国国防军数个精疲力竭且孤立无援的师正位于其东翼。对英军第 21 集团军群来说，较为切实可行的选择，是穿过法莱斯与阿让唐，直奔塞纳河、鲁昂或巴黎。这正中巴顿下怀。然而，蒙哥马利与布拉德利却都满足于距离更近与更保守的目标。

克里勒将攻占法莱斯的任务分配给加军第 2 军，使其再次承担了发起正面对阵式进攻的任务。西蒙兹仍然对"总计"行动的失败耿耿于怀，他对麾下的坦克指挥官约法三章。他严厉地"强调必须将装甲兵的能力发挥到极致，立即抛弃在夜间坦克需要步兵保护或坦克不应在夜间行动的观念"。[7] 进攻前锋排列着连枷式扫雷坦克、重型侦察兵力，后方是伴随着机械化步兵的装甲集群。[8] 各步兵旅在后方跟进，侧翼是加军第 18 装甲团（第 12 马尼托巴湖装甲团，12th Manitoba Dragoons），其装备的"猎鹿犬"（Staghound）式装甲侦察车是盟军最优秀的装甲侦察车。盟军中型轰炸机将炸平村庄，炮兵烟幕用于掩护侧翼，扫雷坦克将一马当先地清除地雷。尽管进行了全面的准备，有顶级的参谋作业与创造性的计划，但对装甲集群来说，这仍然是个拙劣的方案："结果却是少数的'咖啡桌'战略家才会使用的方案，哪怕这是个孤注一掷的方案。"[9]

　　西蒙兹的装甲指挥官们尽职尽责地兵分两路，在各自的防区内，尽可能地利用每寸土地。这是非常典型的重骑兵任务。问题在于，这里是诺曼底，而非瓦格拉姆①。约翰·英格利希对钦基进行了批评，因为他没有按照西蒙兹的作战策略进行部署。[10] 在理论上，其存在缺陷：具体说来，就是盟军的突破没有有效的准则。当然，从西蒙兹与钦基的部署中挑错是很简单的，但也可能是不公平的，因为集团军级突破并非军长或师长的责任所在。钦基可能没有太多的装甲兵作战经验，但他从"总计"行动中吸取了经验——在窄正面的进攻中屡战屡败，这次他要求有进行机动的空间。如果盟军具备有效的作战方案以解决突破的问题，那么就能打赢这场进攻作战。此作战方案就是苏军式的坦克集团军，战役机动集群与突破炮兵——然而，英军与加军中似乎无人熟悉这种装甲攻势的"炼金术"。即使有了更多空间，西蒙兹也迅速地将其"收束在'箱型阵地'里"，命令直线进攻。

## 英国皇家空军与烟幕

　　就像"总计"行动那样，"驯服"行动也是以轰炸开始。同样，就像"总计"行动那样，西蒙兹的加军第 2 军正在出发阵地上待命，并再次遭到了空军的误

---

　　① 瓦格拉姆战役（Battle of Wagram），1809 年 7 月 5—6 日，在维也纳东北方的瓦格拉姆，拿破仑指挥法国、萨克森、巴伐利亚与意大利联军，击败奥地利军的战役。

炸。西蒙兹与阿瑟·科宁厄姆空军中将一起观看了进攻。后者来到前沿，是为了向大家保证英国皇家空军不会再犯错了。"抬头看，那不会有错的。轰炸机的飞得很低［不到100英尺（约30.4米）］，我们能看见炸弹舱门打开，炸弹随之落下来。"[11] 这又是短暂的轰炸。尘埃落定后，传来了前进的命令，英军与加军方阵蜂拥向前。

这场装甲战并未像计划的那样发展。加军第2装甲旅以昏暗的太阳为目标，冲入烟幕与烟尘中。"在某些区域，烟幕彻底遮住了坦克兵的视线。在某些区域，他们则被迫在得不到任何烟幕支援的情况下，穿过极为宽广的开阔地。"[12] 前锋是以装甲兵为主的战斗群，包括加军第2装甲旅的2个坦克团（不包括加军第27装甲团）、加军第7侦察团、2个龙骑兵中队（装备"谢尔曼"式连枷扫雷坦克）、英军装甲工兵第80突击中队（装备皇家装甲工程车①）与加拿大皇家工兵的部分兵力（2辆推土机）——典型的装甲攻势。他们冲垮了德军前哨阵地，[13] 领头坦克迅速抵达了莱松河。加拿大皇家空军的航空照片观测员宣称，装甲战斗车辆能够非常轻松地跨越这条狭窄的溪流。然而，其陡峭的河岸却足以卡住"谢尔曼"或导致坦克甩掉履带。"驯服"行动遭遇了西蒙兹未能预见的障碍，前进就此戛然而止。[14]

紧随坦克与各步兵营的是第17约克公爵直属皇家加拿大轻骑兵团②的数个侦察中队。当前方的坦克等待携带着柴捆的"丘吉尔"式步兵坦克跟进时，侦察中队的装甲侦察车前出寻找渡口。最终，他们找到了两个渡口，[15] 随后轻骑兵冲出烟幕，开上能够俯瞰莱松河的制高点，这也是莱松河与法莱斯之间最后的屏障。处于隐蔽状态的德军坦克与反坦克炮立即向其开火。加军轻骑兵被迫停止前进，分散成分队级别的行动。

此时，这两个中队发现他们已经无法再执行扫荡任务。他们已经在河对岸占据了桥头堡，正遭到德军反坦克炮与机枪火力的密集打击。刘

---

① 皇家装甲工程车（AVRE，Armoured Vehicle Royal Engineer），英军皇家工兵使用的各型装甲工程车的统称。此处是指装备 Mk I 或 Mk II 型 290 毫米超口径迫击炮的"丘吉尔"III 或"丘吉尔"IV 步兵坦克。

② 第 17 约克公爵直属皇家加拿大轻骑兵团（17th Duke of York's Royal Canadian Hussars），即正文中提到的加军第 7 侦察团，现在的加军加拿大皇家轻骑兵团。

易斯上校意识到他的 2 个中队已经跑到了加军坦克前方,跨越了莱松河,正在南岸裹足不前。[16]

最终,加军坦克跨过了莱松河,继续领头进攻。中队规模的"摩洛哥部落士兵"冲上高地。这些大胆的分队长前进时,库尔特·迈尔的坦克与反坦克炮击毁了他们的坦克。"在数处,我们遭遇了位于灌木丛或树林中的 88 毫米炮……是作为反坦克炮使用的高射炮。我们损失了更多的坦克。" [17] 前进的速度放缓,最终停止。"驯服"行动似乎就要终结了。

然而,西蒙兹不会接受这种结局。经过 1 个月的失败,他终于摸到了门道,开始像装甲兵指挥官一样机动,而不再像炮兵那样。他很快意识到,他的前沿是武装党卫军第 12 装甲师唯一能防御的区域。随后,他开始利用空间展开机动。西蒙兹命令加军第 4 装甲师与波军第 1 装甲师更改进攻方向,改为向东南方挺进,跨越迪沃河。这开启了马切克与西蒙兹的"黄金时刻"。

## 马切克师长与战役机动

*我们慢慢喝着大杯啤酒,卢布林(Lublin)的女孩爱我们,我们丢失了骑枪却不担心,因为我们是第 24 枪骑兵团。*

——波军第 24 枪骑兵团 [18]

在战役层面上,对波军第 1 装甲师装备、作战理论、高层指挥的有效性与军事文化之间的矛盾,是项有趣的研究:其归加军指挥,装备美制 / 英制装备,被迫遵循英军作战理论,事实上成了诺曼底战役期间,盟军装甲兵唯一的作战实验室(勒克莱尔指挥的法军第 2 装甲师也是个可选项)。波军仅保留了团徽,穿着与英军、加军相同的制服,并且与之有着令人惊讶的相似传统。波军第 10 龙骑兵团抵达诺曼底时,他们甚至有了自己的团级格子呢与风笛手。[19]

**表 10.1 1944 年 8 月，西蒙兹的装甲军**

| 师 | 加军第 4 装甲师 | 波军第 1 装甲师 |
|---|---|---|
| 师长 | 乔治·钦基少将 | 斯坦尼斯瓦夫·马切克少将 |
| 装甲侦察团 | 第 29 侦察团 / 南艾伯塔装甲团（装备"谢尔曼"） | 第 10 猎骑兵团（装备"克伦威尔"） |
| 装甲旅 | 第 4 装甲旅 | 第 10 装甲骑兵旅 |
| 装甲团 | 第 21 装甲团 / 总督直属禁卫团 | 第 1 装甲团 |
| | 第 22 装甲团 / 禁卫掷弹兵团 | 第 2 装甲团 |
| | 第 28 装甲团 / 英属哥伦比亚装甲团 | 第 24 枪骑兵团 |
| 机械化步兵营 | 苏必利尔湖苏格兰步兵团 | 第 10 龙骑兵团 |
| 步兵旅 | 第 10 步兵旅 | 第 3 步兵旅 |
| 步兵营 | 林肯和韦兰步兵团<br>(The Lincoln and Welland Regiment) | 第 1 山地步兵营 |
| | 阿尔贡金步兵团<br>(The Algonquin Regiment) | 第 8 步兵营 |
| | 加拿大阿盖尔和萨瑟兰高地步兵团<br>(The Argyll and Sutherland Highlanders of Canada) | 第 9 步兵营 |
| 师属炮兵 | 第 15 皇家野战炮兵团（装备牵引式榴弹炮） | 第 1 摩托化炮兵团<br>（装备自行榴弹炮） |
| | 第 23 皇家野战炮兵团（装备自行榴弹炮） | 第 2 摩托化炮兵团（装备牵引式榴弹炮） |
| 反坦克炮团 | 第 5 皇家反坦克炮团（装备坦克歼击车） | 第 1 反坦克炮团（装备坦克歼击车） |
| 高射炮团 | 第 8 皇家轻型高射炮团 | 第 1 高射炮团 |
| 坦克装备量 | 240 辆主战坦克 | 240 辆主战坦克 |
| 西蒙兹的加军第 2 军装备：480 辆主战坦克，48 辆坦克歼击车，共 528 辆装甲战斗车辆。 | | |

　　虽然有些波军高级军官（包括马切克本人）早年参加过对抗苏联的战争——1939 年的波兰战役与 1940 年的法国战役，但波军第 1 装甲师大多数官兵都像他们的加军战友一样，没有实战经验。[20] 最初，他们的表现也与加军第 4 装甲师一样令人失望。波军坦克兵遭到批评，称其没有进攻精神，其指挥官也没有进取精神或战术技巧。在"总计"行动与"驯服"行动中，波军又成了友军火力误伤的牺牲品。在"总计"行动中，马切克没能给西蒙兹留下深刻印象。西蒙兹曾想彻底解散波军第 1 装甲师，但克里勒与斯图亚特说服了西蒙兹，再给马切克一次机会。8 月 16 日，他的信任得到了回报——马切克与其麾下的官兵走上了正轨。波军第 1 装甲师从迪沃河杀奔尚布瓦与库代阿尔（Coudehard）。虽然其所处的地形完全不适合坦克作战，但他们却上演了堪称"教科书级别"的装甲师行动：士别三日，

当对波军第 1 装甲师刮目相看。在接下来的 5 天里，其实施了一系列精彩绝伦的行动，封闭了法莱斯包围圈，克里勒（但最后蒙哥马利攫取了这项荣誉）得以合围德军 2 个集团军。

当"驯服"行动与法莱斯围歼战接近尾声时，西蒙兹正像木偶一样，被绳索的两端拉来抽去。蒙哥马利举棋不定，致使克里勒的作战指令朝令夕改。蒙哥马利掩饰着内心的渴望，他想要实现某种辉煌而宏伟的完胜，赢得这场战争中最大的胜局，但他的主要任务——指挥美军第 12 集团军群与英军第 21 集团军群的作战行动——却执行得很糟糕。蒙哥马利挣扎于二者之间。对布拉德利，他无所适从。最初，他命令布拉德利进行深远而宽旷的进攻，从而使美军远离法莱斯前线。然而，登普西与西蒙兹均未能成功，他又命令布拉德利杀回来。关于攻占法莱斯与封堵包围圈的技术程序，蒙哥马利至少下达了 5 道命令："8月 4 日，他命令克里勒执行此项任务；8 月 6 日，换成了登普西；8 月 11 日，由克里勒或登普西执行；8 月 13 日，又分配给了登普西；8 月 14 日，最终命令克里勒执行。"他在法莱斯问题上的前后矛盾与如何在诺曼底围歼德军的犹豫不决，可谓如出一辙。[21]

蒙哥马利不断干扰与重设各军目标，他对加军第 1 集团军司令步步紧逼，直到能够实现其个人目标：某个人，任何人（他指挥的 2 个集团军的任何人），能够封闭包围圈。这个幸运的家伙，就是马切克。[22]

钦基指挥的加军第 4 装甲师跨越莱松河后，却在高地陷入苦战。这使马切克指挥的波军第 1 装甲师成了加军第 2 军执行纵深穿插任务的装甲师。马切克发现波军第 1 装甲师有足够的空间进行机动，要执行的任务也仿佛是为压抑良久的波军第 1 装甲师量身定制的。马切克像冲出地狱的蝙蝠一般，率领波军第 1 装甲师从加军第 2 军的左翼杀了出去，很快抵达了迪沃河。[23] 当"驯服"行动抵近法莱斯时，蒙哥马利才想明白，应该让克里勒担任"征服者威廉"的角色，登普西与霍奇斯应该穿过灌木篱墙地带，像挤牙膏那样猛烈夹击德军即可。包围圈缺口的中央是特伦。

8 月 13 日，在批准将阿让唐作为美军第 12 集团军群与英军第 21 集团军群的分界线之后，蒙哥马利命令布拉德利与克里勒进攻特伦与尚布瓦。西蒙兹的加军第 2 军将以 2 个装甲师攻占特伦。波军正处于绝佳的阵位，但西蒙兹命令钦基的加军第 4 装甲师绕过德军抵抗，继续向特伦进发。对缺乏实战经验的师来说，这并非轻而易举就能完成的任务。8 月 16 日，加军第 4 装甲师才抵达指定位置。

马切克将波军第 1 装甲师编为 2 个战斗群：第 10 装甲骑兵旅，随后是第 3 步兵旅（第 24 枪骑兵营与 2 个机械化步兵营），另有第 10 猎骑兵团与 1 个机械化步兵营作为前锋。[24] 波军第 1 装甲师迅速冲过迪沃河的桥头堡，深远地穿插到了武装党卫军第 1 装甲军的后方区域。他的 2 个战斗群以祖鲁战士的"犄角"阵型① 发起进攻，最初是从两翼发起进攻，随后向尚布瓦进行中央突破。同时，加军第 4 装甲师正挣扎于交通堵塞，并遭遇了德军小规模后卫兵力的坚决抵抗。这 2 个装甲师都冲出了适于坦克作战的地形：波军第 1 装甲师进行了大范围的迂回，绕过了武装党卫军第 12 装甲师的后卫兵力；加军第 4 装甲师刚攻入迪沃河谷，就陷入了苦战。

在广阔的卢瓦尔河谷平原上，美军第 3 集团军的坦克如入无人之境，谨小慎微的布拉德利却禁止巴顿跨越与英军第 21 集团军群的边界。与其说这是谨慎，倒不如说是畏首畏尾，运动战当然不应该如此。8 月 15 日，美军第 15 军的机械化骑兵抵达塞纳河。8 月 16 日，沮丧的巴顿命令进军巴黎。此时，在阿让唐，海斯利普有 3 个师：美军第 80 步兵师、第 90 步兵师与法军第 2 装甲师。之前，布拉德利禁止海斯利普北上。实际上，如果美军第 15 军北上，很容易就能抵达法莱斯。此时，布拉德利却忽然命令巴顿攻占特伦。美军能够发起进攻的最早时间是 8 月 18 日 6 时 30 分。

蒙哥马利想要封堵包围圈的缺口，他就需要调动克里勒的兵力。[25] 他必须迅速行动：当天（8 月 16 日），在多疑的元首将其解职之前，冯·克鲁格已经命令德军全面撤出包围圈。"（冯·克鲁格）是个优秀的军队领袖，但他不是装甲兵将领，且更像个容克贵族。"[26] 弗里茨·拜尔莱因对"聪明的汉斯"② 的评价，也同样适于描述蒙哥马利。

---

① "犄角"阵型，也称为"野牛角"阵型（"Buffalo horns" formation），南非祖鲁人惯用的作战阵型，即发起进攻时，首先以两翼的兵力进攻敌军侧翼，中间的兵力进行中央突破，还有部分兵力担任后卫。

② "聪明的汉斯"（德文：der Kluge Hans），指克鲁格。德文"克鲁格"，亦有"聪明"之意。

# 追歼与战役机动：封闭包围圈

> 今晚，我能告诉你的最好的消息是我们已经封闭了包围圈，波军第 1 装甲师已经抵达特伦，正挺进尚布瓦。
>
> ——1944 年 8 月 17 日，蒙哥马利对布鲁克如是说[27]

8 月 17 日中午，加军第 4 装甲师接到了在库利伯夫（Couliboeuf）跨越迪沃河的命令。此时，马切克早已跨过了迪沃河。他绕过了迈尔，不仅抵达了钦基的目标，而且还形成了宽大到足以供 1 个军进行机动的桥头堡。[28] 在接下来的"棋局"中，马切克将调动 1 个装甲战斗群直插西南方，占领能够俯瞰特伦与迪沃河谷的高地，阻断德军通往特伦的道路。重要的是，马切克继续前进，百折不挠地冲向"棋盘中央"的尚布瓦，以与美军会师。他的另 1 个装甲战斗群向东南方进攻，攻占了尚波（Champeaux），牢牢锁住包围圈，形成了 6 英里长的战线，中心距离尚布瓦 4 英里。这属于追歼与战役机动。对此，蒙哥马利满心欢喜，兴奋不已。他命令波军第 1 装甲师"很有必要"发起进攻，"从特伦进抵尚布瓦"。[29]

**表 10.2　1944 年 8 月 18 日，波军第 1 装甲师编成的 4 个战斗群**

| | |
|---|---|
| "马耶夫斯基"战斗群 | 第 10 猎骑兵团 |
| | 第 10 龙骑兵团 1 个步兵连 |
| | 第 1 反坦克炮团 1 个反坦克炮连 |
| "科舒茨基"战斗群 | 第 2 装甲团 |
| | 第 8 步兵营 |
| | 第 1 反坦克炮团 1 个反坦克炮连 |
| "兹戈热尔斯基"战斗群 | 第 24 枪骑兵团 |
| | 第 10 龙骑兵团（欠 1 个步兵连） |
| | 第 1 反坦克炮团 1 个反坦克炮连 |
| 预备战斗群 | 第 1 装甲团 |
| | 第 9 步兵营 |
| | 第 1 反坦克炮团 1 个反坦克炮连 |

马切克对波军第 1 装甲师的最终编组很简单——4 个战斗群。每个战斗群基于 1 个装甲团组建。"马耶夫斯基"战斗群下辖师属侦察团"第 10 猎骑兵团"（装备"克伦威尔"）与第 10 龙骑兵团的 1 个机械化步兵连，装备 M5 半履带式装甲

运兵车。其他 3 个步兵营使用"布轮"式机枪装甲车运载步兵。"科舒茨基"战斗群下辖第 2 装甲团与第 8 步兵营；"兹戈热尔斯基"战斗群下辖第 24 枪骑兵营与第 10 龙骑兵团。预备战斗群下辖第 1 装甲团与第 9 步兵营。每个战斗群都下辖 1 个坦克歼击车 / 反坦克炮连——就像德军实践的那样，这是标准的诺曼底地区战斗群编组方式。

根据英军标准训练出来的加军参谋人员不会适应这种编组模式或机动。奥康纳会按照旧式的沙漠战风格进行编组，伍德与格罗当然也会首肯这种模式。只要马切克能够取得战果，实现蒙哥马利对加军第 1 集团军的期望，就没人能够否认马切克的决定。8 月 17 日 10 时 15 分，在加军第 2 军军部，西蒙兹向加军第 4 装甲师发布命令："与美军会师，守住迪沃河一线。"[30] 8 月 18 日 9 时，加拿大禁卫掷弹兵团抵达特伦，他们发现德军已经弃城而逃。钦基就此封闭了包围圈的北部缺口。"（这里）尚未遭到战争的破坏。房屋很完整，田野依然绿油油的，没有散落着德军装备的残骸，甚至空气闻起来都很清新。"[31]

8 月 19 日 11 时，西蒙兹再次与麾下 4 个师长开会。他的每日例会都算不上以任务为导向，部分要归咎于蒙哥马利朝令夕改的命令，部分要归咎于教条主义。波军第 1 装甲师将特伦移交给加军第 4 装甲师，集中兵力守卫尚布瓦。随后，加军第 4 装甲师将特伦移交给加军第 3 步兵师，向东南方开进，攻占维穆捷。[32] 在其身后西南方某处，英军第 2 集团军的前锋正滚滚而来，将德军驱赶到迪沃河沿岸的加军枪口之下。加军将像射杀松鸡一样歼灭德军。

8 月 18 日傍晚，尽管遭到空袭且德军后卫兵力的抵抗日益猛烈，马切克的前锋依然切断了德军撤退的道路。他的 1 个战斗群抵达尚布瓦城外；在维穆捷附近，1 个战斗群占领了库代阿尔东北方占据地利的阵地；另 2 个战斗群坐镇后方。8 月 19 日，波军第 1 装甲师封闭了缺口："波军第 1 装甲师达成了目标。"[33]

波军第 1 装甲师出现在尚布瓦，使新任德军战区司令——"方头方脑"的沃尔特·莫德尔元帅感到警醒。[34] 8 月 17 日，他成了西线德军司令。8 月 18 日，他制定了继续杀出包围圈的撤退计划与营救受困德军的反击计划。波军第 1 装甲师迫使德军铤而走险：武装党卫军第 2 装甲军（此时下辖武装党卫军第 2 "帝国"装甲师、党卫军第 9 "霍亨施陶芬"装甲师、国防军第 9 装甲师与第 116 装甲师部分兵力）奉命停下来重组，并杀回包围圈。[35]

# 1944 年 8 月 14 日—22 日，"驯服"行动战术态势分析

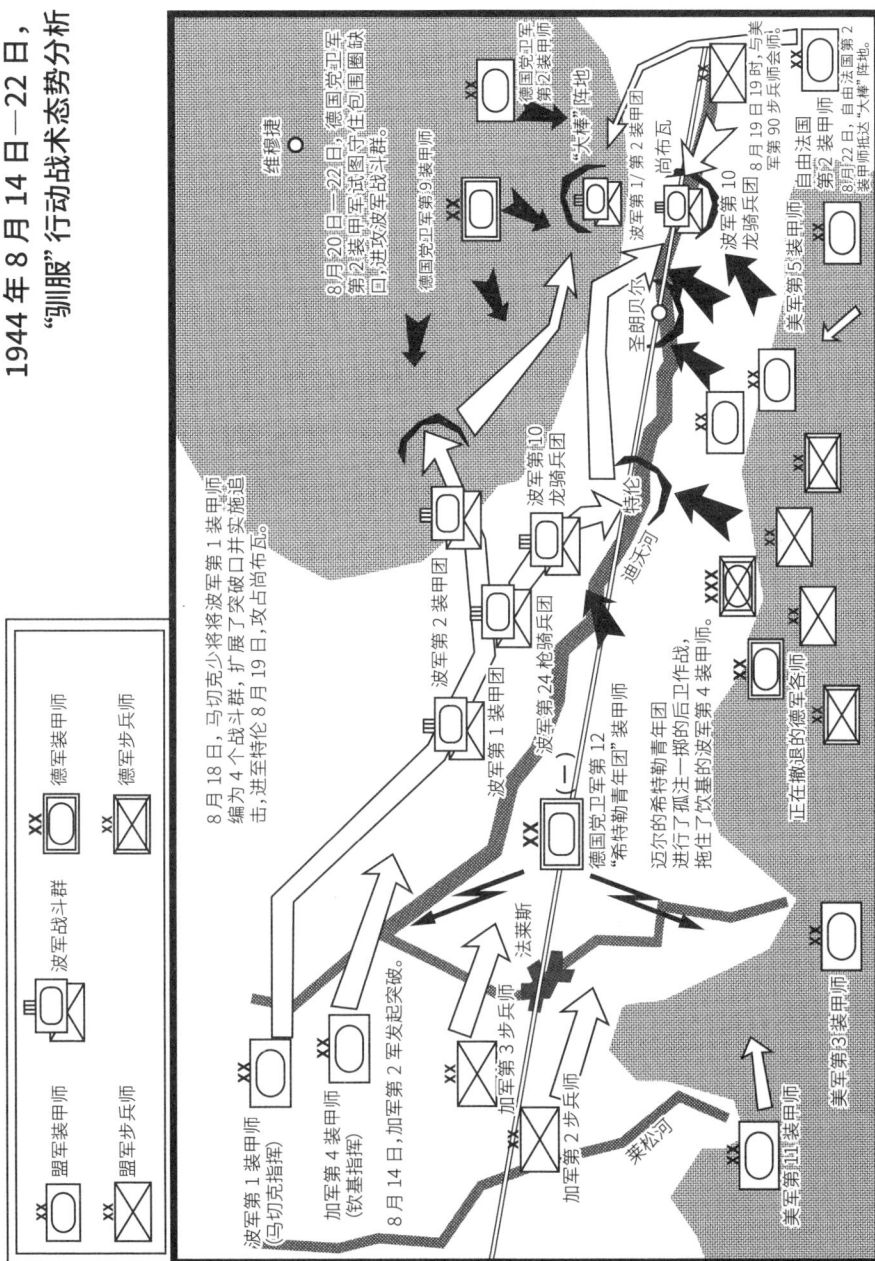

**图例**

- 盟军装甲师
- 波军战斗群
- 盟军步兵师
- 德军装甲师
- 德军步兵师

维穆捷

8月20日—22日，德国武装党卫军第12装甲师试图突破口生包围圈，缺口进攻波军战斗群。

德国党卫军第9装甲师

"大棒"阵地

德国党卫军第12装甲师

波军第1/第2装甲团

波军第10龙骑兵团

圣朗贝尔

8月19日19时，与美军第90步兵师会师。
8月22日，自由法国第2装甲师抵达"大棒"阵地。
自由法国第2装甲师

美军第5装甲师

迪夫河

特伦

8月18日，马切克少将将波军第1装甲师编为4个战斗群，扩展了突破口并实施追击，进至特伦8月19日，攻占尚布瓦。

波军第2装甲团

波军第1装甲团

波军第24枪骑兵团

德国党卫军第12"希特勒青年团"装甲师

迈尔的希特勒青年军团进行了孤注一掷的后卫作战，拖住了软基的波军第4装甲师。

正在撤退的德军装甲师

法莱斯

波军第1装甲师（马切克指挥）

加军第4装甲师（软基指挥）

8月14日，加军第2军发起突破。

加军第3步兵师

加军第2步兵师

来松河

美军第101装甲师

美军第3装甲师

此时，西蒙兹不得不赶紧用加军填补波军防线上的空隙。波军第 1 装甲师正承担着加军第 2 军最主要的伤亡时，加军第 4 装甲师却仍然在畏首畏尾地前进。[36]蒙哥马利并未根据情况的变化而调整边界。尽管巴顿表示想要"把英军赶到海边，让他们再经历一次敦刻尔克大撤退"，但布拉德利则拒绝采取任何主动行动。[37]布拉德利"竭尽全力地无所作为"与蒙哥马利"坚定不移地犹豫不决"，导致盟军关闭了法莱斯包围圈的大门，却没能将大门闩上。在阿让唐，美军按兵不动，并拒绝与加军第 1 集团军进行直接联系：布拉德利只与蒙哥马利对话。[38]

### "大棒"：波军战场

*我们遭遇了 1939 年时曾在波兰交战过的那支德军，这实乃天意。能就此报仇雪恨，我们兴奋不已。这次，我们反败为胜。*

*——1944 年 8 月 19 日，遭到武装党卫军第 2 "帝国" 装甲师进攻时，马切克将军如是说 [39]*

1944 年 8 月 19 日，莫德尔命令武装党卫军第 2 军发起反击。很快，他们就将波军第 1 装甲团的巡逻队赶出了维穆捷。位于北部的波军战斗群撤退到了包围圈缺口处中央的制高点——262 高地、252 高地与 240 高地。在河谷下方，波军第 10 猎骑兵团攻入尚布瓦，与美军第 90 步兵师 "韦弗" 特遣队的前锋会师。[40]很快，他们也遭到了德军的进攻。波军第 1 装甲师封闭了包围圈的缺口，但这支装甲师正在执行追歼任务——分成了数支机动兵力，夺占实际上具有重要战略地位的战术区域。此时，其不得不在复杂地形上据守阵地。各国装甲兵作战理论普遍不认为这是适合装甲师执行的任务。如果波军第 1 装甲师就此撤退，也是可以理解的。

在尚布瓦，马切克以 1 个战斗群与 "硬汉" 美军第 90 步兵师完成了会师，就此堵上了缺口。[41] 此时，从战术上来说，波军第 1 装甲师形成了一系列无法相互支援的坚固支撑点。这些仿佛孤岛般的兵力试图阻挡潮水般撤退的德军。马切克将波军第 1 装甲师分成了两个部分。波军第 10 猎骑兵团与第 24 枪骑兵团战斗群据守尚布瓦。波军第 1 装甲团与第 2 装甲团战斗群据守能够俯瞰迪沃河谷的库代阿尔—博茹瓦。波军主阵地看起来像棍棒，或者更恰当的形容，像狼牙棒，马切克（他不愿意使用坐标表示波军主阵地位置）称其为"大棒"（波兰语：Maczuga），波兰最高统治权的象征。[42]

马切克少将正处于孤立无援状态：波军第 1 装甲师的各团已经将钦基的加军第 4 装甲师远远甩在了后方。在加拿大军事史中，有些人并不愿意过多褒奖马切克。特里·科普认为，钦基受到了哄骗，因而错失了其应得的荣誉。因为加军第 4 装甲师已经攻占克里勒的首要目标特伦，[43] 并继续前进，直抵迪沃河畔圣朗贝尔。从技术上来说，这是正确的，尽管有些证据显示是波军首先抵达了这些目标。[44] 对这场战斗进行作战分析就会发现，在军级与集团军级层面，地形的延伸已经将战役目标囊括在内。因此，西蒙兹设定了两个目标（特伦与尚布瓦），正确地调遣了两支机动兵力，以占领这两个目标。马切克攻占了 1 个目标，最终钦基也攻占了另 1 个目标。8 月 21 日，盟军才彻底封闭了包围圈的缺口，因此有些人认为由马切克独享这项赞誉是过誉。然而，波军第 1 装甲师攻占了英军第 21 集团军群最后的战役目标，却是不争的事实。或许波军的任务完成得不彻底，但波军确实完成了任务。最终，蒙哥马利的边界线与美军第 12 集团军群的边界线融合在一起。布拉德利与蒙哥马利都欢欣鼓舞地注意到了马切克的成就。他们不应忽视钦基，但这也并非完全不公平。

8 月 18 日星期五，德军才意识到波军占据了尚布瓦的诸个制高点："德军瞠目结舌，他们恐惧地发现我们已经切断了他们的撤退路线。"[45] 能够俯瞰尚布瓦的262 高地立即招致德军迫击炮的火力打击。在未来的整整 4 天里，德军持续炮击262 高地，且愈演愈烈。同时，在柯里少校的指挥下，加军 1 个以南艾伯塔装甲团（加军第 4 装甲师的重型侦察团，装备"谢尔曼"）为核心的战斗群，从北方南下，直插迪沃河畔圣朗贝尔，以封堵法莱斯包围圈缺口处最后的缝隙，"这里真是个阀门，包围圈里的德军都能从这里逃出去。"[46]

填补这块"拼图"的关键就是波军的"大棒"。但此时波军第 1 装甲师陷入孤立境地，食物、药物与弹药所剩无几。包围圈已经成了撤退德军的噩梦。美军、英军与加军3000 多门火炮的袭扰火力正砸向莫德尔的德军。空中布满了盟军飞机，任何正在撤退的德军纵队靠近包围圈缺口，都会遭到持续不断的猛烈空袭。[47] 盟军航空兵没有袭击包围圈缺口的德军，真正的原因是担心误伤友军，重蹈"驯服"行动与法莱斯行动的覆辙。这导致盟军航空兵与炮兵不得不划出禁止向其开火的区域。德军纵队很快意识到，当他们接近圣朗贝尔—尚布瓦地区时，就能暂时免遭盟军"台风"与"雷电"的火箭弹打击。[48] 从圣朗贝尔到"大棒"处，波军与加军的坦克、步兵、营属迫击炮与团属炮兵连正通过武器的表尺缺口瞄准开火，屠杀包围圈缺口处的德军。

### 钦基解职

8月20日，马切克迎来了战斗最激烈的一天。波军第1装甲师遭到了德军四面八方的猛攻，阵地几近失守。[49] 围绕柯里负责封堵的圣兰伯特与"大棒"阵地，双方展开了最为白热化的战斗。德军以迫击炮、榴弹炮、多管火箭炮与坦克直射火力猛轰其阵地。武装党卫军第2装甲军（其主力为武装党卫军第2"帝国"装甲师与党卫军第9"霍亨施陶芬"装甲师）发起战斗群规模的进攻，已经渗透到了"大棒"阵地外围。[50]

最初，加军第2军并不认为波军第1装甲师的处境严峻："加军第2军军部带着某种怀疑的态度迎接我们。"[51] 最终，军长决定亲临前线："加军军长西蒙兹将军抵达后，最终改变了加军高层司令部的观点。"[52] 西蒙兹命令钦基驰援波军。[53] 令西蒙兹愤怒的是，钦基依然拖拖拉拉。[54] 8月21日，西蒙兹解除了钦基的指挥权，亲自"命令加军第4装甲旅立即驰援波军"。[55] 加军的2个坦克团，加拿大禁卫掷弹兵团与总督禁卫团发起了决定性的进攻，一路猛冲猛打，抵达波军"大棒"阵地。他们受到了热烈的欢迎："当我们抵达时，波军欢呼雀跃。"[56]

## 胜利战果

*盟军情报严重低估了德军指挥官的能力，决心逃出生天或战死疆场的德军很狂热，德军利用他们组建起了有效的战斗群。*

——英军第30军军长布赖恩·霍罗克斯中将

诺曼底战役结束了。最终，德军有15.78万人从法莱斯包围圈撤了出去，包括其后卫兵力的主力，连同装备，共有16.58万人安全地撤到了塞纳河以北。[57] 尽管德军各师已经支离破碎，[58] 德军装甲兵几乎全军覆没，但残余兵力仍然足以破坏"市场花园"行动，导致美军对洛林产生深深的忧虑，固守加来，守卫斯海尔德河（Scheldt River），并构成了 1944 年 12 月战略攻势的基础。在法国与比利时，德军兵力仍然保有超过 25 万人的兵力（其中，从诺曼底撤出了 16.58 万人，塞纳河以北的德军第 15 集团军有 7.2 万人，另有部分正处于训练中的候补军官与士兵）。

从历史的角度来看，法莱斯围歼战导致了小规模的统计学争议。近期的研究表明，德军有 4.48 万人逃出了包围圈。[59] 武装党卫军第 12 "希特勒青年团"装甲师就是个好例子，通常认为这个师从 2 万人减员为 1 个只有 500 人的战斗群，并以此作为其浴血诺曼底的证据。武装党卫军第 12 "希特勒青年团"装甲师确实受到重创，很多军官与装甲掷弹兵命丧诺曼底。然而，尽管人们普遍相信盟军战术航空兵与坦克构筑的阵地足够严密，然而其师部主力与第二梯队的兵力仍然逃了出去。记录显示，在战斗结束后，武装党卫军第 12 "希特勒青年团"装甲师有 1.2 万人与 10 辆坦克集结在了阿夫尔河畔韦尔讷伊（Verneuil-sur-Avre）。这些官兵已经足够该师在 3 个月后的阿登攻势中重新作为令人生畏的兵力出场。

令人惊讶的是，总体来看，武装党卫军各师似乎都逃出了法莱斯包围圈。[60] 真正损失惨重的是德军各步兵营。在"眼镜蛇"行动期间，美军打垮了这些经验丰富的步兵营。很多德军步兵营无法在公路上快速前进，因而未能逃出包围圈（德国陆军仍然有 65% 的车辆需要畜力牵引）。尽管没有投降，受困德军主力也逃了出来，这场战役仍然获得了"西线的斯大林格勒战役"这一绰号。这场战役很漫长，德意志第三帝国最强大的兵力就此流干了鲜血，以盟军的辉煌胜利而告终。[61]

在冲出诺曼底的战斗中，美军的表现可谓毁誉参半。布拉德利的表现并不完美，但就此否认美军第 12 集团军群的成就是有失公允的。美军以恢宏的气势完成了战役机动，其创造性与战果堪比 1940 年法国战役中曼施坦因制定的作战计划。蒙哥马利曾获有打出歼灭战的时机，他完全可以重演坎尼战役，最终却以消耗战收场。莫德尔的决断，则在这场灾难中起到了力挽狂澜的效果。

尽管伤亡惨重，甚至可以说付出的代价过于沉重，但加军仍然尽职尽责地完成了任务。在西方盟军中，加军人员损失的比例是最高的。克里勒似乎满足于循规蹈矩，而非研究战斗并发挥战术主动性。当巴顿横扫布列塔尼半岛并挥师东进，直抵德勒时，克里勒还在向南进攻阿让唐。[62]

加军装甲兵的表现则另当别论。诺曼底战役是加军装甲兵的"实习"，其也是加军装甲兵唯一的"实习"机会。从"眼镜蛇"行动与"驯服"行动的突破，到向斯海尔德河方向展开的追击，加军装甲师从未获得过在适合坦克行动的地形上作战的机会。此时，他们正准备执行装甲师应该执行的任务，却也从未获得过这样的机会。从诺曼底战役初期的行动中可以看出，加军装甲师在战役层面或旅级层面进行的准备不够充分。相反的是，在扩展战果阶段，各装甲团、坦克中队与坦克分队，却最大限度地贯彻了骑兵传统。主要困难在于指挥与控制。应该指出的是，西蒙兹有2个月时间完善他的指挥艺术，而钦基与马切克只有3个星期。

# 注释

1. Pearlman, "Close Air Support in World War Two," p. 150.

2. Turraine, p. 651.

3. 美国陆军军史研究所，波格文件。详见图雷纳、汉密尔顿与德斯特的记述。特德记述，英国皇家空军认为这些行动是在"为傻瓜执行任务。我认为其根本无法达成彻底的突破，哪怕是最细微的迹象都没有"。

4. 这是个奇怪的选择。英国皇家空军本身负责执行"面积型轰炸"任务。美国陆军航空兵，最为精通的是在白昼轰炸，并能够将炸弹"扔进泡菜桶里"，无论这种轰炸有多少缺陷。英国皇家空军在夜间轰炸，从柏林、纽伦堡（Nuremberg）与德累斯顿（Dresden）的经历来看，方圆 10 英里以内的一切都会遭到"卓越的轰炸"。

5. Letters of Instruction 12 August 44, Richard Collins Papers（SHAEF G2）August 1944. MHI.

6. 1944 年 7 月 30 日，英军发起的攻势，"蓝衣"行动，代价沉重且令人失望。战斗残酷而激烈，战果却乏善可陈，士气深受打击。在蒙哥马利朝令夕改的命令下，英军第 30 军军长巴纳中将出了惨重的代价。他麾下的很多高级指挥官惨遭撤换："布伦-史密斯（英军第 51 苏格兰高地步兵师）……被迫卸任……我撤掉了'鲍比'·厄斯金（英军第 7 装甲师）……我还撤掉了'卢尼'·欣德（英军第 23 装甲旅）。"

7. RG 24 13789 WD HQ 4 Armd Div. 13 August 1944.

8. 英军首次出动了装备"黄蜂"（Wasp）火焰喷射器的"布轮"式机枪装甲车。这是种可怕的武器——其乘员，就像"丘吉尔—鳄鱼"的乘员一样，一旦被俘就会遭到枪毙。

9. J. L. Granatstein and Desmond Morton, *Bloody Victory*（Toronto: Lester & Orpen Dennys, 1984），p. 173.

10. English, p. 290.

11. 1981 年 10 月 5 日，斯特恩斯文件。斯泰西证实，"对可以确定应该为此负责的个人，都受到了纪律的严惩。两名领航机的飞行员被降职为普通空勤人员，所属中队与小队的指挥官遭解职，战时军衔被降为普通空勤人员。"

12. RG 24 WD 2 CAB *Op Tractable* "An Account of Ops by 2 Cdn Armd Bde in France 14 to 16 Aug," p. 4.

13. 尽管德军第 85 步兵师与第 271 步兵师的部分兵力也在此区域，但防御的中坚力量仍然是武装党卫军第 12 "希特勒青年团"装甲师剩余的战斗群。

14. 1944 年 8 月，加军第 2 军，RG 24 号战地日志：参谋们曾为西蒙兹写了份详尽的报告与战斗评估，却出了问题，包括地形问题。他的照片观测员与情报参谋导致了他的这次失误。

15. 1988 年，蒙特利尔，对 G.W. 劳特利与 J. 多姆维尔的采访：侦察团的任务是"扫荡河流沿岸与加军第 2 装甲旅之间的区域，然后在目标处与加军第 2 装甲旅会合"。D. 艾尔中尉发现了坦克能够通过的渡口。同时，在鲁夫雷，劳特利又发现了能够使用的渡口。另详见，1948 年，蒙特利尔：团协会，W.G. 佩维，《1939—1945 年，加军第 7 侦察团（第 17 约克公爵直属皇家加拿大轻骑兵团）在世界大战中的历史记录》[*An Historical Account of the 7th Canadian Reconnaissance egiment（17th DYRCH）in the World War 1939-1945*]，第 47～48 页，第 53～54 页。

16. Pavey, p. 53.

17. RG 24 WD 2 CAB *Op Tractable* "An Account of Ops by 2 Cdn Armd Bde in France 14 to 16 Aug," p. 5.

18. "We drink from full tankards, the girls from Lublin love us, We've lost our lances but not to worry—we're the 24th."

19. 1989 年，华沙：泰斯克（Tesco），亨里克·斯马克斯尼，《波兰骑兵之书：1917—1947》（*Ksiega Kawalerii Polskiej 1914–1947*）;1990 年，华沙：进取出版社（Wypawnictwo Enterprises），斯坦尼斯瓦夫·科莫尔尼茨基，《波兰陆军：1939—1945》（*Wojsko Polskie 1939–1945*）；1971 年，伦敦：白鹰印务（White Eagle Press），马里安·泽布罗夫斯基，《波兰装甲兵》（*Polska Bron Pancerna*）：波军第 1 装甲师的师徽是著名的波兰"翼骑兵"，这种波兰战士的标志可以追溯到中世纪的波兰王国时期。第 10 龙骑兵团采用了汉密尔顿勋爵的格子呢，根据苏格兰的传统训练了风笛手。

20. 波军第 1 装甲师官兵中的老兵都参加过 1939 年的波兰战役，从 1939 年的布楚拉包围圈中要出来，通过波罗的海、巴尔干与法国，抵达了英国。后来，从北美洲、拉丁美洲与非洲来的志愿者加入到了波军第 1 装甲师。其很大程度上是基于西科尔斯基将军的个人影响力与同美国的政治联络建立的。

21. Martin Blumenson, *The Battle of the Generals: The Untold Story of the Falaise Pocket—The Campaign That Should Have Won World War II*（New York: William Morrow and Company, Inc., 1993），p. 217.

22. 马切克出生时，波兰仍属于奥匈帝国。后来，他在哈布斯堡王朝骑兵中的皇帝猎兵团服役。1938 年，波军有 2 个装甲旅，他在其中 1 个装甲旅担任旅长。他是个"现代坦克军官"。1939 年，在波兰战役，只有极少数的波军师向德军发起反击并获得了成功，他所在的师正是其中之一。他将波军第 10 装甲骑兵旅视为波兰共和国陆军的组成部分，而非隶属于英军。详见基根，马切克的著作。

23. 加军第 2 军 RG 24 13712 号战地日志。1944 年 8 月 15 日："约 15 时 30 分，波军猎骑兵团跨越迪沃河。"另详见波军第 1 装甲师 RG 24 10942 号战地日志："驯服"行动 1 号令。

24. 波军第 1 装甲师 RG 24 10942 号战地日志，1 号作战命令，证实命令发布于 1944 年 8 月 16 日。另可见波军第 1 装甲师作战报告《1944 年 8 月 12—22 日期间的作战》，第 8 页，第 10 页。

25. 布拉德利认为，蒙哥马利的决定实际上是以文过饰非的方式美化犹豫不决的克里勒："如果巴顿的巡逻队抢占了法莱斯，那无异于正在建立我们对加军的信心时，给了蒙哥马利一记响亮的耳光。"

26. ETHINT 67 Lt.Gen Fritz Bayerlein, "Normandy Critique" ETO, 15 August 1945, MHI.

27. Hamilton, p. 796.

28. 1944 年 8 月 16 日，加军第 2 军 RG 24 13712 号战地日志与行动日志。另可见波军第 1 装甲师 RG 10942 号文件：通过口头命令，确认了 1944 年 8 月 16 日马切克少将发布的 4 号命令。加军第 2 军战地日志与作战日志："在宽阔的前线上，波军第 10 猎骑兵团只遭遇了微弱的抵抗。主要的障碍是向南撤退的平民堵住了道路。"

29. RG 24 13712 WD 2 Cdn Corps. 17 Aug 44. See also RG 24 10942 Polish Armd Div, 17 Aug 44.

30. RG 24 13789 WD 4 CAD 17 Aug 44.

31. 1944 年 8 月 17 日，加军第 4 装甲师 RG 24 13789 号战地日志。最讨厌的是蚊子，"它们一定是有组织……低飞且到处都是"，以及"疟疾，我们现在都得了这种病"。

32. RG 24 13 712. WD 2 Cdn Corps. 19 Aug 44.

33. See also *La Première Division blindée polonaise and 1st Polish Armored Regiment 1939–1946*. Both published privately by the Divisional Association.

34. Shulman, p. 170, and D'Este in Correlli Barnett, *Hitler's Generals*（London: Weidenfeld and Nicolson, 1989）, p. 319.

35. 详见德军第 60 装甲掷弹兵团团长沃格茨贝格少将，B-162 号手稿，德军第 116 装甲师（1944 年 8 月 11—24 日）与 B-058 号手稿，德军第 116 装甲师在法莱斯：1944 年 8 月，德军第 116 装甲师获得了糟糕的名声。此时，其正奋力作战，以洗刷耻辱。

36. 1944 年 8 月 18 日傍晚，波军第 1 装甲师的伤亡总数，已经占到加军第 2 军伤亡总数的 50%（伤亡 263 人，而其他 3 个师与 2 个旅只伤亡 286 人）。8 月 17 日，美国陆军航空兵、英国皇家空军与加拿大皇家空军的各中队，已经在法莱斯包围圈执行了 2029 架次的飞行任务。8 月 18 日，执行了 2057 架次飞行任务。8 月 19 日，执行了 3856 架次任务。

37. 巴顿是否真说过这句话，尚存在争议。详见 1993 年，纽约：威廉·莫罗与公司（William Morrow and Company），马丁·布卢门森，《将领之战：法莱斯包围圈不为人知的故事——二战中原本应该打赢的战役》（*The Battle of the Generals: The Untold Story of the Falaise Pocket—The Campaign That Should Have Won World War II*）；1990 年，布卢明顿（Bloomington）：印第安纳大学印务（Indiana University Press），罗素·魏格利，《艾森豪威尔的中尉们》（*Eisenhower's Lieutenants*）。

38. 炮兵是例外，布拉德利允许两者的军属炮兵司令部进行通信。

39. "Providence offered us the pleasure of revenge against this unit which we had fought in Poland in 1939, but this time, the results were reversed."

40. 1959 年，密歇根州安阿伯（Ann Arbor）：爱德华兹兄弟有限公司（Edwards Brothers），韦弗少将，《扬基歌进城》（*Yankee Doodle Went to Town*），第 95～98 页；1944 年 8 月 19 日，21 时 40 分，克里勒告诉西蒙兹："希望你将我的祝贺转达给波军第 1 装甲师师长。在近期的战斗中，他的指挥至关重要，英勇无畏。加军第 1 集团军为麾下能有波军第 1 装甲师，而感到无比自豪。"在回应克里勒时，西蒙兹毫不掩饰自己的喜悦。RG 24 13712 号文件。

41. 1975 年，得克萨斯州，奥斯汀（Austin）：诺泰克斯公司（Nortex），约翰·科尔比，《陆战：二战中的美军第 90 步兵师》（*War From the Ground Up: The 90th Division in WW II*）；美军第 90 步兵师的兵员都来自得克萨斯州与俄克拉荷马州（Oklahoma），两个州简写为"TO"，成了第 90 步兵师的徽章，因此获得了"硬汉"（Tough Hombres）的绰号。

42. 马切克，《我的装甲兵》，第 218 页。波军主阵地位于能够俯瞰迪沃河谷的两座制高点：博茹瓦与库代阿尔（正位于奥梅尔高地（Mont Ormel）东北方，经常被误认为是波军主阵地"大棒"的位置）。第三个阵地位于库代阿尔以北。当武装党卫军第 2 装甲军首次向波军侧翼发起进攻时，这里首当其冲。

43. Conference with Terry Copp, Waterloo, Ontario, May 1996.

44. 美国陆军军史研究所，波格文件；对埃德加·威廉斯的采访：马切克当然是这样想的，显然英军也是这样想的："弗雷迪（德·甘冈）认为布拉德利应该在特伦与波军会师。"在《诺曼底的 6 支军队》（*Six Armies in Normandy*），第 272～274 页：约翰·基甘认同："（8 月 17 日）下午早些时候，波军第 10 装甲骑兵旅从特伦附近的出发阵地出击。"1965 年，伦敦：埃莱克书业（Elek Books），埃迪·弗洛伦廷，《法莱斯缺口之战》（*Battle of the Falaise Gap*）；波军第 24 枪骑兵团穿过了卢维埃昂诺日（Louvières-en-Auge）；波军是居高临下冲进特伦的，他们能够俯瞰特伦，就像站在阳台上那样。特伦位于山坡下方 3 千米处。"

45. Bernage, p. 490.

46. RG24 13712. 2 Cdn Corps Ops log: 19 Aug 44, 1145 hrs, fm 18 CACR: "En breaking through at St. Lambert sur Dives 3326."

47. 虽然盟军空袭击毁的德军装甲战斗车辆比例极为言过其实，但空袭的战果还是很可观的。详见 2 号作战研究单位报告 4：《1944 年 8 月，对莫尔坦地区敌军坦克与机动运输车辆的空袭》（*Air Attacks on Enemy tanks and Motor Transport in the Mortain Area, August 1944*）。

48. 详见理查德·罗默的著作《巴顿的缺口》（*Patton's Gap*），对盟军航空兵的观点，军事历史学家有褒有贬。

49. RG 24 13712 号文件。加军第 2 军战地日志。1944 年 8 月 20 日 18 时 30 分，波军第 1 装甲师报告加军第 2 军："我正坐在坟墓里。"

50. 美国陆军军史研究所，B-748 号手稿，威廉·比特里希，《武装党卫军第 2 装甲军（1944 年 7 月 15 日—8 月 21 日）》："武装党卫军第 9 装甲师有能力推进……到莱科尼尔斯（Les Cosniers）地区……最初，武装党卫军第 2 装甲师毫无阻碍地夺得了领地，直到在库代阿尔以北卷入了激烈的坦克战。"

51. Maczek, p. 218.

52. Ibid.

53. 当时，波军的状况很糟："先生们，我们损失殆尽了。我不认为加军能来营救我们。我们……即将弹尽粮绝。……我们是不会投降的……今晚，我们将战死疆场。"详见基根与弗洛伦廷的著作中，此演讲的不同版本。

54. 1993 年，安大略省，圣凯瑟琳（St.Catherine）：范维尔出版社（Vanwell Publishing），乔治·钦基少将，《泥沼与绿野：乔治·钦基少将回忆录》（*Mud and Green Fields：The Memoirs of Major General George Kitching*），第 205 页："我对西蒙兹将军这样说：'让他们见鬼去吧。他们组织不力，所以才会弹尽粮绝；我的部下也正陷入苦战，但我们设法维持了自己的补给系统。'"

55. 马切克，《我的装甲兵》，第 219 页："在离开之前，他顺便说了句话，从今天早晨开始，加军第 4 装甲师的指挥权已经移交给了加军第 2 军参谋长 'T' 上校。"此时，马切克才得知，西蒙兹已经让钦基为他的失败付出了代价。译者补充：作者注中提到的 "T" 上校为何人，译者未能查明。当时，加军第 2 军参谋长是诺曼·埃利奥特·罗杰（Norman Elliot Rodger，1907 年 11 月 30 日—2010 年 9 月 15 日），加拿大陆军少校。第二次世界大战期间，先后任加军第 1 军参谋长、驻英国加军司令部参谋长、第 10 步兵旅旅长、第 2 军参谋长。担任加军第 2 军参谋长时，其军衔为准将，而非上校。

56. 杜吉德，第 282 页；RG 24 号文件：1944 年 8 月，加军第 22 装甲团战地日志："迄今为止，我们团还没看见过比 262 高地更惨烈的景象……到处都是未埋葬的尸体与残肢断臂。"

57. See Meyer, *Kriegsgeschichte der 12.SS Panzer Division*, p. 354. Georges Bernage, *La Retraite allemande*（Bayeux: Editions Heimdal, 1988）, pp. 36, 87. Michel Dufresne, "Normandie: Aôut 1944," *Revue historique des armées* 3, 114–115.

58. 有些部队命令官兵昂首挺胸地撤出了包围圈。迈因德尔的德军第 3 伞兵师以 "整齐的步调"，唱着军歌走出包围圈时，给武装党卫军第 2 "帝国" 装甲师留下了 "极为深刻的印象"。

59. 米歇尔·迪弗雷纳，《军队历史回顾 3：诺曼底：1944 年 8 月》（*"Normandie: Aôut 1944," Revue historique des armées 3*），第 119 页：迪弗雷纳宣称 "名义上有 37.1 万人" 逃出了包围圈。1988 年，巴约（Bayeux）：海姆达尔出版社（Editions Heimdal），乔治·贝尔纳热，《德军撤退》（*La Retraite allemande*），第 114 页：似乎有超过 15 万人的作战兵力逃出了包围圈："有 4.48 万人逃出了包围圈，在大海与加塞之间有 6 万人，在加塞与诺南库尔（Nonancourt）之间有 1.55 万人，在诺南库尔到塞纳河之间有 2.55 万人，在维穆捷以东有 1.2 万人。"

60. 迪弗雷纳与贝尔纳热著作的第 114 页、119 页：武装党卫军第 1 "元首警卫旗队" 装甲师撤出 1 万人，武装党卫军第 2 "帝国" 装甲师撤出 1.2 万人，武装党卫军第 9 "霍亨施陶芬" 装甲师撤出 1.5 万人，武装党卫军第 10 "弗伦茨贝格" 装甲师撤出 1 万人，武装党卫军第 12 "希特勒青年团" 装甲师撤出 1.2 万人，武装党卫军第 17 装甲掷弹兵师撤出 6000 人，德军第 130 装甲教导师撤出 8000 人，德军第 2 装甲师撤出 8000 人，德军第 9 装甲师撤出 1000 人，德军第 116 装甲师撤出 8300 人，德军第 3 伞兵师撤出 5000 人，第 276 步兵师、第 277 步兵师与第 353 步兵师各撤出 1000 人。详见 B-631 号手稿，福伊希廷格尔：《德军第 21 装甲师》，迈尔，拜尔莱因（宣称撤出了"20 辆坦克与坦克歼击车……4 个炮兵连……1 个半的高射炮连……100 辆半履带车与约 100 辆机动车辆"。7 月 25 日，在圣洛，德军第 130 装甲教导师遭受了猛烈轰炸，还能撤出如此多的装备，令人印象深刻。)

61. 在整场战役中，估计德军总共损失了 460900 人（包括德国海军与空军），但由于军事历史学家习惯性地相互引用（迪弗雷纳语"这种错误变成了无限复制的快照"），导致诺曼底战役相关的真实数据，尤其是撤出的德军总数，直到近期才得到修正。盟军的损失也很高昂：总共损失了 206703 人，其中美军损失了 124394 人，英军与加军损失了 82309 人。截至 1944 年 8 月 23 日，加军第 1 集团军损失了 18444 人（其中有 5021 人阵亡）。

62. 1977 年，纽约：查尔斯·斯克里布纳之子出版公司（Charles Scribner's Sons），布赖恩·霍罗克斯，埃弗斯利·贝尔菲尔德，休伯特·埃塞姆，《军长》（*Corps Commander*）：尽管如此，克里勒还是受到不止一位英军军长的高度评价："在我看来，人们普遍低估了克里勒将军，很大程度上是由于他与蒙哥马利截然相反。他不喜欢公共场合，非常具有判断力，总是愿意听取下属指挥官的意见。"

# 第 11 章
# 执行 "恰当任务" 的装甲兵：追击作战理论

---

*美军装甲兵包围德军的经典战例：当通过走廊时，巴顿将军以 1 个战斗群向西佯攻布列塔尼半岛与布雷斯特，误导了德军司令部，使其误以为巴顿将军意图首先攻占布列塔尼半岛……当美军坦克突然出现在威特雷（Vitré）、马耶讷、拉瓦勒（Laval）与勒芒时，德军极为震惊，惊慌失措。*

*——金特·布卢门特里特 [1]*

*任何扩展战果行动的首要目标，都是遏止敌军的机动力。*

*——美军第 6 装甲师师长罗伯特·格罗将军 [2]*

---

美军第 3 集团军进行追击，攻入马耶讷、萨尔特（Sarthe）与卢瓦尔河谷的行动，可谓行云流水。在执行严令需要完成的任务时，尽管出现了不幸的拖延，但布拉德利仍然成功地攻占了布列塔尼半岛与巴黎，且歼灭了德军 3 个集团军的主力。美军装甲兵的进步是在战术层面与战役层面学习经验的过程。在战争的此阶段，美军作战理论曾试图对装甲兵的作战进行预测，但这种作战理论却毫无实战经验作为根基。此时，美军各师长不得不临场发挥，以解决一系列后勤问题。美军面临的问题是战役机动。盟军最高司令部没有任何明晰的计划，无论是艾森豪威尔，还是蒙哥马利。在完成了纵深穿插后，盟军获得了攻占其政治目标（巴黎）或实现其军事目标（彻底包围莫德尔的各集团军）的机会。艾森豪威尔与蒙哥马利都无法决断应该如何取舍。美军装甲师是首批在欧洲战场进行了纵深穿插的盟军兵力。这种作战技巧将建立在控制与后勤的支持之上——拜希特勒的命令所赐，德军主力正整整齐齐地被困在法莱斯包围圈中。

最初，布拉德利禁止美军各装甲师师长（伍德，后来也包括巴顿本人）冲向塞纳河并攻占战略目标。"眼镜蛇"行动的追击作战将是对美军军级装甲兵行动的测试。美军 FM17-100 号野战手册规定了美军装甲师的任务，但其规定的都是常规任务，一旦发起追击，要执行的任务就变得模糊不清。实施追击行动，需要动用侦察兵、装甲兵、机械化步兵与战术航空兵。通信随时可能中断。在"眼镜蛇"行动中滚滚东进的美军装甲师具有重要意义——这是美军装甲兵首次获得执行如此规模行动的机会。

美军装甲兵投入诺曼底战役时，关于其作战理论的争论正酣。北非会战清楚地表明麦克奈尔的坦克歼击车理论是错误的。实战经验显示，坦克歼击车营极少能整建制投入作战，德军装甲兵的优势，也使之难以执行攻势任务。[3] 当德军不再发起大规模进攻，且未来部分盟军的战斗将包括攻势行动时，这个问题的答案就变得更为明朗，美军就必须修改作战理论。美军装甲兵分为 3 种完全不同的类型：骑兵（简化为仅执行团级侦察任务），独立坦克营（使用的编制方法与英军与加军将步兵坦克集中为坦克旅的方法相同），以及纯装甲师中的装甲团。有位经验丰富的骑兵军官指出，装甲师的坦克营与独立坦克营之间有个明显的区别："从作战训练强度、进攻精神与各方面的总体效能来看，独立坦克营的标准都远低于装甲师中的坦克营……独立坦克营对坦克、步兵与炮兵的协同作战知之甚少。"[4]

尽管有像乔治·巴顿这样罕见的猛将，西西里战役中的美军装甲兵依然毫无用武之地。意大利的地形不适于坦克作战，一如诺曼底的美军防区。灌木篱墙将集群行动限制在最多只有（独立坦克营）1 个坦克排与 1 个步兵连的规模。[5] 成功的小规模兵力行动需要诸兵种形成微妙的平衡。争夺灌木篱墙的每个区域（面积相当于美式橄榄球球场）的战斗，需要以重机枪与迫击炮的火力支援步兵发起近距离突击。前线炮兵观察员通过引导极为准确的炮兵火力支援进攻；如果可能的话，由前线航空管制官协调 P-47 发起空袭；最后，战斗工兵负责清理布满诺曼底灌木篱墙地带的障碍与地雷。[6] "眼镜蛇"行动发起时，现代美军战斗群——实际上是微缩版的德军战斗群，已经日臻完善。美军独立坦克营不用与"虎"式重型坦克[7]相搏。但是，在灌木篱墙地带，德军的"黑豹"、Pz Ⅳ、StuG Ⅲ或 JPz Ⅳ，仍然令人生畏，因为大多数的对决都发生在

100 码距离之内。

## 美军装甲师战斗群：虚假的"任务导向型战术"

美军装甲师经历过 6 次重组：1942 年 3 月 1 日，进行了最重要的重组，取消了装甲旅的编制，改为 2 个战斗群，炮兵重组为 3 个炮兵营；1943 年 9 月 15 日，进行了第二次重组，取消了团级编制，改为 3 个战斗群，取代了各自的营。历次重组都遵循着 4 种持续的趋势：缩减轻型坦克的数量，增加中型坦克的数量，增加步兵的数量，取消不必要的指挥梯队与精简勤务兵力。1944 年 1 月 15 日，FM 17-100 号野战手册，《装甲师》（ *The Armored Division* ）提到，美军装甲师扮演的角色为：首先执行需要极强的机动性与火力的任务。

虽然只是在旅级层面改编了作战理论，但也已经为美军装甲师的诸兵种协同行动埋下了伏笔。每个师长的师部中，都有 3 个作战指挥部。战斗群（A 战斗群、B 战斗群与预备战斗群）指挥部能够从师级"工具箱"获取所分配的资源，以随时承接特殊的任务导向型命令。这个程序似乎是为了仿造德军作战理论中的"战斗群"而量身定做的。

这种方法略优于英军与加军的组织形式。在文化上，英军与加军排斥诸兵种协同的战斗群，继续维持着旅级系统。在此系统中，英军与加军默认配属给坦克的步兵营，最终都要归队于其本来隶属的上级单位。[8] 美军组建战斗群的形式，打破了二战爆发之前美国陆军由来已久的战斗兵种之间相互孤立的传统。[9] 然而，美军装甲兵的高级指挥官却批评了战斗群的编制。他们认为，与阿德纳·霞飞最初提出的简易而灵活的系统相比，美军的战斗群过于僵硬。美军第 2 装甲师师长内森·哈蒙曾记述："战斗群的编制会鼓励更高级的指挥官拆分掉 1 个装甲师。"[10]

事实证明，霞飞的保留意见是正确的。美军装甲师的战斗群很快变成了旅级战斗群，丧失了其灵活性。分配给战斗群的部队往往就此留在了战斗群。在亚琛战役中，担任美军第 2 装甲师师长的哈蒙将军，主张师长应该具备完全的自由，"根据自己的意愿组建自己的战斗群"。[11] 与加军的旅非常相似，美军的装甲师中也出现了"部族"式的关系。然而，师长并不明白这种"哲学"的本质（简单地组建更大规模的战斗群）导致战斗群演变成了固化的"官僚机构"。在部分美军装甲师中，战斗群演变成了固定的特遣队。军方似乎更青睐这种"官僚机构"，而非"任务导向型战术"随机应变的哲学。这或许是美军与德军之间在文化上的本质区别，因此称现代美军青睐二战时期德军的原则，也是不切实际的，其原因之一就是二者在文化上的差异。哈蒙认为战斗群是"往前迈了一步，落脚时却往回收了半步……正确的步调不是变革组织，而是变革精神"。[12] 不过，美国陆军的前线传统却顺其自然地理解了这种系统："我告诉他，我的上级指挥官惯于命令我以每小时 2 英里的速度前进。然而，我经常在每天上午 10 时就已经跑完了一整天的推进距离。我问道：'在这种情况下，我该怎么办？'巴顿回答：'东进。'在这个简短的命令之下，我向前挺进了数百英里。"[13]

上级下达了任务型命令，却并不总是鼓励下属实践其背后的精神。布拉德利对巴顿的行动有诸多限制，对伍德与格罗有更多的限制。这些限制恰好体现出了美军第 12 集团军群对任务型命令或运动战的接受程度：

> 我仍然置于美军第 1 集团军指挥之下，美军第 1 集团军的反应不够迅速。当其做出反应时，发布的命令是召回 2 个从侧翼迂回的装甲师，让他们背离德军主力，前往包围洛里昂（Lorient）与布雷斯特。8 月 4 日，是黑暗的日子。我不停地强烈抗议，大声疾呼 ——（在没有得到上级允许的情况下）命令我的坦克纵队攻入沙托布里扬（Châteaubriant），命令我的装甲骑兵进抵昂热郊外，沿着卢瓦尔河，做好（东）进沙特尔的准备。我原本可以在 2 天内扼住德军咽喉。然而，上级却强令我们按照原计划执行任务。[14]

美军装甲师能得到美军步兵师的支援。不过，"步兵师"是一种误导，称为"装甲步兵师"或 / 甚至"装甲师"更为准确。美军步兵师通常配属有独立坦克营与坦克歼击车营，使其拥有的装甲战斗车辆数量甚至要多于德军装甲师平均装备的装甲战斗车辆数量。美军独立坦克营的数量众多，对足智多谋的师长来说，这再次形成了某种半永久性的配置，使他能够组建战斗群或战斗组。英军与加军的步兵师与步兵旅就不具备如此丰沛的资源。

# 装甲兵的追击

*坦克是种散布恐怖的武器，当他们抵达德军战线后方时，他们就能制造混乱。*

——美军第 4 装甲师 A 战斗群指挥官布鲁斯·克拉克上校

*他们应该大胆出击，深入敌军后方，进攻锁钥地带。时刻不能放松对已经产生动摇或战败的敌军施加的压力。*

——1942 年，FM17-10，美军装甲兵野战手册

*在没有专职侦察兵的野战指挥中，向某个方向的机动通常是盲目摸索，或者会因为不了解战术态势而停在某个区域。*

——美军第 1 装甲师，查尔斯·霍伊中校

准确来说，布拉德利并未攻入克鲁格的战役后方，他只是突破了德军 1 个集团军的战略侧翼。这里没有德军司令部，火炮线列阵地或预备队可供美军摧毁，但这里是德军的后勤区域，通信中心与宣传展示区。切断布列塔尼半岛的德军潜艇基地与比斯开湾（Biscay）的连接，只是一种精神上的胜利：潜艇基地只是单纯被围困了而已，德军潜艇仍然能够活动，还拴住了围困德军潜艇基地的盟军。这里几乎没有多少纯粹的军事价值意义，因为正位于诺曼底前线的德军主力，要么已经在"眼镜蛇"行动的攻势之下溃败，要么正困在法莱斯包围圈里。

"眼镜蛇"行动并未能驱散美军当面的德军各师，亦未能阻截住德军的战役预备队。这些德军再次集结，或在美军当面重新列阵，或撤往尚布瓦。除了包围圈缺口处之外，其他区域都没有发生引人注意的坦克战。[15] 然而，搜寻敌军战役预备队并非装甲兵的唯一目标。蒙哥马利设定了 2 个战略目标，但此时其成了布拉德利的战略目标，尤其是成了巴顿的战略目标："乔治是个能抓住战机的人，他将以任务型命令指挥作战。他只告诉他的心腹，他想要做什么，然后就随他们自由发挥……在我们那儿，他是最聪明的将领。"[16]

追击依赖于 3 个主要方面。首先是（有空中支援的）装甲侦察兵，以寻找敌军装甲兵，确定合适的路线或渡口，尤其是通过打垮敌军指挥部或通信中心，持续散播恐慌。其次是（在战术航空兵的支援下）编有装甲步兵、装甲工兵与自行

化炮兵的装甲战斗群。这种战斗群是执行追击任务的核心。然而，装甲战斗群中的坦克装甲战斗车辆，才真正形成与维系着进攻势头与恐慌。我军装甲兵出现在锁钥地带，即可导致敌军无法维系其战役阵位。随着装甲兵像激流般前进，冲向敌军后方，锁钥地带也随之不断变化。最后是对任何装甲兵的前进都至关重要的通信与补给纵队。

追击的重点，是各层级对问题的解决，并需要思维敏捷而具有决断力的参谋作业。应急计划通常也没有变化快。美军第 4 装甲师 A 战斗群的克拉克上校的组织，就是典型例证：

> 两支能够相互支援的装甲纵队，每支装甲纵队都编有坦克连与装甲步兵连，能得到装甲工兵与炮兵的支援……一旦出击，就不要拖拖拉拉！……截至中午时分，我已经沿着道路前进了 40 千米……我将通过雷恩，直奔洛里昂……汽油已经所剩无几。两天之后，后方才运来汽油、燃料与润滑油……如果我们无法挫败任何遭遇的抵抗，我们至少还能绕过这些抵抗，如果没能绕过这些抵抗……没有指示，也没有规划过标准作业程序（SOP，Standard operating procedure）。然而，当我面临的问题远远超出我的预料时，也就"车到山前必有路"了。在法国乡间，我们释放了那些缴械投降的德军士兵。我只能假定正有友军的其他师或军的兵力正紧跟我们前进的脚步，他们能逮捕这些战俘并看管他们。显然，情况并非如此。我的上级指挥官们显然不认为我的战斗群能够迅速前进。[17]

## 侦察

侦察的目标——信息，有时过于丰富，反而使盟军指挥官无所适从。盟国远征军最高司令部的情报部能通过航空侦察，热情的法国抵抗组织，热心的德军逃兵，以及极致的情报来源——"超级机密"，得到海量的情报数据。对德军最高统帅部与战地指令的窃听，是个令人左右为难的情报来源，因为"超级机密"的接收者，不能让德军意识到盟军到底掌握了德军多少情报："为了保护'超级机密'的情报来源，布拉德利与巴顿，就像他们的同事一样，动用了其全部情报资

# 1944 年 7 月 25 日—8 月 25 日，"眼镜蛇"行动中的美军装甲师

**美军第 2 装甲师**
"车轮上的地狱"
师长哈蒙少将

| 坦克营 | 装甲步兵营 |
|---|---|
| 1/66 | 1/32  1/36 |
| 2/66 | 2/32  2/36 |
| 3/66 | 3/32  3/36 |
| 1/67 | 1/33 |
| 2/67 | 2/33 |
| 3/67 | 3/33 |

4 个自行榴弹炮 /
重型炮兵营

隶属军
6 月 12 日  美军第 5 军
7 月 18 日  美军第 7 军
8 月 2 日   美军第 19 军
8 月 7 日   美军第 19 军
8 月 13 日  美军第 19 军
8 月 18 日  美军第 5 军
8 月 19 日  美军第 19 军
8 月 21 日  美军第 15 军
8 月 29 日  美军第 19 军

**美军第 3 装甲师**
"矛头"
师长沃森少将
师长罗斯少将

| 坦克营 | 装甲步兵营 |
|---|---|

4 个自行榴弹炮 /
重型炮兵营

隶属军
7—8 月  美军第 7 军

**美军第 4 装甲师**
"突破"
师长伍德少将

| 坦克营 | 装甲步兵营 |
|---|---|
| 8  | 10 |
| 35 | 51 |
| 81 | 50 |

3 个自行榴弹炮营

隶属军
7 月 15 日  美军第 7 军
8 月 13 日  美军第 12 军

**美军第 5 装甲师**
"胜利"
师长奥利弗少将

| 坦克营 | 装甲步兵营 |
|---|---|
| 10 | 15 |
| 34 | 46 |
| 81 | 47 |

3 个自行榴弹炮营

隶属军
7 月 31 日  美军第 15 军
8 月 29 日  美军第 5 军

**美军第 6 装甲师**
"超级 6"
师长格罗少将

| 坦克营 | 装甲步兵营 |
|---|---|
| 15 | 9 |
| 68 | 44 |
| 69 | 50 |

3 个自行榴弹炮营

隶属军
7—8 月  美军第 7 军

**美军第 7 装甲师**
"幸运 7"
师长西尔维斯特少将

| 坦克营 | 装甲步兵营 |
|---|---|
| 17 | 23 |
| 31 | 38 |
| 40 | 48 |

3 个自行榴弹炮营

隶属军
7—8 月  美军第 20 军

**自由法国第 2 装甲师**
师长勒克莱尔少将

| 坦克营 | 装甲步兵营 |
|---|---|

3 个自行榴弹炮营

隶属军
7—8 月  美军第 15 军

美军第 2 装甲师与第 3 装甲师是"重型装甲师"，每个装甲师下辖 2 个装甲团（相当于每师），1 个装甲步兵团、3 个自行榴弹炮营、4 个自行榴弹炮营。常规装甲师下辖 3 个自行榴弹炮营、第 2 装甲师与第 3 装甲师下辖 4 个自行榴弹炮营。勒克莱尔指挥的自由法国第 2 装甲师的装备编制与常规美军装甲师相同。

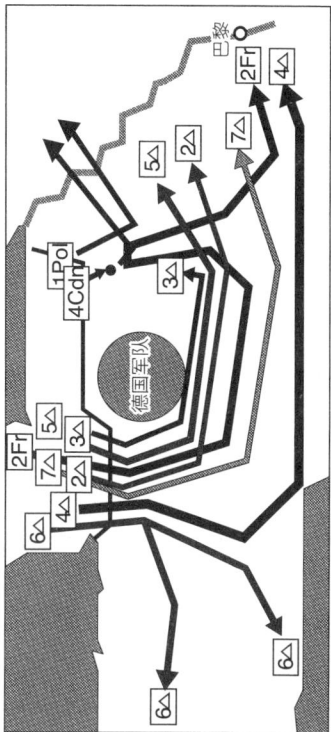

## 行动中的美军装甲师

源。巴顿要求他麾下的侦察兵，不仅要积极主动地搜集信息，还要保护情报信息的安全。"[18]

当美军第 3 集团军突入莫德尔后方区域时，其进入了德军第 1 集团军司令库尔特·冯德尔·舍瓦勒雷将军的防区。莫德尔命令其守卫奥尔良缺口。此处宽 60 英里，地形开阔，适合坦克作战。[19] 舍瓦勒雷无力实施掩护作战，只能勉强组织起有效的屏护。尽管如此，在面对美军 4 个装甲师，生龙活虎的骑兵侦察队与漫天的"雷电""台风""野马"时，舍瓦勒雷展现出的足智多谋仍然令人瞩目。

> 美军第 3 集团军的机械化骑兵战斗群与机械化骑兵侦察营地毯式地搜索前线，确认了冯德尔·舍瓦勒雷的第二道迟滞阵地……美军骑兵与航空兵展示了绝佳的攻势侦察传统……冯德尔·舍瓦勒雷的防御屏障以坚固支撑点为基础，拖了美军 2 天时间。8 月 22 日下午，冯德尔·舍瓦勒雷命令其卫戍兵力撤过塞纳河……所有德军战斗群完成渡河后，德军工兵炸毁了各处桥梁。[20]

舍瓦勒雷的成功值得称赞，但也得益于布拉德利保守的战术思想与法莱斯包围圈的牵制作用。从阿夫朗什到雷恩，再到沙特尔，最终抵达塞纳河与巴黎，这次真正的装甲兵追击作战，始于美军第 4 装甲师与第 6 装甲师。在最后的冲刺阶段，美军第 7 装甲师与直抵巴黎大区（Île-de-France）的法军第 2 装甲师，扩大了这次追击作战的战果。解放巴黎正是法军第 2 装甲师英勇无畏的师长与各特遣队长的主要任务。在这些装甲师的前方，则是数支美军骑兵。

对美军装甲师来说，前线侦察尤其危险。不同于英军与加军的侦察兵同行，美军机械化骑兵侦察营（规模等同于加军装甲团）主要装备装甲侦察车，而非主战坦克。在德军后卫兵力哪怕只装备 1 辆突击炮或坦克歼击车的情况下，其装备的坦克（"斯图亚特"轻型坦克）也无力与之抗衡："机械化骑兵经常遭到狙击，侦察桥梁的任务尤为困难……执行此种任务，会导致机械化骑兵出现严重的伤亡……在搜索时，会与德军小规模后卫兵力交火。"[21]

通常情况下，美军机械化骑兵都是下车徒步作战，以期得到最佳的掩护。德军后卫兵力规模通常都很小，"不到 1 个连，反坦克火箭筒的装备比例极高……

在其后方或侧翼后方 1000 米处，通常有 1 门 88 毫米炮或 1 辆坦克进行掩护"。[22]
美军机械化骑兵经常对支援他们的机械化步兵感到不满："第 50 装甲步兵营的 1
个装甲步兵连与前锋一起行动，他们慢腾腾地从半履带式装甲运兵车挪出身子，
又慢腾腾地架起他们的迫击炮。"

美军装甲兵作战理论规定了两种侦察：近程侦察与战斗侦察。[23] 远程侦察最
好由航空兵执行。近程侦察是在 1 个师进攻方向的前方实施的。战斗侦察是在前
锋或侧翼的前方实施的。对其的任务要求很高，需要他们详细报告桥梁与道路的
状况，以及能够迟滞美军坦克纵队的敌军后卫兵力在什么方位："获取某个指定
区域内所有涉及道路的信息与敌军布设情况，对师长制定行动计划与下达初步的
命令来说，是很必要的。"[24]

当美军机械化骑兵执行战斗侦察任务并遭遇敌军后卫兵力时，其需要观测敌
军、绕过敌军，以向所配属的师报告及时有效的信息，包括"对地形与敌军布设
情况的精确侦察——通常都是下车徒步侦察"。[25] 配属前锋兵力的机械化骑兵侦
察分队，吸取的首个教训，是"对（支援）步兵来说，重要的是他们能及时下车，
架设迫击炮，否则拖延的时间会延长 1 倍"。[26] 在美军机械化骑兵中，争论最为
激烈的问题就是前卫侦察兵力的构成。对此，有两种思想流派："潜伏与监视""作
战以搜寻"。[27] 美军军事理论倾向于机械化骑兵应该更为"狡猾"："装甲骑兵团
（轻型）是最具机动性的装甲部队。其缺乏装甲师或坦克的重型火力。"[28]

1944 年，美军重建了所有非师属的机械化骑兵团，以组建独立机械化骑兵战
斗群与独立机械化骑兵侦察营。每个机械化骑兵战斗群包括 1 个司令部与司令部分
队，其负责指挥 2 个或 2 个以上的机械化骑兵侦察营。如果机械化骑兵战斗群隶属
于装甲师，那么机械化骑兵侦察营装备 52 辆 M8 式装甲侦察车、17 辆"斯图亚特"
轻型坦克、32 辆 M3A1 半履带式装甲运兵车与 8 辆 M8 式 75 毫米自行榴弹炮。[29]

在执行追击任务时，机械化骑兵侦察营的战术调配，取决于战术指挥官的态
势感知能力与个人风格：

> 谨防那个遭误用的词汇"火力"。不要把侦察兵力与坦克、81 毫米
> 迫击炮、自行火炮捆绑在一起，这会使侦察兵力尾大不掉……相信我，我
> 完全遵循着斯科特将军所述的"如果侦察兵只能对敌军进行观察，那么

其价值甚至不如其占用的道路空间。"① 侦察部队应有足够的火力，但过犹不及。[30]

攻势侦察是美军骑兵的传统。然而，只有正确的条件齐备时，才能达到最好的效果："以M24'霞飞'替换了M5'斯图亚特'后，我们就自信多了。"[31]

正确的侦察部署，首先必须体现指挥官的意图。盟军领导层并不擅长指挥运动战，战略攻势的演进往往失控，只能交由那些具备主动精神的师长处理。除非上级指挥官出身骑兵，否则他们就会将太多的侦察部队用于执行联络任务，后方区域的警戒任务或降级为执行掩护侧翼的任务。[32] 然而，盟军一旦封闭了法莱斯包围圈，侦察部队就像一群捕狐犬一样蜂拥而出。"优秀的机械化骑兵侦察营营长是个狩猎大师，他必须在前线指挥作战，不会坐在营部里看着地图控制局势。"[33] 他们跨越塞纳河，横穿法国北部，一路追猎正在撤退的德军纵队。

在那些阳光灿烂的激情岁月，我们沿着法国的国道前进。当我们打到了地图的尽头，我们就将地图扔掉，这些地图不过是英国套印的早已过时的法国红色地图。我们遭遇的大多数德军是桥梁附近的小规模后卫兵力，或雷区，或是德军坦克的伏击——通常都是从我军后方向我们开火。通常都是1辆单打独斗的坦克，要么是Pz Ⅳ中型坦克，要么是突击炮，很少有"虎"或"黑豹"——他们会放过领头的车辆，随后射击分队长的座车或纵队主力。为了对抗德军雷区，我们总是以重型侦察车领头，它们能够承受地雷的爆炸。师部命令我们尽可能地不要用机枪扫射，这会消耗太多的弹药，前锋梯队带不了那么多弹药。[34]

二战中，美军、英军与加军侦察兵获得了一次实施传统骑兵作战任务的机会，这就是"眼镜蛇"行动之后，盟军"疯狂地冲过法国"的行动。[35]

---

① 斯科特少将的原文为："目前，必须组织远距离侦察，奋力执行其任务，为发送信息争取时间，为主力能够恰当地利用收到的信息争取时间……如果侦察兵只能对敌军进行观察，那么其价值甚至不如其占用的道路空间。"

## 追击作战中的坦步协同

*装甲师应该按照任务型命令作战。军长不可能预见 1 个装甲师在 3 天之后，深入敌军后方 100 英里时会身处怎样的环境。*

*——美军第 4 装甲师，克莱顿·艾布拉姆斯中校 [36]*

在追击过程中，依照德军装甲掷弹兵的作战模式，美军装甲步兵都尽可能长时间地乘车作战，并依赖半履带式装甲运兵车上 12.7 毫米重机枪的火力，清剿德军后卫兵力与打击德军坚固支撑点。装甲运兵车能给他们提供防护，因此这是有道理的，但他们支援的坦克兵却不希望装甲步兵如此作战，这无法解除坦克兵对德军"铁拳"式反坦克火箭筒的恐惧："当在场的指挥官命令机械化步兵作战时，如果机械化步兵自己的指挥官不在半履带式装甲运兵车里，机械化步兵经常拒绝现地指挥官的下车作战命令。他们选择留在车里，而非搜查灌木篱墙……他们选择蜷缩在车里，用机枪扫射那些灌木篱墙。" [37]

前锋报告不断遭遇德军后卫兵力，但主要是德军狙击手。盟军立即注意到了教堂的塔尖，并将其摧毁，以防止德军炮兵观察员利用。英军与加军装甲团称其为"推定射击"，美军坦克兵有时称其为"预防射击"。当前锋接近村庄或有可能有德军埋伏的区域时，"肃清区域"成了常规程序。美军机械化步兵也像坦克兵抱怨他们一样，抱怨坦克兵：

> 装甲步兵连的马丁（Martin）连长，从未与中型坦克连的连长米德（Mead）上尉有过任何接触。他千方百计地催促各坦克车长支援他的装甲步兵向敌军发起进攻，却全部归于无效。坦克车长们表示，他们正在等待坦克排排长的命令。[38]

与加军相同，在指挥步兵坦克作战的问题上，美军步兵营也遇到了相同的难题。一旦侦察兵或步兵指挥官指挥坦克，坦克兵的行动就会趋于保守：

> 在拉南艾恩（Lananneyen），美军步兵消灭了德军反坦克炮，美军

坦克才肯前进。步兵经常走在坦克前方，坦克很少开火……他们表示正在与德军交火。步兵得到了广泛利用，当他们消灭了侧翼的抵抗后，坦克才上路前进。坦克兵扣住了所有缴获的酒，已经发生过 5 次了，只因为他们先拿到了这些酒。[39]

美军装甲师的战斗群系统能够迅速为行动"量身定做"兵力组合。1944 年 8 月 1 日，美军第 6 装甲师编成了 3 个追击战斗群。格罗将军的战术模型确保了每个战斗群都下辖了特定比例的坦克、机械化步兵、坦克歼击车、装甲工兵、高射炮与自行榴弹炮。表 11.1 反映了其策略的需求。

**表 11.1 1944 年 8 月 1 日，美军第 6 装甲师为追击行动制定的组织编制**

| | |
|---|---|
| 领头预备战斗群 | 第 15 坦克营，第 9 装甲步兵营，第 86 机械化骑兵侦察营，第 603 坦克歼击车营 B 连，第 25 装甲工兵营 C 连，第 777 高射炮营 C 连，第 83 装甲野战炮兵营营部与 A 连（105 毫米自行榴弹炮），第 231 装甲野战炮兵营（105 毫米自行榴弹炮） |
| A 战斗群 | 第 68 坦克营，第 44 装甲步兵营，第 603 坦克歼击车营营部与 A 连，第 25 装甲工兵营 B 连，第 777 高射炮营 B 连，第 212 装甲野战炮兵营（105 毫米自行榴弹炮） |
| B 战斗群 | 第 69 坦克营，第 50 装甲步兵营，第 603 坦克歼击车营 C 连，第 25 装甲工兵营营部与 A 连，第 128 装甲野战炮兵营（105 毫米自行榴弹炮） |
| 炮兵司令部 | 第 83 装甲野战炮兵营营部与 A 连（105 毫米自行榴弹炮），第 174 野战炮兵营（155 毫米榴弹炮），第 965 野战炮兵营 C 连（155 毫米榴弹炮） |

每个战斗群与 1 个师属炮兵司令部都配属 2 架"幼兽"（Cub）式观测机。

格罗有两条路况较好的道路可用，因而采用了两路纵队。他将每个战斗群进一步分成 2 个"特遣队"，相当于以步兵为主力或以坦克为主力的战斗群。（见表 11.2）格罗的骑兵背景使他迅速适应与之前的"眼镜蛇"行动颇为不同的状况，做好了充分的准备："在布列塔尼战役中，美军第 6 装甲师的与众不同之处，在于这场大范围的扩展战果行动，是 1 个没有任何支援的装甲师完成的。"[40]

"眼镜蛇"行动中的"铁拳"是身为重型装甲师的美军第 2 装甲师与第 3 装甲师（爱德华·布鲁克斯少将与勒罗·伊沃森少将指挥）各自下辖的 6 个坦克营。[41] 他们与德军陷入缠斗，布拉德利才得以冲垮德军后卫兵力，使伍德与格罗得以冲向绿野。美军重型装甲师的编组与轻型装甲师差异很大。重型战斗群分成的数个特遣队，足以沿着 4 条轴线发起进攻，并能够保留规模可观的机动预备队。

想要成功地将协同作战的原则应用于装甲兵的部署，就必须将能够最大限度地利用装甲兵显著特点的目标与任务分配给装甲兵。这点同样适用于装甲师、（轻型）装甲骑兵团，或配属步兵师的坦克部队。[42]

**表 11.2　1944 年 8 月，美军重型装甲师编制**

| A 战斗群 | 第 1 特遣队 | 2 个坦克营，1 个坦克歼击车连，1 个装甲步兵营，1 个装甲工兵排，1 个高射炮排，1 个装甲野战炮兵营 |
| --- | --- | --- |
| | 第 2 特遣队 | 1 个坦克营，1 个坦克歼击车连，1 个装甲步兵连，1 个装甲工兵排，1 个高射炮排 |
| B 战斗群 | 第 1 特遣队 | 1 个坦克营，1 个坦克歼击车连，1 个装甲步兵连，1 个装甲工兵排，1 个高射炮排，1 个装甲野战炮兵营 |
| | 第 2 特遣队 | 1 个坦克营，1 个坦克歼击车连，1 个装甲步兵营，1 个装甲工兵排，1 个高射炮排 |
| R 战斗群 | 第 1 特遣队 | 1 个坦克营，1 个坦克歼击车连，1 个装甲步兵连，1 个装甲工兵排，1 个高射炮排，1 个装甲野战炮兵营 |
| | 第 2 特遣队 | 1 个坦克营，1 个坦克歼击车连，1 个装甲步兵营，1 个装甲工兵排，1 个高射炮排 |
| 炮兵司令部 | 1 个装甲野战炮兵营，2 个野战炮兵营（155 毫米榴弹炮） | |

各战斗群与师属炮兵司令部各配属 2 架"幼兽"（Cub）式观测机。

### 指挥与控制：通信

追击作战行动迅速，完全依靠通信进行指挥。执行追击任务的师长，通过无线电指挥作战，必须能够控制前锋兵力与后方勤务兵力。"眼镜蛇"行动很快暴露出了引人注意的问题。美军机械化步兵开始要求装备拖车，以运载无线电机："SCR-299 无线电机无法装入半履带式装甲运兵车。对装甲通信兵来说，装甲防护是非常有价值的。"[43] 美军第 6 装甲师颠覆了铺设电话线的既定体系："每个战斗群都有 1 辆运载 SCR-299 无线电机的履带车，以与师部保持联系。快速铺设电线的工程组与战斗群一起行动……电线一直通往后方，他们知晓的某个地方，同时以 SCR-299 无线电机保持临时联系。"[44]

保持与集团军司令部和军部的联系，对于前线是一种挑战："由于交通堵塞，军部通知第6装甲师一直这样等下去……只允许执行紧急任务的车辆通过。"[45] 军部与师部经常处于机动状态，装甲师师部几乎接收不到军部的无线电通信。[46] 保守的作战命令使巴顿越来越沮丧，他利用通信不畅，创造性地"欺上瞒下"：当米德尔顿将军紧握第6装甲师不放，并命令其留在布雷斯特与洛里昂附近时，巴顿来到了格罗的师部，告诉他"以1个战斗群沿着卢瓦尔河向西挺进……巴顿指挥了这次行动，而非第8军"。[47]

此时，美军的保密状况很不稳定，但采用了冒险的解决的方法：在突破过程中，随着有线通信使用越来越少，美军解除了无线电静默的规定："军级的无线电交换机效率很高，使用甚高频与高功率的无线电机进行操作。"装甲通信兵需要靠前部署，经常与德军后卫兵力交火，还要冒着遭到德军的坚决反击而就此崩溃的危险。如果前沿有"超级机密"单位，问题就会变得更加严重。"有数名通信兵与电码机在一起，可以使用铝热剂手榴弹将其摧毁。在摧毁时还会发送信息通过299式无线电机向军部发出明码电文：'指挥部遭到进攻；密码处境危险——可能将其摧毁。'"[48] 美军的快速推进迫使通信兵使用缴获的德军装备，尤其是可以连接到美军无线电上的电缆与配电盘："我们从来不使用德军无线电——其通常都是损坏的，功率不足，天线也很差劲。"[49]

## 战术航空兵与炮兵

美军装甲师通常会在数条平行的道路上前进，每支纵队能得到1支由3~4架P-47组成的常备巡逻队，通过战斗航空巡逻（CAP，Combat air patrol）进行掩护。（巴顿的坦克在发动机舱盖上铺设有荧光识别板，用于作为前锋兵力的识别标志。）每个战斗群都有航空管制员与战斗机、战斗轰炸机保持联络。命令对顽强抵抗的德军后卫兵力或可能对美军产生威胁的德军纵队进行1次全面的空袭需要消耗2小时。

> 巴顿的前进如此迅速，以至于这个阶段，主要强调的是战术（航空）侦察。航空照片几乎刚拍摄完，就已经丧失时效性了。这导致相对来说，我们几乎不需要航空照相侦察了……我们执行了432次战术侦察任务，照相侦察任务只执行了81次。[50]

自行榴弹炮与前锋一起行动。先头部队应至少配备 1 个自行榴弹炮连，并且部署位置应当始终靠前，在转入机动前始终做好开火准备，以满足战斗期间对炮火支援的持续召唤："坦克并不擅长以间接火力接敌，德军会选择躲在美军坦克的直射火力打不到的地方。"[51] 追击作战使美军炮兵发现，除非他们使用航空观察，否则其难以有效作战。美军炮兵指挥官使用 L-40 "幼兽"联络机跃进，每个炮兵营装备 2 架 L-40，司令部也有 2 架。美军对这些飞机视若珍宝："当炮兵营从 1 个战斗群转调到另 1 个战斗群时，这些飞机也随着其一起转调。"[52] 尽管美军报告中经常出现未遭遇空袭的记录，但美军第 3 集团军的纵队在莫尔坦以南行动时，频繁地遭到了德军的空袭："德国空军的战斗机发起对地攻击，我们将其击落，俘虏了飞行员。8 月 5 日，德军 6 架 Me 210 战斗机击落了第 212装甲野战炮兵营的 1 架联络机。"[53] 随着推进的距离越来越远，美军的空地协同也日臻完善：

> 　　我特别注意到，装甲兵的协同作战，尤其是坦克前锋与航空兵的协同作战……在苏勒溪（Soulles brook），飞机引导坦克前进……1944 年 7 月 27—28 日，炮兵火力支援停止了，取而代之的是扫射与轰炸……在主攻区域，战斗轰炸机的行动从未有过哪怕 1 分钟的间断。[54]

前线空中管制员抱怨，在越野机动时，他们跟不上坦克。当前线空中管制员抵达时，就会暴露在敌军火力之下，无法继续前进，也就无法协调有效的空袭。当前线空中管制员向克萨达将军提出需要装备"谢尔曼"时，他欣然接受："我告诉梅达里斯（布拉德利的后勤官）送 2 辆坦克过去。"[55] 陆军的炮兵观测机、陆军航空兵的侦察机与 P-47 持续不断地进行对地攻击，为地面行动提供了一直以来最紧密的支援。[56] 伍德指挥的第 4 装甲师立即利用了其前线空中管制员装备装甲战斗车辆的优势，命令其与前锋一起行动，以呼叫所有能联系上的空中支援。在抵达塞纳河后，伍德送给美军第 19 战术航空队 2 箱干邑白兰地酒。[57]

## 后勤

---

*我们发现，使用巨大的图表，是最好的控制方式。在图表顶端，将每天分成 24 小时（精确到分钟）。在图表左侧，我们列出了主要交通线重要交通枢纽的名称。车队必须报告纵队的时长、车速与抵达交通枢纽的时间……每天使用不同颜色的铅笔，可以提前数天完成制图。但是，我们也认识到，我们需要与宪兵司令部进行紧密与迅捷的协同部署，以使宪兵及时到岗。*

*——美军第 13 军军长阿尔万·卡洛姆·吉勒姆中将*

---

装甲师的作战依赖润滑油与汽油。[58] 各作战师的补给车队会为其提供支援。或许，真正使法莱斯围歼战得以实现的英雄是 M32 型 "6×6" 2.5 吨卡车。在诺曼底滩头阵地作战时的标准程序，在追击作战时进行了修改。对师部的参谋人员来说，有两个后勤问题令他们头痛：再补给与安保问题。1941 年，在路易斯安那州与卡罗莱纳的军事演习中，美军组建的首批军械系统的学校，以支援美军装甲兵。1944 年 7 月 27 日之后，在法国，美军装甲兵再次获得了重要的"经验教训"。参谋人员发现，现有的装备编制表不足，应增加更多的人员，车辆数目应该是现有的两倍：

1. 当集团军级设施无法进行密切支援时，必须建立师级储备。

2. 无论装备编制表如何分配岗位，都必须调动全部现有人员，以实现再补给。

3. 装甲师至少需要两倍于现有的军需卡车连与汽油补给连，以延长行动时间。

4. 必须分配时间，以有效安置师级储备。[59]

对意图扩展突破口的装甲师来说，首要要求就是其勤务梯队的机动灵活性与积极的创造精神。美军第 3 集团军引入了"5 个卡车连组成的流动弹药库"制度。最终，弹药的再补给问题日益严峻，以至于"布拉德利命令所有的 203 毫米与 240 毫米榴弹炮营停止开火"。[60] 就像加军已经发现的那样，装甲兵的机动与支援需要经验丰富的装甲兵指挥官，尤其是在军级参谋层面。[61]

　　集群是能够成功扩展战果的关键。在"眼镜蛇"行动中,美军获得的经验显示,侦察兵需要主战坦克与近距离空中支援(至少是航空侦察),与机械化步兵共同编组,并因此发展出共同的作战理论。在盟军编制中,临时组成的集群编队是失败的。在没有形成互信的情况下,即使是 1 个师下辖的不同单位,其协同作战的效果,也不如与已经形成互信关系的其他兵力,进行协同作战的效果。解决问题的答案,自然是有效、可靠且易懂的共通作战理论。[62] 德军战斗群的成功,并非依靠共同编制下兵力的组合,但在战斗中的表现仍然令人刮目相看。或许,盟军与德军作战理论上的真正不同是文化上的差异,而非技术上的差异。

# 注释

1. ETHINT 67, p. 4.
2. CMH 319.7 Special Studies—The Lorraine Campaign by General R. W. Grow, MHI.
3. 加拿大国家档案馆（NAC，National Archives of Canada），怀特将军文件。"令美军坦克歼击车营营长感到沮丧的是，美军将这些武器不分青红皂白地编入战斗群，坦克歼击车营的完整性荡然无存。"艾萨克·怀特是美军第2装甲师师长。
4. 哈蒙文件。恩斯特·哈蒙少将曾担任过美军第1装甲师师长（1943年4月—1944年7月）与第2装甲师师长（1942年7月—1943年5月）。
5. 美国陆军军史研究所，西德尼·马修斯收藏《小规模部队行动》（*Small Unit Actions*）："团是把嗡嗡作响的铁锯，各作战排是铁锯外围的锯齿。"另详见1944年2月7日，美军装甲兵学校，FM 17-36号野战手册，《坦步协同的部署》（*Employment of Tanks with Infantry*），第46～49页，与FM 17-33号野战手册，《坦克营》（*The Tank Battalion*）。RG14186；附录G—1945年2月，5号装甲兵公告：武装党卫军第2"帝国"装甲师在灌木篱墙地带的作战报告，德军对美军装甲兵很不屑："美军坦克胆小如鼠。"
6. 武装党卫军第2"帝国"装甲师，德军发起进攻时，"小规模突击集群，坦克、装甲掷弹兵、装甲工兵与炮兵的近距离协同……2个装甲掷弹兵团领头，2个坦克连执行突击炮的任务，以支援步兵"。
7. 尽管德军第130装甲教导师下辖1个装备"虎王"式重型坦克的装甲连，其始终受到大量机械故障的困扰。在向法莱斯撤退的过程中，德军只是简单地将其遗弃或摧毁。
8. 美国陆军军史研究所，菲利普斯博恩文件：1944年7月1日，关于法军第2装甲师的报告，法军第2装甲师的组织编制与美军装甲师相同。
9. 美国陆军军史研究所，B战斗群日志，对弗朗西斯·基什的采访，第二部分："在美军第4装甲师，这所有的一切都是按照相同的方式运行的。他们基本上都接受过作为诸兵种联合战斗组的组成部分进行作战的指导，而且装甲师中一直都有预备战斗群。"
10. 美国陆军军史研究所，哈蒙文件：哈蒙也记述过："我经常将我的师分成3个纵队，有时会分成4个纵队。"
11. Major General Harmon, quoted by Lt. Col. W. D. Smart: "Armored Divisions' Combat Commands," *Cavalry Journal* LV（January–February 1946）.
12. Ibid.
13. "The Liberation of Orleans," Clarke Papers, MHI.
14. Wood to Liddel Hart, p. 557.
15. 尽管布列塔尼半岛的大多数德军都是小规模的步兵部队，但他们依然与美军爆发了激烈的战斗，尤其是与美军第6装甲师，但这种抵抗从未达到过足以让布拉德利命令其停止前进的程度。
16. BCC Papers.
17. 美国陆军军史研究所，美军第4装甲B战斗群日志，布鲁斯·克拉克将军：《装甲兵纵深穿插到敌军控制区内的战俘处理》（*Handling of Prisoners during a Deep Penetration into Enemy Territory by Armor*）。德军向日内瓦（Geneva）的国际红十字会报告称，克拉克拒绝接受德军战俘的投降。布拉德利奉命对此进行调查。
18. Samuel J. Lewis, "Reconnaissance—Fighting on the Upper Seine River, August 1944," in R. J. Spiller, ed., *Combined Arms in Battle Since 1939*（Fort Leavenworth: U.S. Army Command and General Staff College Press, 1992）, p. 214.
19. 1992年，莱文沃斯堡：美国陆军指挥与总参谋部学院印务，R.J. 斯皮勒等主编，《1939年以来的诸兵种联合作战》（*Combined Arms in Battle Since 1939*），塞缪尔·刘易斯，《1944年8月，侦察——在上塞纳河的战斗》（*Reconnaissance—Fighting on the Upper Seine River, August 1944*），第215页：舍瓦勒雷能够指挥的兵力包括"从挪威调来的2个疲惫不堪的师……此时位于巴黎以西……2个虚弱不堪的党卫军补充与替换旅……德军第48步兵师"。然而，这些兵力都不在奥尔良缺口处，舍瓦勒雷能直接使用的兵力，只有德军第1010保安团与德军第1集团军属侦察连，后者"装备12辆在道路上行驶时颠簸摇晃的过时的法制装甲侦察车"。
20. Lewis, pp. 216–218.
21. Lt. Col. A. E. Harris, 86th Reconnaissance Squadron, MHI.
22. 在美军装甲兵接近洛林与德国本土时，更为惯常的是遭遇德军的连级后卫兵力。在法莱斯包围圈缺口附近执行侦察任务时，疆场遭遇的是执行诱敌任务的德军小规模后卫兵力。美军机械化骑兵遭遇哪种德军后卫兵力，对其进行支援的德军战斗群都会现身，进攻美军机械化骑兵。

23. 1985 年 6 月，《装甲》杂志第 24 期，转载美军《装甲骑兵》杂志（*Armored Cavalry Journal*），艾萨克·戴维斯·怀特少校，《装甲师属侦察营》（*Reconnaissance Battalion, Armored Division*）："远程侦察很大程度上取决于空中观测的效力……远程侦察……涉及某个特定区域的地形、道路与敌军部署……战斗侦察……当 1 个师承担着战斗任务时……其需要制定计划，发起追击，通常以迂回机动执行此项任务。" 英军与加军的侦察任务为："远程侦察""中程侦察"与"近程侦察"，其任务包括：（1）确认敌军侧翼与后方；（2）监视敌军；（3）袭扰敌军指挥部与后勤设施；（4）制定计划，发起追击，通常以迂回机动执行此项任务。

24. White, "Reconnaissance Battalion, Armored Division."

25. Ibid.

26. 86th Recon After Action Report, August 1944, MHI.

27. Lt. Col. B. P. Palmer Jr.: "New Battle Lessons on Reconnaissance," *Armor*（1944）.

28. Abrams, BCC Papers, MHI.

29. 1984 年，诺瓦托：要塞出版公司，谢尔比·斯坦顿，《二战美国陆军作战序列》，第 23 页：非师属机械化骑兵侦察营，装备 40 辆 M8、17 辆轻型坦克、26 辆半履带车与 6 辆 75 毫米自行榴弹炮。

30. Lt. Col. Hoy, quoted in Palmer Jr.: "New Battle Lessons on Reconnaissance."

31. Gillem Papers, MHI.

32. 美国陆军军史研究所，格罗文件：格罗将军拒绝命令其"机械化骑兵侦察营……执行联络任务"。

33. Interviews with Lt. Col. W. C. Bowen, Huntingdon QC, 1990, p. 92.

34. Bowen 1990. See also Pavey, pp. 45–48.[①]

35. 1948 年，蒙特利尔：团协会，W.G. 佩维，《1939—1945 年，加军第 7 侦察团（第 17 约克公爵直属皇家加拿大轻骑兵团）在世界大战中的历史记录》，第 48 页；1990 年，渥太华：女王印务，查尔斯·斯泰西，《第二次世界大战加拿大陆军官方战史》，第 345 页，对鲍恩中校的采访：在加军第 3 步兵师抵达的数天之前，威廉·"比尔"·鲍恩少校指挥的加军第 17 约克公爵直属皇家加拿大轻骑兵团 A 中队，就已经开始设法打击加来要塞的德军。德军卫戍司令派人来见鲍恩少校，告诉他在德军即将用重炮对准他，让他赶紧滚开。鲍恩试图恐吓德军派来的信使，他这样回应："比这更大的阵仗我也见过。"

36. Lt. Col. Creighton W. Abrams. "Armor in the Team," *Armor*（1944）.

37. 6th Armored Division Files. "After Action Reports 44–45." Hofmann Collection.

38. B Company, 9th Armored Infantry Battalion. Action at Lananneyen, MHI.

39. Report Maj. Godfrey, commander, 9th Armored Infantry Battalion, 27 August, MHI.

40. George F. Hofmann, *The Super Sixth*（Louisville: Sixth Armored Division Association, 1975）, p. 98.

41. Replaced by Maj. Gen. Maurice Rose on 12 August 1944.

42. Abrams, "Armor in the Team."

43. Grow Papers. Correspondence with Lt. Col. William Given, 6th Armored Signals Division officer. 12 January 1952.

44. Given. Correspondence with Grow, 12 January 1952.

45. 霍夫曼收集。格罗文件：1949 年 1 月 10 日，美军第 6 装甲师史志，格罗与 D.F. 麦科马克的通信。"军部不知道我们的位置……8 月 3 日，无线电失联……当天，'停止前进'的命令是通过手写的纸条传来的。"

46. 霍夫曼收集。格罗文件：1949 年 1 月 10 日，美军第 6 装甲师史志，麦科马克："约有 20 条发出的信息丢失了……重要信息由 2 辆通信车辆分别发出……我们尽可能地使用'幼兽'观测机……我动用了 1 个装甲侦察车排运送俘虏的德军施庞将军。"

47. Ibid.

48. Ibid., 12 January 1952.

49. 美国陆军军史研究所，小查尔斯·劳塞克少校文件：前锋兵力指挥部很快就用完了必备的办公用纸。"8 月中旬，美军第 6 装甲师的很多消息与报告都写在了德军司令部档案的背面，作战报告写在了缴获的德军司令部文件与请假通行证上！"

50. "Reconnaissance in a Tactical Air Command," XIX Tactical Air Force, 13 February 1945. Edwards Papers.

51. McCormack.

52. 美国陆军军史研究所，格罗文件，美军第 6 装甲师师属炮兵作训官克劳福德少校与师属炮兵航空官佩克

---

① 此处引文出自加军第 7 侦察团。

上尉的报告。"幼兽"式观测机的最大航程为 120 英里（约 193.12 千米），耗时 3 小时 30 分钟。在"眼镜蛇"行动的追击阶段，美军第 6 装甲师师属炮兵损失了 6 架"幼兽"（3 架撞毁，3 架损失于德军打击），2 名飞行员阵亡。

53. 美国陆军军史研究所，格罗文件，美军第 6 装甲师炮兵连作战报告：1944 年 7 月 29—31 日，美军第 6 装甲师战地日志记录了 3 次执行对地攻击任务的德军飞机袭击美军炮兵侦察机的事件。报告附有铅笔笔录，记录了炮兵联络飞行员布隆伯格中尉的情况："布隆伯格以为德军飞机是正在追击 Me 109 的英军'蚊'（Mosquitos）战斗轰炸机。"

54. ETHINT 67. Bayerlein, p. 12.

55. Bradley Papers, MHI.

56. 美国陆军军史研究所，汉森文件，23-b 号："飞行员呼叫纵队，并告知他们，他们正前方有德军坦克。地面友军回答：'该死，那是我军坦克。'飞行员：'不，它们是"虎"式坦克。'地面友军：'该死，那是……上帝啊！该死的！它们是"虎"式坦克。'那确实是！"

57. Gen. O. P. Weyland, commander, Tactical Air Force, quoted in Carr.

58. 美国陆军军史研究所，美军第 4 装甲师文件：AG319.1 号文件，1944 年 9—10 月，作战报告："由于汽油供应量不足，无法发起攻势行动，第 4 装甲师只能困于固守默兹河上的桥头堡……9 月 1—10 日，美军第 25 机械化骑兵营获准继续巡逻，使用的汽油是从第 4 装甲师的其他车辆中临时抽出来的。"

59. 美国陆军军史研究所，吉勒姆文件，加拿大国家档案馆报告，C1-279 号：《1944 年 8 月 26 日，布列塔尼战役，美军第 6 装甲师运输车队的行动》。有些参谋官认为，装甲师装备的小型与中型"通用"与联络车辆过多，消耗了原本可以给坦克与卡车使用的汽油："全师上下各单位，都装备了过多我称之为'路虱'的车辆。"

60. Hansen Diary. 37-B, S-1.

61. 美国陆军军史研究所，B 战斗群文件："李奇微是空降兵。除了他们自行携行的装备之外，空降兵没有其他装备，所以他们不需要维护装备。在圣维特（St. Vith），当他下达了愚蠢的命令时，我告诉他：'将军，我已经打了 5 天了。现在，我的汽油、弹药与补给所剩无几，我即将无法作战，所以我无法再坚持下去了。'他说，'那是你们这些该死的装甲兵的问题'，随后他就走开了。现在，他是军长，但他对后勤毫无概念。"

62. 美国陆军军史研究所，B 战斗群文件："当艾布拉姆斯与其战友指挥的美军装甲兵横扫欧洲时，他们在战场上发起了这场革命。他们的主张并非来自任何人的教授，而是他们创造了这些作战理论。"

# 第 12 章
# 巴顿的中尉们在洛林：成熟的运动战

---

*只有美军第 4 装甲师遭遇德军装甲兵的战斗，可以称为"坦克对坦克"。这场对决发生于 1944 年 9 月，德军第 5 装甲集团军发起大规模反击时。*

*——罗伯特·沃克·格罗少将[1]*

*美军第 4 装甲师的成就无可比拟……我指的不是这场战争，而是战争史。*

*——乔治·史密斯·巴顿将军[2]*

---

如果认为从阿夫朗什发起的追击作战印证了美国陆军航空兵的作战技能，那么洛林战役则是对美军装甲兵的战术考验。在"眼镜蛇"行动中，美军的突破行动生龙活虎，最终是美军赢得了在法莱斯的胜利，并攻占了巴黎。在"眼镜蛇"行动结束后，美军接下来的推进，其波澜壮阔的程度，并不亚于之前的突破行动。然而，英军与加军的装甲师竞相穿过法国，攻克了德军 V-1 式火箭的发射场，包围了加来的德军要塞，解放了佛兰德，使蒙哥马利的英军第 21 集团军群攫取了更大的桂冠。霍罗克斯将军指挥的英军第 30 军扑向布鲁塞尔，随后攻占了最具价值的安特卫普（Antwerp）港。尽管霍罗克斯将军实施了壮观的追击行动，但英军第 2 集团军攻入荷兰后，在奈梅亨（Nijmegen）与莱茵河天堑停止前进。蒙哥马利说服了艾森豪威尔，将盟军燃料的主要份额分给英军。他蒙骗艾森豪威尔接受他的主张，以加军清剿德军火箭的发射场，将四散出击的英军集结成强大的兵力，攻入鲁尔——第三帝国工业的核心区域。盟军最高司令屈服于英国的政治压力，犯下了"战争中最严重的错误"。[3] 伦敦正在遭受"嗡嗡炸弹"的袭击，但艾森豪威尔忽视了无可辩驳的事实——1944 年 8 月底，英军已经使用雷达引导高射炮火力与高速截击机，使德军 V-1 式火箭归于无效。德军 V-1 式火箭能

打到伦敦的可能性几乎为零，即使偶有漏网之鱼，也仅能起到骚扰作用。在战略上，盟军最大的困难是补给与时间。虽然在法国南部的登陆开辟了更多的港口，补给的形势依然严峻。问题在于汽油，而艾森豪威尔将其配发给了英军第21集团军群。[4] 对此，蒙哥马利的反应，既不是开放安特卫普的港口设施，也不是跨越莱茵河，而是通过灾难性的"市场花园"行动，将盟军3个空降师扔到阿纳姆（Arnhem），最终葬送了盟国远征军最高司令部的战略空降兵力。细数蒙哥马利的指挥混乱，浮夸的自我辩护与傲慢的态度，艾森豪威尔还能一如既往地信任并原谅他，这既是艾森豪威尔的善良，也是他在军事上的幼稚。艾森豪威尔精心照顾着英国的政治敏感，却因此贻误了战役与战略上的胜利。艾森豪威尔忽然提起歼灭战略，却不会有任何结果：

> 只要拥有这样的后勤支援，任何将领都能对德军实施致命一击，蒙哥马利却未能实现这点。在这场无精打采的失败中，他将艾森豪威尔在后勤方面的慷慨支援挥霍一空，随后却将失败归咎于艾森豪威尔领导下的整个后勤状况，并认为艾森豪威尔缺乏进取精神的领导加剧了失败。[5]

德军依然据守着"齐格菲"防线[①]与莱茵河天堑。霍奇斯奉命率领美军第1集团军攻入阿登地区，尽管其当面的德军缺少坦克部队，但他们依然进展缓慢：他们数次以乐观的态度，向施内艾费尔与瓦伦多夫（Wallendorf）地区的推进，都遭到反击。不过巴顿还是依然沿着最具潜力的道路前进。他迅速抓住战机，以曼顿·艾迪少将指挥的美军第12军与沃尔顿·沃克少将指挥的美军第20军进行追击："此时，由于伤亡与武器装备的维修，美军第3集团军已经缺编四分之一的人员与装备。"[6] 洛林省，巴黎—梅斯（Metz）—法兰克福（Frankfurt）走廊攻入德国工业核心区的最佳途径。巴顿迅速取得了令人刮目相看的进展，大有能赶在登普西之前跨越莱茵河之势。然而，蒙哥马利的决定却使巴顿无法再抢占新

---

① "齐格菲"防线（Siegfried Line），1938 年，为了对抗法军"马其诺"防线，德军修筑了"齐格菲"防线，从克莱沃（Kleve）延伸至荷兰，全长 630 千米。

闻头条：巴顿的坦克陷入弹尽油绝的境地。[7]

在 26 天里，沃克指挥的美军第 20 军狂飙 500 英里（约 804.67 千米）后，在摩泽尔河（Moselle）遭遇了梅斯要塞。17 世纪，沃邦首先修筑了梅斯要塞，随后拿破仑、拿破仑三世与 1870 年后的威廉一世皇帝，都对梅斯要塞进行过现代化改建。从未有进攻者"玷污"过这座要塞，所以法国人称其为"圣女"（La Pucelle）（圣女贞德的称号）。在这几年间，德军对其的加强，是试图将其与"马其诺"防线整合为一体。美军面对着 26 座堡垒，其中很多堡垒的面积相当于两层的地下商场，能够承受最重型的火炮进行的直射。巴顿突然面临所有骑兵军官都会感到恐惧的可怕对手——静态防御工事与消耗战。"对我们的战略、战术与后勤行动来说，梅斯很重要。其重要性在于公路与铁路网。从精神的角度来看，其也具备历史与政治意义。"[8] 巴顿做了件"很不像骑兵"的事：他命令沃克发起进攻。当时，美军第 3 集团军掌握的关于梅斯地区最好的地图，也不过是米其林公司提供的公路地图。通过法国情报局[①]，巴顿掌握了距离当时最新的梅斯要塞的数据。同时，在第一次世界大战期间，他本人也对梅斯要塞有所了解。他非常了解这片区域，因此他应该知道不应该向这座要塞群发起进攻。巴顿就此将目标从莱茵河转向了这个在名声上更具意义的次级目标。

尽管实施大范围的迂回，能包围大量的德军步兵与正在重组的德军装甲兵，但巴顿仍然搁置了他的机动计划。[9] 沃克谨遵巴顿的命令，向梅斯筑垒抵御的重点——德里昂堡（Fort Driant）发起进攻。美军第 20 军的情报官估计，现有的德军三流兵力只能进行微弱的迟滞行动。实际上，美军第 20 军面对着大量阻碍。首先，德军占据了地利。其次，最后增援而来的德军几乎都是精锐兵力（候补军官学校的候补军官组成的候补军官团与士官学校的士官组成的士官教导团）。最后，美军制定的作战计划缺乏创造力。

沃克竭尽全力。9 月 6 日，他命令林赛·西尔韦斯特少将指挥的美军第 7 装甲师前出侦察。美军各机械化骑兵侦察营呈扇形出击，寻找各交通枢纽。9 月 7 日，西尔韦斯特集结了 3 个战斗群，对抗梅斯外围的防御。美军第 7 装甲师 B 战斗群

---

① 法国情报局（法文：Deuxième Bureau），全称为"法国陆军总参谋部第 2 情报局"（法文：Deuxième Bureau de l'État-major general/ 英文：Second Bureau of the General Staff）。

指挥官约翰·汤普森准将，在多诺特（Dornot）占据了渡口。同时，在阿纳维尔（Aranville），斯塔福德·勒罗伊·欧文少将指挥的美军第 5 步兵师也占据了渡口。德军的反应为之后梅斯地区德军的行动奠定了基调。他们向多诺特桥头堡发起反击，很快就迫使美军放弃了桥头堡；阿纳维尔的美军桥头堡，则处于德军致命的间接火力轰击之下，且双方陷入了激烈的近距离作战。对美军表示"热烈欢迎"的德军中，有美军的宿敌，武装党卫军第 17 装甲掷弹兵师。德军第 3 装甲掷弹兵师与第 15 装甲掷弹兵师能够对其进行支援。这些机械化步兵刚从意大利赶来（有些官兵仍然穿着热带军装）。

9 月 11 日时，美军的形势已经恶化——美军第 2 步兵团损失殆尽，团长斗志全无。沃克调遣雷蒙德·麦克莱恩少将指挥的美军第 90 步兵师上来。这些"硬汉"立足未稳，就遭遇了德军第 106 装甲旅凌厉的反击。德军打垮了美军第 90 步兵师的侧翼，渗透到了其师部区域。德军恰巧位于美军第 358 步兵团战斗队与第 359 步兵团战斗队的防区分界线处，从其结合部发起突袭。这次大胆的突击本将成为美军第 20 军的耻辱，第 90 步兵师却坚如磐石地守住了阵地，坚定挫败了德军第 106 装甲旅各战斗群的进攻。9 月 16 日，信心大增的麦克莱恩下令进攻梅斯。然而在凡尔登—梅斯公路上，美军第 359 步兵团很快就"停了下来，并遭到切断"。

梅斯前线成了杀伤区。"这就是在告诉你，当德军迫使我们放弃进攻德里昂堡时，这些卑鄙的混蛋给了我当头一棒。"[10] 有当代评论表示："尚不清楚，为什么在有机会从德军开阔的侧翼更为轻松地突破德军防线的情况下，巴顿还会选择一头扎进梅斯筑垒地域。"[11] 洛林似乎注定要成为巴顿战绩中的黑点："美军第 20 军用了 10 天时间，全力以赴地包围梅斯，又过了 6 天，才得以继续挺进东北方向，进军萨尔（Saar）。德军实施了顽强的弹性防御。"[12] 11 月 18 日之前，美军第 3 集团军都在进攻德军堡垒，有些德军堡垒一直坚守到了 1944 年 12 月中旬。

然而，如果巴顿能打起战斗精神，那么当沃克指挥的美军第 20 军步履维艰地进攻梅斯—萨尔布吕肯（Saarbrücken）走廊时，巴顿只要盯住洛林这个门户，美军装甲兵就能迎来其辉煌之日的黎明。9 月 11 日，海斯利普将军指挥的美军第 15 军抵达了南锡以南的特鲁瓦（Troyes）地区。该军下辖 2 个师，分别是雅克·菲利普·勒克莱尔将军指挥的法军第 2 装甲师（被强令从巴黎开拔）与美军第 79 步兵师（师徽为"洛林十字"）。在沙尔姆（Charmes），经过激烈的战斗，海斯利普攻占了摩泽尔河上的渡口，占据了美军第 3 集团军的南翼。此时，威奇将军指挥的美军第 79 步兵师正位于南锡以南。如果巴顿打算进攻，他应该选择通过沙尔姆缺口向东北方挺进，直抵第三帝国的心脏。但是，当海斯利普坚决地东进栋派尔（Dompaire），以扩大其桥头堡时，他麾下的装甲兵遭遇了德军凌厉的反击。

作为法莱斯围歼战中，首先在"大棒"阵地与马切克会师的美军第 3 集团军的坦克指挥官，保罗·朗格拉中校率领的纵队，遭遇了新锐劲敌——德军第 112 装甲旅。[13] 接下来的战斗得到了美军第 406 战斗机大队 P-47 "雷电"战斗机的鼎力支援。德军装甲兵试图迂回法军纵队，却损失惨重——"在栋派尔，德军 48 辆'黑豹'中的 34 辆，48 辆 Pz Ⅳ 中的 26 辆，成了废铁"——美军第 15 军充满乐观主义情绪。[14] 在盟国远征军最高司令部，相比之下更为悲观的情报部迅速意识到，战争再次出现了转机——德军正以装甲兵掩护撤退行动。在此之前，盟军从未意识到德军作战序列中有这些装甲部队存在。"德军装甲兵的集结，一定意味着他们在密谋些什么。"[15]

9 月初，冯·伦德施泰特元帅重新担任西线德军总司令；莫德尔担任德军 B 集团军群司令，守卫荷兰与比利时；约翰内斯·布拉斯科维茨继续担任德军 G 集团军群司令。[16] 布拉斯科维茨麾下，由冯·克诺贝尔斯多夫将军担任德军第 1 集团军司令，负责守卫洛林的门户——梅斯—萨尔布吕肯走廊，其盘踞在梅斯—南锡—萨兰堡（Château-Salins）地区，等待巴顿麾下各师的抵达。

在德里昂堡，德军防御战的胜利，打得美军第 3 集团军措手不及。这使希特勒为之一振，并恢复了进攻精神："他严厉地批评了布拉斯科维茨指挥作战的方式，责备他胆怯且缺乏进攻精神。实际上，他似乎认为布拉斯科维茨完全能够通过进攻美军第 3 集团军的侧翼，将巴顿赶回兰斯。"[17] 希特勒并不高兴：战地指挥官悄悄地绕过了希特勒关于"战至最后一人"的防御作战命令，他们通过将所有机动兵力从梅斯撤出拯救了局势，将杂牌的守备兵力塞进了混凝土防御工事。这是战争原则的典型措施之一——保持目标与节省兵力——以使装甲兵得到重建的时机。布拉斯科维茨的目标是组建"高机动装甲集群预备队"，以森严壁垒的步兵在梅斯据守固若金汤的坚固支撑点，再以装甲预备队迂回进攻巴顿。[18] 布拉斯科维茨审慎战略的持续成功，却丝毫未能改变希特勒的计划。他想动用 6 个装甲师与 6 个装甲旅，向兰斯发起集团军级反击。在经历了东线与诺曼底的战略灾难之后，这个成为后来阿登战役雏形的计划，根本无法实现。盟军的空中优势，德军机械化部队的匮乏，以及更严重的汽油匮乏，很快使局势变得一目了然。甚至对希特勒来说，这个战略上的尝试所需的资源，已经超出了德军当时的能力。最终，希特勒选择以曼陀菲尔指挥的德军第 5 装甲集团军，向梅斯方向发起短促的战役突击。然而，9 月 14 日，巴顿跨越摩泽尔河的行动，先发制人地打断了德军计划的进程。欲壑难填的希特勒命令曼陀菲尔策划攻势，以救援南锡。

## 9 月 5—10 日，南锡桥头堡

南锡桥头堡的战斗分为两个阶段。首个阶段是美军装甲兵跨越摩泽尔河、默尔特河（Meurthe）与塞耶河（Seille），扩展战果，打乱德军 G 集团军群后方，让巴顿兵不血刃地拿下了壁垒森严的南锡。下个阶段是美军以机动（"弹性"）防御对抗德军 2 个装甲军，粉碎了曼陀菲尔的心血，向部分最优秀的德军装甲兵将领展示了美军从运动战中吸取教训的成果。开局是败在梅斯城下的巴顿，命令埃迪指挥的美军第 12 军，向南锡桥头堡发起攻势。"布拉德利，现在不要阻止我们……9 月 14 日夜间之前，如果我还没能在摩泽尔河以东占据数个条件优良的桥头堡，我就闭上嘴，去当个可悲的防御者。"[19]

在策划这场军级进攻时，曼顿·埃迪决定在南锡与梅斯之间半途位置的迪耶于卢阿尔（Dieulouard）附近跨越摩泽尔河，在这里建立的桥头堡将威胁到整个南锡，随后在南锡以南的弗拉维尼（Flavigny）再建立桥头堡。约翰·伍德提醒埃迪，这两座桥头堡之间无法相互支援，且兵分两路会分散资源，所以不应该这样跨越主要障碍。9 月 5 日，当霍勒斯·麦克布赖德少将指挥的美军第 80 步兵师的渡河行动遭到德军反击而失败，印证了伍德的预言。兵败迪耶于卢阿尔后，埃迪决定将南锡以南区域作为主攻方向，命令保罗·巴德少将指挥的美军第 35 步兵师（摩托化）与第 4 装甲师在此圣樊尚桥（Pont St. Vincent）—弗拉维尼区域跨越摩泽尔河。

伍德认为，这种作战计划是纸上谈兵。南方的主攻方向需要在各条河流，其支流与马恩—莱茵（Marne-Rhin）运河上架设桥梁。美军第 4 装甲师的工程设备有限，在这片适于坦克作战的地形区域，建立单个桥头堡，无疑会成为德军的众矢之的。伍德重新考虑了之前对迪耶于卢阿尔的估计。此时，他说服埃迪军长兵分两路，同时渡河——从南北两翼发起钳形攻势。在迪耶于卢阿尔，美军第 80 步兵师将重整旗鼓。同时，美军第 4 装甲师将以 2 个装甲战斗群支援第 35 步兵师的突击。布鲁斯·克拉克指挥的 A 战斗群，掌握着美军第 4 装甲师相当比例的资源，已经做好了从任何渡口扩展战果的准备。在压力之下，埃迪同意了伍德的建议，发布了新的军级进攻命令。[20]

此时，沃克指挥的美军第 20 军（仍然下辖着美军第 7 装甲师）进攻梅斯，其南翼前线——南锡—斯特拉斯堡（Strasbourg），或南锡—曼海姆（Mannheim）应该是巴顿主要的关切区域。然而，在这里，他却暂时忽略了自己曾经说过的话："所有的历史记录均显示，不变的结局很可能是：在正确的时间，正确的地点，选择优势兵力。"或者如内森·贝德福德·福里斯特所说："与最棒的人一起最先抵达。"[21] 具体来说，美军第 3 集团军需要从集团军级别集结 3 个装甲师。正如以下所言，其所处状况，正适于实施运动战：

> 在盟军右翼，巴顿可以动用美军第 4 装甲师与第 7 装甲师。在美军第 6 装甲师抵达后，可以组建 1 个装甲军（加入勒克莱尔的法军第 2 装甲师，则可以使之拥有 4 个装甲师），既能够以集群扩展战果，还能够以机动突破当时处于空虚状态的"西部壁垒"。[22]

诚然，巴顿、伍德与格罗具备态势感知优势，并可以借此将德军赶出洛林。但此时，巴顿却干看着埃迪漫无目的地调动着 3 个师，伍德则单枪匹马地对其战役机动集群进行试验。

## 穿插之战——教科书式的扩展突破口之战

*我的上帝，指挥我们的人是个疯子吗？*

*——1944 年 9 月 14 日，装甲抢修车乘员* [23]

在两个渡口，美军第 12 军均成功地实现了渡河。9 月 11 日，美军第 35 步兵师（摩托化）守住了桥头堡，轻易地挫败了德军的营级反击。他们只遭到了德军第 553 国民掷弹兵师（南锡卫戍兵力）与第 15 装甲掷弹兵师零星的进攻；德军将装甲战斗群作为预备队，德军意图以其对抗处于攻势状态的美军装甲兵，但显然这是很愚蠢的选择。伍德命令美军第 4 装甲师过河：B 战斗群与 R 战斗群沿着两个方向前进，跟随着师属运输车队、炮兵与伍德的师部。在德军第 15 装甲掷弹兵师的防线上，美军第 4 装甲师的机械化骑兵发现了漏洞，他们从此穿插至德军后方，迅速抵达了默尔特河。[24] 在跨越了两条河流之后，美军第 4 装甲师消耗了大部分的架桥设备，但他们仍然未抵达近在眼前的马恩—莱茵运河：师部参谋建议等待军属工兵的增援。

伍德认为，不能消耗 48 小时去等待军属工兵设备。他命令克拉克的 A 战斗群穿过北部桥头堡，继续进攻，以期形成双重包围。这使霍姆斯·达格少将指挥的 B 战斗群与布兰查德指挥的 R 战斗群成为南部的攻势，进攻吕内维尔，随后尝试跨越马恩—莱茵运河。美军侦察巡逻队的报告显示，德军第 15 装甲掷弹兵师已经撤退，放弃了吕内维尔（因而暴露了德军第 553 国民掷弹兵师的左翼），前往封堵吕内维尔以西 5 英里处的马兰维尔（Marainviller）缺口。B 战斗群北上，楔入了德军第 553 国民掷弹兵师与第 15 装甲掷弹兵师之间。在马恩—莱茵运河，美军机械化骑兵发现了数个能够涉渡的渡口。在没有任何架桥部队的情况下，达格的 B 战斗群就跨越了运河。

9 月 12 日傍晚，在南锡以北，美军第 80 步兵师在迪耶于卢阿尔跨越了摩泽尔河，立即遭到了德军第 3 装甲掷弹兵师的猛烈反击。克拉克命令他的骑兵连过河增援。美军第 12 军的军级控制官拦住了他们，他坚持美军骑兵连要等待，直到"所有友军炮兵能够得到美军装甲兵已经进入桥头堡的通知"。[25] 当德军已经接近到轻武器射程之内时，这位军级控制官"极不情愿"地放行了特罗弗上尉指挥的美军第 25 机械化骑兵侦察营 D 连，让其跨越了运河。美军"斯图亚特"轻型坦克的 37 毫米炮驱散了德军装甲掷弹兵，但当德军 StuG Ⅲ 突击炮进入战场时，美军轻型坦克不得不进行躲避。克拉克命令艾布拉姆斯的坦克过河：首先过河的美军坦克连，以 M4 中型坦克击退了德军突击炮，横扫德军步兵。桥头堡暂时安全了，但并非久留之地。德军炮兵轰击着桥梁。美军第 12 军军部担心德军会再次发起反击，甚至是兵力强大的反击。

早晨 7 时，埃迪与伍德、克拉克、艾布拉姆斯开会。绰号为"锡拉丘兹火花塞"（Syracuse Sparkplug）的克拉克，可谓豪胆，热血沸腾地想要重演从雷恩一路到沙特尔的追击战。他是个以"告诉他的坦克兵要横冲直撞"而闻名的坦克指挥官，[26] 他麾下最好的坦克营，营长是无畏的克莱顿·艾布拉姆斯中校，"是个机敏的家伙……他能果断地思考，而且通常结论都是对的——是个脚踏实地且务实的战士"。[27] 在会议中，他们一致同意，德军已经意识到了这两座桥头堡的存在：南部桥头堡存在后勤问题，北部桥头堡正遭到进攻。美军几度想放弃迪耶于卢阿尔桥头堡。艾布拉姆斯指向摩泽尔河东岸，说出了终结了这场争论的那句话："上校，冲过去才能打赢战争，我们才能回家。"克拉克表示同意："那我们就上！"[28]

上午 8 时，冒着德军炮火，艾布拉姆斯率领他的第 37 坦克营跨过摩泽尔河。克拉克驾驶着 L-40 式炮兵观测机，通过观测机上的无线电进行指挥，为美军装甲兵作战理论创造了新内容。[29] 克拉克的兵力构成如下：

**表 12.1 1944 年 9 月 13 日，美军第 4 装甲师 A 战斗群，指挥官克拉克上校**

| |
|---|
| 第 37 坦克营的 2 个中型坦克连 |
| 1 个步兵营（从第 80 步兵师借调） |
| 1 个轻型坦克连 |
| 1 个坦克歼击车连 |
| 1 个装甲工兵营 |
| 3 个装甲炮兵营 |

A 战斗群作为装甲纵队，沿着通往萨兰堡的国道发起进攻。在与之进攻方向平行的两翼，各有 1 个机械化骑兵连进行警戒，

此时，纵队"滚滚向前"！其突向塞耶河畔欧努瓦（Aulnois-sur-Seille），驱散了德军 1 个团级补给站的官兵，完好无损地占领了塞耶河上 1 座很有价值的桥梁……当纵队接近莱蒙库尔（Lemoncourt）时，大量正处于密集队形的德军步兵惊得瞠目结舌。美军坦克冲了过去，将德军步兵抛在后面，即使遭到了德军步兵的攒射，也没有停下来。[30]

9 月 13 日傍晚，克拉克的 A 战斗群已经深入摩泽尔河腹地 35 英里（约 56.32 千米），抵达了德军第 1 集团军后方的边界，打开了通往莱茵河的窗口，只是在萨兰堡附近组成"360° 环形防御阵地"时才停了下来。9 月 14 日下午，伍德命令克拉克绕过萨兰堡，南下阿拉库尔，与 B 战斗群会师，以此切断南锡德军与德意志第三帝国之间的补给线。克拉克的坦克将德军补给车队与前来增援的兵力打得人仰马翻。9 月 14 日 19 时，A 战斗群攻占了目标：阿拉库尔与瓦耶（Valhey），打垮了德军第 15 装甲掷弹兵师师部，击毙或俘虏了其大部分官兵。[31]

当美军第 35 步兵师的坦克继续肃清德军时，克拉克出动了他的机械化骑兵，在马恩—莱茵运河与 B 战斗群完成了会师。在高耸的炮塔上，艾布拉姆斯叼着雪茄，以乐队指挥家般的泰然自若指挥着他的坦克，他们即将"在德军战线后方，展开为期 4 天的扫荡行动"。[32] 机械化"突击组"直抵己方炮兵的极限射程处，装甲步兵占据了关键的交通枢纽。"A 战斗群对南锡的迂回，可谓是现代版的斯图亚特迂回里士满（Richmond）。"[33] 围绕阿拉库尔，克拉克建立了边界宽阔的阵地，随后派出了 1 个营级规模的特遣队，前往协助布兰查德跨越马恩—莱茵运河。此时，R 战斗群仍然位于运河以南的吕内维尔。

9 月 15 日，克拉克的突袭行动，迫使德军第 553 国民掷弹兵师放弃了南锡，美军第 35 步兵师得以占领这座城市。美军将南锡、吕内维尔与阿拉库尔紧握掌中，"打开了通往德国本土的道路。"克拉克劝说伍德继续前进，攻占萨尔布吕肯，但埃迪将军否决了这个提议。"埃迪将坦克这种用于扩展战果的武器，转为用于协助步兵巩固阵地。"[34]

伍德的纵深作战受阻，是很不幸的。因为他不仅是巴顿的，也是艾森豪威尔唯一能够威胁到布拉斯科维茨战役纵深的战役机动集群。9 月 17 日，A 战斗群奉命归还从美军第 80 步兵师借调的步兵营。美军第 4 装甲师原地停止。然而，在吕内维尔—阿拉库尔突出部，伍德的停滞却成了无心插柳：这里正是曼陀菲尔准备投入数个崭新的装甲旅与 1 个遭到损耗的装甲师，准备突向南锡并考验美军第 3 集团军意志的地方。

埃迪之所以如此谨慎，是因为他认为持续遭到德军第 3 装甲掷弹兵师进攻的迪耶于卢阿尔桥头堡可能会失守。德军的攻势还在加强，威胁着 A 战斗群的交通线。德军撤出了南锡，但德军第 553 国民掷弹兵师只是直接撤到了南锡以东的制高点上，在美军第 12 军中央结成了圆阵。同时，补给的日益枯竭，先后使埃迪与伍德意识到，继续进行机械化作战已经不太现实了。全面的解决方案是有第二梯队的兵力跟进，使困守桥头堡的步兵跟上伍德的进攻势头，一路攻入德国本土。这是美军第 3 集团军司令的职责。最终，巴顿发布了继续进军德意志第三帝国本土的作战计划：军级目标的时间表已经分配到了 9 月 16 日。

美军第 3 集团军将兵分两路：美军第 20 军将攻占法兰克福，美军第 12 军的任务是"跨越莱茵河建立桥头堡"，美军第 15 军作为集团军预备队，做好或攻占曼汉姆或在前锋突破行动成功后担任第二梯队的准备。巴顿将美军第 12 军"置于中央—通过其进一步发挥第 4 装甲师的线列突破战术，引领最初的纵深穿插。"[35] 埃迪制定的美军第 12 军作战计划是"冒尖"突击：伍德的任务是在萨尔格米讷与萨尔布吕肯之间突破德军"西部壁垒"。巴德指挥的美军第 35 步兵师紧随其后，以 1 个步兵团增援第 4 装甲师，同时其主力扩展突破口。美军第 80 步兵师，仍然奋战在迪耶于卢阿尔，要在扫尾的战斗中清剿德军。美军第 6 装甲师负责执行战役级别的扩展战果任务：巴顿向埃迪保证，当美军第 6 装甲师抵达洛林后，其将归属第 12 军指挥。然而，这个雄心勃勃的计划，延后了 2 个星期。当迪耶于卢阿尔与南锡安稳无恙，巴顿也准备就绪时，曼陀菲尔已经获取了主动权。

9 月 18 日 12 时 30 分，伍德命令美军第 4 装甲师进军萨尔布吕肯，他提醒埃迪"执行此项任务，将补给运过摩泽尔河，通过道路运输，将成为主要的问题。这将导致无法速战速决——这次作战不是闪击战"。[36] 伍德等待仍然位于吕内维尔的布兰查德，美军第 6 装甲师即将接管他指挥的 R 战斗群占据的阵地。9 月 19 日下午，巴顿造访阿拉库尔地区，亲自指导莱茵兰攻势。克拉克指挥的 A 战斗群是伍德的领头战斗群，实际上也成了美军第 3 集团军的前锋。"巴顿将军给予战斗群指挥官（克拉克）权力，允许其在战地将军官晋升为中校，将值得提拔的士兵晋升为士官。"[37] 美军坦克纵队刚越过其出发阵地，伍德就收到了其南翼的吕内维尔遭到德军进攻的消息。此时，巴顿、埃迪或伍德，都完全没有意识到，作为对希特勒之怒的反应，布拉斯科维茨命令发起反击，曼陀菲尔指挥的德军第 5 装甲集团军正滚滚而来。[38]

9 月 18—19 日，我军第 5 装甲集团军再次卷入了吕内维尔周边的战斗。为了发起对美军后方的反击，该集团军集结已久，但摩泽尔河的状况如此危急，迫使冯·曼陀菲尔命令其加入战局。[39]

德军第 5 装甲集团军的任务是摧毁摩泽尔河上的美军桥头堡，收复南锡与梅斯。"希特勒最大的错误是在所有可用兵力完成集结之前，就命令发起反击。"[40]

原定用于反击的兵力为德军第 111 装甲旅、第 112 装甲旅、第 113 装甲旅、第 15 装甲掷弹兵师、第 11 装甲师与第 21 装甲师。[41] 在希特勒的特别指示下，德军组建了新型装甲旅，其优先级高于正准备重建的老部队。从工厂开下生产线的坦克直接运给这些装甲旅。德军对番号从第 101 至第 113 的各装甲旅的定位是拥有自持力的战斗群——或者可以将其视为"袖珍装甲师"。德军装甲旅的编制为 1 个下辖 4 个装甲连的装甲营（每个装甲连装备 17 辆 Pz Ⅳ 或"黑豹"，或装备 14 辆"虎"），[42] 总共装备 70 辆坦克；装甲旅还下辖 2 个侦察排（装备履带与轮式车辆），3 个机械化步兵连（搭乘半履带式装甲车），1 个重型武器连，1 个通信排与 1 个装甲工兵连。美军将不得不进行机动或撤退——在开阔地形上展开的坦克战，仍然对德军有利。"眼镜蛇"行动已经证明，美军装甲兵能够大胆地确保战役目标的达成，但现在的问题是——诚如英军第 8 集团军的老兵所说："是的，他们能驾驶坦克，但他们会打仗吗？"曼陀菲尔命令进攻吕内维尔，随后兵锋将直指美军阿拉库尔突出部的中心。

在理论上，曼陀菲尔已经拥有了他所需的全部兵力，足以突破埃迪的侧翼，就像他对付苏军的坦克集团军那样，突入美军第 4 装甲师，将其分割后，再逐个击破。希特勒给了 2 个新型装甲旅与第 11 装甲师。在塞耶河与摩泽尔河之间，他可以通过非常适合坦克作战的地形发起进攻。利用"黑豹"的装甲与火力优势，他可以在任何美军接近到能够击穿"克虏伯钢"之前，轻松将其击溃。曼陀菲尔只需要击败他——"教授"伍德。

## "老虎杰克"对决"男爵"

*伍德是美军装甲兵的"隆美尔"。*

——巴兹尔·亨利·利德尔·哈特[43]

可以说，洛林战役是巴顿的最低谷。在这里，他放弃了在路易斯安那州锻造的美军装甲兵神圣的信条。更糟糕的是，他还不得不忍受着布拉德利的折磨，并允许毫无创造力可言的埃迪军长制约他"最好的战马"——伍德少将。曼顿·埃迪的初衷是好的，但他对装甲兵作战含糊的控制力，使之更加缺乏稳定性。更何况他指挥的伍德少将，在战术上比他更为高超，且很不幸的是，伍德少将会在埃迪每次错失良机时，将其错误一一指出。约翰·雪利·伍德[44] 可能刺激了埃迪，使埃迪对他采取控制时的态度更加恶劣，但令人好奇的是，为什么巴顿允许这种状况持续下去——尤其是在伍德显然对即将发生的事情与必须要做的事情具备更高控制力的情况下。

伍德是天生的装甲兵指挥官。更准确来说，他是运动战主义者，在战术上富有想象力，具有"无法抗拒的个人魅力与语言表达能力"。他坚持认为，他指挥的师，各部之间应该相互支援，而非相互争夺，并训练其指挥官发挥主观能动性与进行大胆的机动。"他是个风云人物，很受大家的欢迎。"[45] 在西点军校，他是橄榄球队队长，这位"教授"（他辅导过成绩差的后进生），不仅具备技术头脑，而且精通法语，研读过富勒的理论，在战场上屡战屡胜。他具有洞察力，不甘心受愚人之苦，无论这些愚人的地位如何，他都会：

> 公然指责他认为能力较差的人。例如，在田纳西州的时候，当他认为本·利尔将军与沃尔顿·沃克将军犯了严重错误时，他公开地与二人发生争执。不过，他也是个无可比拟的领导者，他得到了全师上下的信任与爱戴，同时还激发了他们的信心。[46]

伍德很快成了令巴顿最欣赏也最头痛的指挥官；美军第 4 装甲师成了"刚愎自用的家伙，在布列塔尼变得十分骄横"。利德尔·哈特认为伍德是"美军装甲兵中的'隆美尔'……（伍德）比任何人都清醒地意识到向纵深扩展突破口的可能性与速度的重要性"。[47] 他受到了全师上下的爱戴，官兵称他为"老虎杰克"（Jack Tiger），德军中的对手表示："在美军师长中，他是出类拔萃的。"[48]

在洛林，德军的 2 个军与伍德对阵：西侧是沃尔特·克吕格尔装甲兵上将指挥的德军第 58 装甲军，东南部是冯吕特维茨上将指挥的德军第 47 装甲军。他曾任德军第 2 装甲师师长，在"春天"行动中与盟军激战，并在"蓝衣"行动与"眼镜蛇"行动中顽强地执行了后卫任务。这两个装甲军隶属德军第5装甲集团军，装甲兵上将哈索·冯·曼陀菲尔男爵担任司令，身高略高于拿破仑，毫无疑问是个精力充沛的将领。作为骑兵出身的将领，他曾在东线取得过辉煌的战绩，但在洛林，这些当年之勇却仿佛是在嘲讽这位男爵。他既没有训练有素的官兵，也没有满编的兵力，却命令参谋准备能覆盖一直突破到南锡的地图。然而，洛林不是东线的布罗迪包围圈①。在这里，想要打赢，需要时间。

德军第47装甲军率先出击。"9月18日，经过艰苦奋战，德军第15装甲掷弹兵师与第111装甲旅攻入吕内维尔"，[49] 美军第4装甲师R战斗群节节败退。这场战斗很快牵制了伍德的预备队，埃迪不得不立即向巴顿求援。最终，在克拉克派出的1个特遣队与第6装甲师B战斗群（乔治·里德上校指挥）[50] 的支援下，布兰查德守住了阵地。增调的美军装甲兵扭转了局面："根据9月18日夜间，第15装甲掷弹兵师的报告，在敌军增调了坦克装甲战斗车辆的情况下，（第47装甲军）未能攻占吕内维尔市中心。在经过激战后，夜幕降临时，已经将这座城市让给了敌军。"[51] 吕内维尔的局势安稳下来后，巴顿与伍德都认为，"没有理由再为德军会威胁到阿拉库尔地区而感到担忧，A战斗群报告，已经击毁了德军43辆坦克，绝大多数都是'黑豹'，而德军只击毁了我军6辆M4与2辆坦克歼击车，我军只有6人阵亡，13人负伤"。[52] 美军又开始向莱茵河推进了。

## 阿拉库尔之战

*在这场战争中，阿拉库尔之战是西线盟军打过的最伟大的坦克战。*

——约翰·伍德少将[53]

伍德不得不同时注意两个方向。巴顿希望他北上前往"齐格菲"防线与"马其诺"防线，但他还要执行屏护南锡的次级任务。这使其暴露了漫长的右翼。任

---

① 布罗迪包围圈（Brody pocket），亦称"利沃夫-桑多梅日攻势"（Lvov–Sandomierz Offensive），1944年7月13日—8月29日，在波兰东部与乌克兰西部，苏军与波军向德军与匈牙利军发起的进攻战役，以苏军与波军的胜利告终。

何向这里发起的主攻，都将逼停美军的莱茵河攻势。美军第4装甲师驻守着稀薄的月牙形阵地，3个战斗群呈南北方向依次排列：达格将军指挥的B战斗群，位于阿拉库尔以北20英里的弗雷讷昂索努瓦（Fresnes-en-Saulnois）；温德尔·布兰查德指挥的R战斗群，位于吕内维尔中心与背后；A战斗群守卫着25英里长的开阔地，直指曼陀菲尔的出发阵地。

克拉克即将以掩护兵力，独自抵御德军的"三板斧"。南锡桥头堡的坦克战，有时称为"阿拉库尔之战"，始于沿着梅斯—斯特拉斯堡公路的穿插。德军1个师级规模的战斗群，包括第113装甲旅（装备42辆"黑豹"）与第2113装甲掷弹兵团，攻入阿拉库尔突出部。[54]

克拉克的部署很简单，以1个装甲兵营与中型坦克连，横亘于尚布雷（Chambrey）与阿拉库尔之间。其司令部、野战炮兵与1个坦克歼击车排固守阿拉库尔，工兵营面对运河，掩护右翼。艾布拉姆各特遣队的"斯图亚特"与"谢尔曼"作为"战斗哨所"，位于其前方进行屏护。

## 勒泽

德军第113装甲旅的战斗群编组了数个以装甲兵为主力的战斗分队：均由1个坦克连配属1个装甲掷弹兵排组成。9月19日拂晓，德军坦克纵队冲破浓雾，包围了勒泽（Lezey），并遭遇美军第37坦克营C连："双方都未能发现彼此，直到领头的'黑豹'破雾而出，出现在75码（约68.58米）外。"[55] 德军纵队中新出厂的"黑豹"像一群鸭子一样沿着道路开进，美军1个执行伏击巡逻任务的坦克双车小组，打得德军措手不及。在500码（约457.2米）以上的距离，"谢尔曼"的75毫米炮无法撼动"黑豹"。然而，在近距离直射中，"谢尔曼"迅速击毁了领头的3辆"黑豹"。其他德军坦克撤回雾中。德军南下小伯藏格（Bezange-la-Petite，距离勒泽西南方1英里多），遭遇了美军第704坦克歼击车营的1个坦克歼击车排。[56] 此时，这个坦克歼击车排是A战斗群仅有的装甲预备队，其奉命出击，以"避免第37坦克营C连遭到包围……他们在雾中行军，遭遇德军时敌坦克距离他们只有50码。领头的坦克歼击车在击毁德军2辆坦克后被打瘫。其余坦克歼击车撤到了后方350码（约320米）处的制高点上"。[57]

M18坦克歼击车根本无法与"黑豹"抗衡，因此转移到德军坦克杀伤区

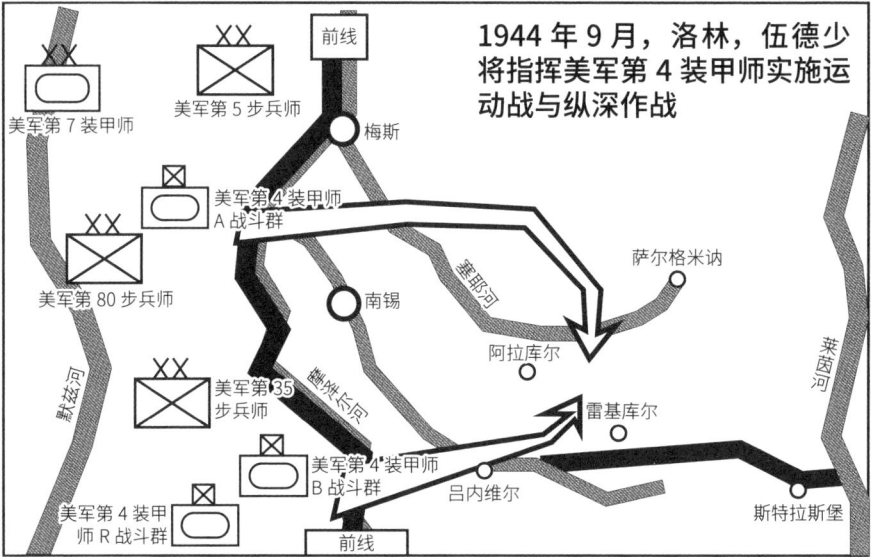

1944 年 9 月，洛林，伍德少将指挥美军第 4 装甲师实施运动战与纵深作战

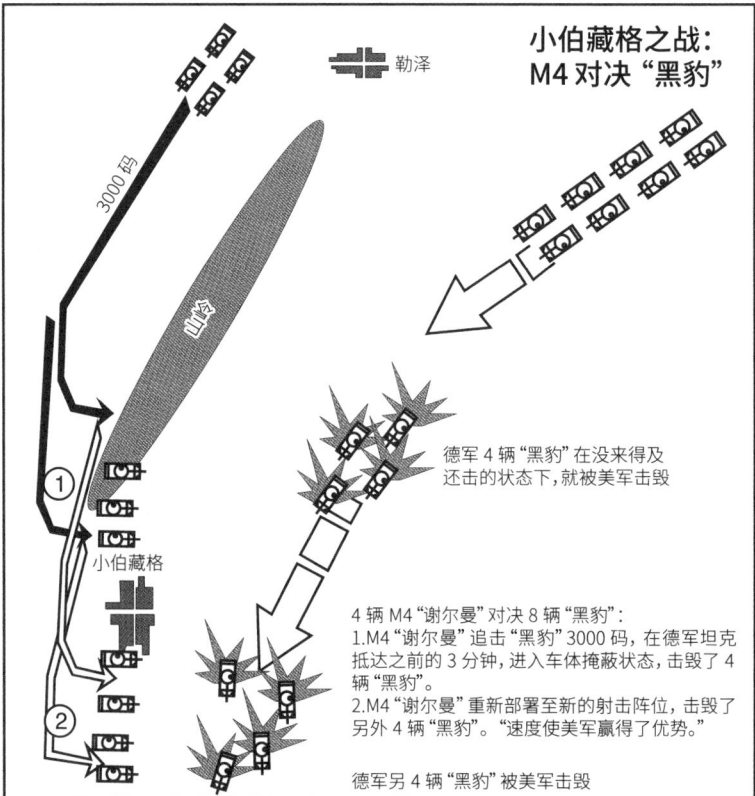

小伯藏格之战：M4 对决"黑豹"

德军 4 辆"黑豹"在没来得及还击的状态下，就被美军击毁

4 辆 M4"谢尔曼"对决 8 辆"黑豹"：
1. M4"谢尔曼"追击"黑豹"3000 码，在德军坦克抵达之前的 3 分钟，进入车体掩蔽状态，击毁了 4 辆"黑豹"。
2. M4"谢尔曼"重新部署至新的射击阵位，击毁了另外 4 辆"黑豹"。"速度使美军赢得了优势。"

德军另 4 辆"黑豹"被美军击毁

的侧翼，以车体掩蔽状态展开，向 150 码外的德军坦克开火。"美军给了德军当头一棒，随后战斗进入僵持状态。"[58] 即使在这样的距离上，德军也应该迅速掌握优势，但德军却无所作为。"黑豹"只是简单地瞄准雾气中的炮口闪光处还击。在这场漫长的对射中，美军坦克歼击车击毁了德军 8 辆坦克，己方也只有 1 辆坦克歼击车幸存。美军坦克歼击车排排长与乘员坚忍不拔的精神令人肃然起敬。在 1 个坦克连损失大半的情况下，德军撤退了。美军 M18 赢得了与"黑豹"的正面对决，而且是在 150 码距离上，这种距离的交战在坦克战斗中本就非常罕见。

## 小伯藏格

在 5 英里的战线上，德军第 113 装甲旅持续的攻势，变成了一系列毫无协同可言的进攻。在能见度较低的情况下，德军各部之间无法相互支援，大雾只有偶尔有短暂的消散。在进攻勒泽失败后，有德军纵队试图迂回美军第 37 坦克营 C 连，切断通往阿拉库尔的道路，但驻扎在勒泽以南的 4 辆"谢尔曼"终结了德军的妄想。利用低矮的山岭作为掩护，美军 M4 追击 3000 码（约 2743.2 米），拦截了正前往小伯藏格的德军"黑豹"纵队。他们赶在德军抵达"3 分钟之前"就位。在制高点上，他们进入车体掩蔽状态，向 500 码外的德军前锋侧翼开火。"击毁德军 4 辆'黑豹'，它们根本没来得及还击。"这些 M4 随后撤退，迂回到小伯藏格以南："美军利用速度占据了阵位的优势。"[59] 随后，他们又击毁了德军 4 辆"黑豹"，迫使德军纵队撤退。

## 小雷基库尔

大雾继续弥漫，德军得以继续进行零星的侦察。克拉克重组了其核心兵力，将刚从吕内维尔赶来的美军第 37 坦克营 A 连，与 B 连编组在一起，由第 37 坦克营作训官指挥。"亨特"特遣队隆隆南下，前往支援阿拉库尔附近的 M18。亨特上尉发现了德军"黑豹"纵队后，迅速向西南方撤退，远离德军。实际上，他正以绝佳的机动演示何为"任务导向型战术"："A 连与 B 连迂回到德军后方，从右侧袭击德军侧翼。"[60] 在随后的交火中，美军以损失 3 辆"谢尔曼"为代价，击毁德军 9 辆"黑豹"。德军再次崩溃。考虑到德军装甲旅的火力，"谢尔曼"应该处于严重劣势才对，尤其是在这种机动作战中，"黑豹"的宽履带与优越的越野速度，足以使其占据优势。"亨特"特遣队奉命，"在燃烧的德军坦克残骸火焰的照耀下"，连夜进行最后的扫荡，肃清所有滞留在美军后方的德军坦克。[61]

当晚，巴顿造访了伍德。他们都认为，不用担心德军新发起的进攻。这看起来显然不像军级攻势，美军只损失了 5 辆 M4 与 3 辆 M18，就消灭了德军新出厂的 43 辆"黑豹"，已经说明了问题。确实，连德军自己也没有重视这次进攻。"9月 19 日，德军第 113 装甲旅向位于阿拉库尔的美军第 4 装甲师 A 战斗群发起了坚决的进攻……德军损失了近 50 辆坦克，却一无所获。"[62] 伍德是很幸运的："如果不是德军缩手缩脚，这次进攻很可能会一直突破至南锡。"[63] 然而，伍德究竟有多么幸运，此时尚未显现出来。美军第 12 军命令下属部队继续向德国本土挺进，第 6 装甲师 B 战斗群替换了美军第 4 装甲师 R 战斗群，R 战斗群从吕内维尔出发，集结于阿拉库尔以西。在掌握 3 个战斗群的情况下，伍德准备直扑萨尔格米讷。美军第 35 坦克营的 1 个坦克连将负责守卫阿拉库尔，美军第 320 步兵团、R 战斗群、第 602 坦克歼击车营将负责掩护美军第 4 装甲师的右翼。

## 9 月 20 日：曼纳库尔高地

9 月 20 日，战场再次大雾弥漫。8 时，美军第 4 装甲师以 A 战斗群（加强有美军第 35 坦克营的 2 个坦克连与第 10 装甲步兵营的留存兵力）为前锋，进军萨尔布吕肯。克拉克命令 A 战斗群以 2 支纵队前进，每个纵队都以装甲特遣队为先导。11 时 30 分，"奥登"（Oden）特遣队接近昂蓬（Hampont，阿拉库尔以北 10 英里处），"亚伯"（艾布拉姆斯的昵称）特遣队占领迪约兹（Dieuze，阿拉库尔东北方 15 英里处），[64] 伍德将军接到报告，确认有德军坦克纵队正从其后方接近阿拉库尔。

布拉斯科维茨指责曼陀菲尔没有利用 2 个装甲旅分别进攻美军第 4 装甲师的侧翼，是缺乏进攻精神的表现，这深深刺痛了曼陀菲尔。在吕内维尔之战中铩羽而归的德军第 111 装甲旅，利用帕尔鲁瓦森林作为掩护向北迂回，跨过国家运河，抵达阿拉库尔东南方的宽库尔（Coincourt）。美军第 4 装甲师的侦察兵力却未能发现德军第 111 装甲旅的动向。在莱耶（Ley）以东，德军第 113 装甲旅的战斗群进行了集结，随后进军雷基库尔与阿拉库尔。

中午时分，这 2 支纵队都交了好运。美军报告显示"德军坦克已经突破……穿过了比雷（Bures）、宽库尔与雷基库尔，直抵阿拉库尔外围"。[65] 有些马不停蹄的"黑豹"已经穿过浓雾，渗透过了坦克歼击车的警戒线（第 704 坦克歼击车营 C 连第 1 排与第 2 排），很快威胁到了伍德的指挥所。德军 1 个装备"黑豹"的装甲连突袭了美军第 191 野战炮兵营的 155 毫米榴弹炮：这是坦克兵梦寐以求的战斗——冲垮炮兵阵地。然而，美军炮兵不仅没有落荒而逃，反而以直射火力还击，击毁德军 2 辆坦克，驱逐了其他德军坦克。无论如何，伍德的脸色都黑了下来。克拉克奉命返回，要一劳永逸地肃清整个阿拉库尔地区。

在收到美军第 4 装甲师 A 战斗群掉头南下的报告后，德军第 111 装甲旅旅长海因里希·冯·布龙萨特 - 舍伦多夫上校命令 1 个战斗群前往勒泽以南的高地，掩护其右翼。这片区域包括曼纳库尔高地（Mannecourt Hill）。这座高地狭长而低矮，有两座制高点，260 高地与 241 高地。德军"荣汉尼斯"战斗群占据着 241 高地，其装备 Pz Ⅳ 中型坦克与重型坦克歼击车，可能是 JPz Ⅳ s 坦克歼击车。[66] 荣汉尼斯上尉赶在美军第 37 坦克营 C 连之前，闪电般地通过莱耶。随后，他在俯瞰 55 号公路（斯特拉斯堡公路）的 260 高地与 241 高地上安营扎寨，堵住了通往蒙库尔（Moncourt）、莱耶与奥默赖（Ommeray）的交通枢纽。当德军建立防御圈时，美军第 37 坦克营进一步后撤，试图在曼纳库尔高地上建立射击阵地，因而很快卷入了与荣汉尼斯上尉的交火之中。经过短暂的交火后，"谢尔曼"撤了下来，等待艾布拉姆斯抵达。

克拉克了解到此战术态势后，命令美军第 37 坦克营立即反击。"阿贝"特遣队以 2 个装备 M4 的坦克连，2 个装甲步兵连与 1 个自行榴弹炮营，利用莱耶与曼纳库尔为掩护，沿着 55 号公路向东南方开进。艾布拉姆斯出现在荣汉尼斯的右翼，从行军路线上直接实施了快攻。

"谢尔曼"大胆前进，迅速拉近了双方的距离。德军 Pz Ⅳ H 中型坦克与"谢尔曼"旗鼓相当，其正面装甲无法抵御美军坦克炮，但其身管长度为口径 48 倍的坦克炮要比美军 76.2 毫米坦克炮更有效。在最初的冲锋阶段，艾布拉姆斯损失了 6 辆坦克。美军快速机动的能力扳平了比分，"在随后的战斗中，双方各损失了约 12 辆坦克"。[67] 战斗以平局告终：艾布拉姆斯将高地留给了

## 伍德指挥的美军第 4 装甲师对决冯曼陀菲尔指挥的德军第 5 装甲集团军

1944 年 9 月 19 日,勒泽,首次接触:　　　　　　　　　　　　　　　　　数量不明的"黑豹"

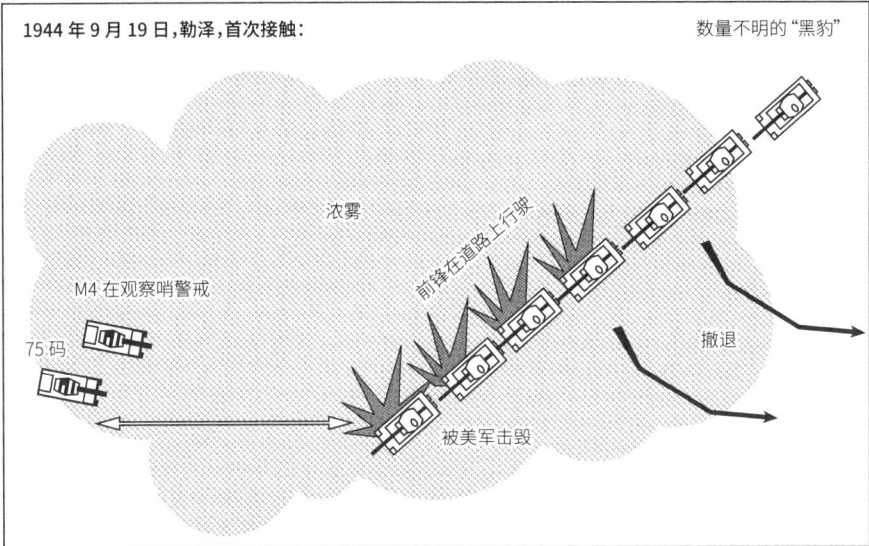

浓雾:"双方都没有发现彼此,直到领头的'黑豹'冲破浓雾,出现在 75 码外。"美军的优势在于坦克处于停车与车体掩蔽状态:"瞄准道路,等着德军冲出浓雾,自投罗网。"

在小伯藏格,美军坦克歼击车对决德军 Pz IV 式中型坦克:

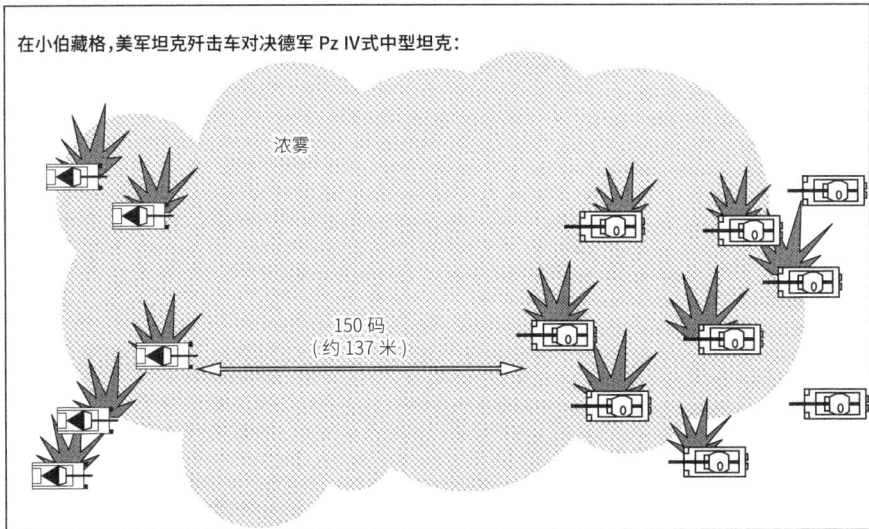

"美军取得了先发制人的突袭优势,首先开火,随后亦然。"
由于浓雾遮挡,德军坦克数量未知:美军损失 5 辆坦克歼击车,德军损失 7 辆"黑豹"。

荣汉尼斯，德军顺理成章地宣告胜利。当夜幕降临时，艾布拉姆斯突出重围，继续扫荡德军第 111 装甲旅的侧翼。在蒙库尔，他以高度协同的夜袭，肃清了德军。随后，他在勒泽附近集结，将曼纳库尔高地留给了德军第 111 装甲旅：“位于阿夫里库尔（Avricourt）的美军撤退了。”[68] 这是场有趣的装甲战，也是 1944 年在法国爆发的坦克战中，较为罕见的对等之战，其特点是积极地利用火力与机动，印证了艾布拉姆斯战后所述的“机动性能够使火力倍增”的运动战理论。[69] “9 月 20 日的行动，再次证明了美军在机动方面的优势。德军坦克的射程超过了美军，但大雾抵、美军在机动与射术上的优势抵消了德军的射程优势。”[70]

实际上，尽管艾布拉姆斯在交火中失利，但他依然占据主动权，迫使荣汉尼斯以静态固守毫无价值的制高点。从作战的角度来看，对 1 个装甲师来说，开阔的曼纳库尔高地区域丝毫不值得一提：以兵力对其固守，反而使其成了沉重的负担。明日，克拉克的坦克即可纵横驰骋。伍德察看了统计表（美军以损失 14 辆“谢尔曼”为代价，击毁德军 25 辆坦克），判定德军已经战败，美军第 4 装甲师可以恢复正常执勤，并进行补充。

为了说明西线作战的技术模式，还有战例可以参考：在艾布拉姆斯进军曼纳库尔时，美军 1 个坦克连曾南下马恩—莱茵运河，执行侦察与扫荡任务。在比雷以西，他们遭遇了正在巡逻的 5 辆“黑豹”。美军迅速开火，宣称消灭了全部的 5 辆“黑豹”。美军指挥官兴高采烈地继续进军比雷。随后爆发的战斗，就要更“符合传统”得多。当美军通过升起的雾气时，他们遭遇了德军 1 个坦克排的远程。在正面交战中，“黑豹”的装甲坚不可摧，其 70 倍径长身管 75 毫米坦克炮无坚不摧。在发现射出的炮弹从“黑豹”的车体正面装甲上弹飞并损失了 2 辆“谢尔曼”后，美军撤回了己方战线。德军没有继续前进，曼陀菲尔丧失了行动自由，很快遭到了布拉斯科维茨的严厉批评。

这次失败使希特勒解除了布拉斯科维茨的职务。9 月 21 日，希特勒决心整顿德军 G 集团军群，任命了新任装甲兵指挥官：赫尔曼·巴尔克将军，东线的传奇装甲兵将领，以及其参谋长冯·梅林津将军。他们精通战役法，在最恶劣的环境中成功练就了他们技艺。然而，他们在东线的作战经验，在此却并没有什么用。

# 9月22日，勒泽—瑞韦利兹，诸兵种联合作战

*我是美国陆军中最棒的坦克指挥官，但有个人能与我比肩——"亚伯"·艾布拉姆斯。*

*——通常认为是乔治·巴顿所述 [71]*

当美军第4装甲师进行休整时，埃迪与伍德做好了继续北上莱茵河的准备。埃迪将美军第9坦克歼击车集群与第42机械化骑兵侦察营配属给伍德，命令在莱耶与吕内维尔之间建立警戒线。美军第25机械化骑兵侦察营在穆瓦延维克（Moyenvic）与迪约兹之间掩护第4装甲师A战斗群左翼。然而，德军的进攻将再次打乱伍德的计划。

巴尔克用了1天时间进行重组，但他并未提出更好的战术方案，他只是直接命令曼陀菲尔攻占勒泽与瑞韦利兹。尽管得到了劲旅（德军第111装甲旅与第113装甲旅得到了德军第11装甲师1个战斗群）的加强，但这次行动仍然很草率。[72] 德军装甲掷弹兵抵达出发阵地时，已经迟到了3小时，因而德军未能准时发起进攻。这些德军装甲掷弹兵并未装备半履带式装甲运兵车，只能搭乘坦克投入作战，这违反了德军装甲掷弹兵的战术。

上午，德军发起进攻。与之前的战斗很相似，大雾再次笼罩了战场。德军借鉴了罗金厄姆进攻韦里耶尔岭的战术，巡逻队使用白色的雷区标记胶带标记了出发阵地，一直延伸到距离守卫勒泽—瑞韦利兹公路的美军M5A1"斯图亚特"轻型坦克不到75码的地方。德军1个连级战斗群突然出现，迅速摧毁了美军7辆"斯图亚特"轻型坦克，驱散了其他"斯图亚特"。"在大雾的掩护下，更多的'黑豹'蹑手蹑脚地逼近位于瑞韦利兹的美军第25机械化骑兵营驻地。"[73] 美军第704坦克歼击车营C连遏止了美军可能的溃败，其在机械化骑兵屏护阵地的后方进入车体掩蔽状态。美军坦克歼击车突如其来的火力击毁了德军3辆"黑豹"，舍伦多夫上校大吃一惊。德军坦克纷纷后撤，抛弃了装甲掷弹兵。当升起的太阳驱散浓雾后，德军第111装甲旅面临的形势进一步恶化。美军第19战术航空队的"雷电"战斗机发现了暴露出来的战场，美军的空袭重创了德军第111装甲旅。

## 运动战：美军第 4 装甲师对决德军第 5 装甲集团军

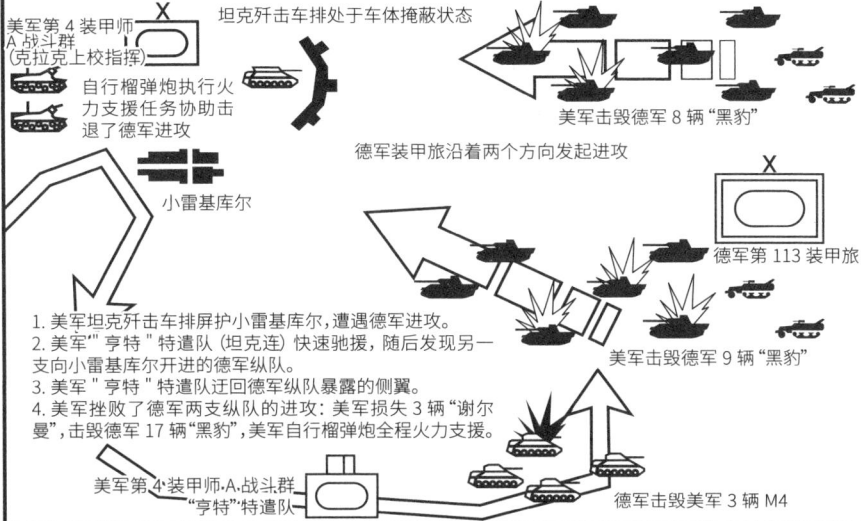

美军第 4 装甲师
A 战斗群
（克拉克上校指挥）

坦克歼击车排处于车体掩蔽状态

自行榴弹炮执行火
力支援任务协助击
退了德军进攻

美军击毁德军 8 辆"黑豹"

德军装甲旅沿着两个方向发起进攻

小雷基库尔

德军第 113 装甲旅

美军击毁德军 9 辆"黑豹"

1. 美军坦克歼击车排屏护小雷基库尔，遭遇德军进攻。
2. 美军"亨特"特遣队（坦克连）快速驰援，随后发现另一
支向小雷基库尔开进的德军纵队。
3. 美军"亨特"特遣队迂回德军纵队暴露的侧翼。
4. 美军挫败了德军两支纵队的进攻：美军损失 3 辆"谢尔
曼"，击毁德军 17 辆"黑豹"，美军自行榴弹炮全程火力支援。

美军第 4 装甲师 A 战斗群
"亨特"特遣队

德军击毁美军 3 辆 M4

## 艾布拉姆斯对决荣汉尼斯
## 1944 年 9 月 20 日，蒙库尔，快攻中的装甲战斗群：

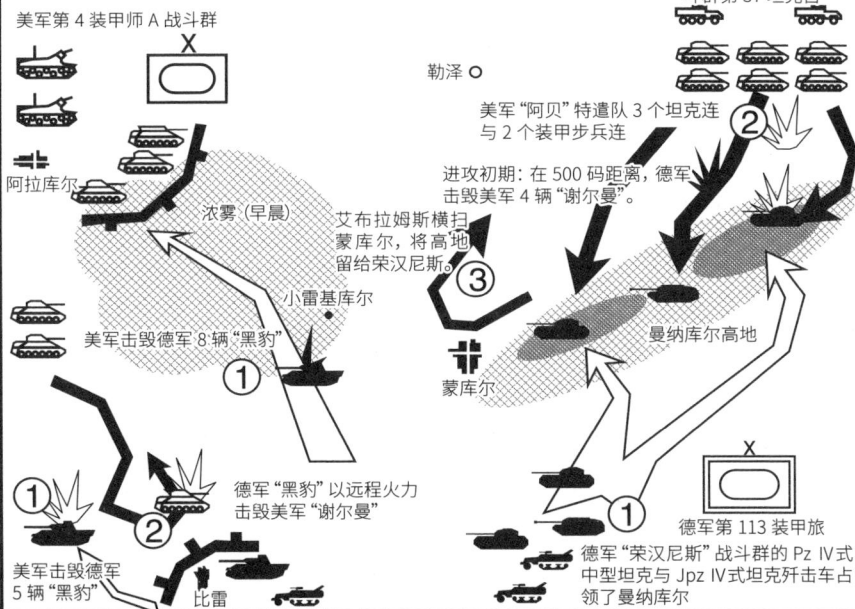

美军第 4 装甲师 A 战斗群第 37 坦克营

美军第 4 装甲师 A 战斗群

勒泽 ○

美军"阿贝"特遣队 3 个坦克连
与 2 个装甲步兵连

阿拉库尔

浓雾（早晨）

进攻初期：在 500 码距离，德军
击毁美军 4 辆"谢尔曼"。

艾布拉姆斯横扫
蒙库尔，将高地
留给荣汉尼斯。

小雷基库尔

曼纳库尔高地

美军击毁德军 8 辆"黑豹"

蒙库尔

德军第 113 装甲旅

德军"黑豹"以远程火力
击毁美军"谢尔曼"

德军"荣汉尼斯"战斗群的 Pz IV 式
中型坦克与 Jpz IV 式坦克歼击车占
领了曼纳库尔

美军击毁德军
5 辆"黑豹"

比雷

克拉克命令艾布拉姆斯反击。艾布拉姆斯在迅速判断当前作战态势后，命令向左迂回，以2个坦克连向西北方向挺进，同时以C连的M4与D连的"斯图亚特"支援第10装甲步兵营，守卫勒泽以东的区域，以顽强的肩部防御与侧翼防御，抵御任何从55号公路方向来袭的威胁。

美军1个连绕过了瑞韦利兹，占领了257高地，此地又称为"三十字架"（les Trois Croix）。在迂回了瑞韦利兹，并以坦克守住了战术上的重要阵地后，艾布拉姆斯再次向德军第111装甲旅发起突击——第2个战斗群从索比耶树林（Bois-du-Sorbier）南下。控制了这片完美的杀伤区后，艾布拉姆斯以坦克、航空兵与炮兵火力摧毁了德军。美军2个装备"谢尔曼"的坦克连齐头并进，有条不紊地向相距2000码的目标开火，最终接近到距离目标只有200码（约182.88米）的地方。德军第111装甲旅步履蹒跚，又遭到美军P-47的空袭，终于崩溃了。[74]德军损失了14辆"黑豹"，舍伦多夫阵亡。"在美军装甲野战炮兵的协助下"，美军第405战斗机大队摧毁了残余德军，"在其逃往东北方时，将其打得片甲不留"。[75]

巴尔克不顾曼陀菲尔发来的战况报告与缺乏德国空军支援的苦苦哀求，命令曼陀菲尔继续进攻。曼陀菲尔只好押上了最后的预备队——德军第113装甲旅的1个战斗群，命令其沿着55号公路进攻勒泽，从战术上来说可谓毫无创意。德军试图收复南锡，却屡战屡败。这次行动持续了4天，曼陀菲尔的装甲兵惨遭失败，损失了22辆坦克，美军伤亡113人。曼陀菲尔承认战败，但他暗示德军失败的原因并非伍德的进攻战术，而是勒克莱尔指挥的法军第2装甲师对曼陀菲尔的南翼产生了更严重的威胁：

> 随后数天，我军曾试图从东面与北面攻占吕内维尔或至少占领其十字路口，但失败了。此外，在默尔特河沿线，美军施加的压力倍增。9月22日，我军被迫撤到默尔特河东岸。9月23日，最终撤过了沃祖斯河（Vezouse）。抵御法军第2装甲师进攻蒙东（Mondon）森林的战斗尤为激烈，最终，这座森林失守。[76]

9月29日之前，吕内维尔、[77]萨兰堡与雷基库尔区域始终维持着激烈的战斗，直到美军攻破了德军第5装甲集团军后方。尽管德军装甲掷弹兵顽强抵抗，但美军炮兵与战术航空兵的优势，对德军来说是无法抵挡的。[78] 德军确实成功地迫使克拉克撤回了阿拉库尔—曼纳库尔高地的突出部。埃迪亲口承认，9 月 16 日之后，美军第 12 军就完全处于防御状态。然而，在运动战方面，伍德的各战斗群给德军"上了一课"。尽管在"眼镜蛇"行动的包围作战与法莱斯围歼战中，美军装甲兵已经展示了其最佳的作战状态，但直到洛林战役，美军装甲兵才真正成熟。[79] 美军第 4 装甲师与第 6 装甲师执行了数次独立或半独立的作战行动。在洛林战役即将结束时，美军第 10 装甲师也执行了类似的任务。只有美军第 4 装甲师遭遇德军装甲兵的作战，能够归类为"坦克对决坦克的战斗"。[80]

美军第 4 装甲师多数的"纯"坦克战，都是由 A 战斗群执行的。这些战斗中，有两次关键的装甲反击，都是由克莱顿·艾布拉姆斯中校的美军第 37 坦克营实施的。从军事理论的角度来看，这些冲突很有趣。在诺曼底战役中，英军与加军坦克被迫撤退或惨遭失败。洛林坦克战将美军装甲兵置于与之相似的境地。阿拉库尔之战是个良好的战例，证实了进攻精神引领的坦克，一旦获得了机动的战机，能够在技术处于劣势的情况下，取得怎样的战果。无论德军面临什么样的问题（不能低估希特勒的干涉所起的作用），德意志第三帝国都拥有足够的装甲兵指挥官，让在洛林爆发的装甲战，成为对美军装甲兵的考验。德军将诸如第 111 装甲旅与第 113 装甲旅这样未经充分训练的兵力投入作战是很不明智的。"1944 年 7 月，元首不顾德军装甲兵总监的反对，直接命令组建这些装甲旅。德军装甲兵总监认为，应该将这些坦克与各式武器补充给损失了车辆的德军装甲师。"[81] 事后来看，如果曼陀菲尔指挥的是经验丰富的武装党卫军第 1 装甲军与党卫军第 2 装甲军下辖的战斗群，效果会更好。不过，在经历了法莱斯包围圈缺口的战斗与从诺曼底撤出的行动后，这些经验丰富的部队正在重建。[82] 在卡昂郊外的开阔平原上，盟军与德军的作战早已预演了阿拉库尔之战中上演的这种机动作战。战术上的区别，是阿拉库尔之战中，德军为攻方。

在洛林战役中，德军的进攻与诺曼底战役中德军的进攻如出一辙，总体来说都很平庸：大多数的装甲进攻作战，在发起之前就已经被打散了。[83] 在"古德伍德"行动与"总计"行动中，虽然德军火力反击的效果良好，但在"春天"行动中，武装党卫军第 9 装甲师的成功，仅仅是因为在遭遇盟军猛烈的反坦克火力之后，迈尔的战斗群放弃了最初的目标，转而加入"措赫费尔"战斗群，前往进攻圣安德烈。"总计"行动中双方的坦克战，可以在两个方面与洛林坦克战进行比较：在适合坦克作战的开阔地形爆发战斗（战斗都发生在预设防御阵地之外），双方兵力对比接近。从战役的角度来看，西蒙兹的胜算更大，但从战术的角度来看，双方非常接近。西蒙兹青睐狭窄的进攻正面与严格控制的阶段性战线，这使加军装甲兵无法进行机动，更无法发挥数量优势。埃迪允许伍德进行大范围的机动，伍德则给了麾下的坦克指挥官战术行动的自由，这是钦基与马切克一直梦寐以求的。"总计"行动与洛林战役都属于"遭遇战"——经验丰富的坦克指挥官喜欢的作战模式：有大范围的战场可供机动，在各层级都强调战术的主动性。

## 诺曼底战役与洛林战役中的美军装甲兵

*战术大师蒙哥马利非常清楚……实话实说，正因为美军缺乏实战经验，所以他对美军指挥官毫无信心。*

*——英军第30军布赖恩·霍罗克斯中将[84]*

前文曾提到，美军能达成突破，实属运气。他们没有遭遇克里勒与登普西遭遇的德军兵力。在"眼镜蛇"行动中，美军装甲兵的成功精彩绝伦，一旦完成迂回，作战就要相对轻松得多。对抗处于车体掩蔽状态的"虎"与"黑豹"，远比沿着卢瓦尔河谷追击德军后卫兵力要困难得多。这衍生出了有趣的争论，在"古德伍德"行动中，如果换成美军的1个装甲军进攻，其结果是否会好于奥康纳的各旅？在"春天"行动与"总计"行动中，如果有美军的1个装甲军作为次级梯队执行突破任务，会有怎样的效果？这引起了人们极大的好奇心。其很有可能，因为这两个原因获得胜利：压倒性的数量优势与指挥。作为经验丰富与对装甲兵有着天然直觉的骑兵军官，巴顿大概不会像克里勒或西蒙兹那样，以混乱的方式实施行动。他们的不足之处，并不在于他们出身炮兵或对装甲兵作战缺乏实战经验。他们的不足之处，在于他们缺乏至关重要的态势感知能力——对运动战的意识。反之，如果以批判性的眼光看待"眼镜蛇"行动1

个月后，巴顿在梅斯附近的徘徊，那么也就应该在加拿大军事史中，给予克里勒与西蒙兹更宽容的评价。

巴顿在"眼镜蛇"行动中的狂飙，可谓毁誉参半。战争科学抨击巴顿，认为他分散兵力，疯狂冒进，故意压垮布拉德利与米德尔顿的神经。在巴顿向卢瓦尔河追击时，与之对抗的德军，除了拉姆克①的伞兵之外，多是二流兵力。在海斯利普抵达法莱斯之前，巴顿的兵力并未遭遇过凌厉的德军战斗群。但是，这不是巴顿的失败，而是巴顿的辉煌。战争的艺术更青睐豪胆之人。如果不是在追击作战中，装甲兵指挥官怎么可能忽视自己的侧翼，为了实现政治目标或士气上的优势而出击？伍德抵达雷恩，也就摧毁了德军总参谋部佯装的镇定："美军装甲师抵达雷恩的消息，产生了爆炸性的效果。对我们来说，仿佛在头顶炸裂的晴天霹雳。"[85]

巴顿决定让海斯利普进攻阿让唐，而不是进攻勒芒，再次让德军惶惶不可终日。东进的决定与打大规模歼灭战的意图，源自施利芬。在法莱斯、阿让唐与特伦，蒙哥马利发起的短促突击都未超过军级战术的范畴。[86] 他错失了在战略计划之下实施战役机动的良机。巴顿想要的是以 1 个战役机动集群进攻巴黎，以另 1 个战役机动集群进攻布雷斯特。[87] 如果换成苏军最高统帅部，他们会当机立断，不会犹豫不决。然而，布拉德利却对此非常恼火。

西蒙兹的拥护者可能会沾沾自喜地指出，有些美军装甲兵的优秀指挥官并非出身骑兵。伍德出身炮兵：他对坦克的了解来自战争爆发前 20 世纪 30 年代与路易斯安那州军事演习的"杂交"。当时，他在巴顿麾下的美军第 2 装甲师，担任师属炮兵司令。然而，伍德的大多数技术来自直觉——他天生就懂得装甲兵。这并非单纯的诡计多端。与巴顿一样，伍德也是军事界的知识分子，普通的军官根本无法望其项背。他通晓数国语言，谙熟军事哲学。二战爆发前，他研究过富勒与利德尔·哈特，很清楚这种间接方法，但他对此并不买账。伍德坚决反对英国的军事哲学（"富勒与哈特的理论，有悖于格兰特创立的美国军传统——消耗——将敌军消耗殆尽"）是一种有趣的反应。[88] 他客观分析的能力可能已经超越了军

---

① 赫尔曼-伯恩哈德·拉姆克（Hermann-Bernhard Ramcke，1889 年 1 月 24 日—1968 年 7 月 4 日），德国空军空降兵上将。第二次世界大战期间，先后任德军"拉姆克"伞兵旅旅长、第 2 伞兵师师长、布雷斯特要塞守备司令。

事历史学家；伍德对美军作战理论中美国文化的理解，可能比他的任何同僚，都更具有实践性。

对美军的作战方式，利德尔·哈特进行过概括，罗素·魏格利进行过阐释，就是在巩固"格兰特的传统"。[89] 相比之下，魏格利比利德尔·哈特更接近美国军事文化的症结所在。他认为格兰特处于间接方法的对立面，是典型的消耗战："他（格兰特）是如何寻求获得初步胜利的？通过恢复优秀的正统士兵通常会采用的战略——利用巨大的优势粉碎敌军。"[90] 对格兰特战略更好的阐释，是他同时使用了"消耗"与"机动"两个相反的"极端"。"与李不同，格兰特从不幻想能够毕其功于一役。"[91] 事实上，格兰特与之的区别在于，在寻求打歼灭战的同时，他接受所需要付出的伤亡代价与进行的机动。格兰特寻求歼灭邦联军的时机，而不是简单地耗干李的兵力。美军的作战方式接受了歼灭战的环节——其包括消耗与机动，这在格兰特鼓励的对南方邦联进行的纵深作战中得到了体现。"我提议你进攻约翰斯顿①的兵力，将其冲散，竭尽所能地深入敌国内部，竭尽所能地进行破坏。"[92]

1944 年 8 月，巴顿与伍德都意识到"眼镜蛇"行动给了美军将格兰特的军事思想付诸实践的机会，于是立即展开谢尔曼式的行军，直奔塞纳河与巴黎。9 月，伍德很清楚，此时的莱茵河就像 8 月时的塞纳河一样触手可及，因而再次寻求自由行动的可能。但是，师只是战术兵力，作战行动需要整个军。此时，伍德却成了盟国远征军最高司令部的弃子。盟国远征军最高司令部可能掣肘了德军最为忌惮的两位盟军装甲兵将领，但蒙哥马利的游说团很快指出，这两个人都不是合适的人选。巴顿的记录表明，他太过于个性化，有些人会认为巴顿不够理性，"领导能力不足，缺乏想象力"。[93] 早在突尼斯战役期间，美军第 1 装甲师师长奥兰多·沃德少将就注意到了巴顿的阴暗面。1943 年 3 月 30 日，在美军第 1 装甲师反复进攻马卡纳西（Maknassy）的诸个高地未果的情况下，作为军长的巴顿如此过问美军第 1 装甲师的伤亡情况：

---

① 约瑟夫·埃格尔斯顿·约翰斯顿（Joseph Eggleston Johnston，1807 年 2 月 3 日—1891 年 3 月 21 日），美国南北战争时期的南方邦联军陆军上将。

　　巴顿："今天，你损失了多少名军官？"

　　沃德："今天我们很幸运，没有军官伤亡。"

　　巴顿："沃德，该死的，那可不是幸运。那不利于士兵们的士气。我希望你的下属中，有更多军官阵亡。"

　　沃德："你不是认真的吧？是吧？"

　　巴顿："是的，该死的，我是认真的。我命令你，把部分军官赶到前沿阵地上去，不许他们只当个观察员，直到他们战死在前沿阵地。这有利于提振士兵们的士气。"[94]

　　1944 年 7 月，如果说英军第 21 集团军群的作战表现拙劣，还能够找出"经验不足"作为站不住脚的借口，那么 1944 年 9 月时，美军第 3 集团军则没有任何借口。尽管其上级指挥官很迟钝，但巴顿还是在力所能及的范围内，抓住时机，成了装甲兵的王者。洛林战役与卡昂以南的战斗一样激烈，需要有组织的坦克集群梯队。巴顿一反常态地将麾下的坦克分散使用，而且还卷入了消耗战，但伍德的战术天分最终使其大获全胜。当克拉克搅得德军整个 1 装甲军惶惶不可终日时，伍德轻松打垮了冯·曼陀菲尔的装甲集团军。在其巅峰（"眼镜蛇"行动与阿登战役）时，巴顿将西方盟军装甲兵作战理论提升到了接近苏军战役法的水平。美军装甲兵作战理论的验证并不取决于巴顿的成败：在"眼镜蛇"行动中，美军装甲师已经成了经过精雕细琢的马刀。在洛林战役之后，他们已经成长为经验丰富的骑兵。

　　在整个阿拉库尔之战中，德军的行动都成了战术计划与执行力平庸的典型例证。然而，在战役层面上，德军的表现较好："重点在于德军指挥官（除了希特勒以外）拒绝将其兵力变成困守静态防御工事的囚徒，而是在实施反击或撤退时，利用静态防御工事作为坚固支撑点，维持战线的完整。"[95] 虽然曼陀菲尔的参谋部产生了动摇，但德军第 111 装甲旅与第 113 装甲旅的各战斗群仍然零散地发起了笨拙的反攻。在多个场合，美军执行屏护任务的兵力挫败了这些装甲旅的前锋，就致使其放弃了行动。曼陀菲尔的德军第 5 装甲集团军进一步遭到了压制——"在面对美军航空兵优势时，无法集结装甲兵……始终无法达成突破"。气候也是重要因素。在双方的 6 次交战中，至少有 4 次在浓雾中爆发。这导致双方交火的距

△在"春天"行动中，被击毁在韦里耶尔岭上的武装党卫军第101重型装甲营"虎"式重型坦克残骸。（诺布尔，加拿大国家档案馆，威尔弗雷德·劳里埃大学，劳里埃军事战略与裁军研究中心）

离不到100码，有利于美军坦克炮塔的电动方向机发挥作用——这也是"谢尔曼"对"黑豹"唯一的优势所在。[1]

　　对美军来说，阿拉库尔之战的特点是部分美军营长、连长与排长创造性的机动策略。在之前灌木篱墙地带的战斗中，美军与英军想要穿过灌木篱墙，抵达适合坦克作战的地形，就不得不依靠步兵作战。洛林战役与阿登战役之后，美军坦克指挥官在前线领兵作战。不幸的是，伍德却不在场。在美军第12军的要求下，巴顿解除了他的职务：

---

　　[1] 在近距离作战中，"谢尔曼"对"黑豹"的优势还在于："黑豹"的炮手只有望远式瞄准镜，没有广角潜望镜，非常依赖车长对目标的指示，对近距离目标的捕捉能力很差；相比之下，"谢尔曼"的炮手能够使用广角潜望镜，对近距离目标的捕捉能力较强。

美军第 4 装甲师的胜利，在伍德与埃迪之间埋下了严重分歧的种子。在实施作战期间……在性格与观点方面，伍德与冷漠而严肃的埃迪之间，爆发了一系列严重的冲突。如果有什么例证能说明颇具进攻精神的装甲兵将领与接受过本宁堡训练的步兵之间，在哲学与个人观点上会出现什么分歧，那就是这两个人之间可怕的关系。[96]

伍德敢于质疑他不认同的战术决策："我军顶层指挥官的思想中，对装甲兵并无深远的概念。"[97] 换句话说，伍德的表现就像他的上司，美军第 3 集团军司令。或许有了伍德，反而不懂得珍惜。当巴顿在梅斯碰壁，伍德又成功击败曼陀菲尔时，美军第 3 集团军的"战术厨房"中就显得有了过多的"大厨"。伍德遭到雪藏。当艾布拉姆斯抵达巴斯托涅，在阿登战役中力挽狂澜时，巴顿为自己褪色的将星增添了光彩。幸运的坦克前锋再次旗开得胜。[98]

# 注释

1. CMH 319.7 Special Studies, Grow Papers, MHI.

2. "The Establishment and Defense of the Nancy Bridgehead," prepared by subordinate commanders and the staff of Combat Command A, 4th Armored Division（ETO 1945）.（Hereafter Nancy Bridgehead），MHI.

3. Liddell Hart, *History of the Second World War*（New York: Putnam, 1970），p. 562.

4. 美国陆军军史研究所，谢菲尔德·爱德华兹文件，1944 年 8 月 22 日，美军第 12 集团军群司令部，航空兵作训部：美军第 12 集团军群司令部命令"各集团军的 203 毫米榴弹炮与 240 毫米榴弹炮，都不要转移到塞纳河以东"。1944 年 9 月 2 日，在沙特尔，艾森豪威尔与巴顿会面，巴顿恳求艾森豪威尔说："我的人可以吃皮带，但我的坦克不能往里灌空气。"燃料匮乏已经到了足以影响作战支援的程度。

5. 1993 年，纽约：威廉·莫罗与公司，马丁·布卢门森，《将领之战：法莱斯包围圈不为人知的故事——二战中原本应该打赢的战役》，第 272 页；1990 年，布卢明顿（Bloomington）：印第安纳大学印务（Indiana University Press），罗素·魏格利，《艾森豪威尔的中尉们》，第 350 页："艾森豪威尔的这种对话合作，目的是掩盖其战略失误，以防止可能对其进行的批评出现……我不知道，这是他自己的原因，还是为了协调与英国的关系。我倾向于，他考虑与英国的关系，考虑得有些过度。"

6. CMH 319.7 Special Studies—The Lorraine Campaign by General R. W. Grow, "Broad Front vs. Narrow Front"（hereafter Lorraine Study—Grow）.

7. 美国陆军军史研究所，1970 年，纽约：巴兰坦书业，查尔斯·怀廷，《巴顿》，第 65 页：美军各师的燃料开始告罄。美军第 7 装甲师停在了距离凡尔登 30 英里（约 48.28 千米）处。当巴顿发现美国陆军因为"英军 1400 辆 3 吨卡车的活塞出了故障"，就将运输车辆都分配给了蒙哥马利时，他偷偷地将原本驶往英军防区的燃料补给车辆，引导向美军第 3 集团军的储备区域。

8. Grow, MHI.

9. 1990 年，布卢明顿：印第安纳大学印务，罗素·魏格利，《艾森豪威尔的中尉们》，第 329 页：最初，巴顿计划以快速的迂回包围梅斯，然后继续前进；然而，"有些兵力不可避免地径直撞上了德军堡垒群……梅斯的防御系统太广阔，不能让交通线如鲠在喉"。1999 年，康涅狄格州（Connecticut），韦斯特波特（Westport）：普雷格出版社（Praeger），约翰·尼尔森·里卡德，在其著作《低谷中的巴顿——洛林战役》（*Patton at Bay—The Lorraine Campaign*），第 129～130 页中反对了这个观点。

10. Patton writing to Doolittle, 19 October 1944; quoted by D'Este in *Patton*, p. 668.

11. 美国陆军军史研究所，格罗文件，格罗将军引述罗伊·阿普尔曼少校："1944 年秋季，在梅斯附近，巴顿的行动效果很差，指挥缺乏想象力。这种领导能力的缺乏，使很多美军士兵丧失了生命，也没有获得什么战果。"

12. Lorraine Study—Grow: "The Mounted Attack," MHI.

13. See Oskar Munzel, *Die deutschen gepanzerten Truppen bis 1945*（Bonn: Maximilian Verlag, 1965），pp. 101–113. Munzel includes an organizational review of panzer brigades.

14. Bailey, p. 111; Weigley, p. 344.

15. Weigley, p. 338.

16. *Kriegstagebuch der Panzer-Armeeoberkommando 5*; angefangen: 9.8.44—gesschossen: 9.9.44, p. 46.

17. Maj. Gen. F. W. von Mellenthin, H. Betzler, trans., *Panzer Battles—A Study of the Employment of Armor in the Second World War*（Norman: University of Oklahoma, 1955），p. 313.

18. R. W. Grow: *Flexibility in Defense*. Special Study. MHI.

19. Anthony Kemp, *The Unknown Battle: Metz, 1944*（New York: Stein & Day, 1985），p. 83.

20. 美国陆军军史研究所，美军第 4 装甲师 A 战斗群参谋官与基层军官合著，《南锡桥头堡的建立与防御》（*The Establishment and Defense of the Nancy Bridgehead*），第 3 页："美军第 12 军队南锡发起的攻势。军级任务：以宽正面跨越摩泽尔河，攻占南锡，继续东进，在萨尔格米讷（Sarreguemines）附近，建立在萨尔河（Saar River）上的桥头堡。第 2 机械化骑兵集群负责掩护第 12 军侧翼；第 35 步兵师……攻占南锡，继续东进，直扑萨兰堡。第 80 步兵师在摩泽尔河上，扩展纵深较浅的桥头堡的区域……掩护第 12 军北翼……第 4 装甲师以 2 个纵队绕过南锡，占领萨兰堡地区的制高点，封堵德军逃出南锡的出口，随后做好继续前进的准备，在萨尔格米讷附近跨越萨尔河……第 79 步兵师东进吕内维尔（Lunéville）。"

21. Maj. George S. Patton Jr., Third Cavalry, "What the World War Did for Cavalry." A post–World War I article for the *Cavalry Journal reprinted in Armor*（May–June 1985）: 8.

22. Grow, HIS 314.7, 6 October 1952, MHI.

23. 美国陆军军史研究所，美军第 4 装甲师 A 战斗群参谋官与基层军官合著，《南锡桥头堡的建立与防御》，第 25 页：克拉克来到 1 个冒着德军炮火与步枪火力抢修 1 辆半履带车的军械组，克拉克命令他们不要再修理，应该牵引着它，向东前进，因为美军马上就要继续前进了。

24. 1945 年，欧洲战区，美国《星条旗报》(*Stars & Stripes*)，《团队：美军第 4 装甲师，从滩头到巴斯托涅》( *The Team: The 4th Armd Division from the Beach to Bastogne* )，第 25 页："作为钳形攻势的南部攻势，B 战斗群跨越数条溪流与运河，向东北方进击萨兰堡。在美军第 99 工兵营机械化桥连的支援下，第 24 装甲工兵营在巴永（Bayon）的摩泽尔河河段，架设了 168 英尺（约 51.2 米）长的浮桥，在蒙特（Mont）的默尔特河河段，架设了 180 英尺（约 54.86 米）的浮桥。"

25. Nancy Bridgehead Report, and BCC Papers, MHI.

26. 美国陆军军史研究所，B 战斗群文件：1944 年 10 月 12 日，美军第 4 装甲师 A 战斗群备忘录。克拉克家乡的报纸将他塑造成了知名人士，其剪报在第 4 装甲师师部争相传阅。

27. BCC Papers, MHI.

28. 美国陆军军史研究所，美军第 4 装甲师 A 战斗群参谋官与基层军官合著，《南锡桥头堡的建立与防御》，第 24 ~ 25 页：埃迪慷慨地让卡拉克进行选择："你认为你能做到吗？"克拉克回答："是的，将军，我认为这是我唯一要做的事。我们不能留在河的此岸与德军作战。"埃迪将军说："好吧，那就由你决定。如果你认为你能冲过去，我允许你去进攻。如果你认为你做不到，我也不会责怪你。"另见，1950 年，华盛顿：美国陆军军史部（U.S. Army Historical Division），休·马歇尔·科尔，《洛林战役——二战中的美国陆军：欧洲战区的行动》( *The Lorraine Campaign—U.S. Army in World War Ⅱ : European Theater of Operations* )。

29. 美国陆军军史研究所，B 战斗群文件：克拉克成了"三军作战理论"（Tri Service Doctrine）的有力支持者。

30. Nancy Bridgehead.

31. 美国陆军军史研究所，美军第 4 装甲师 A 战斗群参谋官与基层军官合著，《南锡桥头堡的建立与防御》，第 9 页，第 17 页：在穿插至阿拉库尔的 48 小时里，美军第 4 装甲师 A 战斗群俘虏 1614 名德军，击毙击伤 1070 名德军，击毁 16 门大口径火炮、8 辆坦克与 232 辆各型车辆。A 战斗群有 3 人阵亡、15 人负伤，损失 4 辆坦克。A 战斗群俘虏了武装党卫军第 17 装甲掷弹兵师的罗多尔·维尔纳（Theodore Werner）上校，A 战斗群给他留下了深刻的印象："我很想知道，是谁在指挥这个特别的师……他能解释我的疑问，这个集团军是怎样设法达成以这样的速度前进的，他们多次在我们毫无防备的情况下，打垮了我们。"

32. Christopher R. Gabel, *The 4th Armored Division in the Encirclement of Nancy* ( Fort Leavenworth: U.S. Army Command and General Staff College, 1986 ), p. 16.3

33. Maj. Gen. Eddy, Ⅻ Corps, Foreword, Nancy Bridgehead.

34. Gabel, p. 18.

35. Hugh M. Cole, "The Tank Battles in Lorraine," *Military Review* ( 1950 ): 3.

36. Cole, p. 4.

37. Nancy Bridgehead.

38. 1947 年 3 月，阿伦多夫（Allendorf），美国陆军欧洲战区军史部，冯·卡赫登，B-472 号手稿，《1944 年 9 月 15 日—10 月 15 日，在孚日山以西，德军第 5 装甲集团军的坦克应用》( *Einsatz des Panzer—A.O.K. 5 westlich der Vogesen in der Zeit von 15.9. bis 15.10.44* )，第 24 ~ 25 页。"德军第 47 装甲军下辖第 21 装甲师、第 112 装甲旅将进攻吕内维尔地区……第 58 装甲军下辖第 111 装甲旅、第 113 装甲旅，将北上跨越默尔特运河……先进行侦察。"1947 年 11 月 15 日，欧洲战区，诺伊施塔特（Neustadt），哈索·冯·曼陀菲尔，B-757 号手稿，第 5 部分，《1944 年 9 月 23 日，在默尔特河与沃祖兹河的作战》( *Die Kaempfe an der Meurthe und an der Vezouse bis 23.September 1944* )。

39. Mellenthin, p. 316.

40. 1955 年，诺曼（Norman）：俄克拉荷马大学（University of Oklahoma），冯·梅林津著，贝茨勒译，《坦克战——对二战装甲兵应用的研究》( *Panzer Battles—A Study of the Employment of Armor in the Second World War* )，第 316 页："德军第 21 装甲师几乎没有坦克……第 11 装甲师仍然在路上……第 112 装甲旅的坦克很少。"

41. *Kriegstagebuch der Panzer-Armeeoberkommando 5*, 9.9.44–9.10.44, pp. 3–8.

42. Munzel, pp. 275–277.

43. Caleb Carr, "The American Rommel," *Military History Journal* 4, 4 ( Summer 1992 ): 77.

44. 美国陆军军史研究所，B 战斗群文件。伍德替换了贝尔德将军；布鲁斯·克拉克发现贝尔德"坐在桌子旁边，捂脸哭泣…… '看这封信'，这封信是乔治·马歇尔写的。信上说，'你年事已高，不再适合担任师长，你就此退休，回家颐养天年吧。'"。此时，贝尔德已经 62 岁了。

45. 美国陆军军史研究所，1982 年，B 战斗群文件，基什上校对克拉克的采访：克拉克："他（伍德）经常将训练任务交给我执行……确实是我训练了这个师。"

46. 1946 年，慕尼黑：赫德·德鲁克印务（Herder Druck），肯尼思·艾伯特·科耶恩上尉，《从海滩到巴斯托涅：美军第 4 装甲师》（*The 4th Armored Division from the Beach to Bastogne*），第 101 页；1979 年，科罗拉多州（Colorado），柯林斯堡（Fort Collins）：老陆军印务（Old Army Press），汉森·鲍德温，杰克虎（Tiger Jack），第 100 页；1971 年，哈尔·库什曼·帕特森准将（曾是伍德的高级参谋官之一）与 M.R. 里德的通信。帕蒂森指出，伍德"非常仰赖"克拉克，克拉克能够"平复伍德时不时爆发的脾气"。

47. 利德尔·哈德对伍德的深刻印象，是在法国与美军第 4 装甲师同行 2 天后留下的。详见 1970 年，纽约：乔治·帕尔默·普特南之子书业（G.P. Putnam's Sons），利德尔·哈特，《第二次世界大战史》（*History of the Second World War*），第 557 页。1992 年，《军事历史季刊》第 14 期，凯莱布·卡尔，第 77 页。

48. 1979 年，科罗拉多州，柯林斯堡：老陆军印务，汉森·鲍德温，杰克虎，第 41 页；另可见 1992 年，《军事历史季刊》第 14 期，凯莱布·卡尔，第 81~84 页：霍姆斯·达格少将回忆，他歼灭了德军 1 个正在撤退的师（未指明番号），其师长的供述提到了伍德。

49. Manteuffel, p. 3.

50. 1947 年，北卡罗来纳州（North Carolina），亚德金维尔（Yadkinville）：里普尔出版公司（Ripple Publishing），美军第 6 装甲师参谋部，《1944 年 7 月 18 日—1945 年 5 月 8 日，美军第 6 装甲战史》（*Combat History of the 6th Armored Division, 18 July–8 May 1945*），第 82 页：美军第 6 装甲师 B 战斗群下辖第 69 坦克营、第 44 装甲步兵营、第 212 装甲野战炮兵营、第 603 坦克歼击车营 C 连与营属侦察连、第 86 机械化骑兵营 B 连、第 25 装甲工兵营 C 连、第 777 高射炮营。

51. 美国军事研究所，美军第 4 装甲师 A 战斗群参谋官与基尼军官合著，《南锡桥头堡的建立与防御》，曼陀菲尔，《默尔特河之战》（*Meurthe Battles*），第 3 页：德军第 11 装甲师（加强有德军第 111 装甲旅、第 112 装甲旅的 1 个战斗群与第 113 装甲旅）向吕内维尔发起过第二次进攻。在这次进攻中，德军第 111 装甲旅进攻了美军第 12 军军级侦察集群，尤其是"在帕尔鲁瓦森林（Forêt de Parroy）遭到了德军第 11 装甲师沉重打击"的第 25 机械化骑兵侦察营 D 连。

52. Cole, p. 6.

53. Baldwin, p. 85.

54. 1947 年 3 月，阿伦多夫，美国陆军欧洲战区军史部，冯·卡赫登，B-472 号手稿，《1944 年 9 月 15 日—10 月 15 日，在孚日山以西，德军第 5 装甲集团军的坦克应用》，第 26 页："德军第 58 装甲军临时将第 113 装甲旅部署于运河以北——战斗的焦点所在。"

55. Distributions and comments, Lorraine campaign by General Grow. Special Studies Box, WW II, Grow, OCMH Collection, MHI, 2.（Hereafter Grow, OCMH.）

56. 装备 M18 "地狱猫" 坦克歼击车，敞开式炮塔中装备 1 门 76.2 毫米炮。

57. 美国陆军军史研究所，1944 年 9 月 19 日，美军第 4 装甲师战地日志："有些德军坦克的残骸，其里程表上显示，其行驶过的行程尚不足 100 英里。"

58. Grow, OCMH, p. 3.

59. Grow, OCMH, p. 3.

60. Grow claims that the maneuver and attack was conducted by one tank company. Grow, OCMH, p. 4.

61. Cole, Military Review, p. 6, and Cole, *The Lorraine Campaign*, p. 225.

62. Mellenthin, p. 316.

63. War diary, 4th Armored Division.

64. 1947 年 3 月，阿伦多夫，美国陆军欧洲战区军史部，冯·卡赫登，B-472 号手稿，《1944 年 9 月 15 日—10 月 15 日，在孚日山以西，德军第 5 装甲集团军的坦克应用》，第 26 页："敌军侦察兵暂时推进至迪约兹。"

65. Nancy Bridgehead.

66. 美国陆军军史研究所，美军第 4 装甲师战地日志与 B 战斗群文件：考虑到是"88 毫米自行反坦克炮"，如果不是"猎豹"，那可能就是"犀牛"坦克歼击车。

67. 美国陆军军史研究所，格罗文件，《1944 年 8 月 9 日—9 月 9 日，德军第 5 装甲集团军司令部战地日志》（*Kriegstagebuch der Panzer-Armeeoberkommando 5; 9.8.44–9.9.44*），第 48 页：德军第 5 装甲集团军报告称，双方各损失了 11 辆坦克。因为这场苦战，荣汉尼斯荣获嘉奖。美军第 4 装甲师 A 战斗群作战日志记录："以损失 12 辆坦克为代价，击毁德军 8 辆坦克"；美军第 4 装甲师作战报告宣称，只损失了 7 辆"谢尔曼"，击毁德军 18 辆坦克。

68. 1947 年 3 月，阿伦多夫，美国陆军欧洲战区军史部，冯·卡赫登，B-472 号手稿，《1944 年 9 月 15 日—

10 月 15 日，在孚日山以西，德军第 5 装甲集团军的坦克应用》，第 26 页：尽管这只是一系列战斗群的行动，但德军第 5 装甲集团军依然认为这场战斗非常重要："9 月 20 日，在瑞韦利兹（Juvelize）—莱耶—小雷基库尔区域，德军第 111 装甲旅、第 113 装甲旅与美军第 4 装甲师展开了激烈的战斗。"

69. 1985 年 6 月，美军《装甲》杂志，艾布拉姆斯，《编组作战中的装甲兵》（Armor in the Team），第 32 页：艾布拉姆斯是个"运动战主义者"，详见 1953 年 4 月 1 日，美国陆军军史学院，克莱顿·艾布拉姆斯的学生论文。"应该向装甲师下达任务型命令，装甲师应该下达的也是任务型命令。对军长来说，他根本不可能想到麾下的 1 个装甲师在 3 天后，深入敌军战线 100 英里之后将面临的环境是什么样……应该尽可能地给予装甲师师长最大程度的自由度……只有如此，装甲师的机动性与灵活性才能充分发挥出来。"

70. Grow, OCMH, p. 6.

71. 1992 年，纽约：西蒙与舒斯特出版公司，刘易斯·索利，《雷霆》（Thunderbolt），第 95～96 页：当艾布拉姆斯得知这个赞誉后，他俏皮地回答："好吧，他从未这样告诉过我。该死的，他本来早就可以这么告诉我。"

72. *Kriegstagebuch der Panzer-Armeeoberkommando 5*, p. 46. See also Anton J. Donnhauser and Generalmajor Werner Drews, *Der Weg der 11. Panzer-Division*（Bad Worishofen: Holzman-Druck-Service, 1982）. See also G. W. Schrodek, *Ihr Glaube galt dem Vaterland—Die Geschicte des Panzerregiment 15,—11. Panzer-Division*（Bad Worishofen: Schild Verlag, 1976）.

73. *The Team: The 4th Armd Division from the Beach to Bastogne*（ETO: Published by Stars & Stripes, 1945）, p. 27.

74. 美国军事研究所，格罗文件："德军的损失是由美军坦克、坦克歼击车、炮兵与航空兵火力造成的，而美军的损失主要是由德军坦克火力造成的。"

75. Cole, *Military Review*, p. 9.

76. Manteuffel, p. 4.

77. 1950 年，华盛顿：美国陆军军史部，休·马歇尔·科尔，《洛林战役——二战中的美国陆军：欧洲战区的行动》，第 29 页：（海斯利普指挥的）美军第 15 军奉命守卫默尔特河沿线，第 12 军守卫吕内维尔：在蒙森东林外围的蒙塞勒（Moncel），美军第 313 步兵团与德军第 21 装甲师交战。吕特维茨试图通过以德军第 15 装甲掷弹兵师与第 21 装甲进攻吕内维尔，来缓解压力。当美军第 79 步兵师发起反击时，曼陀菲尔请求准许其撤退。巴尔克援引"元首令的明确规定"，予以拒绝。

78. 1950 年，《军事回望》（Military Review）第 3 期，休·马歇尔·科尔，《洛林坦克战》（The Tank Battles in Lorraine），第 15 页："9 月 29 日，德军第 5 装甲集团军的后方已经崩溃，德军也再无新组建兵力继续进击摩泽尔河的可能。"1979 年，科罗拉多州，柯林斯堡：老陆军印务，汉森·鲍德温，杰克虎（Tiger Jack），第 88 页：9 月 29 日，文德·冯·维特斯海姆将军（指挥的德军第 11 装甲师）损失了其 25 辆坦克中的 24 辆。伍德驾驶着他的 L-40 翱翔在战场上空，发现"从迪约兹到帕鲁瓦森林的道路上，到处都是燃烧着的坦克残骸。"

79. "The battle at Arracourt was also a high point for TDs. Gen. Bruce's 'ideal' tank destroyer, the M18（Hellcat）proved its worth……The maneuverability of the M18 played a major role." Bailey, pp. 111–112.

80. 美国陆军军史研究所，格罗文件：1944 年 9—10 月，欧洲战区，美军第 4 装甲师作战报告："9 月 2—19 日，德军发起了一系列激烈的装甲反击，试图突破我军对南锡的包围。在接下来持续了 4 天的坦克战中，整个区域的德军装甲兵损失殆尽。"

81. B-251 号手稿，霍斯特·施通普夫将军，德军第 106 装甲旅。首批装甲旅，第 101 装甲旅～第 110 装甲旅，作为战斗群进行编组：1 个装甲营（30～36 辆 Pz Ⅳ 中型坦克与"黑豹"），1 个装备掷弹兵营、1 个工兵连与 1 个补给车队。后来成立的装甲旅也与之相似。德军第 111 装甲旅可能有 1 个装甲营装备"黑豹"与 Pz Ⅳ。

82. The Kessel（Cauldron）and the *Rückmarsch* were the German references to the Falaise gap and the withdrawal from Normandy, respectively.

83. 盟军曾以战术航空兵、重炮与骚扰性进攻打乱过豪塞尔与施韦彭贝格发起的反击。

84. *Corps Commander*, p. 53.

85. ETHINT 67, p. 3, MHI.

86. 1983 年，纽约：麦格劳山出版公司，奈杰尔·汉密尔顿，《战地大师：1942—1944 年，蒙蒂的战争岁月》，第 791 页：1944 年 8 月 19 日，与布鲁克的通信：如果说蒙哥马利对自己无法完成完美的围歼战而感到沮丧，那么他似乎已经通过指责艾森豪威尔，使自己得到了满足："对如何进行战争，他可谓绝对、彻底的无知。"美国陆军军史研究所，波格文件，波格采访博恩斯蒂尔[①]上校：美军的评估更接近真相："从机械化的角度来看，在这场战争中，我见过的最棒的军队就是英军第 21 集团军群。然而，最不幸的是，自从渡过英吉利海峡之后，蒙哥马利就没有利用这点。"

87. 战役机动集群：独立的军级装甲机动编队。详见第 14 章。

88. BCC Papers, MHI.

89. 1954 年，纽约：普雷格出版公司，利德尔·哈特，《战略》（*Strategy*），第 148 页："在大众性的爱国主义战争中，格兰特接受拿破仑式的歼灭战略，以其作为胜利的处方。"1990 年，布卢明顿：印第安纳大学印务，罗素·魏格利，《艾森豪威尔的中尉们》，第 143 页。

90. 1954 年，纽约：普雷格出版公司，利德尔·哈特，《战略》，第 148 页，第 150～151 页：利德尔·哈特认为，谢尔曼的表现，意味着他是个运动战主义者，与普遍认为的格兰特的消耗战风格截然相反。"谢尔曼的方法是通过机动节约兵力……威胁敌军的战略要点……他的机动富于技巧，反复诱使了南方邦联军进行徒劳的进攻……此等战略技艺在历史上也属罕见。"

91. Weigley, p. 142.

92. 1990 年，布卢明顿：印第安纳大学印务，罗素·魏格利，《艾森豪威尔的中尉们》，第 145 页：格兰特向米德[②]下达的命令。

93. "Broad Front vs. Narrow Front," Lorraine Study—Grow campaign, HIS 314.7, MHI.

94. Orlando Ward Papers, 1941–1943, Biographic notes by Gugeler, chap. X, MHI.

95. "German Defence of Lorraine," Lorraine Study—Grow, MHI.

96. *D'Este, Patton*, p. 663.

97. Wood to Liddell Hart, p. 557.

98. 美国陆军军史研究所，克里滕伯格文件，驻欧洲美国陆军地面兵力司令本·利尔[③]将军：普遍认为，伍德是"桀骜不驯，难以操控，难缠的下属。"1989 年 7 月，《军事历史》杂志（*Journal of Military History*），艾伯特·哈丁·甘兹，《巴顿解职伍德将军》（*Patton's Relief of General Wood*）：据报道，巴顿曾对沃克说："约翰尼，我不管你这么看待'P'·伍德。他是我最棒的指挥官之一，我想让他回来。"

---

① 查尔斯·哈特韦尔·博恩斯蒂尔三世（Charles Hartwell Bonesteel Ⅲ，1909 年 9 月 26 日—1977 年 10 月 13 日），美国陆军上将。第二次世界大战期间，先后任美军第 5 工兵营营长、驻英国美军工兵司令助理、第 15 集团军群工兵副司令、欧洲战区美军作训部参谋官、第 12 集团军群作训部参谋官。

② 乔治·戈登·米德（George Gordon Meade，1815 年 12 月 31 日—1872 年 11 月 6 日），美国南北战争时期的北方联邦军陆军少将。

③ 本·利尔（Ben Lear，1879 年 5 月 12 日—1966 年 11 月 2 日），美国陆军上将。第二次世界大战期间，先后任美军第 2 集团军司令、美军地面兵力司令。

# 第13章
## "'虎'死谁手?":坦克大丑闻

---

*如果我们装备像"虎"式那样的坦克,我们今天早已得胜还乡了。*

*——美军第2装甲师坦克车长克莱德·布伦森中士* ① 1

*你琢磨"虎"究竟如何时,其表现堪称一流。*

*——漫画版《"虎"式重型坦克操作手册》* 2

---

  1945年,囿于内部争吵与错误分析的盟军装甲兵,才制造出能够与德军坦克装甲战斗车辆抗衡的坦克。尽管从两个战区获得了丰富的经验与技术数据,但盟军仍然未能研制出主战坦克,致使盟军装甲兵与伴随其作战的步兵付出了惨重的伤亡代价。1942年,苏联与纳粹德国就已经实现的成果,资本主义工业却未能达成,有人称之为"坦克大丑闻"。3

  1944年夏季,作为对德军武器装备的直接反应,西方盟军装甲兵的理论也发生了演化。实际上,其并未响应战场上明晰的需求,而是体现了个人好恶,身居要职的将官们使之个人意识得到贯彻执行。在英军中,富勒与利德尔·哈特的信徒以及英军皇家装甲兵的狂热成员左右了坦克的发展;在美军中,装甲理论是在乔治·马歇尔的支持与认同下,由莱斯利·麦克奈尔将军一手操纵的。或许有人会认为,苏军与德军更多是在其政治领袖的领导下进行的(尤其是希特勒,他甚至干涉了哪怕是最细枝末节的技术决策,阻碍了德军装甲兵与海军的发展),4 但需要指出的是,这些独裁政权却创建了杰出的装甲兵。西方盟军

---

  ① 原文描述的是德军"虎王"重型坦克。

的专业技术集中于空军，然而也没能生产出像 Me-262 这样的喷气式战斗机。[①]
在装备了低劣武器装备的情况下，其作战理论是无法得到检验的，尤其是这些
低劣武器装备的战术是建立在闪避而非进攻的情况下。1944 年夏季时，盟军战
术的创造力遭遇了阻碍。

西方盟军装甲兵并未走出 20 世纪 30 年代的窠臼，他们仍然抱着两种关键的
装甲战斗车辆不放。如果不以类型分类，只看其执行的任务的话——步兵坦克与骑
兵坦克。盟军设计了两种编制——坦克旅，伴随步兵师作战，由步兵师指挥；装甲
师，有能力进行战役机动。然而，盟军没有恪守这两种坦克的理论信条。美军与加
军只装备唯一型号的主战坦克，M4 "谢尔曼"，而负担能力最差的英军，却同时
装备了 3 种主战坦克："丘吉尔"式步兵坦克，以及两种巡洋坦克——"谢尔曼"
与 "克伦威尔"。

美军步兵师普遍配属独立坦克营。在华盛顿，有拥护坦克歼击车的狂热分子。
美军将坦克歼击作战理论，作为安抚他们的空头支票。然而，最注重实际的思考
者，当然也包括参加过突尼斯战役的老兵，都意识到坦克歼击作战理论已经过时。
作为能够封堵 "闪击战"突击纵队的机动预备队，坦克歼击车有一定作用，但对
此时正承担攻势任务的盟军来说，却毫无意义。除此外，当德军发起进攻时，使
用的是诸兵种协同作战的战斗群，而非富勒主张的那种 "以装甲兵为核心"的战
斗群。在北非对抗德军非洲军[②]的防御战中，装甲薄弱的 M3 半履带式装甲运兵
车改装的坦克歼击车与 M10 坦克歼击车尚能略微起些作用；但在进攻中，坦克歼
击车就成了累赘。

尽管如此，当盟军登陆诺曼底时，他们深信自己的装甲兵理论已经得到过验
证。盟军装甲兵装甲预言，意大利战场 "地形极其不适于坦克作战，没有部署装
甲师的空间"，现实也确实如此，因而盟军并未认真考虑意大利战场的经验。诺
曼底却不同。法国的地形是理想的坦克作战区域——1940 年，盟军恰巧在这里

---

① 1944 年，英国皇家空军的 "流星"（Meteor）式战斗机服役，但为了防止其落入德军手中，英军禁止其越过英吉
利海峡，因此未能与德国空军交战。同时，美国陆军航空兵也部署了 XP-80 "流星"（Shooting Star）式战斗机，但未能大
规模服役。德军 Me-262 "飞燕"（Swallow）式战斗机服役更早，投入数量更多，但德军是在其技术还很不完善的情况下仓
促投入使用，导致其故障率奇高，损失于机械故障的数量也更多。

② 此处的 "德军非洲军"泛指隆美尔指挥的北非德军，而非准确的编制名称。

领教了"闪击战"。在这里，盟军装甲兵将大有作为。然而，其问题在于作战比例。艾森豪威尔的集团军群，尤其是蒙哥马利麾下的各师，将遭遇磨刀霍霍的德军装甲集群。

诺曼底战役爆发数周之内，盟军装甲兵作战理论发生了剧烈的变化。在灌木篱墙地带，每次展开突击之前，美军与英军步兵师都要肃清德军反坦克小组与埋伏着的突击炮。在卡昂地区，英军与加军装甲兵尽职尽责地领头进攻。尽管具有压倒性的炮兵火力与空中优势，但每当盟军战役攻势推进到开阔地形时，都在德军猛烈的反击之下被迫后撤。德军的防御对盟军作战理论的影响如此巨大，以至于在 4 次集团军级的突破尝试中，盟军投入了重型轰炸机；8 月时，尽管当面之敌已经萎缩为 1 个缺兵少将的武装党卫军师，但加军第 2 军军长发起进攻时，仍然不得不诉诸复杂的夜战。

直到布拉德利的坦克冲过阿夫朗什，盟军才恢复了传统作战模式。1944 年 6 月 6 日—8 月中旬，盟军攻势陷入僵局的原因，包括盟军缺乏经验，德军防御的优势与盟军进攻作战理论的缺失。原因不一而足，但也可以简略地归为"'虎'与'黑豹'"。它们无情地挡住了盟军。其装甲坚不可摧，其火力无坚不摧。

## 丑闻的起源

*1939 年，"玛蒂尔达"的单车性能具有优势。在没有数量优势的情况下，英军逐渐丧失了这种优势。直到 4 年之后，装有 17 磅炮的"谢尔曼"出现在诺曼底，英军才重新占据上风。*

——乔治·麦克劳德·罗斯[5]

*为什么我总是最后才听说这种事：军械兵告诉我，这种 76 毫米炮能够击穿德军任何型号的坦克。但事实上，我发现这玩意儿什么都打不穿。*

——1944 年 7 月，德怀特·艾森豪威尔[6]

1943 年初，在北非，盟军击败过德军"虎"式重型坦克。在意大利，持续了近 12 个月的战斗中，盟军再次击败"虎"。在超过 1 年时间里，"虎"都未能逃出英军的牢笼。那么，为什么盟军忽然出现了坦克丑闻？最初，在与"虎"的对决中，盟军发现6磅反坦克炮能够击毁"虎"：尽管盟军曾下令进行试验，以印证这些结论，但相关试验始终未能完成。[7]

因此，在取得了北非战场的最终胜利后，盟军判定"谢尔曼"足以克制"虎"。1943年，美军研制的T7重型坦克已经准备投产，却就此搁浅。T7的装甲防护力很好，但体型太大。对美军来说，航运是首要考量因素，"谢尔曼"是更合乎逻辑的选择："德弗斯将军表达了美军装甲兵的观点，其倾向于利用现有的航运，一次运送2辆30吨重的中型坦克，而非1辆60吨的重型坦克。"[8] 麦克奈尔接受了突尼斯战役作战报告的表面文章，将美军重型坦克抛到了阴山背后，决定只以他的坦克歼击车与"谢尔曼"登陆欧洲。[9]

令人错愕的是，英军坦克装甲战斗车辆的技术不如德军。英国工业既没有能力，也迫于战争对工业的过度消耗，无法给予坦克设计任何优先权，导致最缺乏经验技术的人员充斥了英军坦克设计局。

> 英国国防部顽固地拒绝触动英军总参谋长在这方面的冷漠态度，拒绝为英军坦克升级火力，因为英军总参谋长并未提出过设计研制更大更好的坦克炮。在那些有责任决定制造什么的人与负责怎样制造的人之间，有着必要的联系。然而，这种无知无疑又在两者之间增设了障碍。[10]

这导致英军坦克的状况令人震惊：装甲防护薄弱，火炮威力不足，机械性能不可靠（"冷却系统安装反了，将发动机的热空气吸了进去，乘员备受炙烤……最简单的修理也要消耗很长时间"）。[11]

> 在坦克真正取代战场上的战马之前，应该解决很多技术问题，英国陆军部却从未解决过这些问题……现在回想起来就会发现，没有任何当权者考虑过任何坦克的技术或战术问题。[12]

英军最大的成就是研制出了卓越的17磅炮，并认同唯一适于安装的坦克是美制的"谢尔曼"。美军装甲兵试图研制出合用的主战坦克，[13] 但麦克奈尔的妨碍、美国工业与美军军械兵的偏见，阻挠了美军的"萤火虫"（M4"谢尔曼"）解决方案。[14]

> 有两个原因导致美军拒绝了英军的建议：美军怀疑不择手段的英军如此建议，是出于某种不可告人的目的，甚至可能心存歹意；或者美军担心，如果美军接受了我们的建议，孤立主义者将宣布他背叛了美军，倒向了英国佬。[15]

诺曼底战役之前，美军都对 76.2 毫米炮与坦克歼击车深信不疑。诺曼底战役打响后，美军发现其靠不住，但为时已晚。布拉德利却拒绝请求蒙哥马利提供"萤火虫"——毕竟英军与加军装甲师的"萤火虫"也供不应求。

盟军将领本不应该对这次坦克丑闻感到如此震惊。然而，尽管驻莫斯科的美军武官发回了详细的报告，盟军自己也发回了作战报告，盟国远征军最高统帅部仍然没有做好应对"虎"与"黑豹"的准备。其原因有三：首先，最初的胜利为乐观的报告背书，对于悲观的警报却轻描淡写；其次，战地试验的失败，迫使指挥官只能等待英格兰的博文顿与马里兰州的阿伯丁武器试验场对其军械细节的研究，而这些机构的试验报告出得太迟（美军军械组对 76.2 毫米炮的试验，最初得出的乐观结论，缓解了美军的疑虑，促使美军拒绝采纳以英军 17 磅炮作为临时解决方案的建议，等到发现美军 76.2 毫米炮不可靠，为时已晚）；再次，尽管盟军缴获过"虎"，却从未评估过"黑豹"。在实战中，盟军首次遭遇"黑豹"是在盟军突破安其奥滩头之后的战斗中。直到盟军登陆诺曼底，艾森豪威尔的参谋们才通过诺曼底地区的盟军，撰写了"黑豹"的详细报告。"虎"所具备的技术优势，与其充满信心的乘员有恃无恐的应用方式，共同创造了"虎"的无敌传说——尽管实际上，其更多是神话——迷惑了盟军指挥官，使盟军装甲兵感到恐慌。[16]

在西线，德军重型装甲营的首次出场，与其说震撼了盟军，不如说表现拙劣。英军 6 磅反坦克炮从隐蔽阵位开火，射击其唯一能够被击穿的车体侧后方，打瘫了德军第 5 装甲集团军的"虎"。英军进行检查时，对这个"怪兽"的残骸更多的是好奇而非敬畏。在最初的报告中，英军非常兴奋：我们的反坦克炮能够击杀"虎"。[17]

# 1944 年，法国战场，盟军与德军双方主战坦克对比 [1]

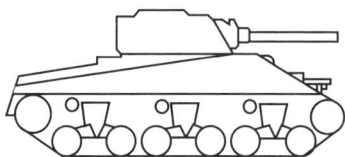

### M4A1—A4"谢尔曼"式中型坦克
火炮: 75 毫米 (炮管长 40 倍口径)
射程 (有效正面击穿距离): 1000 米击穿 Pz IV; 无法击穿"虎"与"黑豹"
在 500 米距离上的最大穿甲深度: 89 毫米
穿甲弹炮口初速: 618 米 / 秒
最大装甲厚度: 76.2 毫米
战斗全重: 31 吨
车高: 2.87 米
速度: 40 千米 / 时 (公路) ; 32 千米 / 时 (越野)
乘员: 5 人

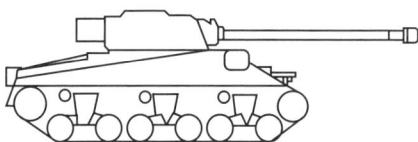

### "萤火虫"式中型坦克
火炮: 76.2 毫米
射程 (有效正面击穿距离): 2000 米距离击穿 Pz IV; 1200 米击穿"黑豹"; 500 米击穿"虎"
在 500 米距离上的最大穿甲深度: 152 毫米
穿甲弹炮口初速: 900 米 / 秒
最大装甲厚度: 76.2 毫米
战斗全重: 33 吨
车高: 2.87 米
速度: 40 千米 / 时 (公路) ; 24 千米 / 时 (越野)
乘员: 4 人

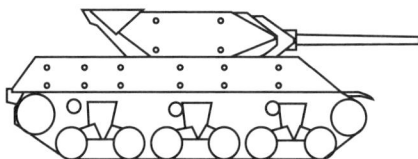

### M10 式坦克歼击车
火炮: 76.2 毫米
射程 (有效正面击穿距离): 1500 米距离上击穿 Pz IV; 无法击穿"虎"与"黑豹"
在 500 米距离上的最大穿甲深度: 93 毫米
穿甲弹炮口初速: 792 米 / 秒
最大装甲厚度: 51 毫米
战斗全重: 30 吨
车高: 2.9 米
速度: 40 千米 / 时 (公路) ; 24 千米 / 时 (越野)
乘员: 5 人

**击毁"黑豹"**
**瞄准部位: 炮塔防盾下部**

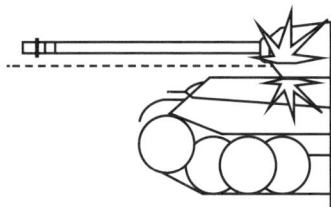

初期圆形防盾　　改进型防盾

炮弹击中"黑豹"G 型炮塔防盾: 炮弹弹飞，未能击毁"黑豹"。

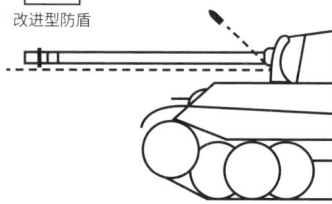

炮弹击中"黑豹"D 型与 A 型
炮塔防盾: 弹射倒驾驶员舱顶部装甲，击毁"黑豹"

---

[1] 本页及下页图片中的数据仅供参考，尤其是炮口初速、击穿距离、穿甲深度等问题，涉及弹种、着弹角与装甲质量问题，较为复杂，不能一概而论。

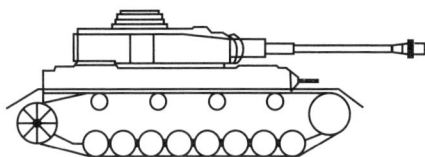

**Pz IV H 式中型坦克**
火炮：Kvk 40 式 75 毫米炮 (炮管长 48 倍口径)
射程 (有效正面击穿距离)：在 1500 米距离上能击穿所有盟军主战坦克正面装甲
穿甲弹炮口初速：750 米 / 秒～930 米 / 秒
最大装甲厚度：50 毫米～80 毫米
战斗全重：25 吨
车高：2.68 米
速度：40 千米 / 时 (公路)：20 千米 / 时 (越野)
乘员：5 人

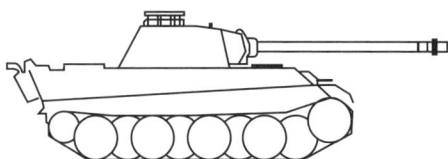

**"黑豹" G 式中型坦克**
火炮：Kvk 42 式 75 毫米炮 (炮管长 70 倍口径)
射程 (有效正面穿装甲距离)：在 2000 米距离上能击穿所有盟军主战坦克正面装甲穿甲
弹炮口初速：935 米 / 秒～1120 米 / 秒
最大装甲厚度：80 毫米～120 毫米
战斗全重：44.8 吨
车高：3 米
速度：46 千米 / 时 (公路)；38 千米 / 时 (越野)
乘员：5 人

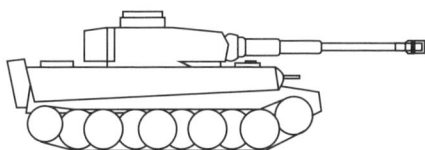

**"虎" 式重型坦克**
火炮：Kvk 36 式 88 毫米炮 (炮管长 56 倍口径)
射程 (有效正面装甲距离)：在 2500 米距离上能击穿所有盟军主战坦克正面装甲
在 500 米距离上的最大穿甲深度：152 毫米
穿甲弹炮口初速：780 米 / 秒
最大装甲厚度：100 毫米～120 毫米
战斗全重：57 吨
车高：3 米
速度：40 千米 / 时 (公路)；25 千米 / 时 (越野)
乘员：5 人

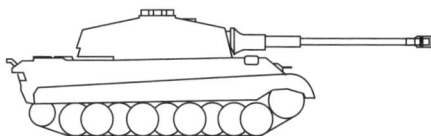

**"虎王" 式重型坦克**
火炮：Kvk 43 式 88 米炮 (炮管长 71 倍口径)
射程 (有效正面击穿装甲距离)：在 2500 米距离上能击穿所有盟军主战坦克正面装甲
穿甲弹炮口初速：1000 米 / 秒～1120 米 / 秒
最大装甲厚度：150 毫米～180 毫米
战斗全重：69.7 吨
车高：3.09 米
速度：38 千米 / 时 (公路)；20 千米 / 时 (越野)
乘员：5 人

这是危险的误导。这些事后的评估基于乐观的态度与不完整的研究。1943 年 2 月 3 日，盟军唯一进行的试验，以失败告终。[18] 最终，英军技术参谋官内维尔中校，设法通过氧乙炔焰，从"虎"上切割了下了装甲板，进行了对照试验。这次试验本应该引起整个英军皇家装甲兵的警觉，最终却无人理睬。[19] 在博文顿、拉克希尔（Larkhill）与乔巴姆，英军将进行下一系列严格的试验。这需要消耗数月，而且他们公布的结论过于技术性，也太晚，没能引起盟军最高司令部任何积极回应。盟军总参谋部更愿意接受他们最初收到的关于"虎"的信息——盟军能够轻松击毁"虎"。此外，盟军不仅装备 6 磅炮，还将装备更多的 76.2 毫米炮与 17 磅炮。盟军将领得到保证，这些火炮足以击毁任何德军坦克。据此，麦克奈尔反对最新的美军 T26（M26"潘兴"）重型坦克投产。美军地面部队司令部的政策声明如下：

> 基于以下原因，未批准有限比例的坦克装备 90 毫米炮的建议：在如今的战场上，M4 已经广受赞誉为最优秀的坦克……我军有些部队出现了对德军"虎"式重型坦克的恐惧。除了用于坦克对决坦克的战斗之外，T26 没有其他概念作为基础，而装备用于执行坦克对战任务的坦克，是毫无根据，也没有必要的。美军与英军的实战经验都表明，适当数量的反坦克炮足以击败坦克……没有证据显示，76.2 毫米反坦克炮无法对抗德军"虎"式重型坦克。[20]

这份草率的报告服务于麦克奈尔对美军装甲兵的偏见，亦是对英军作战经验与德弗斯将军北非战场报告的轻蔑回应。在诺曼底与阿登高原，美军将被打得措手不及。

## 美军重型坦克：自食恶果

*在战斗中，我看到过很多使任何美军坦克兵都会感到不安与厌恶的事。我曾多次见过我军坦克与德军坦克的对决。德军坦克优于我军坦克……如果我军能装备能与德军抗衡的坦克，我们早就可以高枕无忧了……我是个老兵，在非洲、西西里岛、法国、比利时、荷兰与德国经历过战斗的坦克指挥官。我曾负过伤，我隶属的美军第 2 装甲师所经历过的绝大多数战事，我都经历过。我猜我只是运气好而已。*

*——美军第 2 装甲师排长利奥·安德森中士* [21]

1943 年冬季，在乔巴姆正展开正规试验时，[22] 英军将缴获的 1 辆"虎"陈列于伦敦市中心的皇家骑兵卫队阅兵场（Horse Guards Parade），向公众展示。[23] 美军与加军装甲兵指挥官，加入到了英国孩童的行列，爬上了这辆坦克。他们认为，对 6 磅炮来说，这种坦克不过是个活靶子，因而感到宽慰。然而，真相却截然相反。英军进行的秘密试验很快表明，尽管近距离直射火力能够击穿其侧面装甲，然而一旦其选择不那么冒进的战术，选择发扬远程火力的优势，那么没有任何盟军坦克（苏联红军除外）能够击毁"虎"。事实上，英军皇家军械兵的专家惊恐地发现，在任何距离上都无法击毁"虎"。在 100 码距离之内，英军 6 磅炮与美军 75 毫米炮的直射，都无法击穿"虎"的正面装甲，炮弹直接弹飞了。美军使用标准型"谢尔曼"与新型的"谢尔曼"进行了对照试验，后者装备了寄予厚望的 M1A1 式 76.2 毫米炮（刚刚装备数个选定的美军坦克营），试验结果令人震惊。美军、英军与加军坦克营装备的大多数"谢尔曼"是装备 75 毫米炮的标准型"谢尔曼"，只有发挥机动性，抵近到距离"虎"100 码之内的地方，或击中"虎"的炮塔后部，垂直的侧面装甲，才可能击穿其装甲。[24] 然而，这是个特别危险的任务。1 辆"虎"总是有个"沉默"的搭档——另 1 辆"虎"或 1 辆突击炮，在附近埋伏着。

如果"虎"疏忽了，从车体掩蔽射击阵位开了出来，"谢尔曼"有可能在更远的距离上击中"虎"。然而，对困于灌木篱墙重围的美军与英军坦克来说，这无异于痴人说梦。"谢尔曼"想要接近"虎"，需要冲过有德军反坦克炮与装备"铁拳"式反坦克火箭筒的德军步兵守卫的灌木丛与果园。美军 M1A1 式 76.2 毫米炮的效果会稍好些，但美军却没有这种升级火力型的"谢尔曼"可用：1944 年 6 月 6 日，美军未装备哪怕 1 辆 76.2 毫米炮型"谢尔曼"。1944 年 9 月时，美军第 12 集团军群装备的 1913 辆坦克中，也只有 250 辆 76.2 毫米炮型 M4"谢尔曼"。

在"谢尔曼"上安装 17 磅炮（"萤火虫"）能够解决坦克炮威力不足的问题，虽然需要进行少量的工程改造，但行之有效。17 磅炮发射（脱壳）穿甲弹，能够在 1700 码~1900 码（约 1554.48~1737.36 米）的距离上击穿"虎"的正面装甲。盟军坦克兵很喜欢"萤火虫"。"毫无疑问，'萤火虫'是二战时期盟军最优秀的坦克。"[25] 但令人遗憾的是，"萤火虫"并未获得最高的优先权。英国曾游说美方，希望在美国批量生产 17 磅炮型"谢尔曼"，但美军油盐不进：英军的建议令人怀疑。这条记录本身就说明了问题。英军坦克性能低劣，美军坦克设计师私下表示，英军能够在北非获得胜利，是因为像"格兰特"与"谢尔曼"这样的美制坦克及时装备了英军。为盟军赢得北非战场胜利的，是美制坦克，而非英制坦克。这种观点虽然夸张，但也并未言过其实。[26]

美国陆军军械兵与军需兵继续集中精力研制重型坦克。然而，其遭遇了大量的磨合问题。技术的延迟，麦克奈尔对坦克歼击车与反坦克炮的青睐，导致诺曼底战役中，美军装甲兵未能装备任何有能力与德军坦克相抗衡的主战坦克。这一问题的罪魁祸首是美军军械组与美军装甲兵自己的优柔寡断。

美军对其 76.2 毫米（3 英寸）炮[①] 的自满，交付 90 毫米炮数量的拖延，仇视任何英军建议的态度，导致了美国陆军未能及时装备重型坦克或性能优秀的专用于打击坦克的火炮。最后的审判，来自本应该更了解这个问题的人——美军装甲兵司令，雅各布·德弗斯将军。作为美军装甲兵考察团的成员，他曾前往北非。1942年 12 月 7 日，他向麦克奈尔递交了报告。除了发现坦克歼击车方案不切实际之外，他还扔出了"重磅炸弹"："由于其重量巨大且战术用途有限，美军装甲兵不需要重型坦克。重型坦克火力的增强，并不能抵消其增厚装甲所带来的缺陷。"[27]

麦克奈尔对德弗斯将军关于坦克歼击车项目的建议视而不见，却立即取消了T7 式主战坦克的计划。德弗斯将军对取消美军重型坦克项目的建议，正中麦克奈尔的下怀，就此注定了美军装甲兵在技术上居于下风的命运。1943 年冬季，尽管麦克劳德·罗斯（英军坦克专家，英军与美国陆军军械兵之间的首席联络员）与其专家团队向美军提出了谨慎的建议，但美军坦克的发展依然没什么紧迫感。英军甚至未能说服美军生产"萤火虫"。美军并不认为 17 磅炮比 76.2 毫米炮优越到足以让美军生产的程度。德弗斯拒绝出席对比 17 磅炮、76.2 毫米炮与 90 毫米炮的试验展示活动。在华盛顿与底特律碰壁之后，罗斯告诉白厅，如果英军想要"萤火虫"，就只能自力更生了。英军只好如此行事，但英国工业的混乱，致使 1944年 6 月 6 日时，其只完成了需求量的 25%。每个英军坦克排只能装备 1 辆"萤火虫"——甚至不足以为每个中队长提供 1 辆"萤火虫"作为座车。6 月底时，在法国，

---

① "3 英寸"对 76.2 毫米进行注释，容易混淆。第二次世界大战期间，美军坦克与坦克歼击车使用过两种不同型号的 76.2 毫米坦克炮，分别是 M7 式 76.2 毫米坦克炮、M1A1/M1A2 式 76.2 毫米坦克炮。美军亦称前者为"3 英寸炮"。尽管这两种型号的坦克炮口径均为 76.2 毫米，穿甲效能也相同，但其弹药并不通用。

盟军装备109辆"萤火虫",其数量只相当于德军1个装甲团的坦克装备量。实际上,直到1944年8月之前,位于卡昂前线的德军坦克数量都要多于加军坦克。

**表 13.1 德军装甲营与加军坦克营的比例**

| 装甲营 / 时期 | 6月8日 | 7月19日 | 7月21日 | 7月25日 | 8月8日 |
|---|---|---|---|---|---|
| 装备"虎"的重型装甲营 | 0个 | 1个 | 1个 | 3个 | 0.25个 |
| 装备"猎豹"的重型装甲歼击营 | 0个 | 0个 | 0个 | 1个 | 0个 |
| 装备"黑豹"的装甲营 | 1个 | 2个 | 3个 | 4个 | 0.25 |
| 装备 Pz IV 的装甲营 | 1个 | 2个 | 3个 | 3个 | 0.5个 |
| 装甲歼击营与突击炮营 | 1个 | 2个 | 3个 | 4个 | 0.25个 |
| 德军装甲营总计 | 3个 | 7个 | 10个 | 14个 | 1.25个 |
| 加军装甲营总计 | 3个 | 3个 | 3个 | 6个 | 14个 |

(1) 7月25日,包括(英军第7装甲师)第22装甲旅的3个坦克营,参加了支援"春天"行动的战斗,实际上也卷入了与德军装甲兵的交战。英军与加军坦克团的规模相当于美军坦克营。
(2) 包括刚刚抵达的各坦克团:参加"总计"行动的波军第1装甲师、加军第4装甲师、加军第2装甲旅、英军第33装甲旅。

## 德军装甲兵的真相

*在我看来,我军装甲兵之所以能够打赢与德军坦克的对战,并非因为我军装备更好的坦克,而是因为在战场上,我军拥有的坦克数量更多,且愿意承担为了迂回到能够击穿德军坦克装甲薄弱阵位所遭受的损失。*

*——美军第2装甲师B战斗群,悉尼·雷·海因茨[①] 上校[28]*

*德军的重型坦克几乎肆无忌惮。*

*——1944年10月,加军第1集团军情报通告[29]*

德军不断以轻率的方式,将其新型坦克以两种状态投入作战:未经验证的(仍然处于克服磨合问题状态),小规模的无效集群。"虎"式重型坦克就是这样零敲碎打地投入实战。对盟军坦克来说,"虎"是坚不可摧的,得力于其整体的优势,其乘员也惯于发扬进攻精神,而不仅是偶尔违反逻辑与战术,"一定程度的冒险,意味着其乘员对这辆坦克非常有信心"。[30] 在库尔斯克的"堡垒"行动中,"黑豹"

---

① 悉尼·雷·海因茨(Sidney Rae Hinds,1900年5月14日—1991年2月17日),美国陆军准将。第二次世界大战期间,任美军第2装甲师B战斗群指挥官。

首临战阵，却出师未捷。仓促地研发与投产，使之产生了大量问题与损坏。德国工业立即着手解决这些问题，"绝大多数问题都得到了逐步改善，但中凹负重轮的轮缘螺栓问题，直到战争结束也未能解决。"[31] 1944 年 6 月 28 日，德军装甲兵总监海因茨·古德里安，在报告中提到了诺曼底地区德军坦克的状况："'黑豹'很快就会起火。其发动机寿命（1400～1500 千米）明显高于其主减速机的寿命。迫切需要解决其主减速机的问题。"[32]

尽管结构复杂且生产成本高，[33]"黑豹"仍然成了德军优秀的主战坦克，尤其在西线，有着优良的作战记录。与"谢尔曼"相比，"黑豹"简直是个"怪兽"。虽然重量比"虎"要轻，但其装甲布局更合理，设计更优良。其车体正面装甲、侧面装甲与炮塔装甲都采用倾斜布置，在对抗全口径穿甲弹与脱壳穿甲弹时，具有更好的防护效果。"黑豹"还具有极佳的机动性：事实上，尽管机动性不如"谢尔曼"，但在潮湿与泥泞地形上，其性能优于美军坦克。1944 年秋季，盟军作战报告中充斥着坦克车长的抱怨，他们表示在松软地面上，"黑豹"的机动性更强。"我看见有数辆'黑豹'开过了泥泞的田野，履带陷入泥土超过 5 英寸（127 毫米）。当天，M4 开过那片田野时，却陷入其中，无法动弹。"[34] 与"谢尔曼"相比，"黑豹"有明显的六大优势：

　　1. 炮口焰亮度更低。

　　2. 更好的坦克炮。其初速更高，准确性更高，能够击穿盟军所有型号坦克的装甲。"德军坦克炮不赖，在 2800～3000 码（约 2560.32～2743.2 米）距离上，击毁了我军 1 辆'谢尔曼'式坦克与 3 辆坦克歼击车。如果我军坦克能与德军坦克一样优秀，德军坦克将无计可施。""我目睹了德军从 3000 码距离上发射的炮弹，击穿了 1 辆 M4。"[35]

　　3. 更厚的装甲。在 500 码距离外，其能够抵御所有盟军火炮对其正面装甲的射击："我曾看见，在 1200 码（约 1097.28 米）距离上，1 辆 M36 的 90 毫米炮弹，击中'黑豹'后弹飞了……我曾看见，在 400 码（约 365.76 米）距离上，1 门 105 毫米榴弹炮发射的 1 发破甲弹，击中了 1 辆'黑豹'，打坏了其履带，另 1 发破甲弹击中了其炮塔，但只打掉了装甲上喷涂的颜料。"[36]

4. 更好的观瞄设备。"德军坦克的观瞄设备引起了我们的密切关注……其观瞄设备比我军的观瞄设备有更高的放大倍数，也更清晰。""德军坦克观瞄设备的放大倍数是可调整的，可以在放大 2 倍与 6 倍之间切换，我军坦克观瞄设备只有放大 3 倍的设置。德军坦克观瞄设备带有发光的刻度，即使在夜间也能瞄准目标。""在迎着阳光时，德军坦克兵只要扳动杠杆，就能滑下深色遮光镜，抵御耀眼的强光。"[37]

5. 对地压强更小。"有例证显示，在我军坦克陷入泥泞的地方，德军坦克却顺畅地开了过去。""在不安装履带延展齿的情况下，我军坦克会下陷 6~8 英寸（约 15.24~20.32 厘米），而'黑豹'只下陷不到 4 英寸。""我发现，在松软的地面，德军只下陷了 3.5~4 英寸（约 8.89~10.16 厘米）。我同样发现，M4 中型坦克留下的车辙，其下陷了 5 英寸或 6 英寸。对我来说，这非常有趣，'黑豹'重约 45 吨，比我的坦克座车重 15 吨，我军 M4 仅重 30 吨。"[38]

6. 更高的速度与更好的机动性。"其行驶速度与 M24 一样快，转弯速度比 M24 轻型坦克还要快。""有 1 辆'黑豹'在田野上击败了 1 辆 M4，其迅速转弯与倒车，所需空间比 M4 还要小。"[39]

在尺寸上，"黑豹"实际上比"虎"要大（比"虎"宽 68 厘米——相当于 2.7 英寸，比"虎"高 34 厘米——相当于 1.4 英寸），但通常人们都将其描绘为比"虎"要小的坦克。"黑豹"的出现也就未引起那么大的恐慌。这是战争中的奇闻之一，"虎"的传说远比其给盟军造成的实际损失更具影响力。在法国，德军只部署了 3 个并不满编"虎"式重型装甲营。然而，在盟军的报告中，到处都遭遇过"虎"。当时，"黑豹"的数量是"虎"的 4 倍，击毁了更多的盟军坦克装甲战斗车辆，杀伤了更多的盟军步兵，却从未造成过像"虎"那样的恐慌。

## 铁证

尽管盟军编纂了一系列令人瞩目的经验总结出版物、作战调查、技术联络通信与情报摘要，但直到诺曼底与洛林战役之后，才有了强有力的统计数据用于可供研究。穿甲效能数据，来自射击对照试验（例如，阿伯丁、拉尔沃思）。基于实战进行的现场考察提供了有趣的信息。

与对意大利战场的研究相比，西线欧洲战场的坦克战数据，涉及更多数量的坦克。盟军伤亡最高的时期，发生在诺曼底战役的前4个月，美军与英军、加军的损失情况（坦克损失数字）存在差异。美国陆军地面部队司令部与加拿大国防部委托阿伯丁试验场、独立大学学者与熟悉装甲兵作战的现役军官，进行了一系列关于盟军的研究。其中，最完整的两份数据，是约翰斯·霍普金斯大学（Johns Hopkins University）的阿尔文·库克斯[①]教授与路易斯·范·隆·奈萨瓦尔德[②]（Van Loan Naisawald）教授进行的研究；加军的2名退伍骑兵军官N.A.沙克尔顿少校与R.P.伯恩少校；[40]还有阿伯丁武器试验场弹道研究实验室（Ballistic Research Laboratories）的戴维·哈迪森进行的综合性研究。

哈迪森的研究基于从1944年8月15日—12月30日发生的136次独立的坦克战（基于98个营的作战指挥行动）中收集的数据。从诺曼底战役的突破与追击行动开始，一直到阿拉库尔战役与救援巴斯托涅，涉及美军第3装甲师（莫里斯·罗斯少将）与第4装甲师（约翰·伍德少将指挥）的7个营。[41]参战的美军装甲战斗车辆主要是M4"谢尔曼"，其中有8场战斗，也有美军坦克歼击车（M10与M18）参与其中。有4项重要结论如下：

1. 射程。这是决定性因素，尤其有利于德军。

2. 防御方的局部优势。在已知武器装备与损失数量的86次交战中，盟军部署了797件武器，损失149件；德军使用了327件武器，损失了158件。在40次盟军的进攻作战中，盟军部署了437件武器，损失了100件；处于防御的德军部署了435件武器，损失了45件。在37次德军的进攻作战中，德军部署了138件武器，损失了83件；处于防御方的盟军，部署了205件武器，损失了14件。

3. 首先开火的优势。在11次交战中，进攻方首先开火，其部署了88件武器，损失了12件；防御方部署了64件武器，损失了30件。在57次交战中，防御方首先开火，其部署了238件武器，损失了22件；进

---

① 阿尔文·戴维·库克斯（Alvin David Coox，1924年3月8日—1999年11月4日），美国军事历史学家。

② 路易斯·范·隆·奈萨瓦尔德（Louis Van Loan Naisawald，1920年6月11日—2010年11月30日），美国军事历史学家。

攻方部署了 397 件武器，损失了 154 件。在共计 68 次交战中，首先开火的兵力部署了 326 件，损失了 34 件；随后还击的兵力，部署了 461 件武器，损失了 184 件。

4. 规模的优势。在 81 次只部署了 3 部或更少武器的例证中，有 37 次遭到歼灭。在 91 次部署了 3 部以上武器的例证中，只有 10 次遭到歼灭。值得注意的是，在所考察的 129 次交战中，有 100 次交战，其中一方没有任何损失——在大多数交战中，该方往往获得了压倒性的优势。[42]

## 关键因素：射程

*装有长管 75 毫米炮的特别型 Pz Ⅳ 中型坦克出现在突尼斯以来，德军火力就超过了我们。更高的炮口初速使之弹道更为平直，在弹道如此平直的情况下，对距离的估算反而不那么重要了。*

*——美军第 67 装甲团第 3 坦克营营长威尔逊·霍金斯中校 [43]*

只能在更近的距离上射击德军坦克，使盟军装甲兵感到沮丧："在一对一的正面对决中，总是以我军坦克败北告终。"[44] 在研究了德军击毁的 215 辆盟军坦克中，其产生的人员伤亡平均分布在 3 个主要距离区间内：0～500 码，501～1000 码，1001～3500 码（约 915.31 米～3200.4 米）。每个距离区间内，损失的盟军坦克数量各占坦克损失总数的三分之一，而与盟军坦克的距离超过 1000 码，德军坦克的损失数量就降低了 50%。这场坦克丑闻对战场的直接影响，是在任何距离上，德军火炮都能击毁盟军坦克，而德军坦克更厚重的装甲，使之在远距离上的安全度提高了一倍（详见表 13.2）。[45]

**表 13.2 调查的 136 场交战中的坦克损失**

| 射程（码） | 盟军损失的 215 辆坦克，在每次行动中的损失率 | 德军损失的 175 辆坦克，在每次行动中的损失率 |
|---|---|---|
| 0～500 | 73%～35% | 57%～33% |
| 501～1000 | 65%～30% | 76%～44% |
| 1001～3500 | 75%～35% | 41%～23% |

数据显示，尽管也对德军装甲兵造成了消耗，但战斗消耗最终将把盟军装甲兵削弱到丧失战斗力的程度。在制空权与装备的坦克数量方面，盟军都对德军构成了压倒性优势，伤亡损失却是德军的三倍。因此，欧洲的陆战持续时间越长，盟军装甲兵的损失就越多。盟军解决诺曼底战役问题的唯一答案，就是发起苏军式的战略攻势——盟军必须突破，确保任何行动的胜利，都能迅速转化为大胆的追击，以迅速打垮德军，结束战争。在讨论消耗的价值与机动的价值，对其进行比较时，必须接受在军事竞争中，会先产生消耗，才可能实施机动。坦克与步兵必须冲破静态防线，对抗处于伏击状态的德军坦克，以达成突破。

## 谁消灭了德军装甲兵：德军观点

1945 年 5 月 24 日，在德国拜恩的美军第 7 集团军审讯中心，参加了诺曼底战役的 3 名主要德军指挥官——盖尔·冯·施韦朋堡（西线德军装甲集群司令），"泽普"·迪特里希（武装党卫军第 1 装甲军军长）与保罗·豪塞尔（武装党卫军第 2 装甲军军长）——以及海因茨·古德里安（德军装甲兵总监）齐聚于此。在这次会议中，盟军询问这些经验丰富的德军装甲兵精英，他们认为以下因素——盟军航空兵火力、反坦克火力与德军坦克自身机械故障，以及德军坦克兵最忌惮的是哪个——对德军坦克的损失产生的影响所占的比例。前三者都很合作，只有古德里安在回答某些问题时，有些吞吞吐吐，其答复如下：

> 古德里安："（东线）有 60%～70% 的坦克损失于机械故障，15% 损失于反坦克炮，5% 损失于野战炮兵火力，5% 损失于地雷，5% 损失于其他原因。"
>
> 迪特里希："30% 损失于机械故障，10% 损失于盟军航空兵，15% 损失于反坦克炮，45% 损失于坦克火力。损失于野战炮兵火力的坦克数量可以忽略不计。德军坦克兵最忌惮的是盟军坦克与坦克歼击车。"
>
> 豪塞尔："在向作战区域运动的漫长过程中，有 20%～30% 的坦克由于机械故障而在途中掉队。在能够抵达作战区域的兵力中，有 20% 损失于盟军航空兵，有 50% 损失于反坦克防御火力，有 15% 损失于野战炮兵。德军坦克兵最忌惮的是盟军坦克与坦克歼击车。"[46]

1944 年 6 月中旬，盖尔·冯·施韦朋堡的整个司令部遭到了盟军航空兵的"一窝端"（主要是由于傲慢），所以可以理解他对盟军航空兵的威力印象深刻。在诺曼底战役中经历了 3 个月生死考验的老兵，对这个问题的认识则更为深刻：盟军坦克消灭了德军坦克。最有趣的信息是德军坦克的机械故障导致的抛锚率：德军装甲兵的最大"克星"是德国的工程技术。

盟军各调查小组证实了这些德军将领的回忆。这些调查小组检查了在诺曼底找到的每辆德军装甲战斗车残骸。他们的调查不仅详细记录了损失于机械故障或乘员遗弃造成的实际损失，而且完全印证了迪特里希与豪塞尔对盟军战斗机空袭的漠视。战场调查发现，在损失于盟军直射火力的德军坦克中，绝大多数是盟军坦克与坦克歼击车的战果。其他的损失原因是盟军空袭、地雷与"各类敌军行动"。此外，造成德军坦克损失最多的单项原因是"各类非敌军行动"，而非战后的研究所认为的"盟军空袭"。（详见表 13.3）

在面对日益增多的盟军战略轰炸与苏军攻势中，德军仍然试图复苏其工业，然而盟军登陆诺曼底，破灭了德军的美梦。阿尔弗雷德·斯佩尔的改革，使德军能够跟得上东线损耗的脚步，但从诺曼底涌来的洪流彻底摧垮了德国工业。1944年的前 5 个月，德军的生产及时弥补了损失：德军生产了 3571 辆坦克与 2550 辆突击炮，共计 6121 辆坦克与突击炮。同时期，德军（军械局）第 6 处记录，战场损失 3119 辆，从制造厂商处接收了 5212 辆。

**表 13.3 1944—1945 年，德军坦克损失情况 [47]**

| 瘫痪原因 | 抽样数量 | 占已知总数百分比 |
|---|---|---|
| 炮火（75 毫米、76.2 毫米、90 毫米坦克歼击车、野战炮兵） | 520 辆 | 43.2% |
| 破甲弹 | 53 辆 | 4.4% |
| 空袭 | 91 辆 | 7.5% |
| 地雷 | 3 辆 | 0.2% |
| 各种各样的敌军行动 | 9 辆 | 0.7% |
| 各种各样的非敌军行动 | 522 辆 | 43.8% |

这意味着德军装备的坦克与突击炮净增加了 2093 辆。在盟军登陆诺曼底之前，德国陆军最高司令部掌握的坦克与突击炮增加了 36%。[48] 这足以满足战时德

军组建的三分之二的装甲师所需的装备量。[49] 有趣的是，在这段时期，盟军的坦克产量却在下降：

> "谢尔曼"的装运量要比我们估计的损失量少200辆……这种状况无法在短期内得到改善。实际上，还有可能恶化……简单来说，我们急缺"谢尔曼"，而且似乎数量缺口会越来越大。[50]

在英军与英联邦军中，这种状况可以理解。英国陆军部削减了坦克产量，转而集中精力，依靠将美军通过《租借法案》支援来的M4改装成"萤火虫"来满足其装甲师的装备需求。当然，他们拒绝为美军装甲营提供"萤火虫"。美军妄自尊大的代价，就是"赶鸭子上架"地制造的M26"潘兴"重型坦克，直到1945年才装备美军。[51]

## 谁消灭了德军装甲兵：盟军观点

*有观点认为，我军坦克应该用于打击敌军步兵，而非用于对抗敌军坦克。然而，在实战中，我们从未遇到过这种理想化的状况，我军所有的进攻都会遭遇德军坦克。*

*——美军第67装甲团第3坦克营营长威尔逊·霍金斯中校*

美国陆军立即进行了更多的详细研究，以丰富美军第2装甲师与第3装甲师提交的初步调查与结论，以及审讯报告所提供的信息。仿佛命中注定，库克斯教授与奈萨瓦尔德教授，走出麦克奈尔堡（Fort McNair）的作战研究办公室（Operations Research Office），对盟军装甲兵的作战做出了令人信服的分析。他们得出的结论如下：

> 1. 炮火：无论从数量上看，还是从百分比来看，这都是坦克损失的最高原因……
>
> 2. 空心装药聚能破甲武器：在战争接近尾声时，在盟军的攻势作战与追击作战中，德军"铁拳"式反坦克火箭筒类的武器打瘫的盟军坦克，

占其总量的 25%～35%。

　　3. 地雷战：这意味着轴心国军布设的地雷数量在增多。在西欧会战的最后阶段，坦克损失的数量在减少。这似乎表明，大量敌军直到最后一刻才撤退，来不及布设地雷。

　　4. 非敌军因素（作者增加了这个分类）：加军的抽样调查提供了唯一的详细数据，从中可以得出非敌军因素造成损失的结论。这些数据表明，在攻势作战与追击作战中，在所有瘫痪的坦克里，有极高比例的损失原因是非敌军因素。因此，在意大利，盟军突破德军"古斯塔夫"防线时期，地形与机械故障造成的坦克损失通常是最多的，是损失于德军炮火坦克数量的两倍。[52]

　　库克斯与奈萨瓦尔德判定 785 码（约 717.8 米）是欧洲战区坦克对战的平均距离。这低于诺曼底—法国西部地区的坦克对战平均距离——902 码（约 824.79 米），主要是根据在卡昂以南地区作战的加军坦克对战的距离得出的。[53]库克斯明确指出，大多数坦克炮击中的目标，击中的部位是车体（占 52%）。研究显示，被炮火击中的坦克中，有 65% 起火，其中又有 51% 得到了修复；在损失于地雷的坦克中，有 78% 得到了修复；在损失于"铁拳"式反坦克火箭筒的坦克中，有 71% 得到了修复。德军坦克损失数据与 BRL MR-798 号文件的记述相符（详见注释 43）。[54]关于盟军坦克乘员损失的有限数据显示，"平均每台次坦克损失，都会有 2～2.5 名乘员会出现伤亡"。坦克车长承受了最高的伤亡比例：57%。[55]

　　1944 年夏季，盟军与德军装甲师都趋于稳定，双方装甲兵作战理论与坦克设计都达到了极致。盟军坦克临近投产的原型车出现得太迟，使之无法产生重要的影响。在后期的作战行动中，M4"谢尔曼"就只能继续苦苦挣扎。美军损失的坦克数量要多于英军与加军，英军与加军的坦克损失看起来却更有"排场"。很少有战败景象的壮观程度，能与"古德伍德"行动中 500 辆燃烧的坦克残骸或"总计"行动中加军英属哥伦比亚装甲团的毁灭相媲美。德军突击炮、反坦克炮与"铁拳"式反坦克火箭筒有条不紊地慢慢蚕食着美军装甲师的各战斗群。大多数的交战是发生在灌木篱墙地带的近距离作战。加军坦克的交战发生在极适于坦克战的距离上，也在这种距离的交战中损失了大量坦克。在从美军坦克营中抽样调查的 2579 辆损失的坦克中，有半数损失于炮火，但只有 30% 损失于德军坦克火力。战后的研究确认了这种战场关系。[56]

在盟军的 40 次进攻战中，盟军部署了 437 件武器，损失了其中的 100 件，同时处于防御状态的德军部署了 135 件武器，损失了其中的 45 件。在德军的 37 次进攻战中，德军部署了 138 件武器，损失了其中的 83 件，同时处于防御战状态的盟军部署了 205 件武器，损失了其中的 14 件。[57]

1944 年 6 月，英军坦克损失量的 85%，加军坦克损失量的 73%，美军坦克损失量的 50%，损失于德军直射炮火。1944 年 8 月，在开阔地形上，加军展开突击行动（"总计"行动与"驯服"行动），其损失坦克量的 70%，损失于德军直射炮火。同时期，英军与美军坦克损失量的 55% 与 60%，损失于德军坦克火力。在卡昂以南，德军直射炮火的效果尤其突出。

在意大利与欧洲战场，当"谢尔曼"遭遇"黑豹"时，其完全无法与之对抗，无异于活靶子……"黑豹"的 75 毫米炮可以随心所欲地瞄准目标，其初速达到了 1230 英尺 / 秒，将"谢尔曼"的坦克炮甩出了几条街。人们很难理解这个事实，但如果用通俗的语言来形容，这意味着当美军坦克发射的 1 发炮弹还没有击中目标时，德军坦克发射的 2 发炮弹，都已经击中目标了。[58]

## 战术

我是 75 毫米炮型"谢尔曼"中型坦克的炮手。在风吹向目标方向时，我们发射炮弹。由于炮口焰与烟雾，我们无法感知到发射的炮弹。这些炮口焰也拖慢了我们对极远距离目标射击的速度，因为其会迅速暴露我们的阵位。[59]

——迈克尔·弗里茨曼 [60]

尽管有大量的训练机会，包括野战训练演习与指挥所演习，但盟军装甲兵抵达诺曼底时，准备仍然训练不足。基础训练与射击训练营使盟军坦克兵达到了较高的技术水平，足以使其与德军 Pz Ⅳ 中型坦克放手一搏，但并未做好对抗"虎"与"黑豹"的准备。

> 有位曾服役于加军第 4 装甲旅并且曾在卡昂参战的加军坦克兵，我们问及他炮术问题时，他主动表示，"谢尔曼"安装有独特的装置"油齿轮"式（Oilgear）动力回旋系统，可以对坦克炮进行微调。他还补充说，当"谢尔曼"的坦克炮从瞄准 1 个目标转向另 1 个目标时，其速度非常快，要比德军"虎"式重型坦克快得多，使之能够在转换瞄准目标的过程中，就锁定敌军坦克。[61]

想要击杀这些"大猫"，需要从实战中学习战术技巧。德军"虎"与"黑豹"车组，确信其座车的正面装甲能够抵御炮弹击中，经常在开阔地形，将车体正面对敌，以嘲讽敌军。他们公然蔑视盟军的 75 毫米炮，[62] 引诱"谢尔曼"冒进。"德军出现了某种趋势，他们将坦克部署在山坡的前坡，固守阵位，以极远的距离保证安全。"[63]

在欧洲，盟军首次击毁"黑豹"是在意大利。1944 年 5 月 24 日，在盟军进攻"希特勒"防线期间（距离盟军登陆诺曼底还有 2 个星期），加军英属哥伦比亚龙骑兵团① 的 1 名坦克兵击毁了这辆"黑豹"。[64] 在诺曼底登陆时，盟军没有任何已经确认能够击杀德军主战坦克的技术。他们惊慌地意识到，"虎"与"黑豹"的正面装甲是坚不可摧的，导致其迅速转为保守而谨慎的战术。加军第 27 装甲团（舍布鲁克燧发枪装甲团）的坦克兵发现了"黑豹"的破绽，其炮塔防盾上存在弱点。[65]

"黑豹"初期型号（D 型、A 型与 G 型初期型）的炮塔防盾为圆形，尽管盟军难以击穿，但炮弹向下弹飞后，会击穿保护着驾驶员的车体顶部装甲。拥有钢铁般的意志的盟军坦克炮手会瞄准"黑豹"炮塔防盾左下方 6 英寸处，这发炮弹

---

① 加军英属哥伦比亚龙骑兵团（British Columbia Dragoons），隶属于加拿大陆军主预备役皇家装甲兵的装甲侦察团。第二次世界大战期间，隶属于加军第 5 装甲师。

将产生跳弹，打碎德军坦克驾驶员头顶的装甲，让坦克彻底停下来。[66] 这通常会导致德军坦克乘员弃车。当然，需要诸多条件，才能达成这样的效果，甚至需要"德军配合"。如果引诱"黑豹"离开车体掩蔽状态，或能在其前进时逮个正着，那就简单多了。各种文献经常引述的这份英军记录，很好地表明了其如何忍受着这种折磨：

> "1 辆'丘吉尔'如何才能干掉 1 辆'黑豹'？"
>
> "'丘吉尔'开上去，抵近之后，炮手试着向'黑豹'炮塔防盾下缘发射 1 发炮弹。如果他运气好的话，炮弹会击穿'黑豹'驾驶员头顶的薄弱装甲。"
>
> "有人成功实践过吗？"
>
> "是的，C 中队的戴维斯。现在，他已经调到团部了，以缓解他紧张的神经。"
>
> "1 辆'丘吉尔'如何才能干掉 1 辆'虎'？"
>
> "应该抵近到 200 码以内，瞄准其潜望镜开火。"
>
> "有人成功实践过吗？"
>
> "没有。"[67]

如果德军坦克原地不动，那么进攻的重任就落在了"谢尔曼"身上，后者将硬着头皮向前推进，以期获得毫无遮掩的视野。盟军胜算不大：

> 在比利时的萨默里（Samrée），我们试图攻占乌法利兹（Houffalize）时，遭遇了德军 1 辆"虎"式重型坦克。当时，我们所有现有的直射武器，包括装有 90 毫米炮的坦克歼击车，都无法干掉它。我们召唤了数门 8 英寸榴弹炮，进行精确引导，对其猛轰，也未能赶走它。我们也无法迂回这辆坦克。在同样的距离上，其已经击毁了我们 3 辆 M4。在夜间，那辆坦克撤走了。[68]

机动也是消灭"虎"的方法。如果 1 个装备"谢尔曼"的坦克排，发现了 1 辆"虎"，会用"萤火虫"对付它。当"虎"与"萤火虫"对射时，其他 3 辆"谢尔曼"就会从侧翼迂回，尝试进入有利的射击阵位。[69] "谢尔曼"的电动炮塔方向机要比"虎"那种人力操作的慢速炮塔方向机快得多，"谢尔曼"的胜算很大。然而，在对抗"黑豹"时，这种战术就不起作用了。

以机动战术进攻德军坦克，自身也存在严重缺陷。进攻就需要前进，而德军擅长小规模部队的战术，在东线也都曾实践过。德军制定了标准的抵御盟军机动战术的作战程序。最重要的原则是"虎"式从不单独行动。盟军遭遇过成对作战的"虎"，但普遍的搭配是 1 辆"虎"与 1 辆 StuG Ⅲ 75 毫米突击炮，后者在"虎"式的侧翼保持沉默。[70] 当 1 个装备"谢尔曼"的坦克排包抄 1 辆"虎"式时，其侧翼会暴露给处于伏击状态的德军坦克歼击车。如果"谢尔曼"坦克排使用烟幕孤立 1 辆"虎"，他们将发现德军第二套标准作战程序：每辆"虎"都能得到德军反坦克步兵小组的支援，他们装备"铁拳"式反坦克火箭筒，准备伏击正在前进的"谢尔曼"。唯一的解决方案是先以盟军步兵前出，清剿德军反坦克步兵小组埋伏的区域，以确保迂回的盟军坦克，能从那片区域投射关键的反坦克火力。这种战术实践最终导致盟军步兵与军史学家对其做出了大量负面报道。[71]

"谢尔曼"高大的外形轮廓是个缺点：在 200 码到 3500 码开外的距离都能很容易地……发现它。德军坦克（主要是守卫诺曼底）处于伏击状态，但其开火后，德军使用的低焰发射药使"我们很难发现它们……反之，我军火炮经常会暴露自己所在的阵位……德军火炮初速更高……平直的弹道使其拥有更高的穿甲效能，也非常精准"。[72] 只有最为警觉的"萤火虫"炮手能够发现德军坦克炮发射时震起的尘埃。

怎样才是对抗德军坦克的最佳战术，依据自己的经验，德军战俘给出了他们的观点：

> 你们最有效的武器是保持静态的能力……等敌军坦克开到足够近之后再开火……英军过早地向坦克开火……当坦克处于机动状态时，其坦克炮是无法有效开火的；只有坦克停下来时，其炮手才可能准确瞄准目标。因此，当 1 辆坦克接近你时，如果其炮塔来回旋转，你就没有必要感到"紧张"……如果这辆坦克只以机枪开火，那你就完全可以确定，其坦克兵根本没有发现你。[73]

在复杂地形上击杀敌军坦克，需要以炮兵与步兵支援下的诸兵种联合兵力。最成功的坦步协同作战是由相互达成信赖的部队实现的，其往往在过去进行过协同训练或协同作战过。美军独立坦克营与加军坦克旅中的装甲团要负责支援9个步兵营（36个步兵连）：这使双方很难有机会建立密切的关系。在彼此熟识的情况下，基本上都会发展出自创的非正规作战理论。虽然这听起来有些不近人情，但是基于强烈的职业化水平与对作战的理解，这是只有久经战阵的老兵才会具备的：

> 梅尔·戈登（团长）不会将时间浪费在中队指挥群①上。他知道我们需要时间向我们各自的下属发布简报——他会带我们（各中队长）到旅指挥群。我们就会了解到，我们即将执行什么任务，能找到我们要与之协同的步兵连。梅尔会告诉我们："拉德（Rad），你与比尔（Bill）协同；杰克（Jack），你与哈里（Harry）协同。"我们就去会见各步兵营营长或步兵连连长，并开始计划。[74]

对德军坦克不利的因素还有烟雾，无论是炮兵、坦克炮或步兵开火时产生的烟雾。烟雾，尤其是白磷（能够使发动机起火）产生的烟雾，能够引起坦克兵的幽闭焦虑感，只有最老练的坦克兵才会不为所动。"当我们遭遇1辆敌军坦克或自行火炮时，只要我们向其投掷烟雾手榴弹，或使用枪榴弹、反坦克火箭筒向其发射烟幕弹，那辆敌军坦克或自行火炮都会掉头撤退，或乘员会弃车而逃。如果其原地不动，我们就在烟雾的掩护之下接近并摧毁它。"[75]

加军坦克兵很快发现，1个坦克中队发射烟幕弹之后，足以掩护"谢尔曼"发起进攻：沿着敌军前沿阵地释放烟雾的烟幕弹，能够使"谢尔曼"迅速抵近至有效射程。如果敌军坦克试图绕过烟幕，"谢尔曼"会瞄准它们，射击其侧翼；如果敌军坦克前进，以与前进中的加军坦克中队交战，白色的烟幕将映衬出其外形轮廓，使其遭到加军"萤火虫"与炮兵的射击。[76]

---

① 指挥群（O Group, Order Group），在作战之前，指挥官与其他官兵需要接收命令。旅指挥群包括3个营长—坦克营营长、炮兵营营长与其他支援兵种营长，以及旅长的主要参谋官。团/营指挥群，中队指挥群的情况，以此类推。

## 乘员防护：德军指挥塔与德军工程学

在盟军对于坦克的抱怨中，装甲防护不足是一大长期遭到声讨的问题。德军总能击穿"谢尔曼"，盟军大多数的火炮都无法击穿"黑豹"。"1944 年 8 月 5 日，在法国的圣瑟韦 - 卡尔瓦多斯（St. Sever Calvados），我目睹了德军 1 辆'黑豹'在约 700 码（约 640.08 米）距离上挨了至少 15 发 75 毫米被帽穿甲弹的情况下，仍然击毁了 3 辆 M4 与 3 辆 M5。"[77]

德军坦克车长的炮塔指挥塔，是最令盟军与苏军羡慕的德军装备之一。德军坦克炮塔上的指挥塔装有周视潜望镜，弹簧舱门能够向上弹出数英寸，再向侧面转动，乘员即可进出。此功能为坦克车长提供了 5 英寸的头部空间，使其获得清晰的视野，还能够借此呼吸新鲜空气。最重要的是，其能够使车长避免遭到敌军狙击手、空爆弹与弹片的伤害。盟军坦克车长的伤亡率近 60%，因此迫切要求仿制德军坦克的指挥塔。"迫切需要周视指挥塔；坦克车长认为，目前在指挥塔中通过潜望镜进行观察的方式是完全不够用的……狙击手、常规步枪与机枪火力对车长造成的伤亡非常严重。"[78]

尽管前线发回了数百次请求，在整场战争中，盟军工程领域却未能拿出能与之相媲美的指挥塔。在法国战场，盟军坦克车长依然是最危险的岗位。

反过来，德军装甲兵也有本"难念的经"。德军工程学如此精确，却过犹不及。从工程学的角度来看，苏军 T-34 结构简单，整体性能不如"黑豹"，但事实证明其机械更为可靠，任何"富农"都能进行维修。德军坦克则需要专家才能维修。最初，盟军情报未能发现有明确的证据能证明这点，因为德军机械师在夜间修复了大多数遭到遗弃的"黑豹"。1944 年 8 月，在从莫尔坦撤退之前，很少有盟军击毁具备战斗力的德军坦克的记录。尽管在维穆捷附近，盟军缴获了 1 辆"黑豹"，从中发现的记录簿，展示了些许令人印象深刻的履带行驶里程：这辆坦克通过公路行军，从巴黎开到了韦里耶尔，从韦里耶尔开到莫尔坦，随后再次返回法莱斯地区。如果这辆"黑豹"是典型例证，那么只要德军保持战场的稳定性，以及夜间能够进行常规的维护与修理，德军坦克就能够与"谢尔曼"反复周旋。

德军坦克的修理只能尽可能地往前赶。当敌军火力较轻时，修理专家会陪同作战兵力前往作战区域。

## 1944 年 6—11 月，欧洲战场，
## 在交战中损失于德军直射炮火的盟军坦克数量

以每月损失数量所占坦克保有量百分比表示

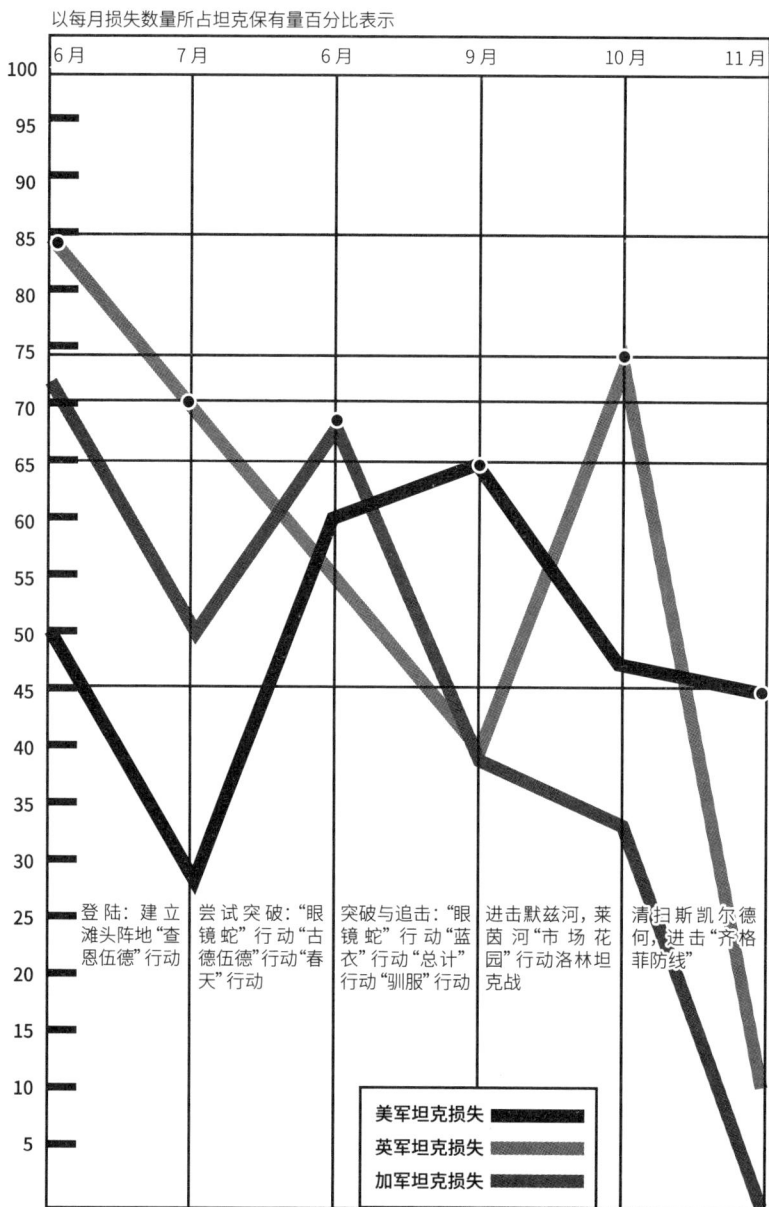

图例：
美军坦克损失
英军坦克损失
加军坦克损失

横轴标注：
登陆：建立滩头阵地"查恩伍德"行动

尝试突破："眼镜蛇"行动"古德伍德"行动"春天"行动

突破与追击："眼镜蛇"行动"蓝衣"行动"总计"行动"驯服"行动

进击默兹河，莱茵河"市场花园"行动洛林坦克战

清扫斯凯尔德河，进击"齐格菲防线"

援引：作战研究办公室第 117 号技术备忘录
美国陆军部：1951 年 3 月 1 日，华盛顿，《第二次世界大战中的盟军坦克损失研究》

回收车辆将回收战斗部队以现有的手段无法修理的损坏坦克，将其转交给坦克团属维修连或其他维修车间。夜间，团或营就能清楚地得知，还有多少辆坦克仍然具备战斗力，有多少辆坦克需要轻度修理，有多少辆坦克需要大修，以及总共损失了多少辆坦克。这些数据会通过指挥部的渠道上报……在战争的初期阶段，损坏的坦克中，有95%是由野战兵力修好的。而损坏的坦克的95%，又是在坦克团内部修好的。[79]

1944 年时，由坦克乘员修理坦克，已经近乎不可能：大多数的坦克乘员只会最基本的维修，没有受过更多的训练或掌握更多机械技术。

## 1944 年，意大利，"虎"死谁手？

*赶走它……让它跑起来。*

*——1944 年，新西兰陆军研究* [80]

1944 年夏季，诺曼底战役的光芒已经遮蔽了意大利战役。这些"躲开了诺曼底登陆的人"（"D-Day dodgers"，阿斯特女士① 给在意大利作战的盟军官兵起了个无情的绰号）突破安其奥（Anzio），在盟军鏖战诺曼底的滩头时，他们攻占了罗马。在安其奥以北，他们遭遇了首批"黑豹"与"虎"：有些隶属德国陆军，有些隶属德国空军（"赫尔曼·戈林"伞兵装甲师，在意大利作战的最优秀的德军装甲师，非常奇怪的是，其隶属德国空军）。当德军从罗马撤退后，新西兰军第 2 步兵师的技术组前往检查德军在撤退时遗弃的所有"虎"式重型坦克残骸。新军军官搜遍了每条小径，令他们惊讶的是，他们找到了 12 辆相对完整的"虎"。有 10 辆没有战伤，其中 3 辆由乘员炸毁，真正由盟军火炮击毁的，只有

---

① 南希·威彻·兰霍恩·阿斯特（Nancy Witcher Langhorne Astor, 1879 年 5 月 19 日—1964 年 5 月 2 日），英国的首个女政治家，女子爵。

2辆。近距离的检查确认了德军技术优势传说的"黑暗面"——大多数的"虎"只是简单地出了故障。"虎"与"黑豹"不是"闪击战"的产物。其最擅长的是"静态战"：在车体掩蔽状态下，进行远程炮击。"在长距离行军过程中，'虎'很不可靠……其悬挂系统经常出故障……变速器也是如此。"[81] 当其不得不进行作战或延长战术机动时，麻烦就开始了。在被迫机动时，"虎"式就会面临重重困难（"黑豹"也大体如此）。其复杂的设计与所需的专业化维修，已经超出了本已困难重重的德军支援系统所能承受的能力。实验结论的分析得出了击败"虎"的简单准则："赶走它……让它跑起来。"1944 年，运动战成了德军装甲兵的"死亡之吻"。在总结段落中，关于德军科技的最终结论嵌入其中，回答了关键问题："'虎'死谁手？——'虎'死于自身缺陷。"[82]

## 1944 年，法国战场，盟军与德军坦克歼击车对比 ①

### 德军坦克歼击车的优势

StuG III式突击炮对比 "格兰特"

StuG III式突击炮对比 "谢尔曼"

StuG III式突击炮对比 M10 式坦克歼击车

尽管这两种车辆都称为"坦克歼击车"，并都是在主战坦克的底盘上改装的，
但 M10 仍然装有炮塔。代价是在获得灵活性的同时，牺牲了装甲防护，且外形轮廓太大。StuG III 能够隐蔽在小洼地中，或隐藏在矮墙后。

---

① 本页及下页图片中的数据仅供参考，例如炮口初速、穿甲深度等问题，在不考虑弹种、着弹角与装甲质量的情况下，这些数据是无意义的。

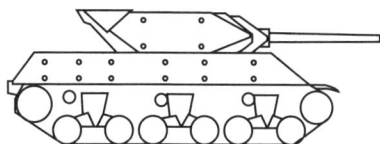

**M10 式坦克歼击车**
火炮：76.2 毫米
射程（有效正面击穿距离）：1500 米距离上击穿 Pz IV；
无法击穿"虎"与"黑豹"
在 500 米距离上的最大穿甲深度：93 毫米
穿甲弹炮口初速：792 米 / 秒
最大装甲厚度：51 毫米
战斗全重：30 吨
车高：2.9 米
速度：40 千米 / 时（公路）；24 千米 / 时（越野）
乘员：5 人

**"黄鼠狼" 3 式坦克歼击车**
火炮：Pak 40/3 式 75 毫米炮（炮管长 46 倍口径）
射程（有效正面击穿距离）：1500 米距离上能够击穿
盟军任何型号主战坦克正面装甲
在 500 米距离上的最大穿甲深度：140 毫米
穿甲弹炮口初速：795 米 / 秒～933 米 / 秒
最大装甲厚度：15 毫米～20 毫米
战斗全重：10.5 吨
车高：2.48 米
速度：42 千米 / 时（公路）；24 千米 / 时（越野）
乘员：4 人

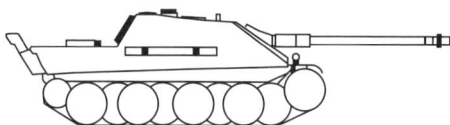

**"猎豹"式坦克歼击车**
火炮：Pak 43/3 式 88 毫米炮（炮管长 71 倍口径）
射程（有效正面击穿距离）：2000 米距离以外能够击
穿盟军任何型号主战坦克正面装甲
在 500 米距离上的最大穿甲深度：152 毫米以上
穿甲弹炮口初速：1000 米 / 秒～1130 米 / 秒
最大装甲厚度：80 毫米～100 毫米
战斗全重：45.5 吨
车高：2.72 米
速度：46 千米 / 时（公路）；24 千米 / 时（越野）
乘员：5 人

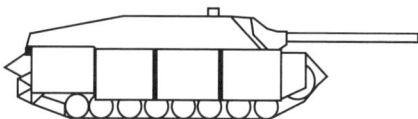

**JPz IV式坦克歼击车**
火炮：Pak 42 式 75 毫米炮（炮管长 70 倍口径）
射程（有效正面击穿距离）：1500 米距离以外能够击
穿盟军任何型号主战坦克正面装甲
在 500 米距离上的最大穿甲深度：124 毫米
穿甲弹炮口初速：935 米 / 秒～1120 米 / 秒
最大装甲厚度：45 毫米～90 毫米
战斗全重：25.8 吨
车高：1.85 米
速度：40 千米 / 时（公路）；25 千米 / 时（越野）
乘员：4 人

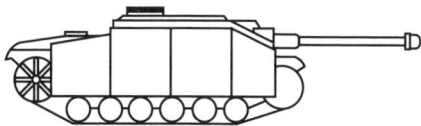

**StuG III式突击炮**
火炮：Stuk 40 式 75 毫米炮（炮管长 48 倍口径）
射程（有效正面击穿距离）：1500 米距离以外能够击
穿盟军任何型号主战坦克正面装甲
在 500 米距离上的最大穿甲深度：97 毫米
穿甲弹炮口初速：750 米 / 秒
最大装甲厚度：80 毫米
战斗全重：22 吨
车高：2.16 米
速度：40 千米 / 时（公路）；25 千米 / 时（越野）
乘员：4 人

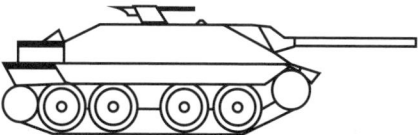

**"追猎者"式坦克歼击车**
火炮：75 毫米炮（炮管长 48 倍口径）
射程（有效正面击穿距离）：1500 米距离以外能够击
穿盟军任何型号主战坦克正面装甲
在 500 米距离上的最大穿甲深度：96 毫米
穿甲弹炮口初速：750 米 / 秒～930 米 / 秒
最大装甲厚度：60 毫米
战斗全重：15.75 吨
车高：2.17 米
速度：42 千米 / 时（公路）；25 千米 / 时（越野）
乘员：4 人

# 注释

1. Maj. Gen. I. D. White. Exhibit No. 2, 2d Armored Division: *Comparison of US Equipment with Similar German Equipment*. Report for Supreme Commander Allied Expeditionary Force. ETO, 20 March 1945（hereafter White）.

2. 2003 年，斯图加特（Stuttgart）：引擎书出版公司（Motorbuch Verlag），1943 年 8 月 1 日，德国陆军装甲兵总监（德国国防军 D656/27 号文件）："你琢磨'虎'究竟如何时，其表现堪称一流。"德军"虎"式重型坦克乘员会收到维修手册《"虎"式重型坦克操作手册》（德文：*Tigerfibel*/ 英文：*The Tiger Primer*），其中带有卡通漫画。

3. See David Fletcher, *The Great Tank Scandal*（London: HM Stationery Office, 1989）.

4. See throughout, Warlimont, *Inside Hitler's Headquarters*.

5. Ross, p. 37.

6. Eisenhower quoted by Bradley, *A Soldier's Story*（New York; Popular Library, 1951）, p. 322.

7. *Report on German Pz Kw Ⅵ Tank Examined 2/3 February*. War diary. Weapons Technical Staff, Field Force. Col. J. A. Barlow and Lt. Col. R. D. Neville, North Africa, February 1943.

8. 1988 年，诺瓦托：要塞出版公司，理查德·皮尔斯·亨尼克特①，《火力——美军重型坦克史》（*Firepower—A History of the American Heavy Tank*），第 49 页，美国陆军军史研究所，奥兰多·沃德文件，第 2 盒，通信："日军偷袭珍珠港 6 个星期后，德弗斯将军断言：'现在是时候了，我们应该明确地坚持能够赢得这场战争的必要装备。'……他即刻决定'确定一种坚固的汽油发动机，并坚持生产。'试验证明，福特（Ford）GAA-V-8 式发动机是他所需要的中型坦克发动机。"

9. 美军进行的唯一尝试是生产 76.2 毫米炮型 M4A3 与皮糙肉厚的 M4A3E2（炮塔防盾 178 毫米装甲，车体上下结合部 140 毫米装甲，车体正面 102 毫米装甲），绰号为"眼镜王蛇"（Cobra King）。后者于"眼镜蛇"行动中首次出现，基层官兵称其为"巨无霸"（Jumbo）。其为美军版本的"步兵坦克"。

10. Barnett, Audit, p. 255. See also Hancock and Cowing, *British War Economy*（London: Collins, 1969）, p. 145.

11. Barnett, *Audit*, p. 263.

12. Ross, pp. 38–39.

13. 1976 年，德文郡：埃尔姆斯大院，阿瑟·施托韦尔出版公司，乔治·麦克洛德·罗斯，坎贝尔·克拉克少将，《1933—1945 年的坦克事务》，第 255 页："美军坦克的发展政策似乎与英军一样停滞不前。尽管，由于美国的孤立状态，其借口更多……1919—1938 年，美军研制了不少于 18 种型号的试验型坦克，但没有任何型号投产，与英军相比，可谓半斤八两。"

14. 当时，英军炮兵总监，坎贝尔·克拉克将军将 1 门 17 磅炮的样炮运到了加拿大，交给英军武备总监。驻底特律的英军技术代表团通过获得相关技术指标，得以确定克莱斯勒型（Chrysler）"谢尔曼"的炮塔能够安装 17 磅炮。

15. Vivian Dykes, quoted in Ross, p. 193.

16. 1965 年，慕尼黑：尤里乌斯·弗里德里希·莱曼出版公司（J. F. Lehmanns Verlag），费迪南德·马里亚·约翰·弗里多林·冯·森格尔·埃特林②，《1926—1945 年的德军坦克》（*Die deutschen Panzer 1926–1945*），第 312～313 页：1942 年 5 月，"虎"式重型坦克投产，生产持续了 2 年。1944 年 8 月，德军开始生产"虎王"或称"虎"Ⅱ式重型坦克，"虎"才停产。

17. 就在英军特种技术组研究德军"虎"式重型坦克时，路透社（Reuters）就将英军已经确认的信息传播向了全世界。1943 年 2 月 5 日，英国《每日电讯报》（*Daily Telegraph*）与《每日镜报》（*Daily Mirror*）得意洋洋地宣布："6 磅炮击穿了纳粹的新型坦克——7 英寸（约 177.8 毫米）厚的装甲。"

18. RG 24 英军皇家装甲兵《2 月，对德军 Pz Ⅵ式坦克的检查报告 2/3》："8.12 时，决定以 1 辆 6 磅简易自行反坦克炮发射 1 发炮弹，由炮长自行决定……是否发射。9. 位于观察哨上的炮长告诉我们，敌军正炮击坦克所在的区域，因此无法开火。"

---

① 理查德·皮尔斯·亨尼克特（Richard Pearce Hunnicutt, 1926 年 6 月 15 日—2011 年 4 月 29 日），美国历史学家，主要研究方向为装甲战斗车辆。

② 费迪南德·马里亚·约翰·弗里多林·冯·森格尔·埃特林（Ferdinand Maria Johann Fridolin von Senger und Etterlin, 1923 年 6 月 8 日—1987 年 1 月 10 日），联邦德国陆军上将。第二次世界大战期间，曾服役于德军第 24 装甲师，并曾在德军最高司令部任施韦朋堡装甲兵上将的副官。

19. 1943 年 6 月 5 日，RG 24，英军皇家装甲兵，装甲科，坦克设计部，弹道组，H·哈里森·琼斯，《对在北非进行的德军 Pz Ⅵ 式坦克侧面装甲射击试验的意见》(*Side Armor of Pz Kw Ⅵ Comments on Firing Trials Carried out in N Africa*)：以 1 门 Mk Ⅱ 6 磅反坦克炮进行试验。目标装甲 102 毫米厚（确定布氏硬度为 302），倾角为 21°，以装满石头的油桶，在装甲板前后进行支撑。反坦克炮距离目标 300 码（约 274.32 米），发射 2 发炮弹，效果如下：

| 炮弹 | 射程 | 着弹角 | 效果 |
|---|---|---|---|
| 第 1 发 | 300 码 | 21° | 弹头击穿了 3 英寸（约 76.2 毫米）深的装甲，装甲板垂直碎裂，弹头整个弹飞了。 |
| 第 2 发 | 300 码 | 20° | 弹头击穿了 3.5 英寸，将装甲背面顶凸，装甲板碎裂成两半。 |

随后，这项试验暂停。限于天气条件与逐渐暗淡的天色，无法拍摄照片。

20. AGF policy statement. Chief of staff AGF. November 1943. MHI.

21. German Tanks Destroyed by XIX Corps. 15 Dec 44. Booklet Tank and SP Gun Identification. Tech Int Bulletin 8. 20 Feb 1945. ETO. MHI.

22. 美国陆军军史研究所，美国阿伯丁试验场，外国材料部与军械研究中心（Foreign Material Branch and Ordnance Research Center）主任，乔治·伯林·贾勒特上校文件。1944 年 1 月，美军（阿伯丁）试验场对"虎"式重型坦克进行了试验。1944 年 1 月 21 日，《杨基》杂志（*Yank*），《驯虎》(*Tamed Tiger*) 发表了相关文章。

23. 1943 年 10 月，英军将缴获的"虎"式重型坦克陈列于彻特西（Chertsey）的英军坦克技术学校。1944 年 11 月，英军将 1 辆"虎"转移到皇家骑兵卫队阅兵场，面向公众展览。1943 年 12 月 4 日，《伦敦新闻画报》(*London Illustrated News*) 上的照片显示，有军官与孩童爬上了这辆坦克。随后，这辆又转移回了位于多塞特郡的彻特西与拉尔沃思（Lulworth）兵营，用于射击试验。

24. P-059 号手稿，1950 年 6 月 9 日，美国陆军史志部，《德军坦克的兵力与损失统计》(*German Tank Strength and Loss Statistics*)，第 7 页。波尔舍教授、赫尔曼·布克哈特·米勒 - 希勒布兰特与弗朗茨·哈尔德大将提供相关统计数据。1976 年，德文郡：埃尔姆斯米大院，阿瑟·施托韦尔出版公司，乔治·麦克洛德·罗斯，坎贝尔·克拉克少将，《1933—1945 年的坦克事务》，第 239 页：英军 / 加军装甲团主要装备 M4A4："美军军需兵的决定，使英军得以在 1943 年首先装备全部使用克莱斯勒发动机的'谢尔曼'（M4A4）。"①

25. RG 24 14186："萤火虫"的 17 磅炮发射脱壳穿甲弹，无法击穿"虎王"正面装甲，但能够击穿其车体与炮塔侧后方的装甲。

26. Brig. Gen. J. H. Collier, commander, CC A. White, Exhibit No.1.

27. "Report of the mission headed by LtGen Jacob L. Devers to examine the problems of Armored Force units in the European Theatre of Operations," RG 337 ( HQ AGF ), p. 3.

28. White, Exhibit No. 2.

29. RG 24 First Cdn Army Information Bulletin No. 1, 15 Oct 44.

30. RG 24 14186 ( BRAC ) First Cdn Army Information Bulletin No. 1. 15 Oct 44. "Who Killed Tiger." Reprint of New Zealand study published in British 8th Army, July 1944.

31. 1975 年，密歇根州，沃伦（Warren）：中队 / 信号出版公司（Squadron/Signal），布鲁斯·卡尔弗②，《"黑豹"在行动》(*Panther in Action*)，第 7 页：20 世纪 50 年代中期之前，法国陆军将"黑豹"作为用于搭配的主战坦克，装备团级单位，勉强算做是对"黑豹"设计的致敬："这是对其能力最有力的证明。"

32. MS P-059, German Tank Strength and Loss Statistics.

33. 1954 年 6 月，华盛顿特区：美国陆军部手册，布克哈特·米勒 - 希勒布兰特，美国陆军部手册第 20—202 期，《第二次世界大战中的德军坦克维修》："迈巴赫并没有简化设计，而是继续推出新型的、改进的系列——因此，需要数量极多的零部件……乘员将车体拆卸得如此彻底，以至于制造厂商接收到的往往是个空壳车体。"

34. Brig. Gen. J. H. Collier; White.

35. White, Exhibits,1, 2, 3 throughout.

36. White.

37. 1945 年 3 月 20 日，欧洲战区，呈报盟国远征军最高统帅部的报告，艾萨克·戴维德·怀特少将，美军

---

① （1）费迪南德·波尔舍（Ferdinand Porsche，1875 年 9 月 3 日—1951 年 1 月 30 日），出生于奥匈帝国的德国车辆工程师。第二次世界大战期间，设计研制了"虎"式、"虎王"重型坦克、"鼠"式超重型坦克、"费迪南 / 象"式坦克歼击车等著名的德军坦克装甲战斗车辆。（2）弗朗茨·哈尔德（Franz Halder，1884 年 6 月 30 日—1972 年 4 月 2 日），德国陆军大将。第二次世界大战期间，任德国陆军总参谋长。

② 布鲁斯·卡尔弗（Bruce Culver，1940 年— ）美国插画家，为多部二战时期坦克装甲战斗车辆题材的图书提供过插画。

第 2 装甲师第 2 号证据。1976 年，德文郡：埃尔姆斯大院，阿瑟·施托克韦尔出版公司，乔治·麦克洛德·罗斯，坎贝尔·克拉克少将，《1933—1945 年的坦克事务》，第 240 页：初期型号"谢尔曼"装有 1 部潜望镜，出访华盛顿的英军坦克访问团，坚持要求给"谢尔曼"装备英军制式的望远镜。美军的发动机也优于英军型号。

38. White.

39. Ibid.

40. 1951 年 3 月 1 日，约翰斯·霍普金斯大学，作战研究办公室第 117 号技术备忘录（ORO-T-117），阿尔文·戴维·库克斯，路易斯·范·隆·奈萨瓦尔德，《第二次世界大战中的盟军坦克损失研究》（*Survey of Allied Tank Casualties in World War II*）；渥太华，N.A. 沙克尔顿少校，R.P. 伯恩少校，《1944 年，诺曼底行动中的火力分析》（*Analysis of Firepower in Normandy Operations of 1944*）；1947 年，马里兰州：阿伯丁武器试验场弹道研究实验室，戴维·哈迪森，第 798 号报告，《第二次世界大战中，涉及美军第 3 装甲师与第 4 装甲师的坦克战数据》（*Data on WW II Tank Engagements Involving the US Third and Fourth Armored Divisions*）：沙克尔顿与伯恩审查了诺曼底战役中涉及加军营级或营级以上部队参加的 12 场战斗。通过广泛的图表研究，对比了相关兵力，以及进攻方与防御方的作战比例。根据加军在诺曼底的行动，他们总结了数个有趣的战术结论。《1944 年，诺曼底行动中的火力分析》第 2～3 页：仅在 2 次行动中，实现了进攻方对防御方（在下辖兵力与武器数量）达成了 3：1 的优势；在 2 次成功的进攻战中，防御方没有炮兵支援，在另 1 次成功的进攻战中，防御方没有坦克。在 1 次成功的进攻战中，进攻方的炮兵与迫击炮火力所具有的价值，大于防御方的 50% 以上。除了 1 次成功的进攻战（1944 年 8 月 9 日，在 140 高地，德军"温舍"战斗群歼灭加军英属哥伦比亚装甲团的战斗）之外，进攻方步兵的价值都要超过防御方步兵。除了 1 次战例之外，其他成功的进攻战战例中，进攻方装甲兵的价值至少低于防御方的 30%。

41. BRL MR-798, and White.

42. BRL MR-798, pp. 10, 13, 17.

43. White.

44. Ibid.

45. BRL MR-798.

46. 美国陆军军史研究所，1945 年 5 月 24 日，欧洲战区，美军第 7 集团军审讯中心，附件 2—附录 E，作战研究办公室第 117 号技术备忘录（ORO-T-117），《德军对已方坦克损失的估算与评论》（*German Estimates and Comments on Their Own Tank Casualties*），施韦朋堡甚至无法给出大致数字，"他认为协同作战的盟军航空兵与坦克是最为致命的组合。"

47. 美国陆军军史研究所，1945 年 5 月 24 日，欧洲战区，美军第 7 集团军审讯中心，附录 E，作战研究办公室第 117 号技术备忘录（ORO-T-117），图表 35：德军坦克兵自毁了 252 辆坦克与自行火炮，有 222 辆是由于缺少零配件、燃料、维修或遭到了攻击而直接弃车的。

48. **表 13.5 1944 年，德国陆军最高司令部保有的装甲战斗车辆数量**

| 型号 / 时间 | 1 月 1 日 | 6 月 6 日 |
|---|---|---|
| "虎"式重型坦克 | 437 辆 | 698 辆 |
| "黑豹"中型坦克 | 1386 辆 | 2234 辆 |
| Pz IV 中型坦克 | 1558 辆 | 2048 辆 |
| 75 毫米突击炮 | 2439 辆 | 2933 辆 |
| 总计 | 5820 辆 | 7913 辆 |

49. 1944 年，德军装甲师的编制中，约有 3 个装备坦克、突击炮与坦克歼击车的营：1 个装备"黑豹"的装甲营、1 个装备 Pz IV 中型坦克的装甲营与 1 个装备 StuG III 突击炮的坦克歼击车营，但正处于以 JPz IV 坦克歼击车进行替换的过程中。

50. RG 24 14186 Canadian First Army war diary, Secret Report, Maj. Gen. Richards, RAC, Main HQ 21 Army Group, 15 August 1944.

51. **表 13.6 1943—1944 年，主要参战国的装甲战斗车辆总产量**

| 国别 / 时间 | 1943 年 | 1944 年 |
|---|---|---|
| 德国 | 12063 辆 | 19002 辆 |
| 苏联 | 24000 辆 | 30000 辆 |
| 英国 | 7476 辆 | 2474 辆 |
| 美国 | 29497 辆 | 17565 辆 |

52. OPO-T-117.

53. 基于对 BRL MR-798 号文件的研究。作者选取了（1944 年 8—12 月）136 场坦克行动，盟军坦克与德军坦克数量的平均比例为盟军 12 辆坦克比德军 4 辆坦克。其平均交战距离为 1229 码（约 1123.8 米）。在意大利战场，对各级部队 / 下级部队来说，这种交战距离比较罕见。

54. **表 13.7 德军坦克损失原因比例**

| 研究来源 | BRL MR-798 号文件 | 库克斯与奈萨瓦尔德 |
|---|---|---|
| 炮火 | 43.8% | 44% |
| 遗弃 | 18.3% | 18.4% |
| 机械故障 | 4% | 4.1% |
| 自毁 | 20.7% | 20.8% |
| 盟军空袭 | 7.5% | 8% |
| 破甲弹 | 4.4% | 4.5% |
| 地雷 / 各种其他武器 | 0.9% | 1% |

55. 根据库克斯教授的研究，主战坦克各岗位坦克乘员的伤亡比例为：车长，57%；炮手，51%，装填手，51%；航向机枪手，48%；驾驶员，47%。轻型坦克乘员伤亡率更高。

56. **表 13.8 1944 年 8 月－1945 年 3 月，美军装甲兵交战记录**

| 时间 | 地点 | 装甲师 | 交战次数 |
|---|---|---|---|
| 1944 年 8 月 15—17 日 | 弗罗芒塔勒（Fromental）附近 | 第 3 装甲师 | 5 次 |
| 1944 年 9 月 15—22 日 | 施托尔贝格（Stollberg）附近 | 第 3 装甲师 | 8 次 |
| 1945 年 2 月 26 日—3 月 6 日 | 从鲁尔河到施托尔贝格 | 第 3 装甲师 | 16 次 |
| 1945 年 12 月 20 日—1 月 15 日 | 比利时突出部 | 第 3 装甲师 | 22 次 |
| 1944 年 9 月 19 日 | 阿拉库尔附近 | 第 4 装甲师 | 12 次 |
| 1944 年 11 月 9 日—12 月 6 日 | 萨尔河 | 第 4 装甲师 | 20 次 |
| 1944 年 11 月 9 日—12 月 6 日 | 驰援巴斯托涅 | 第 4 装甲师 | 9 次 |

资料来源：BRL MR-798 号文件与 1945 年 3 月 20 日，欧洲战区，呈报盟国远征军最高统帅部的报告，艾萨克·戴维德·怀特少将，美军第 2 装甲师第 2 号证据。

57. BRL MR-798, p. 10.

58. Col. G. B. Jarrett, *Achtung Panzer—The Story of German Tanks*, unpublished manuscript, Aberdeen, Md.: 1948, p. 3.

59. Sgt. Michael Fritzman: "Exhibit No. 3. US vs. German Equipment," White, pp. 7, 8.

60. Ibid.

61. 1976 年，德文郡：埃尔姆斯大院，阿瑟·施托克韦尔出版公司，乔治·麦克洛德·罗斯，坎贝尔·克拉克少将，《1933—1945 年的坦克事务》，第 248 页："在美军首次遭遇德军'黑豹'的各场战斗中，美军第 2 装甲师的报告中记述，'黑豹'的 75 毫米炮发射的炮弹击穿了 1 辆'谢尔曼'的变速箱，穿过车体底板上的弹药架，击穿了发动机，又击穿了车体后部装甲！"1945 年 3 月 20 日，欧洲战区，呈报盟国远征军最高统帅部的报告，艾萨克·戴维德·怀特少将，美军第 2 装甲师第 2 号证据：美军第 2 装甲师的 F.W. 贝克中士也记述："我是 1 辆 76.2 毫米炮型'谢尔曼'中型坦克的车长。德军曾组织过以步兵支援至少 3 辆'黑豹'发起的反击。我命令炮手向距离最近的德军坦克开火，那辆坦克距离我们 800 码（约 731.52 米）。我清楚地看到，他发射的 1 发炮弹击中了其侧面装甲。令我惊讶和气愤的是，我看见那发炮弹从其侧面装甲上弹飞了。我的炮手向那辆坦克发射的炮弹中，有 6 发以上的炮弹击中了目标从炮塔到履带的各部位……当我看到我座车的坦克炮发射的 7 发炮弹击中了这辆坦克后，这辆坦克仍然在开动，我就彻底震惊了。"

62. 1943 年年底，英军武器装备研究机构研制出了 6 磅炮的脱壳穿甲弹。1944 年夏季，其才研制出了 17 磅炮的脱壳穿甲弹。其迅速成为英军"萤火虫"与反坦克炮兵的支柱。

63. D Hist 141.4A27013 LD2. *27 Cdn Armd Regt（Sher Fus）*, after-action report, Lt. P. W. Ayriss, 31 July 1944.

64. M4 Sherman, commanded by Lt. N. C. Taylor, the gunner was Tpr. C. D. Shears. See RG 24 WD HQ 5 Cdn Armd Div. 24 May 1944. For a detailed account by Taylor himself, see Roy, *Sinews of Steel*, pp. 250-251.

65. RG 24，加军第 27 装甲团战地日志：加军舍布鲁克燧发枪装甲团可能是与其他遭遇"黑豹"的部队同时发现了"黑豹"炮塔防盾的弱点：没有明确的证据能表明到底是哪支盟军部队首次使用了这种战术。"梅尔"·戈登① 中校的作战报告显示，其实首先使用这种战术的例证之一。

66. 1993 年，加拿大广播公司（Canadian Broadcasting Corporation）/ 嘉乐影视公司（Gala Films），纪录片《荣

---

① 梅尔维尔·伯戈因·肯尼迪·戈登（Melville Burgoyne Kennedy Gordon，1905 年 9 月 7 日—1974 年 10 月 1 日），加拿大陆军准将。第二次世界大战期间，先后任加军第 12 装甲 B 中队队长、第 27 装甲团团长。

耀与英勇》(*The Horror and the Valor*)，第 2 集《诺曼底》：1991 年，在卡昂，对西德尼·瓦尔皮·拉德利 -沃尔特斯将军的采访。当时，在卡昂的诺曼底博物馆，拉德利 - 沃尔特斯坐在 1 辆"黑豹"的车体正面装甲上，详细解释了这种战术。

67. Bradley, *A Soldier's Story*.

68. Lt. Col. W. M. Hawkins, commander, 3d Battalion, 67th Armored Regiment, in White, Exhibit No. 2.

69. 1945 年 3 月 20 日，欧洲战区，呈报盟国远征军最高统帅部的报告，艾萨克·戴维德·怀特少将，美军第 2 装甲师第 2 号证据。对"谢尔曼"来说，这并非总能轻易做到，美军第 2 装甲师副排长阿尔文·奥尔森参谋军士："在德国的弗莱因登霍芬，我看见德军 1 辆'黑豹'与 1 辆'虎'丝毫没有下陷地开过了犁过的田野。在同样的地方，我军 M4 在通过时，会陷得很深，还会留下车底摩擦过地面的痕迹。"

70. RG 24 14186，1944 年 10 月 15 日，英军皇家装甲兵的经验信息："'虎'式经常埋伏得很好，作为执行狙击任务的反坦克炮使用。M10 或牵引式火炮难以对其进行围捕。"
美国陆军军史研究所，1944 年 7 月—1945 年 4 月，阿尔万·卡洛姆·吉勒姆少将，吉勒姆文件，《欧洲战场的作战经验》(*ETO Battle Experiences*)："当我们遭遇 1 辆敌军坦克或自行火炮，我们会使用烟雾手榴弹，或使用枪榴弹烟雾弹，或'巴祖卡'式反坦克火箭筒发射烟幕弹，以烟幕对其进行覆盖。这几乎总能迫使敌军坦克或自行火炮撤退，或迫使其乘员弃车逃跑。如果其原地不动，那么我军会利用烟雾的掩护迫近，并将之摧毁。"

71. English, pp. 214, 312–313.

72. Brig. Gen. J. H. Collier, CC A, White, Exhibit No. 1.

73. RG 24 10553 CMF Info Letter No. 10,"How to Deal With Panzers—A German View."

74. Interview with Gen. S. V. Radley Walters, 1992.

75. "ETO Battle Experiences Jul 44–Apr 45," Gillem Papers, MHI, p. 14.

76. Interview with S. V. Radley Walters, 1992.

77. Thomas L. Jentz, *Germany's Panther Tank—The Quest for Combat Supremacy* ( Atglen: Schiffer Military, 1995 ) , pp. 155–156.

78. RG 24 10460 2 CAB WD "Reply to DTD Tk Gunnery Questionnaire"; RG 24 10457 Report on RAC Weapons HQ 1st Cdn Army; and RG 24 10925 3 Cdn Inf Div Lessons Learned—3 Div Questionnaire Appx D.

79. MS P-059, p. 15; and Military Training Pamphlet No. 20-202 *German Tank Maintenance during World War II* , June 1954, p. 14. MHI.

80. RG 24 14186 ( BRAC ) "Who Killed Tiger." New Zealand army study pub-lished by 2d New Zealand Division intelligence for British 8th Army, July 1944, based on tanks discovered"near Rome and the Alban Hills."

81. RG 24 14186 ( BRAC ) .

82. RG 24 14186 ( BRAC ) .

# 第 14 章
# 如果由苏军最高统帅部指挥诺曼底战役

*很多西方人认为苏军技术落后，缺乏天赋。这里需要明确的警告……没有比低估一个像俄罗斯那样充满活力的国家所拥有的力量更糟糕的事了。*

*——海因茨·古德里安大将 [1]*

*20 世纪 80 年代末，西方国家的军事历史学家与分析专家开始赞赏苏联军事艺术与科学，在战役层面——即在军级以上与战区战略战役规模上，所作出的持续贡献……在此之前，西方学者对此嗤之以鼻，认为这是做作，是人为故意强加于战术与战略之间的。*

*——W.C. 弗兰克，P.S. 吉勒特，《苏联军事理论》（Soviet Military Doctrine）[2]*

*让我们仔细想想。*

*——1944 年 4 月，斯大林命令苏军最高统帅部 [3]*

　　人们难免会将苏军、德军与西方盟军的军事理论进行对比。在排—战斗组层级，其有很多相似之处。有数个方面，还有明显的不同之处：任务导向型战术，战斗群理论，以及最重要的是——苏军战略攻势。前者是战役法的表象，后者是战役法的总和。在前文中，已经对盟军军事艺术与某些指挥官进行了批评。然而，在责问盟军的失职之前，明智的做法是确定战区的正确程序。回顾在欧洲的作战行动，就会发现最先进的是东线，苏军最富于技巧。

　　如果说在战斗群—军级层面，德军军事理论具有优势，是人所共识（理所当然），那么也必须承认，1944 年时，尤其是在战区层级，无人能与苏军比肩。事实上，其层次比西方盟军或第三帝国总参谋部研究出来的任何事物都要高。苏联军事技巧遭受了误解与诋毁，尤其是其前盟友。

## 西方盟军战略攻势

盟军战略攻势的最佳典范就是诺曼底登陆。苏军能否实施这样的登陆是令人怀疑的。其他战区攻势，从卡西诺山到"古德伍德"行动与"眼镜蛇"行动，都带有浓重的盟军烙印——战略空袭。在"春天"行动中，当克鲁格抵达迪特里希的司令部时，他首先提出的问题就是"盟军重型轰炸机呢？"。当他得知盟军并未动用重型轰炸机时，他迅速将武装党卫军第1装甲军列为战役预备队，将其交给迪特里希指挥，随后返回自己的司令部，紧盯"眼镜蛇"行动。7月中旬时，德军已经非常明晰，如果盟军真想要发起进攻，他们将动用美国陆军航空兵与英国皇家空军。

尽管存在"马后炮"式的争论，盟军战略攻势仍然选择了最平庸的路线。以蒙哥马利的表现，很难称其为完备的战略指挥官：他的诸多行动只是反映了他是整个战役计划的总体制定者，但很多冒险行动只是对失败计划做出的被动指令。"春天"行动与"总计"行动就是良好的例证。为了解决法莱斯的问题，蒙哥马利下达了一系列相互矛盾的命令，最终以战区指挥官的身份，命令1个师（马切克的波军第1装甲师）单枪匹马地封堵缺口告终。

盟军战略攻势的程序，总是重型轰炸机的大规模空袭开始，随后是重炮的集火射击，战术空袭，以第一梯队的突击师进攻德军防线。盟军的进攻正面很狭窄，在某些例证中，尽管理论上是师级水平，但进攻却是在窄至旅级，或经常是营级，甚至是在连级的正面上展开的（例如"古德伍德"行动、"大西洋"行动、"春天"行动、"总计"行动）。盟军的突破行动是场持续的突入作战，通常会消耗敌军，但无法歼灭敌军。与之相反的是，苏军战略攻势以彻底摧毁敌军防御为目标，将迅速撕开敌军前沿，使之暴露，与之交战，并击败敌军战役预备队。[4] 一旦达成突破，苏军坦克集群就得以实施战役机动，德军就只能退避三舍，等待苏军产生的消耗与后勤困难，迫使苏军自行停止前进。

## 纵深作战

*苏维埃共和国需要骑兵。*

*红色骑士，前进！无产阶级，上马！*

*——1919年，列昂·托洛茨基*[5]

由较弱兵力组成的"钳制集群"将骚扰与牵制敌军正面的广大区域。同时，以至少三分之二的作战兵力组成"突击集群"。

——克里斯托弗·达菲[6]

从 1920 年的苏波战争到（第二次世界大战）伟大卫国战争。布琼尼将军的 16000 名哥萨克，[7] 从察里津（Tsaritsyn）向华沙进军，实施了经典的纵深作战，使新组建的波军陷入混乱：

> 对尚未做好准备面对这种新型攻势武器的我军来说，布琼尼的骑兵成了无敌的传奇。而且应该牢记，骑兵越深入敌军后方，这种令人着魔的力量，越能撇开一切因素——以成为所向无敌，势不可当的力量。[8]

20 世纪 30 年代，图哈切夫斯基与特里安达菲洛夫发展了纵深作战的概念。经历了在芬兰的屡战屡败与德军"巴巴罗萨"行动的冲击，苏军的战争艺术才由西方的战术模式转化为斯拉夫人青睐的模式占据主导。直到苏军初期的野战勤务规程（PU-29 与 PU-36）的复兴与现代化，才衍生出了胜利的蓝图 PU-41。宏大战略攻势的实验，最终产生了 PU-44，这套方案冲垮了德军。习得这套战场专业技能的代价是消耗了时间与付出了巨大的人员伤亡。最初，苏军只是简单地发起进攻。随后，他们尝试了某种形式的"闪击战"，不出所料地未能击败德军。

1941—1943 年，当苏军发起反攻时，德军应对方式的经典蓝图，也就是后来在法莱斯围歼战时，德军试图使用的方式。在阿登战役中，霍奇斯将军也成功使用了这种方式：守住敌军突破口的肩部，通过阻击阵地与障碍固化与引诱敌军，迫使其进入我军选择的战场。当敌军精疲力竭或已成"强弩之末"时，反击其侧翼，切断其先锋，恢复主阵地。这种计划需要有严密的指挥，由受过训练的参谋人员、富于作战经验的军官去执行。德军具备充分的实施条件。

苏军解决战略攻势的方法，被认为是以数量占优势的兵力，直接发起突击，压垮富于作战技巧的敌军。在某种程度上，粗鲁的野蛮大军单纯地以数量优势，压垮了英勇的西方文化，获取了最终的胜利。"然而，以压路机比喻第二次世界大战中苏联红军的表现，是极为恰当的。"[9] 数十年来，很多西方军事历史学家与西方军队都接受了这种解释的变形体。利德尔·哈特的《山的那一边》（*The Other Side of the Hill*）与《苏联红军》（*The Red Army*）鼓励了德军高级军官出版类似的作品。在冷战期间，他们得到了西方读者的同情。[10] "相信我们，他们是乌合之众，我们是势单力孤。苏军士兵与欧洲士兵是不同的。"[11] 《苏联红军》中所有主要文章的作者都是德国人，这点并未使利德尔·哈特与其评论者感到困扰。实际上，几乎没有证据表明，在战术与更高的战术层面（前德军将领经常受邀，为北约的计划制定者演示如何击败苏军），乃至延伸到战略层面，德军的作战技巧有什么高明之处。然而，正是在这些对苏军来说是最为危险的领域，苏军最终摧毁了东线的德军。

无论是出于普鲁士的傲慢自大，还是由于拒绝认真对待自己的情报报告，德军总参谋部很蔑视苏军领导层。对那些没有在普鲁士军事学院进修过的苏联红军（陆军）领袖，德军几乎一无所知，他们的名字——科涅夫、朱可夫、罗科索夫斯基或华西列夫斯基——对德军来说毫无意义："他们交换了眼神，但什么都没说。在片刻的沉默后，拉施将军羞怯地表示，在柯斯尼堡守军收到最后通牒之前，他从未听说过苏军华西列夫斯基元帅的名字。"[12]

对北约来说，更容易接受的是，盟军轰炸攻势将德国消耗一空，迫使德军屈服，而苏军依靠纯粹的数量优势与不顾人员伤亡的野蛮行径，获得了对德国的胜利，而非接受布尔什维克是个令人生畏的对手，他们曾经击败过最为强大的德意志第三帝国。这当然是一厢情愿的想法。

## 1917—1945 年，苏联军事理论

苏联军事理论的发展经历了三个阶段。第一阶段是政治与技术阶段：1917—1928 年，强调备战、现代化装备与基于现实。第二阶段：1929—1941 年，基于在三种决定性的武器方面实现优势：坦克、火炮与飞机。20 世纪 30 年代初，开始了大规模生产，并对 1 个机械化军进行了试验。1934 年版《红军暂行野战条例》（*Provisional Field Regulations of the Red Army*）强调需要组建 1 个坦克军，纵深作战概念进行试验。苏军总参谋长鲍里斯·米哈伊洛维奇·沙波什尼科夫写道："作训参谋必须成为红军的大脑。"这些苏联早期军事思想家的著作"包含了苏联军事理论思想的最准确的基本立场"。[13] 20 世纪 20—30 年代，产生了诸如沙

# 1939—1940 年的战略攻势

德军装甲"洪流"将法军与英国远征军、比利时军主力分割开来，迅速打垮了位于后方的盟军炮兵阵地与指挥部。

炮兵

法军没有展开反击。
(只有零星反击：例如英军在阿拉斯的反击。)

德国空军近距离支援德军装甲纵队。

德军：1939 年，波兰

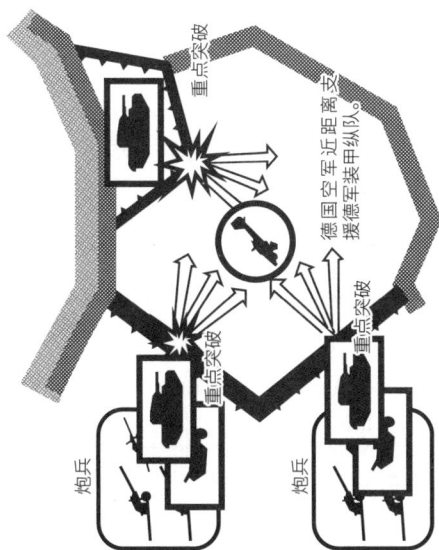

重点突破

重点突破

重点突破

重点突破

重点突破

德国空军近距离支援德军装甲纵队。

炮兵

炮兵

装甲步兵（装甲掷弹兵）搭乘装甲运兵车伴随装甲师前进。

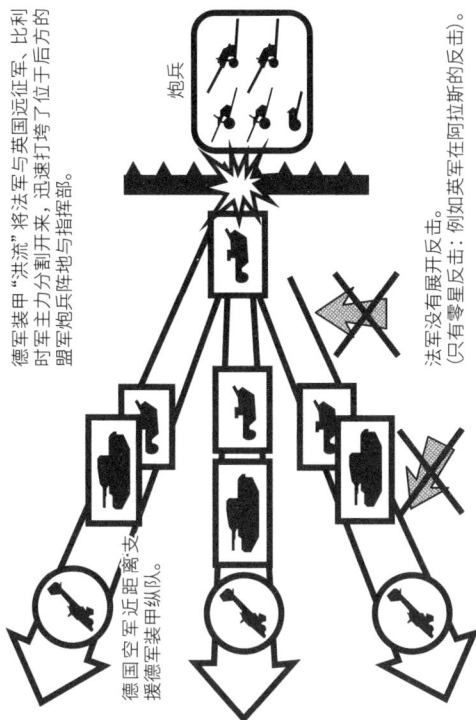

波什尼科夫与图哈切夫斯基这样的富有创造性的思想家，[14] 在他们的领导下，产生了纵深作战的概念。1933 年，随着《关于纵深作战的组织体系的暂行指示》（*Temporary Instructions on the Organization of Deep Battle*）的发布，苏军正式确立了"大纵深作战"理论体系。最初，西方国家忽视了这些理论，甚至在 1945 年苏联获得胜利之后，尤其是冷战期间，苏联军史学家、作战研究与思想体系，仍被西方国家均斥之为"宣传"。

在西班牙与芬兰进行的实验很快证明了西方的科学技术与战术仍然具备优势。对曾经以哥萨克骑兵将拿破仑赶出俄罗斯的军队来说，运动战的理论很有吸引力，却仍然将其弃若敝屣。专业技能不足的斯大林主义军官团从西班牙内战（1936—1939 年）与 1939—1940 年的苏芬战争中吸取了错误的经验。在中国东北，朱可夫对抗日军的战役再次确认了苏军军事理论的未来道路：诺门罕战役是通过大胆使用装甲兵赢得的。

## 巴巴罗萨

---

*我们遭到射击。我们应该怎么办？*

——1941 年 6 月 21 日，拂晓，苏联红军无线电通信记录 [15]

---

德军的入侵开启了苏联军事理论发展的第三阶段与最后阶段（1941—1945 年）。战败带来的冲击迫使苏军对其进行修正。苏联红军重建了坦克军，重新引入了纵深作战理论。作战演进的指导因素是后方的稳定、军队的士气、师的数量与质量，强调指挥人员的组织能力。第一阶段是组建了机动集群实施战役机动，首先是在集团军层面（对各军实施战役集结），随后在方面军层面（对集团军进行战役集结）。[16]

如果说苏军是在边打边学，那么未免将其简单化了。在从波罗的海延伸到黑海的战线上，苏军挫败了"巴巴罗萨"行动与 1942 年攻势的能力，已经说明了问题。在这些孤注一掷的战斗中，苏军为其野战兵力建立了新的编制，实施了反攻，并持续量产武器装备，其质量震撼了德军最高司令部与军火工业。幸存下来的苏军参谋人员对苏军最高统帅部的价值是显而易见的——盟军与德军参谋人员或许会认为苏军参谋人员在组织与控制方面的技能是令人惊叹的。

## 问题的解决

*关于这个问题，让我们反复思考思考。*

*——斯大林命令苏军最高统帅部* [17]

1941 年 6 月 21 日，在"巴巴罗萨"行动中，德军负责进攻的 3 个集团军群轻松地突入了苏军的战役纵深。德国国防军在战役机动方面的专业水平，使之令人震惊地包围了数十万苏军（仅基辅包围圈就网罗了 50 万苏军战俘）。苏联红军奋勇反击，却无法抵挡德军"闪击战"。[18] 当德军各装甲师突入中央草原地带并跨越普鲁特河（Prut）时，苏军第二梯队的各军出现了。这些兵力包括斯大林的战役预备队与最好的坦克。与苏军 KV 与 T-34 系列坦克的最初接触，震撼了德军，促使其疯狂启动项目，以研制能够与这些苏军坦克相抗衡的主战坦克。[19]

德军匆忙地将"虎"与"黑豹"投入作战，削弱了所受到的冲击，却从未真正从中恢复过来。[20] 从根本上看，德国陆军一直试图赶上苏军，尤其是炮兵与装甲兵。[21] 随着德军杀死或俘虏苏军高级军官，以及苏军最高统帅部撤换那些缺乏热忱或表现出恐惧而非信心的苏军高级军官，战场上苏军作战理论的演变也很迅速。1941—1942 年，通过历次大规模包围战，德军将领消灭了大多数曾教导过的苏军"学员" [22]——实际上，这是柏林高级参谋课程，在实践中的延伸，失败的代价是残酷的。在遭受猛攻之后，苏军最高统帅部幸存了下来，接下来面临的问题就是反攻。解决问题的方法是模仿德军的技术：前锋突入与纵深包抄。对于发明了这些的人来说，这种表现非常糟糕。

苏军最高统帅部所面临问题的本质是如何将德军逐出苏联。答案很简单：进攻与歼灭。进攻产生了需要解决的问题：德军防御体系建立在纵深防御，局部反击，战役预备队与战略预备队的反攻之上。远射程的反坦克武器与炮兵覆盖着战场，利用天然屏障与军事障碍，将进攻者引诱进规模不断扩大的杀戮地带。

当进攻者达成突破，很快就会发现自己面临着新的阻塞阵地，并在成为强弩之末时遭到装甲反击："防御战的最高表现形式是实施反击与反攻。"[23] 问题在于三个方面：一、突入最初的防御地带，避免缠斗迟滞进攻；二、击败敌军战役预备队；三、在达成战略（或政治）结果之前，防止敌军战略预备队封堵与歼灭我军突入兵力。[24]

## 战略攻势

*在苏联红军中，攻势就是一切，这是种主动精神。*

*——列兹尼琴科[25]*

*如果敌军侧翼坚挺，无法包围他们，那么就必须通过正面的纵深打击冲垮其作战阵型。*

*——米哈伊尔·图哈切夫斯基[26]*

战役只能夺取有限的领土，且德军完全有能力对抗苏军发起的战役。因此，解决问题的答案就是战略攻势：大规模兵力、大规模杀伤与大规模占领。战略攻势是最为复杂的作战行动，需要最为细致的参谋作业、各层级的积极领导、训练有素的各级部队与严密的补给系统以维持进攻势头。苏军首次尝试铤而走险的大规模突击迅速失败了。1943 年，苏军打响了首次真正的战略攻势（"星"行动①，哈尔科夫—库尔斯克反击战）。[27] 战略计划包括进行暂时性战略防御，以削弱德军进攻兵力——"发起牵制性进攻，从而将德军战役预备队吸引到其他地区……以两次主要反击进攻已经遭到虚弱的德军"。[28] 经历了最初的成功后，由于德军保持着冷静并持续地进行战役机动，苏军的进攻遭遇失败。例如，在哈尔科夫，德军固守着苏军突破口肩部的阵地，曼施坦因得以动用党卫军装甲军进行成功的反击。虽然这是战役末期的一大瑕

---

① "星"行动（Operation Star），1943 年 2 月 2 日，作为沃罗涅日—哈尔科夫战略攻势行动的组成部分，苏军沃罗涅日方面军发起的攻势，最初成功地攻占了哈尔科夫与库尔斯克，但随后遭到德军反攻，在第三次哈尔科夫战役中，苏军惨遭失败。

疵，但从基本目标的角度看，这仍然是一场成功的攻势：牵制了德军装甲兵预备队的战役机动。"战役机动是在行动中，有组织地调动不同的兵力集群，以使我军获得针对敌军更为有利的阵位，从而对敌军进行打击或击退敌军的进攻。"[29]

没有任何证据表明，蒙哥马利以苏军的经典模式构思了"古德伍德"行动、"春天"行动、"蓝衣"行动与"总计"行动。这些攻势是相互跟进的，因此是松散组织战略的组成部分。蒙哥马利试图进行的突破中，没有哪次是精打细算地使用现有的军事资源，以期获得战略成果的。取而代之的是，这些行动显得颇为"民主"。各国兵力都获得了进攻的机会，并分享了战略轰炸机支援。总体上，艾森豪威尔要求盟军大胆行动，但整个诺曼底战役中，盟国远征军最高司令部却无法获得成功的准则。在诺曼底，德军的防御使用的准则与在东线作战时相同：以 3 条防线与战役预备队封堵敌军突破，并斩断其前锋。

在回顾了首批攻势的磨合问题后，斯大林要求苏军最高统帅部"多思考"。苏联军事思想是一种光怪陆离的集合，杂糅了国际象棋大师简单而知名的动作、基洛夫芭蕾舞团的技术效果、民间舞蹈的激情与哥萨克部落的野蛮无情。苏军的进攻既是极端精密的，又是极端粗糙的。在战术上，从排级到旅级，苏军都无法与德军比拟。苏军师级参谋人员确实较为低劣。德军军官以其与生俱来的对地形与战术的第六感而自豪。[30] 德国陆军以其任务导向型命令运作：任务命令或对那些明确理解其直属上级指挥官在面临同样战术问题时会如何行事的下属而言，作为其自主战术主动性的总体指导方针。

二战爆发前，曾经为苏联红军军官教授过高级参谋课程的德军将领回忆起，他们的苏联学生为了写一页长的作战命令，进行了漫长而笨拙的尝试。"与此同时，就在我军已经大踏步前进数小时之后，他们的官兵仍然在等待他们的地图。"[31] 虽然在集团军层面以下，德军的优势非常明显，且在大多数情况下无可与之匹敌，在战区层面与方面军层面却产生了令人惊叹的转变，在这些层面更产生了伏龙芝与图哈切夫斯基这样的天才。《苏联红军野战勤务操作规程》（*Red Army's Field Service Operations*）（PU-44）的质朴掩盖了执行其任务时所需的精细程度。

苏军的方法是直接的。第一，摒弃以缠斗突破连续防线；第二，最为重要的是切断突破口的肩部；第三，恢复纵深作战：摧毁敌军司令部，并在敌军预备队抵达前线之前将其歼灭。其实施也方法是可怕的——摧毁一切。不要像1940年的法国战役那样，将进攻寄希望于前锋，随后兵力通过缺口倾泻而出；相反，应该撕开35～75英里宽的缺口。[32] 如果你最初的进攻就摧毁了敌军的"躯干"，敌军就无法坚守突破口的肩部，"敌军损失惨重……敌军……就无法封闭缺口……从而迫使敌军动用纵深预备队进行机动，并迫使敌军从战略方向上调来兵力。"[33] 苏军战略攻势通过国际象棋般的精确、简单、优雅而野蛮的方法解决了这个问题：撕开60英里宽的突破口，第二梯队兵力拥入，在其后方区域与战役预备队阵地上再撕开125英里（约201.17千米）宽的突破口。同时，投入战役机动集群，以使敌军的战役与战略对策无法奏效。

对苏军来说，其面临的挑战，是完善攻势的机制。在前线上撕开如此宽阔的突破口，需要卓越的参谋作业，以集结火力与后勤支援。其关键在于"猛烈一击"，基于集结火炮进行的大规模炮击，其规模在西线是闻所未闻的。1945年，在跨越莱茵河时，盟军才动用了苏军规模的炮兵。1943年12月24日—1944年5月12日，苏联红军发起了12次战略攻势。[34] 在意大利与诺曼底，盟军分别发起过攻势。此外，蒙哥马利还允许美军第12集团军群与英军第21集团军群单独发起攻势。

## 突破炮兵

> 苏联红军进攻理论的终极目标是将战术突破即刻发展为战役突破。
>
> ——PU-44，《苏联红军野战勤务操作规程》

1942年1月，斯大林命令发起炮兵攻势。在数个月里，苏军炮兵前进观察员搭乘装有无线电的坦克，伴随步兵与装甲兵一起前进——整整两年后，布拉德利与克萨达才想到这个主意。1942年底，苏军装备了可发射12枚300毫米无控火箭弹的BM-31"安德柳莎"多管火箭炮：在斯大林格勒战役中，苏军连续集结了这些具有协调性的机动齐射弹幕。苏军指挥官迅速掌握了技能，完全能够应对新的战局。1943 年，苏军组建了首支"突破炮兵军"（AKP），下辖 2 个突破炮兵师与 1 个火箭炮师（大致 1000 门火炮）。二战结束之前，苏军组建了整整 10 个突破炮兵军。1943 年夏季，苏军组建了 1 个方面军属反炮兵集群。

苏军炮兵兵力趋于集中：1945 年时，苏联红军 35% 的炮兵都集中于苏军最高统帅部预备队。苏军炮兵的目标是压制敌军防御与当地的预备队：唯一的反制方法是早期反炮兵火力或以德国空军进行空袭。不过，在 1944 年这已经不可能了。

在发起攻势之前与攻势进行过程中，苏军前进观察员对反炮兵火力的调整卓有成效，以至于一旦有德军炮手在早期暴露了位置，就意味着必死无疑。1943—1944 年，尽管德军很早就使用了雷达，但苏联空军已经能与德国空军平分秋色，有时还能获得空中优势。[35] 1943 年 12 月—1944 年 8 月，苏军最高统帅部得以集中兵力，对抗德军的某个集团军群，并相继予以重创，具体情况如下：

*1943 年 12 月—1944 年 4 月：德军南方集团军群。*

*1944 年 6—7 月：德军中央集团军群。*

*1944 年 7—8 月：德军北乌克兰集团军群。*

*1944 年 8—9 月：德军南乌克兰集团军群。*

苏军战略计划"考验了德军耐力的极限"。[36] 如前文所述，苏军攻势实施的战线宽度达到 35 ~ 75 英里；战术突破的宽度为 3 ~ 8 英里，并防止防御方建立有效的缺口侧翼防御，以保持持续突破。苏军进行突破的最低宽度是 3 英里，平均情况是 6 英里，且至少有两处突破同时进行。苏军不仅会突破敌军防线，而且将彻底摧毁纵深防御兵力的边界，迫使敌军迅速地将其战役预备队暴露给作为苏军第二梯队（有时也会属于第一梯队）的坦克集团军。

随着苏联红军经验的不断丰富，其进攻兵力的密度与炮火准备也发生了改变。最初，苏军炮火准备的平均时长为 2 ~ 2.5 小时。在平均宽度为 9 ~ 20 英里的正面上，平均每英里部署 233 门火炮与火箭炮。（见表 14.1）

# 1941—1943 年的战略攻势

## 苏军：1943 年，反攻

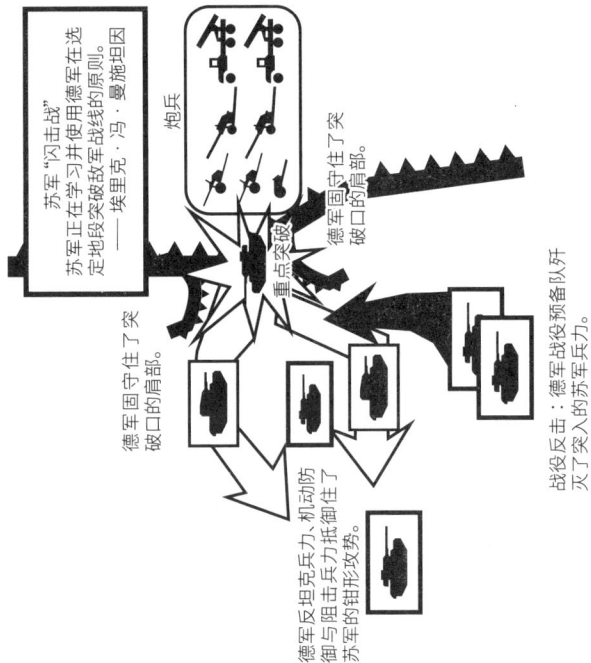

苏军"闪击战"

苏军正在学习并使用德军在选定地段突破敌军战线的原则（埃里克·冯·曼施坦因）。

德军固守住了突破口的肩部。

重点突破

德军固守住了突破口的肩部。

战役反击：德军战役预备队歼灭了突入的苏军兵力。

德军反坦克兵力、机动防御与阻击兵力抵御住了苏军的钳形攻势。

## 德军：1941—1942 年，苏联

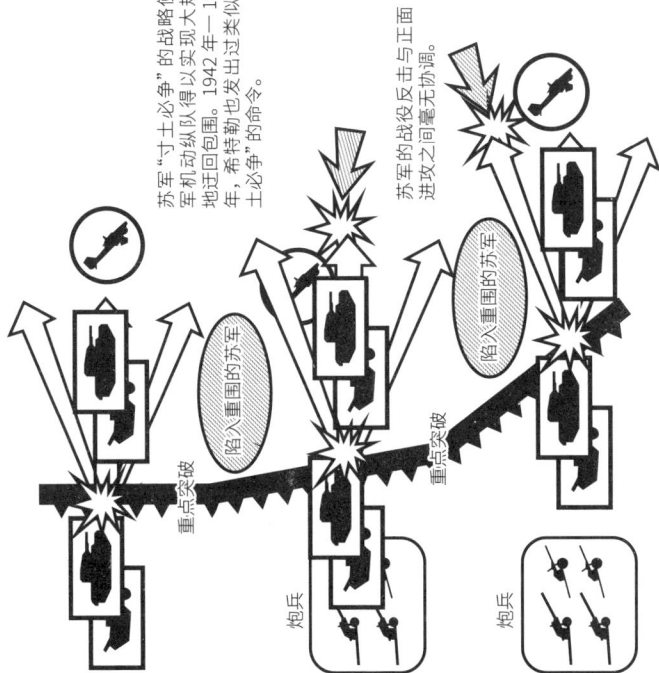

苏军"寸土必争"的战略使德军机动纵队得以实现大规模地过回包围。1942 年—1945 年，希特勒也发出过类似"寸土必争"的命令。

陷入重围的苏军

重点突破

苏军的战役反击与正面进攻之间毫无协调。

陷入重围的苏军

重点突破

炮兵

炮兵

**表 14.1 苏联陆军火力准备时间** [37]

| 时间 | 战略攻势 | 火力准备时间 [a] |
|---|---|---|
| 1942—1943 年 | 斯大林格勒 | 70 分钟 |
| 1943 年 1 月 | 库尔斯克 | 160 分钟 |
| 1943 年 8 月 | 哈尔科夫 | 160 分钟 |
| 1944 年 1 月 | 科尔松 - 舍甫琴科夫斯基 [①] | 20 分钟 |
| 1944 年 6 月 | 白俄罗斯 | 160 分钟 |
| 1944 年 7 月 | 利沃夫 | 100 分钟 |
| 1944 年 8 月 | 雅西 | 100 分钟 |
| 1944 年 10 月 | 贝柴摩 [②] | 150 分钟 |
| 1945 年 1 月 | 东普鲁士 [③] | 120 分钟 |
| 1945 年 1 月 | 维斯瓦河 [④] | 120 分钟 |
| 1945 年 2 月 | 东波美拉尼亚 [⑤] | 50 分钟 |
| 1945 年 4 月 | 柏林 | 160 分钟 |

资料来源：1986 年，伦敦：布拉西出版公司，克里斯托弗 · 贝拉米，《红色战争之神》（*Red God of War*）；1990 年，伦敦：罗德里奇印务（Routledge），《现代陆战的演变》（*The Evolution of Modern Land Warfare*）。

a：仅计算总共时间，平均火力准备时间为 2.5 小时。参加战略攻势的苏军各集团军实际进行的火力准备，每个集团军平均会进行 10 分钟的弹幕射击。

　　苏军战略攻势将同时在至少两个这样的区域发起火力准备。与盟军炮兵的密度相比，以"古德伍德"行动与"春天"行动为例，每千米部署了约 80 门火炮。在此数据中，盟军重型轰炸机并未列入炮兵密度的计算，但重型轰炸机的空袭是单架轰炸机投掷其载弹的持续过程（15～30 分钟）。炮兵火力却能够反复进行，更改方向，并在行动中准确地集中于某个目标。就像"眼镜蛇"行动、"总计"行动与"驯服"行动印证的那样，重型轰炸机的空袭是一次性的，且经常炸不中目标。然而，"陆军已经对轰炸上了瘾，想要治愈这些'瘾君子'，是个艰难的过程"。[38]

　　1944 年 8 月，苏联红军精心策划的突破正面宽度达到了 9 英里、11 英里与 28 英里。1944 年 8 月 20 日，在（罗马尼亚的）雅西攻势中，苏军部署了 6200 门火炮与 460 门火箭炮。[39] 苏军攻势包括运用自如的正规欺敌行动（盟军也曾成功地使

① 科尔孙 - 舍甫琴科夫斯基攻势（Korsun-Shevchenkovsky Offensive），亦称"科尔孙—切尔卡瑟包围战"（Battle of the Korsun–Cherkassy Pocket），1944 年 1 月 24 日—2 月 16 日，在乌克兰地区，苏军向德军发起的战役，以苏军胜利告终。

② 贝柴摩—希尔克内斯攻势（Petsamo-Kirkenes Offensive），1944 年 10 月 7—29 日，在芬兰与挪威北部，苏军向德军发起的战役，以苏军胜利告终。

③ 东普鲁士攻势（East Prussian Offensive），1945 年 1 月 13 日—4 月 25 日，在东普鲁士，苏军向德军发起的战役，以苏军胜利告终。

④ 维斯瓦河—奥德河攻势（Vistula–Oder Offensive），1945 年 1 月 12 日—2 月 2 日，在波兰与德国东部，苏军向德军发起的战役，以苏军胜利告终。

⑤ 东波美拉尼亚攻势（East Pomeranian Offensive），1945 年 2 月 24 日—4 月 4 日，在德国，苏军向德军发起的战役，以苏军胜利告终。

用）[40] 与战役机动集群的突破（盟军并未使用）。1944 年 7 月，苏军对德军中央集团军群发起的夏季攻势（与“古德伍德”行动、“春天”行动与“眼镜蛇”行动的时间相同）是其欺敌行动的最佳注解。苏军调集 3500 门火炮与 35000 辆车辆，转战超过 410 英里（约 659.83 千米），在德军中央集团军群以北进行重新部署（以达成出其不意的效果）。在德军不知情的情况下，将进行战略集结的炮兵从战线的一条侧翼转移到另一条侧翼，其计划的复杂程度与技术效能是令人难以置信的。苏军进攻区域沿线的火炮集结数量，从 5500 门增加到了 9000 门。

### “古德伍德”：苏军否定案

相比之下，“古德伍德”行动、“春天”行动、“眼镜蛇”行动与“总计”行动的进攻正面宽度分别为 4 英里、3.75 英里（约 6.04 千米）、4 英里与 3 英里。在苏军看来，这些攻势都是不成功的。

苏军的利沃夫攻势与“古德伍德”行动同时发起。苏军最高统帅部集结了苏联红军 68% 的师用于进攻，包括 80% 的装甲战斗车辆、65% 的炮兵与 100% 的飞机。突破区域只有 16 英里（约 25.75 千米）宽，攻势正面延展为 273 英里（约 439.35 千米）宽。苏军的比例很难实现像西方盟军的军那样单打独斗进行的突破作战。然而，在蒙哥马利能够调动诺曼底前线所有的装甲兵与炮兵的情况下，他却令人遗憾地选择全部由英军执行“古德伍德”行动、“总计”行动与“驯服”行动，而没有以美军装甲军为基础组件强大的第二梯队。

蒙哥马利并未给“春天”行动与“总计”行动制定战役突破计划；相反的是，在“总计”行动中，西蒙兹实际上主动暂停整个攻势，以等待盟军重型轰炸机的空袭。与苏军的突破作战相比，英军最后的两次行动显得很“业余”，“总计”行动则更显荒谬。[41] 毫无疑问，西方盟军很可能效仿了苏军对炮兵的集中。在战术上，西方盟军的炮兵控制，尤其是英军与加军，是优于苏军的。仅西蒙兹指挥的加军第 2 军就装备了 500 多门火炮；蒙哥马利控制着超过 3000 门火炮，这还没计算数千门重型与中型迫击炮、坦克炮、火箭炮与反坦克炮。

争论的焦点是在实施突破时，是否需要特殊作战理论——所有现有的例证都来自北非战场，而其本质是一场消耗战。从蒙哥马利在伦敦圣保罗中学（St. Paul's School）的最初简报来看，可以简单地推断出西方盟军将以某种方式在诺曼底实施突破。西方盟军的战略计划似乎并未考虑过这场战役的实际机制。西蒙兹独自坐在他的拖车里，凭空想象着突破迪特里希防御的新方法。在苏军体系中，这种想法如此不合时宜，以至于显得可笑。然而，在诺曼底，每个指挥官都在闭门造车。

## 突破行动与战役机动

*战斗是作战行动的手段。战术是战役法的素材。作战行动是战略的手段，战役法是战略的素材。*
——*亚历山大·安德烈耶维奇·斯韦钦* [42]

战役机动集群是苏联红军为其战略战役行动的量身定制的创新之一。[43] 这种集群是机动的全机械化突击兵力，其规模不小于师，通常是 1 个坦克军，其任务是避开一切与敌军的接触与敌军火力，快速突破敌军正面防御，直抵敌军战役纵深。在敌军纵深，战役机动集群再次绕过任何临时性的阻击阵地或遭遇战，转而寻歼政治、战役，甚至战略目标。苏军战役机动集群的目标包括德国空军机场、通信中心、高层司令部与市中心。其亦可能奉命包围或迎击遭遇战，但这是罕见的。战役机动集群是一种单向操作。坦克、装甲运兵车、自行火炮，以及机动补给车队，通过所有可通行的道路奔向目标，直至攻占目标或补给耗尽。在敌军后方，战役机动集群将对敌方造成沉重打击，且机动轨迹出乎敌军的预料，给处于防御方的参谋人员造成了巨大的麻烦。战役机动集群牵制了敌军战略预备队，彻底扰乱了敌军通信，最重要的是，迫使敌军无法在己方后方实施战役机动。

机动是获得胜利的重要条件之一。机动包括有组织的兵力运动，目的在于形成最为有利的集群状态，并将其置于最有利的阵位上，对敌军进行毁灭性打击，以争取时间与空间。机动应该简单地构思，秘密、迅捷、出其不意地实施。[44]

在库尔斯克—奥廖尔战役期间，苏军的进攻广泛得到机械化炮兵的支援，其与苏军装甲兵共同前进，在直接交战中开火。[45] 在大部分成功的行动中，苏军每投入 2 辆坦克，就会投入 1 辆自行火炮。在真正的突击发起之前，进行双重弹幕射击。机动兵力的任务是突入敌军繁育纵深，避免局部交战，迅速与敌军战役预备队展开遭遇战并迅速将其击垮。[46] 在苏军突破中，德军遭受沉重打击，反击能力严重受挫：苏军遭遇的 89% 的反击都发生在德军防线后方。苏军坦克集团军引领行动时，每个执行进攻任务的军，都会部署 1 个加强坦克旅作为前锋，"以执行战术机动……这些前锋的任务是夺占关键目标，瓦解敌方防御，为上级兵力的前进创造有利条件（不久也将执行纵深作战任务）"。[47]（在苏军作战理论中，加军英属哥伦比亚装甲团在"总计"行动中的穿插，就属于执行前锋任务。）

有关装甲兵突破的苏军军语具有很强的描述性。相比之下，加军装甲兵的相关术语不过是临时以对应的语言对英军军语的模仿，[48] 苏军的相关描述就要凶悍得多。苏军攻势的目标并非纯粹的突入，展开缠斗，再突破敌军防线，而是分割敌军。从 PU-36 到 PU-44，其风格始终如一："在遭遇反击时，必须争取迅速……割裂敌军部署，使其之间无法相互连接。"1944 年 7 月，第 10 号联络通信（No. 10 Liaison Letter）体现了西方盟军对东线战事缺乏了解。英军第 21 集团军群司令部发布的这份联络通信提到，盟军军事报告表示"英军与苏军坦克战术有明显的相似性"。[49]

## 战役侦察

苏军战地侦察的概念与西方理论完全不同。西方国家的军与步兵师的侦察编队战术仍然致力于观察与报告。英军与加军侦察团装备主战坦克，具备通过直接战斗获取情报的能力，因此认可"武力侦察"的方式。英军与加军参谋人员几乎彻底放弃了战役侦察，转而将重型师属侦察团简单地作为 1 个装甲团，将其编入战斗群，执行远超其应有角色的任务。

当实施侦察时（通常由军属装甲侦察车团实施），西方国家军队的侦察任务针对的是固定目标，有限目标，且处于阶段线的限制之下。直到美军第 3 集团军向勒芒席卷而去，才出现了任务型侦察。西方国家的战役侦察交给了英国皇家空军或美国陆军航空兵的侦察中队与战术航空兵。[50]

苏军的战役侦察基于侦察集群，并先于军级战术侦察。这两种苏军的侦察都会部署坦克与机械化部队，以保持势头。苏军的侦察持续不断，昼夜不停，试图与敌军机动兵力保持持续接触。[51]

> 苏军前锋兵力一边侦察一边前进……苏军侦察分队不像英军侦察兵那样……停下来实施观察，然后报告并再次观察……他们观察他们能够观察到的，报告他们能够报告的，同时持续不断地前进。[52]

苏军侦察部队的任务是发现敌军战役装甲集群与阻击阵地附近的可替代路线，以使己方战役机动集群与坦克集团军能够保持势头。英军／加军的战术要求侦察能够提供精确的报告，从而在敌军阵地附近部署警戒兵力，以便在能够有效控制的情况下，移交给后续跟进的其他战斗群。苏军侦察兵力在主力前方数英里处行动，并在途中报告，从不停下来，以便发展更多接触。需要权衡的是为了获取准确的情报而消耗的时间。在战役层面，苏军做好了牺牲速度的准备。[53]

## 集群

> 只有当敌军还没有时间组织反坦克防御时，机械化部队才能表现出最高价值。
>
> ——康斯坦丁·布罗尼斯拉沃维奇·卡利诺夫斯基[54]

> 达成突破之后，扩展胜利战果的主力与决定性兵力，是坦克集团军、坦克军与机械化军。在空军的协同之下，仿佛横冲直撞的公羊所具有的巨大力量，为野战集团军打开道路。
>
> ——朱可夫元帅[55]

苏军坦克通过快速而大胆地逼近，同时广泛得到装备具有更大口径火炮的T-34/85中型坦克、KV重型坦克、SU-85坦克歼击车与SU-100坦克歼击车连的支援。[56] 这种突击是诸兵种联合作战理论的组成部分：苏军组建了诸兵种合成化军[57]与诸兵种合成化集团军，以确保持续平衡并排除了重组为德军式战斗群体系的需要，而其下级梯队会发现其很难复制。然而，通常情况下，任何编队都会重组，并按照能够成功突击所需的兵力进行估计，以加强兵力。（参见表14.2）

**表 14.2 诸兵种合成化组织**

| 编制 | 武器装备 | 1942 年 | 1943 年 | 1944 年 | 1945 年 |
|---|---|---|---|---|---|
| 苏军坦克集团军 | 坦克 | | 500 辆以上 | 600 辆以上 | 700 辆 |
| | 自行火炮 | | 25 辆 | 98 辆以上 | 250 辆 |
| | 榴弹炮 / 迫击炮 | | 500 门以上 | 650 门以上 | 850 门 |
| | 兵员 | | 40000 人 | 48000 人 | 50000 人 |
| 苏军坦克军 | 坦克 | 168 辆 | 208 辆 | 207 辆 | 228 辆 |
| | 自行火炮 | 无 | 49 辆 | 63 辆 | 42 辆 |
| | 榴弹炮 | 12 门 | 12 门 | 36 门 | 56 门 |
| | 重型迫击炮 | 18 门 | 48 门 | 94 门 | 94 门 |
| | 多管火箭炮 | 8 门 | 8 门 | 8 门 | 8 门 |
| | 兵员 | 7000 人 | 10000 人 | 12000 人 | 11788 人 |

1942 年 3 月，苏军组建的 4 个坦克军（每个下辖 2 个坦克旅）"缺乏战役与战术自持力"。1944 年，苏军坦克集团军装备的坦克数量，两倍于西方盟军装甲师（600 辆：240 辆）；苏军坦克军规模略小于西方盟军装甲师，但大于德军装甲师（207 辆：245 辆）。[58]

　　苏军攻势理论是基于在一次行动中集中所有手段，在实际进攻中，进行数次协同的战术切口："能够承受数十次小规模进攻的敌军战线，一次大规模进攻就可能将其击破。在某些情况下，为了夺取哪怕是最小的战果，进行大规模行动也依然是必要的。"[59] 苏军并不区分突破阶段或计划中的追击阶段。按照需求，苏军通过引入第二梯队兵力的方法，不给敌军喘息的机会，保持了攻势的势头。"为了实现不间断的追击……最重要的是通过第二梯队的预备队投入作战，以使追击兵力进行定期互换。"[60] 在维斯瓦河—奥德河行动中，苏军近卫第 3 集团军的前锋兵力，于 11 天内更换了 5 次。前锋兵力的坦克不间断的作战行动，很少超过 2 天或 3 天。其目的是通过在选定区域，对敌军造成无法弥补的损失，暂时中断敌军的作战能力。[61] 相比在长时间内产生相同的损失，这种损失对士气的影响要大得多。其准则可以简单概括为："在时间与空间上集中兵力的能力越高，就越具备获取胜利的保证。"[62]

　　这种理论与"春天"行动中各坦克旅的各坦克中队相比，或者与西蒙兹将英军第 7 装甲师以 1 次 1 个坦克中队的方式，投入对武装党卫军第 1 装甲师与党卫军第 9 装甲师的战斗相比。"春天"行动暴露了加军第 2 军在装甲兵运用上的怯懦与优柔寡断。这种情况在"总计"行动与"驯服"行动中反复上演：在初始阶段，盟军装甲兵就进行了大规模集结。然而，盟军装甲师师长或装甲旅旅长在理论上的无能，无法调动其坦克，致使这种集结归于无效。西蒙兹、钦基与马切克命令绕过进行抵抗的德军坚固支撑点，但执行任务的是旅长与团长。

在英格兰的农田上，战时管制对演习的约束，以及师级演习的缺乏，造成了其装甲兵没有实施装甲攻势的能力。西方盟军进行的装甲战无一例外地成了毫无协调性且零敲碎打的进攻。苏军[63] 作战命指令强调"进攻接着进攻，不许停止进攻"意味着其预见了西蒙兹在"总计"行动中的失败。[64] 对速度与烈度的强调通常会带来立竿见影的效果："甚至在苏军炮火准备还没结束时，苏军就已经突入了我军阵地。"[65]

1943—1944 年冬季，苏军战略攻势已经发展到了使德军无法将自己的作战理论付诸实践的程度。抵御苏军战略攻势唯一的防御方法就是不防御。在东线，成功的防御战需要在能够以空间换取战役优势的机动防御中进行全面战役机动。希特勒不会听取这个建议。德军奉命掘壕固守，寸土必争。这种政治正确的战略，在军事上却是愚蠢的，最终形成了所谓"如果希特勒命令我们打败他们，我们就能打败他们"的争论。[66] 这是个悬而未决的问题。

## 西方战役层面的作战

*我反复要求蒙哥马利加快脚步，竭尽全力。在炮兵与航空兵的大力支援下，他勇敢地进攻，却屡战屡败，未能打垮德军防御。*

*——德怀特·艾森豪威尔[67]*

在试图击败德军 3 个防区防御的问题上，美英盟军面临着与苏军同样的问题。西方盟军试图通过技术优势快速获胜。糟糕的战略规划（卷入意大利战役）与拙劣的作战领导能力（蒙哥马利，后来是艾森豪威尔），使盟军卷入了漫长而代价高昂的战争，伤亡惨重。苏军的方法代价高昂，但行之有效：此外，他们的战争是为了解放祖国。西方盟军是在解放他人的祖国，可以自由试验宏伟的战术与压倒性的技术优势。1943—1944 年冬季，苏军各集团军的战略技巧日臻完善：1944 年夏季，苏军的攻势摧毁了整个德军前线。回想起来，1944 年苏军战略攻势所消耗的时间与取得的战果，可以说与诺曼底战役相差无几。苏军摧毁了德军中央集团军群（1944 年 6—8 月），向德军据守的领地推进了 450 英里（约 724.2 千米）。诺曼底战役持续了 86 天，将德军从灌木篱墙地带驱赶到

## 1944—1945 年的战略攻势

**德军：1944 年，阿登攻势**

德军"新闪击战"：侦察型渗透战术,渗透并突入美军后方。

炮兵

美军守住了突破口,美军守住了突破口,前部与交通枢纽。

战役机动：从英军第 21 集团军调集各师堵德军各师。

盟军航空兵进攻：压制并打击德军坦克。

战役机动与反击：美军调集了临时的战略预备队,巴顿将军指挥的美军第 3 集团军。

**苏军：1944 年,苏军战略攻势**

炮兵

致命一击

致命一击

高密度：炮兵集群外加数个梯队的机械化集团军与坦克集团军。

战略攻势歼灭了德军正面广阔区域 (150 千米以上) 的兵力：德军正面广阔区域 (宽 10～30 千米) 都能打垮德军战役预备队,随后迅速牵制并消耗掉德军战役预备队。由于苏军一次性消灭了德军主力,因此德军无法"固守突破口侧部"。

了斯海尔德河，阿登地区与洛林，前进了约 350 英里。苏军歼灭了超过 60 个轴心国师。相比之下，莫德尔将大部分的兵力带过了塞纳河，没有装甲师遭到歼灭，一个都没有，并挫败了蒙哥马利随后的战略攻势——从计划到执行都极为拙劣的"市场花园"行动。[68]

德军针对苏军系统做出的改变，应该是盟军在诺曼底遭遇失败的原因。"古德伍德"行动应该奏效了，但蒙哥马利只撕开了德军防线的少数部分；在其坦克的必经之路上，分布着石质建筑的村庄，德军很快就将盟军坦克拖入了缠斗，迅速而冷酷地遏止了"古德伍德"行动。如果英军获胜，很可能就没有"眼镜蛇"行动了，但英军第 21 集团军没有准备就绪的第二梯队装甲军，无法打垮迪特里希。我们还记得，蒙哥马利很早就决定不使用额外的坦克编队了。有人为西方盟军辩护，认为诺曼底的德军防御要比东线的任何德军防御都更为复杂。"在诺曼底，德军兵力的密度是东线德军的 2.5 倍，而我军兵力只超过德军 25%。相比之下，东线的苏军拥有 300% 的兵力优势。"[69] 实际上，诺曼底德军的密度是不断变化的：大多数德军装甲师都被迫扼守防线，使德军难以组建战役预备队。

在东线，之所以苏军能够实现巨大的兵力优势，是因为苏军的高级参谋人员对此进行了规划。多支盟军联合作战极大降低了集团军群层面作战方法的效率。美军、英军与加拿大的参谋人员对外国的事物有某种蔑视，且认为苏军的理论是粗俗的，因而并未吸取这些经验教训。[70] 最初，盟军对（战略与战术）航空兵效果的误解，以及从北非传来的那些不切实际的经验，削弱了西方盟军战役法的发展。虽然领导权是集中的，但绝大多数军事领袖都没有为其失败负责。的确，作战样式似乎比对战争技法的冷静评估更有价值。人们只是简单地认为，只要盟军上岸，蒙哥马利就能击败德军。他提出的方案（除了诸如"D 日 +10 日"或"D 日 +90 日"之类的阶段线之外，没有制定任何战役机动计划），除了空军元帅特德的集团之外，没有人去质疑。[71]

盟军最高司令部的战役法并未采用苏军的关键原则：集中所有资源，压倒性的优势与纵深作战。蒙哥马利（公平地说，还有艾森豪威尔）充其量只是表现出了对纵深作战模糊的理解。暂且不看共有的战略轰炸的因素，美军、英军与加军的主要攻势缺乏协调，支援不力，过于相互独立，而本质上却出自同一位"舵手"之手。从装甲兵的角度看，当然也是从苏军的角度看，有些行动，例如"总计"

行动与"驯服"行动，是无意义的。事实上，"春天"行动与"总计"行动是盟军战略努力中松散的部分，只是因为"眼镜蛇"行动，最终才成功。不应掩盖的是，实际上，盟军并没有战略攻势，只有一系列对"古德伍德"行动失败的反应。

布拉德利与蒙哥马利的战役法是去攫取，直到获得什么成果。显然，盟军战略攻势的目标是卡昂地区，而非美军当面那些遭到诅咒的灌木篱墙地带。从阿夫朗什突破之后，美军发起了纵深作战，但最初是由各师长发起的，蒙哥马利，尤其是布拉德利，立即对此感到焦虑。巴顿彰显了对战役态势的感知力，但没有足够的兵力执行任务。当他试图进行纵深作战时，他仍然置于其上司的保守控制之下。西方盟军的高级将领不如苏军高级将领。有人可能会认为，苏军有 4 年时间去练习，[72] 但应该指出的是，西方盟军有 6 年时间练习这些技巧。

△ 1945 年，加军第 1 集团军司令部的诸位将领，包括：前排就座 —— 波军第 1 装甲师师长马切克（左一），西蒙兹（左三），克里勒（中央），福克斯（左五），加军第 5 装甲师师长霍夫迈斯特；后排站立 —— 加军第 4 装甲师师长钦基（左四），伯恩斯（左七），福斯特（左八），蒙塞尔①（左九）。（贝尔，加拿大国家档案馆，威尔弗雷德 · 劳里埃大学，劳里埃军事战略与裁军研究中心）

---

① 罗伯特 · 威廉 · 蒙塞尔（Robert William Moncel，1917 年 4 月 9 日—2007 年 12 月 10 日），加拿大陆军中将。第二次世界大战期间，先后任加军第 12 曼尼托巴龙骑兵团（12th Manitoba Dragoons）团长、第 2 军参谋官、第 2 军参谋长、加军第 4 装甲旅旅长。

# 注释

1. Guderian in B. H. Liddell Hart, ed., *The Red Army* ( Gloucester, Mass.: Peter Smith, 1968 ).

2. W. C. Frank Jr. and P. S. Gillette, *Soviet Military Doctrine from Lenin to Gorbachev 1915–1991* ( Westport, Conn.: Greenwood Press, 1991 ).

3. "Let's think this over." John Erickson, *The Soviet High Command: A Military Political History, 1918–1941* ( London: Macmillan, 1962 ).

4. 此处的战略预备队指的是希特勒直接指挥的装甲兵，并在不当前的战役区域内，或者不归战役指挥官（克鲁格）控制。1944 年 8 月，在诺曼底战役期间，德军将各装甲师（德军第 9 装甲师、第 11 装甲师与第 116 装甲师）从西线不同的部队中抽调出来，作为战略预备队，大部分都用于诺曼底战役。武装党卫军第 9 装甲师与党卫军第 10 装甲师从战略预备队中抽调出来后，前往东线，参加布罗迪地区的战斗，随后重新调往诺曼底。

5. Ellis, pp. 160, 173.

6. Christopher Duffy, *Red Storm on the Reich* ( New York: Athenaeum, 1991 ).

7. 在与布琼尼的第 1 骑兵集团军结合后，察里津（后来的斯大林格勒）骑兵集群 / 第 1 骑兵集群作为骨干——成了共产主义军队高级军官的摇篮。斯大林是该军政委，库利克在该军任军官，甚至朱可夫也曾任士官。布琼尼的红色骑兵最令人记忆犹新之处，是其实现了托洛茨基的"无产阶级上马"的理想。

8. Marshal Pilsudski, as quoted by J. F. C. Fuller, *The Decisive Battles of the Western World Vol II* ( London: Paladin, 1970 ), p. 410.

9. 《苏联红军》，利德尔·哈特主编，埃里克·冯·曼施坦因元帅著，《苏联红军的发展 1942—1945》（ *The Development of the Red Army 1942–1945* ）第 13 章：曼施坦因指出"苏军部分高级、中级与下级军官，缺乏积极主动的能力，同样缺乏承担更高层级责任的意愿……苏军士兵所需的补给比西方士兵更少"。曼施坦因极为情绪化地分析了德军失败的原因："不仅是在战争的最初几年，而是整场战争中，苏军指挥官都从未被迫与数量占优势的德军作战，也没有命令要求他们赢得与数量占优势的德军作战的胜利。"

10. 利德尔·哈特，《苏联红军》。在 30 名作者中，只有 3 名苏军军官：其中 2 人曾沦为德军俘虏，1 人被关入地下，对斯大林"心灰意冷"。有 9 名作者是德军军官。有在《坦克指挥官》的前言中对利德尔·哈特充满了溢美之词的古德里安。现在，人们普遍接受视其为政治正确且具备经济头脑。可以将其与更为平衡的著作进行比较：L·汉森的著作；小威拉德·沙博·弗兰克与菲利普·吉勒特的著作；1986 年，伦敦：克鲁姆·赫尔姆出版公司（Croom Helm），威廉·施奈德，《苏联地面兵力——作战评估》（ *Soviet Ground Forces—An Operational Assessment* ）；当然，还有约翰·埃里克森的鸿篇巨制。

11. Mellenthin, quoted in *Generals Balck and von Mellenthin on Tactics: Implications for NATO Military Doctrine* ( McLean, Va.: BDM Corporation, 1980 ), p. 12.

12. Marshal I. K. Bagramyan, quoted in John Erickson, *The Road to Berlin. Stalin's War with Germany*, vol. 2. ( London: Weidenfeld & Nicolson, 1983 ), p. 234.

13. 1982 年，科罗拉多州，博尔德（Boulder）：西景出版公司（Westview），哈丽雅特·法斯特·斯科特与威廉·斯科特编辑，《苏联战争艺术：理论，战略与战术》（ *The Soviet Art Of War: Doctrine, Strategy, And Tactics* ），第 18 页：马特维·瓦西列维奇·扎哈罗夫 ① 。1925 年，继托洛茨基之后，伏龙芝成为苏联红军的领袖，继续引领着苏联军事发展。1927 年，斯韦钦出版的《战略》（*Strategy*），是苏军早期的研究成果。详见 1972 年，莫斯科：军事出版社（俄文：Воениздат/ 英文：Voenizdat），阿列克谢·伊万诺维奇·拉济耶夫斯基 ② ，《伏龙芝军事学院》。

14. 图哈切夫斯基是"苏军中的巴顿"——被批评为"不顾后勤地冒进"——尽管如此，其仍然得到了对手波

---

① 马特维·瓦西列维奇·扎哈罗夫（Матвéй Васи́льевич Захáров，1898 年 8 月 17 日—1972 年 1 月 31 日），苏联元帅。第二次世界大战期间，先后任苏军总参谋长助理、敖德萨军区参谋长、西北战区参谋长、加里宁方面军参谋长、草原方面军参谋长、乌克兰第 2 方面军参谋长、外贝加尔方面军参谋长。

② 亚历山大·安德烈耶维奇·斯韦钦（Александр Андреевич Свечин，1878 年 8 月 17 日—1938 年 7 月 28 日），沙皇俄国少将、苏联军事领袖、军事作家、教育家与理论家。

军统帅毕苏斯基的称赞。在对图哈切夫斯基的审判中，他被称为"波拿巴主义类型的人，冒险家，野心勃勃的人，不仅在军事方面有所追求，在军事政治方面亦有所追求"。详见 1982 年，伦敦：布拉西出版公司（Brassey's），理查德·艾芙琳·辛普金，《纵深作战：图哈切夫斯基元帅的独创观点》（*Deep Battle: The Brainchild of Marshal Tukhachevskii*）。

15. Erickson, p. 565.

16. 1992 年，伦敦：格林伍德出版公司（Greenwood），小威拉德·弗兰克，菲利普·吉勒特，《1915—1991 年，从列宁到戈尔巴乔夫的苏联军事理论》（*Soviet Military Doctrine from Lenin to Gorbachev, 1915–1991*），第 135 页。1941 年底，苏军机动集群出现了首次演变，1944 年与 1945 年"达到了成功的巅峰"。

17. "Let's think about this one more time." Quoted in David M. Glantz, *The Soviet Conduct of Tactical Maneuver*（London: Frank Ross, 1991），p. xxi.

18. 1941 年 12 月，苏军装甲兵包括 7 个坦克师、79 个独立坦克旅与 100 个独立坦克营。1992 年，伦敦：格林伍德出版公司，小威拉德·弗兰克，菲利普·吉勒特，《1915—1991 年，从列宁到戈尔巴乔夫的苏联军事理论》，第 138 页："在理论上，虽然苏军的防御（与反攻）概念是可实现的，但在实践中，其效果是灾难性的。"

19. 对德军来说，KV 重型坦克是突如其来的震撼。曾有 1 辆 KV 重型坦克仅停在原地就牵制住了德军 1 个装甲师几乎 1 天的时间。德军主战坦克根本无法击穿其装甲，师属防空单位动用了 88 毫米高射炮才将其消灭。1971 年，纽约：巴兰坦书业，道格拉斯·奥吉尔，《T-34：俄罗斯装甲》（*T-34 Russian Armor*）。T-34 中型坦克的起源，可以追溯到美国陆军与沃尔特·克里斯蒂的原型车设计。最终，这 2 辆原型车运抵苏联，在沃罗涅日（Voronezh）进行了试验。很快，苏军就研制了 BT 与 T 系列坦克，其均为"克里斯蒂"坦克的衍生型号。

20. 1981 年，纽约：克兰·拉萨克出版公司（Crane Russak），纳桑·莱茨，《战争中的苏联风格》（*Soviet Style in War*）：瓦图京[①] 大将指出，"德军'虎'与'费迪南'的 88 毫米炮，能够在 2 千米距离上击穿我军坦克装甲，这并不是什么秘密……但敌军重型坦克有个缺陷——其机动性较差。在这些钢铁巨兽转动炮塔之前，机动性较强的 T-34 就能够向其开火了"。

21. 1944 年，纽约：企鹅出版公司（Penguin），威廉·爱德华·戴维·艾伦，《1941—1943 年的苏联战役》（*The Russian Campaigns of 1941–43*），第 148 页："至于'虎'与'费迪南'的质量，事实已经证明德军的希望是毫无道理的（就像他们已经在突尼斯投入了小规模试验所证明的那样）；这种战术上的赌博并未带来收益。"RG14186；1945 年 2 月，加拿大皇家装甲兵公报，附录 H，《德军装甲兵公告》（*Nachrachtenblett der Panzer truppen*）："虎"式重型坦克的出现，暂时恢复了德军装甲兵在战术上的优势。苏军"斯大林"式重型坦克的出现扳回了一局。尽管，当苏军发现德军"虎"式重型坦克时，会因为"斯大林"的射速较低"而撤走"斯大林"式重型坦克。但在 600 码距离以内，"虎"式重型坦克的主炮才能击穿"斯大林"式重型坦克的正面装甲。古德里安指出，"'虎'不能再无视普通坦克部队所奉行的原则。'虎'不能有'闲逛般的随意作战'，其必须像其他坦克一样行事"。

22. 1942 年 5 月，德军反击苏军西南方面军的攻势，包围了苏军 3 个集团军、2 个坦克军、3 个骑兵军，约 500 辆坦克与 20 万名官兵。

23. A. I. Eremenko, *Zapiski Komanduyushchaegom Frontom*（Moscow: Voenizdat, 1961），p. 298.

24. See Harriet Fast Scott and W. F. Scott, *Soviet Military Doctrine: Continuity, Formulation, and Dissemination*（Boulder, Colo.: Westview, 1988）; Scott and Scott, eds., *Soviet Art of War*; D. T. Yazov, "On Soviet Military Doctrine," *RUSI Journal* 134（Winter 1989）.

25. V. G. Reznichenko, "Tactics," in Scott and Scott, eds., *The Soviet Art of War*, p. 235.

26. M. K. Tukhachevskiy, "What Is New in the Development of Red Army Tactics." Scott, p. 56.

27. 1970 年，莫斯科：国防部，小威拉德·弗兰克，弗拉基米尔·亚历山德罗维奇·扎哈罗夫（Vladimir Aleksandrovich Zakharov），安德烈·阿列克谢耶维奇·西多连科（Andrei Alekseevich Sidorenko），《攻势》（*The Offensive*）；1977 年，莫斯科：国防部，阿列克谢·伊万诺维奇·拉德捷夫斯基，《坦克进攻》（*Tank strike*）：1943 年 1 月，苏军首次使用"方面军属机动集群"。当时，瓦图京调集 4 个坦克军（苏军第 3 坦克军、第 10 坦克军、第 18 坦克军与近卫第 4 坦克军），将其置于 1 个司令部的指挥之下。为了增强步兵的机动性，他给每个坦克军配属了以卡车进行机动的步兵师。

28. 1992 年，伦敦：格林伍德出版公司，小威拉德·弗兰克，菲利普·吉勒特，《1915—1991 年，从列宁到戈

---

① 尼古拉·费奥多洛维奇·瓦图京（Никола́й Фёдорович Вату́тин，1901 年 12 月 16 日—1944 年 4 月 15 日），苏联陆军大将。第二次世界大战期间，先后任苏军副总参谋长、沃罗涅日方面军司令、西南方面军司令、乌克兰第 1 方面军司令。在作者注原文中，错将其军衔称为"元帅"。

尔巴乔夫的苏联军事理论》，第 142 页：盟军进攻西西里岛也从东线吸引了相当多的德军资源。详见 1983 年，纽约：哈珀·科林斯出版公司，卡洛·德斯特，《苦涩的胜利：1943 年，西西里战役》(*Bitter Victory: The Battle for Sicily, 1943*)；曼施坦因，《1942—1945 年，苏联红军的发展》，第 229 页。

29. B. Arus Hanian, "Manevr v nastupatel'nykh operatsiyakh Velikoy Oechestvennoy Voiny," *Soviet Military Doctrine* 12h, 12 ( December 1963 ) : 3.

30. 1980 年，弗吉尼亚州，麦克莱恩：布拉多克邓恩与麦克唐纳公司 ( Braddock Dunn & McDonald Corporation )，《巴尔克将军与冯·梅林津将军的战术：对北约军事理论的影响》(*Generals Balck and von Mellenthin on Tactics:Implications for NATO Military Doctrine*) 第 21 章：当美国历史学家德普伊将军问道："每百名德军将领中，有多少名将领具备'态势感知能力'？"巴尔克将军回答："三四个人，而且他们并未得到广泛认同。"

31. ETHINT MS 303 General Blumentritt. *Technique of Command*. 27 January 1947, MHI 13.

32. 俄军／苏军的宽大正面进攻是其军事传统的组成部分：1916 年，"勃鲁西洛夫"攻势①，290 英里 ( 约 466.71 千米 )；1920 年，俄国内战，250 英里 ( 约 402.34 千米 )；1943 年，斯大林格勒战役，400 英里 ( 约 643.74 千米 )；1944 年，白俄罗斯战役②，415 英里 ( 约 667.88 千米 );1944 年，波罗的海沿岸战役，310 英里 ( 约 498.9 千米 )；1945 年，柏林战役，280 英里 ( 约 450.62 千米 )。

33. 1970 年，莫斯科：国防部，小威拉德·弗兰克，弗拉基米尔·亚历山德罗维奇·扎哈罗夫，安德烈·阿列克谢耶维奇·西多连科，《攻势》；斯大林个人敦促苏军"发起一次主攻"以形成攻势，但最后同意了罗科索夫斯基的意见，接受了发起一次以上的战役进攻，以形成战略攻势。详见 1983 年，伦敦：魏登费尔德与尼克尔森出版公司，约翰·埃里克森，《通往柏林之路：斯大林与德国的战争》第 2 卷，第 203 页；1985 年，戴维·格兰茨，《苏军战役法的属性》(*The Nature of Soviet Operational Art*) 第 15 卷，第 1 号，第 2～12 页;1983 年 6 月，厄尔·弗雷德里克·齐姆克，《苏军纵深作战理论》(*The Soviet Theory of Deep Operations*)，第 23～33 页。

34. 1982 年，科罗拉多州，博尔德：西景出版公司，哈丽雅特·法斯特·斯科特与威廉·斯科特编辑，《苏联战争艺术：理论，战略与战术》第 121 页：随着利沃夫·桑多梅日攻势 ( 7 月 13 日—8 月 31 日 )、波罗的海攻势 ( 7 月 5 日—10 月 1 日 )③与雅西—基什尼奥夫攻势④ ( 8 月 20—29 日 )，共 19 次攻势行动与 1 次防御战略行动。在 4 年中，苏军共进行了 14 次防御与 41 次攻势战略行动。

35. 德军"芙蕾雅"( Freya ) 雷达为德军第 4 航空队提供的早期预警，发现整个前线的苏联空军将先发制人地发起强大的空袭。整个区域的德国空军航空中队快速反应，紧急起飞。德军战斗机 ( 宣称 ) 击落苏军 400 架飞机，抵消了苏军的空中优势。详见 1968 年，纽约：巴兰坦书业，杰弗里·朱克斯，《库尔斯克》(*Kursk*)；1969 年，纽约：巴兰坦书业，阿尔弗雷德·普赖斯，《德国空军数据手册》。

36. David M. Glantz, "Soviet Military Strategy during the Second Period of War ( Nov. 1942–Dec. 1943 ), a Reappraisal," *The Journal of Military History*, 60 1 ( January 1996 ) : 150.

37. See Bellamy, *Red God of War*, p. 198.

38. 1966 年，伦敦：卡斯尔出版公司，特德勋爵，《偏见》(*With Prejudice*)，第 606 页：特德空军元帅对另一个将轰炸机作为炮兵使用的计划进行的评论：1944 年 10 月，西蒙兹进攻沃尔彻恩岛 ( Walchern Island )。特德反对"滥用"战略空军力量始于"古德伍德"行动，在"眼镜蛇"行动、"总计"行动与"驯服"行动中一直如此。

39. 此计划分为 3 个阶段：( 1 ) 初步突入：6～7 英里；( 2 ) 投入方面军属机动编队；( 3 ) 将战斗延展为"纵深作战"。1945 年 1 月 12 日，在维斯瓦河攻势中，苏军实施了 1 小时 47 分钟的火力准备，包括对德军炮位、反坦克炮与榴弹炮阵地进行了 7 分钟的"火力打击"。

40. 盟军对反攻欧洲大陆登陆区域的大规模战略欺骗计划，彻底误导了德军最高司令部，一定程度地误导了希

---

① 勃鲁西洛夫"攻势 ( Brusilov Offensive )，1916 年 6 月 4 日—9 月 20 日，第一次世界大战时期，俄军向德军、奥匈帝国军与土耳其军发起的攻势，以俄军司令的名字命名，以俄军胜利告终。

② ( 1 ) 白俄罗斯战役，"巴格拉季昂"行动 ( Operation Bagration )，1944 年 6 月 23 日—8 月 19 日，在白俄罗斯、波罗的海沿岸、乌克兰与波兰东部，苏军向德军发起的攻势，苏军白俄罗斯战略攻势行动的代号，以苏军胜利告终。( 2 ) 波罗的海沿岸战役，波罗的海攻势 ( Baltic Offensive )，1944 年 9 月 14 日—11 月 24 日，在波罗的海沿岸与波兰，苏军向德军发起的攻势，以苏军胜利告终。

③ 原文如此。据查证，两次攻势的时间分别应该为 1944 年 7 月 13 日—8 月 29 日、1944 年 9 月 14 日—11 月 24 日。

④ 雅西—基什尼奥夫攻势 ( Jassy–Kishinev Offensive )，1944 年 8 月 20—29 日，在罗马尼亚东部与南部，苏军向德军与罗马尼亚军发起的攻势，以苏军胜利告终。

特勒。盟军在诺曼底立足数个星期后，德军第 15 集团军的主力，包括德军第 116 装甲师与预备突击炮旅，都停留在塞纳河以北，等待蒙在鼓里的德军情报参谋所预测的，盟军即将在加来海峡省发起的进攻。

41. 1971 年，多historybbc海姆：阿尔马克·波楚恩出版社（Almark Podzun Verlag），霍斯特·沙伊贝特，乌尔里希·埃尔弗拉特，《1941—1944 年，东线的德军装甲兵》（*German Armored Forces on the Eastern Front 1941–44*）：1944 年夏末时，"德军还剩 10 个或 12 个装甲师与摩托化师……"。

42. A. A. Svechin, *Strategiya v Akademicheskoi Postanovke*, *Voina i Revolyutsiya*（Moscow: Voyennyi Vestnik, 1928）.

43. 俄军"骑兵突袭"是种传统，曾有效地对抗过拿破仑；1920 年，苏俄第 1 骑兵集团军的突袭是另一个例证；详见：1972 年，莫斯科：军事出版社，帕韦尔·阿列克谢耶维奇·罗特米斯特罗夫 [1]，《时代与坦克》（*Время и танки*）；1980 年，莫斯科：军事出版社，阿马扎斯普·哈恰图罗维奇·巴巴贾尼扬，《坦克与装甲兵》（*Танки и танковые войска*）；1972 年，莫斯科：军事出版社，瓦西里·叶菲莫维奇·萨夫金，《战役法与战术的基本原则》（*Основные принципы оперативного искусства и тактики*）；1986 年，伦敦：布拉西出版公司，克里斯托弗·贝拉米，《红色战争之神》，第 198～199 页。

44. Red Army Field Regulations（PU-44）.

45. Col. B. Frolov, "Tankovoye srazheniye v Rayone Bogodukhova. Voyennoistoricheskiy zhurnal," *Military History Journal*（9（September 1978）: 18–24.

46. 1990 年，纽约：克兰·拉萨克出版公司，纳桑·莱茨，《战争中的苏联风格》，德军作战报告："实际上，苏军每次发起进攻之前，都会以小规模兵力的'渗透'，开展大规模的渗透行动。"

47. 1992 年，伦敦：格林伍德出版公司，小威拉德·弗兰克，菲利普·吉勒特，《1915—1991 年，从列宁到戈尔巴乔夫的苏联军事理论》，第 142 页："每个前锋分队（所指并非战役机动集群）装备 60 辆坦克，在主力前方 13 英里（约 20.92 千米）处作战。最初，德军战斗群轻松将其消灭。""后来，苏军通过更好地调整这些前锋分队的兵力构成（主要是加强了反坦克炮与榴弹炮）和前进的距离与敌军的兵力及所占据的地形相匹配，来解决这些问题。"另可见，1977 年，莫斯科：国防部，阿列克谢·伊万诺维奇·拉德捷夫斯基，《坦克进攻》。

48. 如"削弱""摧毁""冲击""突入""交战""整顿""猛击""痛击"等词汇，对比像"粉碎""撕开"与"割裂"这样的苏军词汇。

49. Liaison letter No. 10. July 1944. D Hist 141,009 D116. *Comparison of Soviet and British Tank Tactics.*

50. See Brereton, Greenhous et al., *The Crucible of War—The Official History of the Royal Canadian Air Force* Vol. 3（Toronto: Toronto University press, 1993）. Also see Lt. Gen. R. Rhomer, *Patton's Gap.*

51. See *1944 Combat Regulations for Tank and Mechanized Forces*: Reconnaissance.

52. Andreas Rezpniewski, *Armaments Development Tendencies During the Second World War* in W. Bieganski, *Military Technique Policy and Strategy in History*（Warsaw: Ministry of National Defense, 1976）. See also V. G. Reznichenko, ed., *Takitka*（Moscow: Voenizdat, 1966）, and P. M. Vigor, "Soviet Reconnaissance," *RUSI Journal* 4（1975）.

53. 1980 年，弗吉尼亚州，麦克莱恩：布拉多克邓恩与麦克唐纳公司，《巴尔克将军与冯·梅林津将军的战术：对北约军事理论的影响》，第 25 页：梅林津提到，当与苏军机动纵队作战时，德军参谋人员通常只有"约 5 分钟"来做出战术决定。

54. Leites, p. 240.

55. Marshal G. K. Zhukov, *Vospominania i Razmyshlenyi*（London: Macdonald, 1969）.

56. 1977 年，莫斯科：国防部，阿列克谢·伊万诺维奇·拉德捷夫斯基，《坦克进攻》。在突入并遭遇敌军阻击阵地后，伴随并支援装甲兵的炮兵主力，将以 76.2 毫米或 152 毫米炮火力直射目标。同时，T-34、SU-85 与 SU-100 向其后方迂回。详见 1981 年，伦敦：乔治艾伦与昂温出版公司（George Allen & Unwin），

① 帕韦尔·阿列克谢耶维奇·罗特米斯特罗夫（Павел Алексеевич Ротмистров，1901 年 7 月 6 日—1982 年 4 月 6 日），苏联陆军装甲兵元帅。第二次世界大战期间，先后任苏军第 3 机械化军参谋长、第 8 坦克旅旅长、第 7 坦克军军长、近卫第 5 坦克集团军司令、装甲兵副司令。

② 阿马扎斯普·哈恰图罗维奇·巴巴贾尼扬（Амазасп Хачатурович Бабаджанян，1906 年 2 月 18 日—1977 年 11 月 1 日），苏联陆军装甲兵元帅。第二次世界大战期间，先后任苏军第 395 步兵团团长、第 3 机械化旅旅长、近卫第 20 机械化旅旅长、近卫第 11 坦克军军长。

德里克·李巴尔特[1]，《苏联军事思想》（*Soviet Military Thinking*）。

57. 1986 年，伦敦：克鲁姆·赫尔姆出版公司，威廉·施奈德，《苏联地面兵力——作战评估》，第 16 页：1943 年版苏军《野战条例》规定武器之间的协同，"应以步兵的利益为重"。其明确了赢得交火是战术遭遇战胜败的决定性因素。苏军步兵师的人数：1941 年，14483 人；1943 年，9380 人（低谷），1945 年，11780 人。

58. 苏军战斗师的组建：（1）步兵师：步行、畜力牵引或摩托化；（2）坦克师：中型 / 重型主战坦克，机械化或摩托化步兵；（3）机械化师："诸兵种协同的坦步协同部队"——每个机械化团都下辖 3 个步兵营、1 个坦克营，此外师还加强有一个重型坦克 / 自行火炮团（各下辖 1 个摩托化步兵营）；（4）炮兵师（包括重型"突破炮兵师"，各种各样"适合执行特殊任务的装备"）：轻型加农炮旅、榴弹炮旅、中型榴弹炮团、中型加农炮团、火箭炮旅、重型迫击炮旅——几乎全部为牵引式火炮或自行火炮；（5）高射炮师；（6）骑兵师。

59. 亚历山大·安德烈耶维奇·斯维钦和 A.V. 卡迪舍夫著《苏军战略与战役作战条令读本》（莫斯科：苏联军事出版社，1965）第 257 页。

60. Reznichenko, p. 317.

61. 1980 年，弗吉尼亚州，麦克莱恩：布拉多克邓恩与麦克唐纳公司，《巴尔克将军与冯·梅林津将军的战术：对北约军事理论的影响》，第 14 页：当问及"巴尔克将军，冯·梅林津将军，你们认为什么是最难防御的？"，巴尔克回答："速度。"

62. Reznichenko, p. 318.

63. 1960 年，莫斯科：军事出版社，尼古拉·基里洛维奇·波佩尔[2]，《坦克西进》（*Танки повернули на запад*），第 120 页："如果你强令他（下级军官）发起进攻。一旦他开出了你的视线，他就会停下来。"1977 年，《军事通信》第 9 期（*Voennyi Vestnik*），S. 斯米尔诺夫上校，第 58 页："让我们少些无理由的停顿。"

64. 《1944 年坦克与机械化部队作战条例》第 1 章："坦克进攻起之后必须不停前进……禁止……将分配给坦克旅的诸兵联合兵力分离开。"

65. German after-action report, Leites, p. 301.

66. 1991 年，纽约：神庙出版公司（Athenaeum），克里斯托弗·达菲，《席卷第三帝国的红色风暴》（*Red Storm on the Reich*），第 362 页：希特勒持续不断地干涉部署、作战、战术，甚至坦克军列的行动。相比之下，"斯大林关注的是宏观，也更为疏离"。关于在会议中，希特勒痴迷于军事细节的详细例证，详见沃尔特·瓦尔利蒙特的著作。

67. General Dwight D. Eisenhower, *Crusade in Europe*（New York: Doubleday, 1948），p. 267.

68. 在阿纳姆，蒙哥马利的"老朋友"，从法莱斯逃出之后，正在阿纳姆附近进行"休整与重建"的武装党卫军第 9 "霍亨施陶芬"装甲师，是消灭英军空降兵的主力。

69. Brooke, in Hamilton, p. 766, and Montgomery, p. 261.

70. 《骑兵》杂志的老御用作者是苏军理论最大的拥护者。1945 年时，霍金斯将军仍然试图游说美军组建骑兵师。1944—1945 年，有不少于 31 篇的文章涉及骑兵，包括 1944 年 1—2 月号，《坦骑协同组》（*The Tank Cavalry Team*）；1944 年 3—4 月号，《对骑兵与坦克的空中支援》（*Air Support of Cavalry and Tanks*）；《意大利战场需要马匹》（*Need for Horses in Italy*）与《苏军骑兵的重要作用》（*Vital Role of Soviet Cavalry*）。

71. 1983 年，纽约：哈珀·科林斯出版公司，卡洛·德斯特，《诺曼底的决断》，第 394～396 页、第 472 页：在英国皇家空军中，有个特遣元帅领导的小集团，在诺曼底战役中，反对蒙哥马利的领导地位。

72. 1968 年，华盛顿：陆军史志系列办公室军军史主管（Army Historical Series Office of the Chief of Military History），厄尔·弗雷德里克·齐姆克，《从斯大林格勒到柏林：德军在东线的失败》（*Stalingrad to Berlin: The German Defeat in the East*），第 504 页："苏军最高统帅部在制定行动计划时，似乎置于某种强迫之下，通过实际的军事占领，使每块占领的土地合法化。"厄尔·弗雷德里克·齐姆克认为，苏联能够战胜德国的原因，包括只有 1 个战区（没有受到日本的威胁）；对海战几乎没做出贡献；在空战中只致力于战术 / 战役作战；除了苏联区域之外，对其他区域没有战略上的努力；以及在人员与装备上，苏军付出了极为高昂的代价。

---

① 德里克·李尔特（Derek Leebaert，1951 年 1 月 16 日— ），美国当代历史、政治与科技书籍作者，美国陆军国家博物馆创始人之一。

② 尼古拉·基里洛维奇·波佩尔（Никола́й Кири́ллович По́пель，1901 年 1 月 2 日—1980 年 2 月 25 日），苏联陆军中将。第二次世界大战期间，曾任苏联列宁格勒第 1 炮兵学校的军事委员，苏军第 8 机械化军副军长、第 38 集团军军事委员、第 3 机械化军军事委员、第 1 坦克集团军军事委员、禁卫第 1 坦克集团军军事委员。

# 第 15 章
# 结论：盟军战役法

*最近，有种不幸的趋势，就是忽视乘车作战，仿佛成了过去的遗物，与马匹一起死去……尽管在欧洲的美国陆军没有任何马匹，但美军执行了大量骑兵行动。*

*——美军第 6 装甲师师长，罗伯特·格罗少将[1]*

*如果我们的武装力量想要发展得更好，而非更糟，那么我们就需要对我们的军事经验进行透彻且无情的分析与批判。我们不能有任何受保护的"英雄"。*

*——美军骑兵罗伊·阿普尔顿少校[2]*

    第一次世界大战中，坦克的出现似乎宣告了骑兵作战的终结。在俄国内战与苏波战争中，虽然骑兵依然进行了激烈的战斗，但机械化是未来的发展方向。早期的坦克"先贤"都是狂热分子，他们的预言侮辱了旧式战斗兵种的传统与能力。富勒与利德尔·哈特对未来战争的解决方案（"装甲洪流""全坦克陆军"），经过专业人士的争论，因为各种原因遭到拒绝，首要的原因是坦克机械性能的不可靠，以及对这些有可能在军事机构中占据优势地位的年轻"顽童"的狭隘反应。

    步兵与骑兵都试图将坦克吸纳进自己的兵种。骑兵打算把坦克作为战马的"马夫"来控制，步兵决定将坦克作为机动机枪平台，以步兵的速度移动。而"机动的使徒"则要求组建独立的兵种。在美国，美军抵制了这种想法；但在苏联、德国与英国，却没有。英军皇家坦克兵的组建并不是装甲兵的进步，其只不过是将坦克集中了起来，使之成了更容易遭到打击的目标。

    美国与欧洲的骑兵体系普遍误解了坦克，试图颠覆机械化，并成功地创造了能够有效将骑兵降低为骑乘步兵与侦察骑兵等二流角色的，似是而非的现代化理论。直到 1939 年，骑兵仍然在犹豫，是否应该装甲化。反对的声音主要来自高级将领，因为大多数的骑兵团已经做好了机械化的准备。专职的骑兵欣然接受，对其忠实的坐骑来说，在边境巡逻与打马球，显然要比迎着炮火与机枪火力前进好得多。即使是那些拥护新秩序的现代骑兵军官，也会小心翼翼地指出些许细微之处："我们必须小心，不要混淆'运输性'与'机动性'。后者是战场上的概念。这也是骑乘作战与下马作战的区别之处。"[3]

任何装甲兵的基本原则就是一种富于刚性的理论。理论的本质是对"我们如何作战"的明确解释。过于复杂的理论是无效的，因为必须执行此种理论的部队难以轻易地理解它。然而，新的理论如果要在战场上产生效果，就不能简单化。其需要三个方面的议程。

第一阶段包括作战能力的理论。以浅显易懂的语言，向士兵表述"我们如何着手"这样的入门概念，以使其有效参战，这是很必要的。理论的选择总是从过去的作战经验中产生的。哲学家都有各自皈依的流派，因此军官中也总会出现类似加尔文[①]与茨温利[②]的论战。西方盟国与欧洲极权政体之间的关键区别在于，自由民主国家坚持平等理论，迫使其总参谋部在战争的各方面都要考虑每个士兵的福利。这并不意味着西方盟军的将领不会像专制强权国家那样毫无意义而笨拙地浪费兵力，而只是说明其总参谋部希望能有温和的理论，以便维持各兵种的团结，并时刻准备展开辩论，但完成这样的讨论将极其耗费时间。

第二阶段包括总参谋部的理论。其与第一阶段的理论是相同的理论，但在战役与战略层面上更为完整。如果想要击败经验丰富的敌人，那么这种理论就必须复杂些。如果是全新的理论，其通常需要新技术的支撑。指挥与控制的程序，必须在高级参谋层面得到完善，需要通过实战演习来完善此种技巧。因此，对于所有军队来说，试验性部队都是至关重要的，从而在智力上与战术上与时俱进。20世纪 30 年代，主要的参与国都制造了风格迥异的坦克，并在格拉芬沃尔、索尔兹伯里平原、凡尔登、基辅与路易斯安那州进行了试验性演习。这些都使参谋们

---

① 约翰·加尔文（Jean Calvin，1509 年 7 月 10 日—1564 年 5 月 27 日），法国神学家，基督教新教加尔文宗的创始人。

② 乌尔里希·茨温利（Ulrich Zwingli，1484 年 1 月 1 日—1531 年 10 月 11 日），基督教新教神学家，瑞士宗教改革运动的领导者。

在教学之前就进行了"测试"。

第三阶段，教育，相对简单。建立教导学校，以教授军官，军官再通过兵种学校教导更多的官兵，并剔除那些拒绝接受这些理论的人。信仰理论的最后阶段是实践——弗朗西斯·图克爵士称之为"作战的途径"。作战编队与其支援集群越经常执行新理论，战斗就越轻松——按照苏沃洛夫①的格言，则是"平时多流汗，战时少流血"。尽管英国陆军进行了先驱试验，但欧洲国家机械化成功的主要原因是政治因素。极权主义独裁者强有力的支持，使坦克集团军得以实现，并迫使西方民主国家组建相同的组织。尽管在西班牙与中国东北的战役中进行了试验，但直到 1939 年德军入侵波兰之后，各国才开始无条件地接受机械化。1939 年冬季之前，英军与法军都没有组建装甲师，直到德军入侵法国后，美军与加军才成立了装甲兵。

## 美国陆军与加拿大陆军

*艾布拉姆斯等人的创造，成了装甲兵（理论）时，也就在战场上掀起了革命……他们创造了装甲兵理论，而非受装甲兵理论教导。*

*——布鲁斯·克拉克将军* [4]

加军骑兵规模太小，无法有效参与关于机械化的争论。一战结束后，加军解散了摩托化旅与坦克营，骑兵恢复为分散的传统骑兵。这场争论是纯粹的理论交锋，参与争论的主要人士也非骑兵军官。在欧洲发生的战役让事实胜于雄辩，所以加军骑兵毫不费力地转变成了装甲兵。加军装甲兵的指挥水平并未在主要战区得到发展。经验丰富的骑兵军官或装甲兵军官并未得到晋升，指挥装甲兵的指挥官只接受过炮兵、工兵与步兵的训练。尽管遵循了大英帝国的传统与英军团级系统，但加军皇家装甲兵在很多方面都受到了美国陆军地面部队的影响，而非其英国兄弟。

---

① 亚历山大·瓦西里耶维奇·苏沃洛夫（Алекса́ндр Васи́льевич Суво́ров，1729 年 11 月 24 日—1800 年 5 月 18 日），俄国军事家、战略家、陆军元帅。

美军坦克兵有作战经验与先进的工业基础为支撑，但很快陷于是否机械化的争论中。幸运的是，范沃里斯与阿德纳·霞飞开创性的努力确保军官能够进行试验与交叉训练。美军骑兵对机械化的抵制是不明智的，并导致这个兵种在二战中失去了决定性兵种的地位。1940 年，美国陆军部采取了复杂程度最低的解决办法，没有将装甲兵的控制权交给步兵或骑兵，而是建立了美军装甲兵。美军骑兵与装甲兵的分裂很不自然，应该修补其关系，然而却未来得及进行。最终，马歇尔与麦克奈尔直接无视了赫尔将军，骑兵命中注定无法重塑其过去的辉煌。随后，马歇尔命令恩布里克组织路易斯安那州军事演习，其有助于进一步明确国家战争的作战技巧。投入战争时，美军骑兵已经在作战理论中被边缘化，降级成为执行侦察任务的营级兵力。

美军装甲兵面临着严峻的挑战；在阉割了骑兵与其辉煌的历史后，其不得不另起炉灶建立装甲兵精神。新的坦克编队无法唤起过去骑兵的战斗精神。除了 1918 年曾在巴顿麾下作战过的数个新组建的坦克营之外，美军装甲兵需要定义自己。美军装甲兵要比英军皇家坦克兵年轻许多，没那么目中无人或高傲自满，但有性能更好的装备与出自本国的理论。美军坦克兵是机械化战争原则之下的实干阶层试验。通过将所有兵种集合起来，美军"少壮派"[①] 获得了对各种作战兵种的理论进行试验的机会。结果是决定性的：在任何战术问题上，纯粹的装甲兵在对抗传统骑兵或包含有传统骑兵的半机械化部队时，都获得了胜利。这并非试图将明日黄花简单地归于其位的问题，而是路易斯安那州军事演习使美军装甲兵找到了自己的方向。"（路易斯安那州军事演习）显示，就步兵坦克部队而言，政策出现了明显的变化。在此之前，我们有独立的坦克排、坦克连与坦克营，广泛地部署于我国的领土上。"[5] 最终的成果是 FM100-5 号野战手册《装甲师》。1940 年 10 月 20 日，首版出世，非常大胆。"美国佬"的常识结合在波兰与法国出现的"闪击战"模式，迅速产生了只有富勒与图哈切夫斯基讨论过的那种思想："其首要作用是在攻势行动中，打击敌军后方的战术或战略纵深目标。……在遭遇优势兵力时，只要其任务允许，装甲师就应避开与之进行决定性战斗……主攻是迅速的，

---

① "少壮派"（法文：Jeune École），19 世纪法国海军发展出的理论，意图以小型的重武装舰艇对抗英国皇家海军更为巨大的战列舰，并以破交战破坏英国海上贸易，亦译为"绿水学派"。

深入敌军后方且持续的，直到判定装甲师获得了胜利。"[6]

这使美军装甲兵顺利地走上了纵深作战的道路。重要的因素是将装甲集群从执行步兵任务的拖累中解脱出来。美军 FM100-5 号野战手册只是粗略的战术入门，其真正指向的是在军级区域内完成前锋行动之后的作战行动。美军地面部队司令部勉强承认了，作为装甲军的组成部分，装甲师是能够影响战略决议的战役级别武器。

在北非战场，美军积极地以连级规模参加了阿拉曼战役，以师级与军级规模参加了突尼斯战役，磨炼了技术技能，并进一步完善了现有理论。奥兰多·沃德将军遭到解职，或许是不公平的。尽管在卡塞林山口战役，美军第 1 装甲师陷入灾难，但总体来说，其仍然是个不错的装甲师。在发展的初期阶段，美军装甲兵与加军装甲兵都经历过相同的问题。在师级与军级层面，美军装甲兵的表现却更好。这可以直接追溯到领导能力与经验的问题。

美国陆军参加第二次世界大战时，其装备是性能低劣的：

> 根据事先的设定，美军第 3 集团军演习的高潮阶段，是以大量坦克进行突破……暴风雨席卷而过，进攻区域一片泥泞……发起进攻的坦克遭遇了灾难性的后果。只有不到 20% 的坦克抵达目标……其设计拙劣，性能低下，军事价值令人怀疑。[7]

以美国工业的能力，仅制造出了快速而机械性能可靠的车辆，只能说是部分成功。选择 M4 "谢尔曼" 中型坦克，是权宜之计——本可以有更好的坦克，开下生产线。[8]最终，"谢尔曼" 赢得了战争，但付出了惨重的人员伤亡与装备损失代价。此外，当阿伯丁武器试验场的工作人员改装试验型装甲战斗车辆时，美军装甲兵却遭到了来自内部的颠覆。乔治·马歇尔将军命令炮兵与步兵将领组建了地面部队司令部后，被反坦克炮勾去了魂魄，并展开了对运动战的声讨。其后果就是直到 1945 年，美军装甲兵才拥有能与德军分庭抗礼的主战坦克。实际上，直到 20 世纪 80 年代，美军装备 M1 "艾布拉姆斯" 主战坦克之前，美军都未能拥有能具备德军 "虎王" 重型坦克那种心理与技术优势的主战坦克。

不仅西方盟国存在技术缺陷，德国陆军的坦克发展，也只是在纸面上看起来很光鲜，在某些方面，却是劣质的。在没有众多机械师与配件的情况下，生产大众牌汽车的人无法制造出能够在战场上移动的主战坦克。"虎"与"黑豹"是致命的"杀戮机器"，但也绝对是工程师发明出来的"机械噩梦"。在排除故障方面，他们的低能程度令人惊讶。更糟糕的是，这些坦克很晚才出现，其都是针对苏军装甲兵研制的。苏军进展更为顺利：其坦克很简单。苏军坦克可堪使用，装备大口径火炮。当需要具有更厚重装甲与更大口径火炮的更大坦克时，苏军工业体系迅速提供了这种坦克。德军的"虎"与"黑豹"普遍优于 T-34 或 KV，但当其最终抵达战场后，作用却不值一提。苏军并不与德军坦克进行硬碰硬的决斗。苏军战略攻势需要装甲集群执行纵深作战任务：数千辆长驱直入的坦克高速前进，只需要基本的维护。苏军的行动很出色。然而，德军将领出版的一系列辩解书籍与冷战时期的西方国家军方却贬低苏军的成就，认为苏军只是通过粗糙的数量优势取得了胜利。

## 装甲兵理论

*命其深入地狱，并用尽其极。*

——威利斯·克里滕伯格将军[9]

装甲兵理论的发展需要明确首要原则——坦克是什么？更为重要的问题则是——坦克群是什么？对建立装甲兵来说，其区别至关重要。装甲师需要的理论与步兵师完全不同。对此，人们众说纷纭。英军与法军此前曾确信，他们需要两种不同的坦克，步兵坦克与骑兵坦克。然而，到 1945 年时，甚至连蒙哥马利也认为："我们需要能够同时胜任这两种任务的坦克。"[10] 坦克是什么，很快在战斗中得到了体现：坦克（具体来说，是装有强劲火炮与装甲的履带式车辆）能够在任何地形、任何条件以及任何气候，以单车或小规模集群作战。坦克擅长进攻，在防御战中也是致命武器。其最长于支援步兵，但也能够独立作战。只要接受坦克对汽油、燃料与后勤存在严重依赖，那么坦克就无所不能。

第二个问题，装甲集群是什么，显示了截然不同的任务理论。谢德维尔哀叹"坦克是非常娇气的"，最适用于装甲师、装甲军或装甲集团军。在复杂地形或城市地域，坦克集群无法作战，也不应该进攻严阵以待的防御阵地或要塞群。[11]

装甲集群应当作为预备队掌握，专门用于突破与追击。作战条令中很快确认，坦克必须与敌军坦克对抗，具体来说，坦克必须机动作战。装甲军实施战役机动，能获得战略成果。装甲集群进行纵深作战，就此成为战略兵种。大多数国家的总参谋部都在原则上意识到了这点，但只有德军最高司令部与苏军最高统帅部高效实践了这点。

对部队配比的排列组合，产生了不同的编制方案，每种都反映出其对应国家总参谋部所持的作战理论。在各国的装甲师中，法军坦克与步兵的数量比例为 2∶1，英军仍然受到富勒与利德尔·哈特的影响，坦克与其他兵种比例极端不平衡，在诸兵种协同组合的情况下，坦克与步兵的比例依然达到了 6∶1。二战中期，典型的德军装甲师下辖 1 个侦察营、2 个坦克营、1 个机械化装甲歼击营、6 个装甲掷弹兵营（其中 1~2 个装甲掷弹兵营使用装甲运兵车进行运输）与 2 个摩托化炮兵营。[12] 美军装甲兵组织的改变没有英军那么彻底。[13] 到 1944 年，美军仍然有 2 个重型装甲师（第 2 装甲师与第 3 装甲师），这意味着平均每个美军装甲师装备 250 辆坦克。美军参战时，大多数装甲师的编制是平衡的三三制：3 个坦克营、3 个装甲步兵营与 3 个自行火炮营。事实证明，美军装甲师是一柄锋利的武器，仍然需要专业的"工匠"来"砥砺"。

1945 年 11 月 7 日，在欧洲战区，美军装甲师委员会（Armored Division Committee）确定了完美坦克编制的最终方案。有趣的是，其基于实战检验提出了不均衡的装甲师编制：3 个团，每个团下辖 1 个坦克营与 2 个步兵营，并能得到 5 个自行火炮营（3 个中型自行火炮营与 2 个重型自行火炮营）的支援。[14] 在此最终解决方案中，步兵与坦克数量的比例是 3∶2。在富勒与利德尔·哈特看来，该编制下的步兵数量实在太多了。

与加军的团级体系或由官僚体系演变出的美军战斗群相比，德军装甲师是种更优秀的战斗机器。德军"任务导向型战术"，例如"最重要的是，在执行命令时，不能排除情况的变化，要避免深入命令的细节"，已经得到证明，是更具优势的理论。[15] 战斗群体系亦是如此。[16] 两者都优于美军的战斗群体系，因为在应用过程中，这种模式被套上了毫无必要的硬性规定。霞飞训练出来的美军指挥官知晓他的意图，正确应用了这个体系。最后，德军战斗群作战效能与美军战斗群一样，但其并不需要再额外建立 3 个指挥部。

英军与加军解决装甲师问题的方法是将其编成两个编队：1 个装甲旅与 1 个步兵旅，其通常分成两支相互独立的兵力作战（非常符合加军风格）。加军皇家装甲兵未能创造独特的理论。其没有在北非作战的经验，只满足于模仿英军的沙漠战理论，尽管有明确的迹象表明，其不如德军模式。英军与加军最高司令部对在大规模攻势中进行纵深作战或装甲兵作战没有现实概念。西方盟军强调跨海突击，所以其战略攻势主要是那些过于精密的两栖作战。很不幸的是，盟军地面战略攻势胜利的唯一例证是阿拉曼战役。在盟军的理论计划中，这显得极为不平衡。

尽管在北非、意大利与诺曼底，并且在阿登地区，美军都击败了德军，但美军仍然是运动战军事哲学的门外汉。直到 20 世纪 70 年代末，美国五角大楼发现纵深作战之前，其一直都是苏军的作战艺术。但随后美军就宣布，他们早已直观地理解了纵深作战。除了伍德将军提及的，受到格兰特（纵深作战传统）的熏陶，美国陆军还通过实践证明其已经非常适应纵深作战与扫荡作战。谢尔曼将军向海洋进军或李将军进攻宾夕法尼亚州的行动，都是纵深作战的典型例证。有了这样的传统，只要时机来临，美军将领自然会在战役机动中表现得游刃有余。

## 没有吸取的教训——技术与坦克丑闻

"闪击战"没有必要进行小心谨慎的转变，因为其阐述的道理不证自明：装甲兵即骑兵。甚至可以说，装甲师就是重骑兵的复生，是传统的决定性兵种。第一次世界大战结束后，骑兵执行的任务仅限于联络与担任掩护兵力。德军装甲师复兴了骑兵荣耀的过往。英军骑兵抵达北非沙漠，准备找回骑兵的旧日辉煌。然而，其觉醒的过程却很鲁莽。其理论的答案是富勒、利德尔·哈特与霍巴特都是错的。古德里安是正确的，一直以来，德军并非崇尚装甲兵，而是崇尚诸兵种联合作战：在战术航空兵的全面支援下，装甲兵、装甲步兵、机械化炮兵与装甲工兵的混合体。

总体来说，同盟国军与轴心国军的基本原则是相同的，但普遍认为德军的领导能力更强。双方都跃跃欲试地实施机动，并在军级达成了效果，但德军（隆美尔的影响）更具创造性。对参谋人员与士兵们来说，虽然北非的经验为其打下了重要基础，但事实证明，根据沙漠战场经验制定的条例并不适用于在欧洲训练的部队。英国的战斗学校与军事学院依然强调沙漠战术：准备前往诺曼底的盟军装甲师学习的仍然是"防御箱型阵地""旅级堡垒"与"支点"，所有这些都是在浪费时间。

蒙哥马利的"对阵战"遮掩了运动战的本质，而且他迷恋滑铁卢式的防御战胜利。

在蒙哥马利到来之前，隆美尔已经将其大部分的经验教训"教给"了英军沙漠集团军。在阿拉曼与梅德宁获得的胜利，削弱了（英军内部）对在追击过程中装甲兵指挥水平的批评。蒙哥马利是个水平有限的指挥官，却成了英军与加军的理论主导者。这个自负的人物将使得盟军战略行动变得不切实际。

## 主战坦克

盟军曲解了德军"虎"式重型坦克的战术影响，在突尼斯完成了对缴获"虎"式重型坦克的试验后，得出的报告却糟糕透顶。在突尼斯与西西里岛取得的胜利冲昏了盟军的头脑，使其忘却了对新型主战坦克的需求。盟军相信，"谢尔曼"足以胜任此项任务，所以直到 1944 年夏季，才准备为其装备有效的坦克炮（"萤火虫"）。最终，导致了盟军的坦克丑闻。

盟军对于重型坦克研制三心二意。东线与北非的教训没能产生什么影响。狭隘的内斗，部门之间的倾轧与官僚主义作风，致使盟军直到 1945 年才推出适合的重型坦克。美军的沙文主义，以及追求"自主研发"的综合征，使美军拒绝在"谢尔曼"上装备英制 17 磅炮。美军很快发现，曾寄予厚望的美制 76.2 毫米炮令人失望透顶，"萤火虫"才是诺曼底地区唯一有效的坦克杀手。布拉德利遭到战场现实的当头棒喝之后，终于请求装备"萤火虫"，但没有"萤火虫"可提供给美军了。在火力、装甲与机动性方面，德军坦克都优于盟军坦克。

事实很快证明，麦克奈尔将军推行的坦克歼击车理论是有缺陷的，并加剧了美军作战理论的混乱。1944 年，步兵将领之间爆发了关于牵引式反坦克炮与自行式反坦克炮孰优孰劣的争论。在 M10 坦克歼击车上安装 90 毫米炮的方案终结了争论，但其在对抗"虎"与"黑豹"时并不那么有效，而且装甲薄弱，德军 Pz Ⅳ中型坦克与迫击炮即可消灭它。在两次巨大的坦克丑闻中，盟军幸存了下来。在诺曼底，美军与德军的坦克战规模较小，所以坦克丑闻没有声张出去。在阿登地区，德军"虎王"重型坦克撕开美军防线后，盟军坦克丑闻终于得到了关注。然而，巴顿获得了戏剧性的胜利，再次将头条新闻的关注点从人们对盟军坦克丑闻的关注转移开来。[17]

# 从欧洲战区得到的教训：盟军理论的分离主义

*在突破行动中，最初的战术只为了达成这样的目标：在敌军后方区域，为我军装甲兵夺取进行战役机动的空间。*

——美军第 11 装甲师，小乔治·比布·皮克特① 中校

基于对"总计"行动、"驯服"行动与"眼镜蛇"行动、阿拉库尔之战的对比，我们可以认为美军装甲师师长比加军装甲师师长更优秀。如果马切克与钦基在洛林作战，可能也会表现得不错，但加军装甲兵再也没有实施机动作战的机会了。蒙哥马利命令其前往洪水泛滥的荷兰低地田野作战，从而丧失了进行机动作战的机会。事后来看，1942 年时，就应该派 1 个加军装甲战斗群前往北非，这样加军装甲部队在 1943 年就可获得实战经验。在"总计"行动中，尽管成功达成了突破，装甲战斗车辆的数量优势也超过了 4∶1，但加军第 2 军仍然吃了败仗。这说明加军装甲兵理论的应用仍然是个严重的问题。应该指出的是，在"古德伍德"行动、"春天"行动、"蓝衣"行动、"总计"行动与"眼镜蛇"攻势中，德军始终保持着战役机动状态，直到迫于希特勒的命令，集结并攻入不断扩大的法莱斯包围圈。

"眼镜蛇"行动大气磅礴的追击阶段，也被高估了。其算得上是战役机动，但美军第 3 集团军并未遭遇德军战役预备队的挑战，也没有在德军最高司令部中造成 1940 年时，德军在法军中造成的那种恐慌。美军忽略了关键的战略要地，美军装甲兵攻入布列塔尼，直扑法莱斯，却没能封堵包围圈的缺口。需要指出的是，最终在尚布瓦封堵法莱斯包围圈缺口，并与马切克的波军第 1 装甲师会师的是美军的 1 个步兵师。

如洛林战役所示，只要战术得当，"谢尔曼"是可以击败"黑豹"的。但必须意识到，1944 年 6 月 11 日—8 月 5 日，加军装甲团实施的坦克战，是在技术（"黑豹"对比"谢尔曼"）与数量均处于劣势的情况下进行的。尽管如此，仍然有坚毅而富

---

① 小乔治·比布·皮克特（George Bibb Pickett Jr.，1918 年 3 月 20 日—2003 年 1 月 4 日），美国陆军少将。第二次世界大战期间，先后任美军第 11 装甲师第 42 坦克营副营长、第 16 装甲师第 64 装甲步兵营营长。

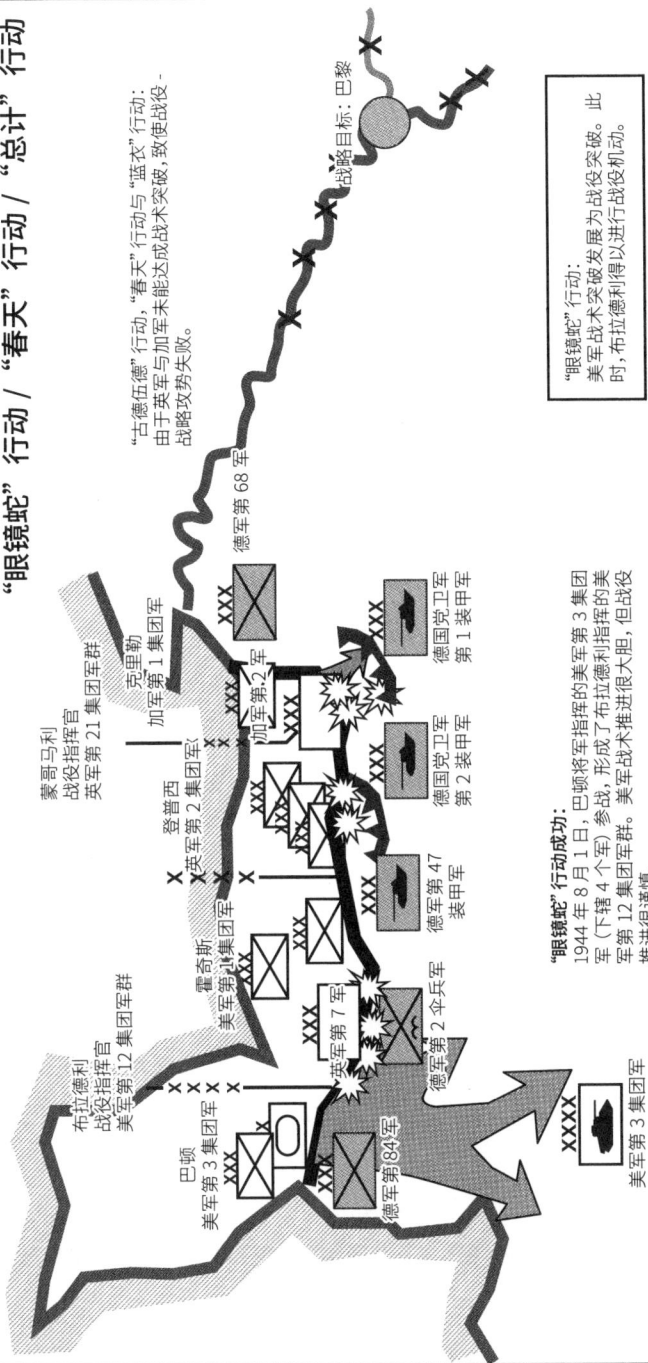

1944 年 7 月 25 日—8 月 9 日
"眼镜蛇" 行动 / "春天" 行动 / "总计" 行动

"古德伍德" 行动、"春天" 行动与 "蓝衣" 行动：
由于英军与加军未能达成战术突破，致使战役-
战略攻势失败。

战略目标：巴黎

"眼镜蛇" 行动：
美军战术突破发展为战役突破。此
时，布拉德利得以进行战役机动。

1944 年的盟军战役法（第 1 部分）

"眼镜蛇" 行动成功：
1944 年 8 月 1 日，巴顿将军指挥的美军第 3 集团
军（下辖 4 个军）参战，形成了布拉德利指挥的美
军第 12 集团军群。美军战术推进很大胆，但战役
推进很僵慢。

于想象力的指挥官打出了精彩的中队级行动。[18] 在行动上，英军第21集团军群对"总计"行动的支援不足，部署的兵力不够，因而未能歼灭行将就木的德军装甲兵。

由于"霸王"行动的成功，蒙哥马利得以开启诺曼底战役，以寻求歼灭战的机会。然而，没过多久，他（与艾森豪威尔）无力策划这种苏军最高统帅部才能理解的大规模战役，导致战线僵持在消耗战中。[19] 蒙哥马利以冷漠的方式期待获得战役法：通过战役消耗，寻求战役机动。

对比苏军战略攻势与蒙哥马利在诺曼底地区的军级作战，即可发现盟军对实用主义突破战哲学的需求。尽管打着经验主义的幌子，但蒙哥马利并未集中其战略资源。他延续了理论上的分离主义——在盟军中，形成了"区域自治"式的民主团队，每个指挥官都创造了自己的理论方案，再以美军、英军与加军各自发起攻势进行尝试。尽管蒙哥马利以铁腕进行控制，并事无巨细地插手盟军的公共事务，但装甲追击作战开始后，他就弃美军于不顾，在战役后期又给了美军不可思议的自由行动权。[20] 同样，除了一连串自相矛盾的命令之外，他也忽视了加军："在最后阶段，蒙哥马利仍然有英军师可以调遣，却没有用于增援西蒙兹。"[21]

尽管戴着坦克兵的黑色贝雷帽，但蒙哥马利从未真正懂得如何应用坦克。他的首次重大失败，"古德伍德"行动，迫使他宣布，自己正在实施基于消耗性突破的战略，以冲出灌木篱墙地带。运用装甲兵方面的无能使他浪费了大量时间："蒙蒂的麻烦在于，他从未达到过能担任集团军群司令的水平。他只适合当军长或集团军司令。"[22] 美军第3集团军的参谋表示赞同："实际上，从突破开始，就是我们领头，拖着英军跟我们走。"[23] 事后，蒙哥马利一口咬定，当时自己"正在下一盘很大的棋"，但这禁不起批判性的分析。

在"眼镜蛇"行动中，当布拉德利保守主义导致美军丧失了完全的战略胜利后，[24] 艾森豪威尔就应该彻底接过战役指挥权——最理想的时刻，则是在"眼镜蛇"行动发起时，就这般行事。无论如何，他做得也不会比蒙哥马利更差。蒙哥马利用了大量时间与布拉德利竞争，并批评他的上级："作为陆上行动的指挥官，艾森豪威尔非常无能。在这件事上，不存在任何误解，他就是完全彻底的无能。"[25] 艾森豪威尔对蒙哥马利忍让得太多了。即使在蒙哥马利明显要编造借口以试图为自己的失败进行辩解时，艾森豪威尔依然放弃了采取个人行动："蒙蒂说他最初的计划是以卡昂为轴心，这完全是胡说八道。当德军粉碎了他想要攻占卡昂的如意算盘后，他就另做打算了。我认为，他后来的方案才更有见地。我不明白为什么他要说谎。"[26] 试图与他的"英军首席将领"合作，只能徒增艾森豪威尔的负担："蒙蒂，说话当心点。你不能这样与我说话，我是你的上司。"[27] 或许马歇尔说的是对的，他曾表示，民主国家打不了"七年战争"①。

作为号称"装甲兵运动战主义者"的将领，蒙哥马利的表现却与他不屑一顾的"美军中尉"奥马尔·布拉德利并无不同。他们都倾向于打消耗战。不幸的是，他们都效仿了格兰特的战役指挥风格，而没有学到其作为总司令的领导风范：

> 歼灭战略成为美军在战争中的特色……格兰特提出了基于集群与大规模为原则的歼灭战略，以联邦军集群直插邦联军主力，直到邦联军丧失战斗力。[28]

## 文化理论

*战争是门艺术，清晰的判断力与果敢的决断力，是必不可少的要素。只有在机动作战中，这门艺术才能获得成功。*

*——埃里希·冯·曼施坦因元帅[29]*

装甲兵理论的发展更多反映的是各自文化的特性，而非战术科学。"闪击战"可能起源于第一次世界大战时期德军的战术，但严格遵守纪律的冒险胆识与对任务导向型战术的偏爱，确保了"闪击战"的成功。苏军的战役法表现出色的原因更多是其精神气质，而非其技术专长。个体的倾向无法胜过民族的性格与内在气质。1939—1945 年，装甲兵享有无比的作战支配权。最初，美军像英军与法军一样，陷于其理论的挣扎中。美军必须克服麦克奈尔小集团的坦克歼击车理论与保守的等级制度。尽管有布拉德利、蒙哥马利与艾森豪威尔"指示方向"，但美军

---

① 七年战争（Seven Years' War），1756—1763 年，在全世界范围内，西方列强之间爆发的战争，当时被认为是"世界大战"。

装甲兵仍然获得了成功。

1944 年中期时，在作战方面，德军并不优于盟军，在战术层面也不一定有更好的领导能力。在作战经验、防御战与坦克方面，德军确实有某些优势，但决定性的因素在于德军的理论。德军装甲兵理论与德军步兵理论并无不同，包括富于逻辑性与系统性的方法，而这些都建立在受过训练的主动性之上。"实际上，德军的方法根植于德国人的性格，与所有所谓的'盲目服从'不同，其带有强烈的个人色彩——可能是作为日耳曼民族的传统——在冒险中寻找乐趣。"[30] 只有在基于个人主动性与基于命令的战术，都让人感到本能地舒适的军队中，才可能产生大胆的技术。德军与盟军之间的文化差异，可能是比教条式地信仰技术式作战指令或更好的坦克，更为重要的因素。

诺曼底战役一直遭到误解，至今仍然有很多相关的神话。战术上的问题主要是炮术与装甲。德军坦克的远程火力挫败了所有盟军装甲兵对卡昂地区发起的攻势。"谢尔曼"的不足很快迫使盟军制定了"步兵必须领头"的战术，更有人责备盟军装甲兵指挥官出于对德军主战坦克[31]的敬畏（几乎可以说是恐惧）："毫无疑问，在英联邦军作战序列中，坦克兵种依然是最薄弱的环节。"[32] 然而，对大规模坦克战（"古德伍德"行动、"总计"行动、"驯服"行动、"眼镜蛇"行动与阿拉库尔之战）进行详细的研究就会发现，其实情况完全相反。当奉命进攻时，盟军装甲师一马当先，经常表现出咄咄逼人的进攻性，甚至达到不顾一切的程度。

在诺曼底战役之前，西蒙兹与钦基没有进行过指挥演练，这种现实令人不安，且对加拿大陆军司令部的计划提出了严肃的问题。然而，只有训练并不能保证获得成功。指挥美军装甲师的师长，并不都是骑兵军官，而往往是由气质与风格成为骑兵的步兵来指挥。[33] 两者之间的区别在 20 世纪 30 年代延续了下来，但在实战中变得模糊，不过战后的一些分析试图将二者分野：

> 现代版的骑兵被误称为"装甲兵"，其训练与装备都是为了骑马作战，同时能够根据情况的需要进行下马作战，还能够从骑这匹战马，换成其他战马。坦克是装甲兵的形式之一，对两者来说都是必不可少的，粗心大意的学生千万不要混淆，以为"坦克"与"装甲兵"是同义词。[34]

# 1944 年 8 月 9 日—8 月 31 日
## "眼镜蛇"行动 / "驯服"行动

德军 165000 人逃过了塞纳河

蒙哥马利所有的战役尝试均告失败："古德伍德"行动、"蓝衣"行动、"总计"行动、"春天"行动，西蒙兹的战术胜利从未能发展成战役突破。马切克挽救了"驯服"行动。

战略目标——巴黎

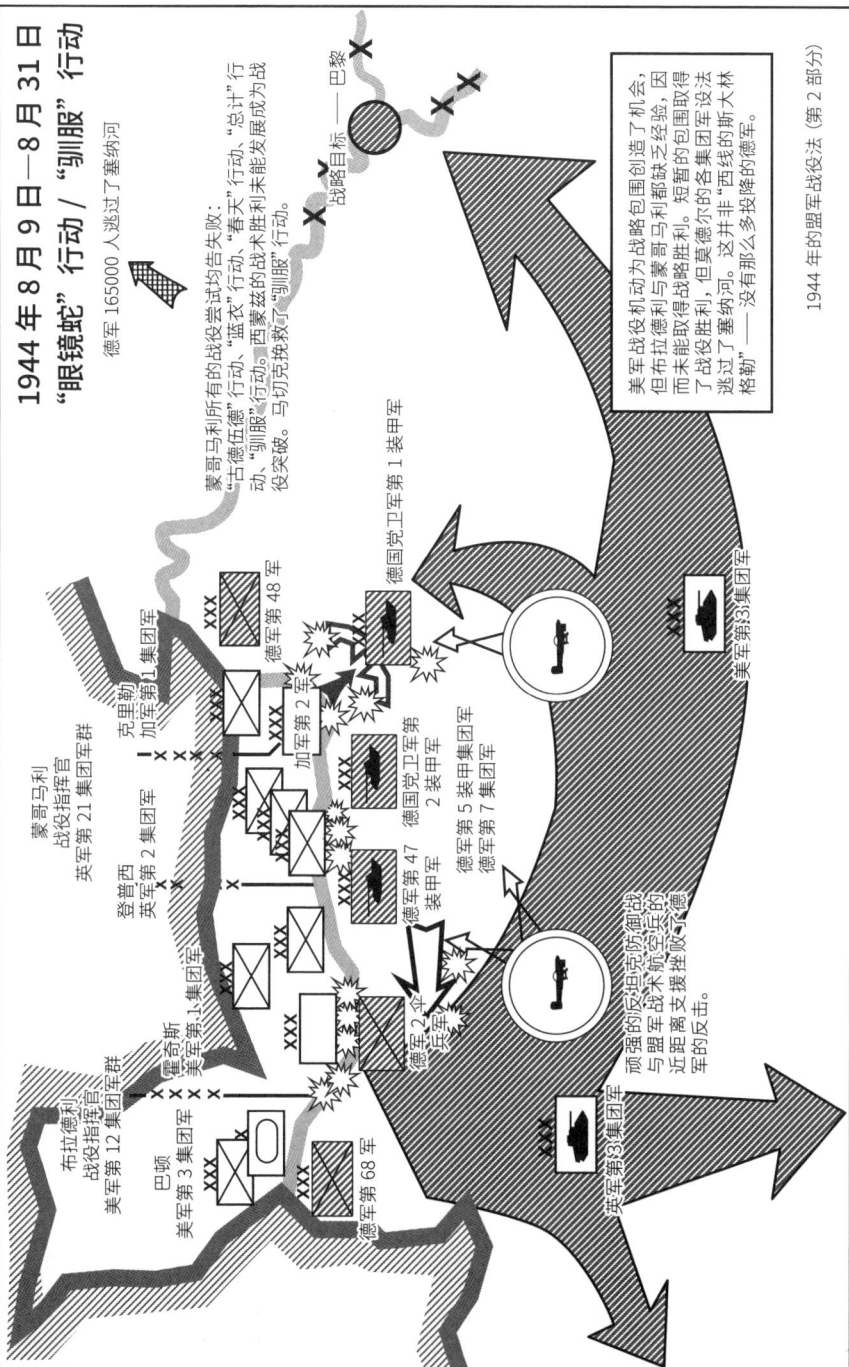

蒙哥马利
战役指挥官
英军第 21 集团军群

登普西
英军第 2 集团军

克里勒
加军第 1 集团军

德军第 48 军

德国党卫军第 1 装甲军

布拉德利
战役指挥官
美军第 12 集团军群

巴顿
美军第 3 集团军

霍奇斯
美军第 1 集团军

加军第 2 军

德军第 2 军

德军第 68 军

德军第 47 装甲军

德国党卫军第 5 装甲军
德军第 7 集团军

德军第 2 空军

顽强的反坦克防御、御比与盟军战术航空兵的近距离支援挫败了德军的反击。

美军第 3 集团军

英军第 3 集团军

美军第 3 集团军

美军战役机动为战略包围创造了机会，但布拉德利与蒙哥马利都缺乏经验，因而未能取得包围战胜利。短暂的包围取得了战役胜利，但莫德尔的各集团军设法逃过了西线的斯大林格勒"——没有那么多投降的德军。

1944 年的盟军战役法（第 2 部分）

在最成功的北美装甲兵指挥官里，有很多都来自其他兵种背景：伍德出身炮兵，克拉克出身工兵，而在意大利担任加军第 5 装甲师师长的伯特伦·梅里尔·霍夫迈斯特 ① 少将或许能够被看作是加军最优秀的坦克指挥官，但他出身步兵。[35]巴顿既是坦克兵，又是骑兵军官。他指挥装甲兵的能力，更多是仰赖其机动作战的才能，而非科学原则的应用。或许，关于骑兵与装甲兵争论的定论，是由罗伯特·格罗写下的，他是骑兵，也是成功的装甲师师长："骑兵不仅是个兵种，也是一种精神。"[36]

---

① 伯特伦·梅里尔·霍夫迈斯特（Bertram Meryl Hoffmeister，1907 年 5 月 15 日—1999 年 12 月 4 日），加拿大陆军少将，商人与环保主义者。第二次世界大战期间，先后任加军加拿大锡福斯高地步兵团（The Seaforth Highlanders of Canada）、第 2 步兵旅旅长、第 5 装甲师师长。

# 注释

1. Grow, HIS 314.7, Special Studies "Mounted Attack," 18 November 1952. Grow Papers, MHI.

2. Maj. Roy E. Appleton, Cavalry. Written comments regarding Grow's Special Study: "Broad Front vs. Narrow Front—Lorraine Campaign," HIS 314.7. Grow Papers, MHI.

3. Grow Papers, MHI.

4. BCC Papers, "The Liberation of Orleans," MHI.

5. "Lessons Drawn from a Concentration of the Provisional Tank Brigade." Presented to Officers of the 2nd Armored Division, 7 October 1940. Gillem Papers, MHI.

6. 美国陆军军史研究所，吉勒姆文件，《从暂编坦克旅集结中吸取的经验》（*Lessons Drawn from a Concentration of the Provisional Tank Brigade*），"路易斯安那州军事演习的第二阶段是用于检验机械化部队的组织与行动……有 48 小时组织暂编机械化部队，前进 75 英里，发起攻势行动。"

7. "Lessons Drawn," Gillem Papers, MHI.

8. See R. P. Hunnicutt, Sherman—*A History of the American Medium Tank*（Belmont, Calif.: Taurus, 1978）; Charles M. Bailey, *Faint Praise: American Tanks and Tank Destroyers During World War II*（Hamden: Archon, 1983）; Peter Chamberlain and Chris Ellis, *British and American Tanks of World War II*（New York: Arco, 1969）.

9. Gen. William D. Crittenberger Papers, MHI.

10. Speech to Royal United Service Institution, November 1945. Quoted in *Cavalry Journal*（January 1946）.

11. 美国陆军军史研究所，海斯利普文件，第 12 页：在城市区域使用装甲兵的限制是相对的："不要跟我说，我不应该在城市中使用装甲兵。我知道这件事，但是在战争中，你只能使用你所拥有的东西，而非你想要的东西。"

12. 1943 年，德军逐步装备了自行火炮（"黄蜂""熊蜂"），但很少能实现整营换装。

13. 1940 年 9 月 13 日，在诺克斯堡，阿德纳·霞飞向美军装甲兵军官发表演讲。霞飞对 "新" 步兵术语表示怀疑："我不希望在整个美国陆军中广泛使用的 '战斗队'（Combat Team）这个词，用于装甲兵。其主要用于三三制的步兵师下辖的步兵团与其相关的炮兵营。"不过，早在 1940—1941 年，诸如 "战斗队" 与 "简令"（Frag orders）等词，就开始应用于美军装甲兵了。

14. "Proper Missions Armored Division," U.S. Army, ETO General Board（June–November 1945）. Study No. 48. File R 320.2/3. MHI.

15. Martin van Creveld, *Fighting Power and US Army Performance, 1939–1945*（Westport, Conn.: Greenwood, 1982）.

16. 1993 年，纽约：达卡波印务（Da Capo Press），克里斯托弗·达菲，《席卷第三帝国的红色风暴》，第 55 页："任务导向型战术的影响并非总是正面的，但不可否认的是，其鼓励了主动性，其存在（尽管由于指挥官的严重减员导致程度遭到削弱）让德军军官与士官拥有几乎独一无二的能力，去应对意想不到的意外事件。在其他国家军队可能已经崩溃或投降的情况下，德军却能迅速集结起散兵游勇，发起反击或突围到安全区域。"

17. 1945 年 3 月 25 日，《华盛顿星报》（*Washington, D.C. Evening Star*），贝里曼的漫画高度概括了盟军坦克丑闻是如何 "消失" 的。贝里曼（不确切地引用了福里斯特的话）让巴顿成了 "坦克审判" 的关键辩护人。在巴顿的证词："法官阁下，被告是最早最快抵达那里的……应该驳回这次上诉。"法官宣布作为被告的美军坦克政策无罪。

18. "大西洋" 行动的最后数天，在守卫圣安德烈的战斗中，西德尼·瓦尔皮·拉德利-沃尔特斯准将（当时军衔为少校，是加军第 27 装甲团的 1 名坦克中队长）指挥了抵御德军 3 个装甲战斗群的战斗。在适合坦克作战的地形上，他恰当地指挥 "谢尔曼" 击败了 "黑豹"，这是个鼓舞人心的例证。在 "总计" 行动与 "驯服" 行动中，有个别中队的行动值得研究。参见加军第 2 装甲旅的团史：舍布鲁克燧发枪装甲团、加里堡骑兵团与第 1 轻骑兵团；加军第 4 装甲旅：加拿大禁卫掷弹兵团、总督直属禁卫兵团与英属哥伦比亚装甲团。更精彩的分队报告与杰出的作战报告，可参见加军第 27 装甲团（舍布鲁克燧发枪装甲团）的 RG 24 号战地日志。

19. 德尔布吕克提到了 "阵地战与消耗战"（Stellungs und ermattungskrieg），即 "消耗战"。在盟军中，只有斯大林麾下的苏军，理解了坎尼之战式的歼灭战，这种歼灭战法被德尔布吕克称为 "毁灭战略"（Niederwerfungsstrategie，以一击必杀效果取得决定性胜利的战略）。详见：1890 年，柏林，汉斯·德尔布吕克，《腓特烈大帝的战略解释了伯利克里的战略》（*Die Strategie des Perikles erlätert durch die Strategie Friedrichs des Grossen*），第 276 页。

20. 1947 年 5 月 8 日，美国陆军军史研究所，波格文件，采访。盟国远征军最高司令部总参谋长，沃尔特·比德尔·史密斯中将："他试图孤立布拉德利。"

21. Wilmot, p. 424.

22. Bedell Smith, 8 May 1947, MHI.

23. Hansen Diary, pp. 22-a, 5–6, MHI.

24. 1995 年秋季，《军事历史季刊》（*Quarterly Journal of Military History*）第 8 期第 1 卷，阿利斯特·霍恩，《为蒙哥马利辩护》（*In Defence of Montgomery*），第 60 页：然而，布拉德利似乎非常清楚"眼镜蛇"行动的历史意义："对一名指挥官来说，这样的机会，一个世纪也不会超过一次。我们即将歼灭整支敌军。"

25. 1944 年，蒙哥马利给艾伦·布鲁克子爵的信。1995 年秋季，《军事历史季刊》第 8 期第 1 卷，格伦·拉方塔西（Glenn LaFantasie），《蒙蒂与艾克拿下盖茨堡》（*Monty and Ike Take Gettysburg*），第 68 页、第 73 页：后来，艾森豪威尔对蒙哥马利的评价很简洁："他是个小矮子，内在与外在都很'矮'。"

26. Bedell Smith, Pogue Papers, 12 February 1947, MHI.

27. 1952 年，伦敦：科林斯出版社（Collins），切斯特·威尔莫特，《争夺欧洲》（*The Struggle for Europe*），第 489 页。1995 年秋季，《军事历史季刊》第 8 期第 1 卷，阿利斯特·霍恩，《为蒙哥马利辩护》第 66 页：蒙哥马利并非没有辩护者。温斯顿·丘吉尔就支持蒙哥马利："我知道为什么你们都恨他。你们嫉妒他：他比你们优秀。"

28. Weigley, pp. xiv, 142.

29. Manstein, pp. 380–383.

30. Ibid., p. 383.

31. Modeled after Lieutenant General Crocker's ruminations on Maj. Gen. R. F. H. Keller. RG 24 NAC DHist 514 Crerar documents: correspondence between Crocker and Crerar, 5 July 1944.

32. English, p. 312.

33. 有趣的是，甚至巴顿都曾为霍金斯保守的传统骑兵思想呐喊助威："在突尼斯与西西里，如果我有 1 个骑兵师，或哪怕 1 个骑兵旅，我干掉的德军都会比现在多很多。不会有多少德军能逃出去，因为在某些条件下，骑兵进行追击的速度比坦克更快。"1947 年，纽约：先锋出版公司（Vanguard），罗伯特·沙伦·艾伦，《幸运前锋：巴顿的美军第 3 集团军史》（*Lucky Forward: The History of Patton's Third US Army*），第 169 页。没有关于巴顿在诺曼底战役中想要骑兵的记录，尽管他确实说过其他极为奇怪的言语："毫无疑问，在萨尔战役中，骑兵将发挥巨大的价值。"

34. Grow memorandum to Gen. Orlando Ward, 10 November 1950. Grow Papers, MHI.

35. 盟军装甲师师长中的"精英"，来自不同的兵种：亨利·韦尔斯·贝尔德准将（1941—1942 年）出身骑兵；埃德森·路易斯·米勒德·伯恩斯中将、霍格少将与克拉克出身工兵；钦基少将出身步兵；伍德少将与其继任者休·约瑟夫·加菲少将，出身炮兵。

36. Grow, "Mounted Attack," MHI.

# 附录 1
# 第一次世界大战时期的协约国坦克

| 数据/型号 | 英国 Mk V 坦克 | 英国 Mk V * 坦克 | 法国 "雷诺" 轻型坦克 | 法国 "施奈德" 突击坦克 | 法国 "圣沙蒙" 突击坦克 | 美国 M1917 轻型坦克 | 美国 Mk VIII坦克 |
|---|---|---|---|---|---|---|---|
| 武器装备 | 2门6磅炮 4挺8毫米机枪 | 2门6磅炮 5挺8毫米机枪 | 1门37毫米炮或1挺8毫米机枪 | 1门75毫米炮 2挺8毫米机枪 | 1门75毫米炮 4挺8毫米机枪 | 1门37毫米炮或1挺7.62毫米机枪 | 2门6磅炮 5挺7.62毫米机枪 |
| 速度 | 7.4千米/时 | 6.44千米/时 | 9.66千米/时 | 8.05千米/时 | 8.05千米/时 | 8.85千米/时 | 10.46千米/时 |
| 行程 | 40.23千米 | 64.37千米 | 38.62千米 | 40.23千米 | 59.55千米 | 48.28千米 | 80.47千米 |
| 乘员 | 8人 | 8人 | 2人 | 6人 | 9人 | 2人 | 11人 |
| 长度 | 8.05米 | 9.88米 | 5米 | 5.99米 | 8.79米 | 5米 | 10.43米 |
| 宽度 | 4.11米 | 4.11米 | 1.73米 | 2.01米 | 2.67米 | 1.79米 | 3.78米 |
| 高度 | 2.64米 | 2.64米 | 2.3米 | 2.39米 | 2.34米 | 2.31米 | 3.81米 |
| 装甲厚度 | 5.08~11.94毫米 | 6.1~14.99毫米 | 7.62~15.24毫米 | 5.08~24.13毫米 | 5.08~17.02毫米 | 6.35~15.24毫米 | 5.99~16毫米 |
| 重量 | 31.9吨 | 37吨 | 7.4吨 | 14.9吨 | 25.3吨 | 7.25吨 | 43.5吨 |
| 过墙高 | 1.5米 | 1.47米 | 0.61米 | 0.79米 | 0.38米 | 0.91米 | 1.37米 |
| 越壕宽 | 3.05米 | 4.27米 | 1.98米 | 1.78米 | 2.44米 | 2.13米 | 4.88米 |

1. 英军6磅炮的口径为57毫米。
2. "雷诺"与 M1917 是同型号坦克,其装备的火炮或重机枪安装在可全向旋转的炮塔中。
3. "施奈德"式突击坦克装有早期的同赠装甲——两层钢板,其正面、侧面与顶部装有 38.1 毫米装甲。

# 附录 2
# 欧洲战区的盟军装甲兵部队

| 国别 | 装甲师番号 | 成立时间 | 所在战场或参加主要战役 |
|---|---|---|---|
| 美国 | 第 1 装甲师 / "老铁甲"① （Old Ironsides） | 1940 年 | 北非，意大利 |
| | 第 2 装甲师 / "车轮上的地狱"（Hell on Wheels） | 1940 年 | 北非，诺曼底—"眼镜蛇"行动，德国 |
| | 第 3 装甲师 / "矛头"（Spearhead） | 1941 年 | 诺曼底—"眼镜蛇"行动，德国 |
| | 第 4 装甲师 / "突破"（Breakthrough） | 1941 年 | 诺曼底—"眼镜蛇"行动，德国 |
| | 第 5 装甲师 / "胜利 5 号"（V for Victory） | 1941 年 | 诺曼底—"眼镜蛇"行动，德国 |
| | 第 6 装甲师 / "超级 6 号"（Super Sixth） | 1942 年 | 诺曼底—"眼镜蛇"行动，德国 |
| | 第 7 装甲师 / "幸运 7 号"（Lucky Seventh） | 1942 年 | 法国，德国 |
| | 第 8 装甲师 / "铁蛇"（Iron Snake） | 1942 年 | 法国，德国 |
| | 第 9 装甲师 / "幽灵"（Phantom） | 1942 年 | 法国，德国 |
| | 第 10 装甲师 / "虎"（Tiger） | 1942 年 | 法国，德国 |
| | 第 11 装甲师 / "雷电"（Thunderbolt） | 1942 年 | 法国，德国 |
| | 第 12 装甲师 / "地狱猫"（Hellcat） | 1942 年 | 德国 |
| | 第 13 装甲师 / "黑猫"（Black Cat） | 1942 年 | 德国 |
| | 第 14 装甲师 | 1942 年 | 德国 |
| | 第 16 装甲师 | 1943 年 | 德国 |
| | 第 20 装甲师 | 1943 年 | 德国 |
| 英国 | 第 1 机动师 | 1937 年 | |
| | 第 1 装甲师 | 1938 年 /1939 年 | 法国，北非，意大利 |
| | 驻埃及机动师 | 1938 年，后改编为第 7 装甲师 | |
| | 第 2 装甲师 | 1939 年 /1940 年 | 北非 |
| | 第 6 装甲师 | 1940 年 9 月 | 北非，意大利 |
| | 第 7 装甲师 | 1940 年 9 月 | 北非，意大利，诺曼底，德国 |
| | 第 8 装甲师 | 1940 年 11 月 | |

---

① 美军第 1 装甲师的绰号"老铁甲"，来自 18 世纪—19 世纪时期的美国海军"宪法"号（Constitution）巡航舰的绰号"老铁甲"。1812 年 8 月 19 日，在与英国皇家海军缴获自法国海军的"武士"号（Guerriere）巡航舰交战的过程中，其铁质的舰体侧面装甲，弹开了大量英军巡航舰发射的炮弹。有名美军水兵惊呼："太棒啦！它的船舷是铁做的！"因而得名。

| 国别 | 装甲师番号 | 成立时间 | 所在战场或参加主要战役 |
|---|---|---|---|
| 英国 | 第 9 装甲师 | 1940 年 12 月 | |
| | 第 10 装甲师 | 1941 年 8 月，改编自第 1 骑兵师 | |
| | 第 11 装甲师 | 1941 年 3 月 | 诺曼底—"眼镜蛇"行动/"蓝衣"行动，德国 |
| | 禁卫装甲师 | 1941 年 6 月，改编自禁卫步兵旅 | 诺曼底—"眼镜蛇"行动/"蓝衣"行动，德国 |
| | 第 42 装甲师 | 1941 年 8 月，改编自第 42 步兵师 | |
| | 第 79 装甲师 | 1942 年 9 月 | 诺曼底，德国 |
| 加拿大 | 第 4 装甲师 | 1942 年 | 诺曼底—"眼镜蛇"行动/"驯服"行动，德国 |
| | 第 5 装甲师 | 1941 年 | 意大利，荷兰，德国 |
| 其他国家 | 波兰第 1 装甲师 | 1942 年 /1943 年 | 诺曼底—"眼镜蛇"行动/"驯服"行动，德国 |
| | 自由法国第 2 装甲师 | 1942 年 /1943 年 | 诺曼底—"眼镜蛇"行动，德国 |

# 附录 3
# M4 "谢尔曼" 中型坦克

| 美军型号 | 英军型号 | 主炮口径 | 说明 |
|---|---|---|---|
| M4 | "谢尔曼" I | 75 毫米 | 装备 R-975 "莱特 - 大陆"（Wright-Continental）风冷星形航空发动机。 |
| M4A1 | "谢尔曼" II | 75 毫米 | 装备 R-975 "莱特 - 大陆" 风冷星形航空发动机（部分加军装甲团装备 75 毫米炮型号）。 |
| | "谢尔曼" IIA | 76.2 毫米 | |
| M4A2 | "谢尔曼" III | 75 毫米 | 装备 "通用汽车"（General Motors）6-71 双缸柴油发动机（部分加军装甲团装备 75 毫米炮型号，尤其是加军第 2 装甲旅，主要装备美国海军陆战队与苏联红军）。 |
| | "谢尔曼" IIIA | 76.2 毫米 | |
| M4A3 | "谢尔曼" IV | 75 毫米 | 装备 GAA "福特"（Ford）汽油发动机（主要装备美国陆军各坦克营）。 |
| | "谢尔曼" IVA | 76.2 毫米 | |
| M4A4 | "谢尔曼" V | 75 毫米 | 装备 A-57 "克莱斯勒" 多组发动机，4 部汽车发动机成对安装，加长了车体（几乎全部为英军与加军装甲兵特制）。 |
| M4A5 | "公羊" | | 加军 "公羊" 巡洋坦克的行政占位型号，只装备加军，美军曾对 1 辆 "公羊" 进行试验。 |
| "萤火虫" | | 17 磅炮 | 装备 17 磅炮，几乎所有型号的 "谢尔曼" 都有过改装为 "萤火虫" 的记录，但大多数 "萤火虫" 都改装自 "谢尔曼" V。加装 17 磅炮后，型号上就会增加 "C" 作为后缀，例如 "谢尔曼" I C、"谢尔曼" II C、"谢尔曼" III C、"谢尔曼" IV C 与 "谢尔曼" V C（大多数 "萤火虫" 的型号）。 |

# 附录 4
# 美军与加军装甲兵伤亡情况

| 美军装甲师番号 | 伤亡人数 |
|---|---|
| 第 1 装甲师 | 6596 人 |
| 第 2 装甲师 | 5740 人 |
| 第 3 装甲师 | 9189 人 |
| 第 4 装甲师 | 5907 人 |
| 第 5 装甲师 | 3152 人 |
| 第 6 装甲师 | 4655 人 |
| 第 7 装甲师 | 4899 人 |
| 第 8 装甲师 | 2039 人 |
| 第 9 装甲师 | 2973 人 |
| 第 10 装甲师 | 3883 人 |
| 第 11 装甲师 | 2912 人 |
| 第 12 装甲师 | 3141 人 |
| 第 13 装甲师 | 1165 人 |
| 第 14 装甲师 | 2515 人 |
| 第 16 装甲师 | 23 人 |
| 第 20 装甲师 | 293 人 |

## 1940 年 5 月—1945 年 4 月，加军装甲兵伤亡情况

| 所属军 / 师 / 旅 | | 装甲团番号 | 装甲团名称 | 阵亡人数 | 伤亡总数 |
|---|---|---|---|---|---|
| 第 2 军 | 军属侦察团 | 第 18 侦察团 | 第 12 马尼托巴龙骑兵团<br>(12th Manitoba Dragoons) | 31 人 | 147 人 |
| 第 1 步兵师 | 师属侦察团① | 第 4 侦察团 | 第 4 露易丝公主直属禁卫龙骑兵团<br>(4tn Princess Louise Dragoon Guards) | 127 人 | 802 人 a |
| | | 第 1 侦察团 | 加拿大皇家龙骑兵团<br>(The Royal Canadian Dragoons) | 24 人 | 230 人 |
| 第 2 步兵师 | 师属侦察团 | 第 8 侦察团 | 第 14 加拿大轻骑兵团<br>(14th Canadian Hussars) | 50 人 | 308 人 |
| 第 3 步兵师 | 师属侦察团 | 第 7 侦察团 | 第 17 约克公爵直属加拿大皇家轻骑兵团<br>(17th Duke of York's Royal Canadian Hussars) | 49 人 | 269 人 |

---

① 加军第 1 步兵师的两个师属侦察团不是同时存在的。1944 年 7 月，第 4 侦察团改编为步兵团，调入第 1 侦察团担任师属侦察团。

| 所属军 / 师 / 旅 | | 装甲团番号 | 装甲团名称 | 阵亡人数 | 伤亡总数 |
|---|---|---|---|---|---|
| 第 4 装甲师 | 第 4 装甲旅 | 第 21 装甲团 | 总督直属禁卫团<br>(Governor General's Foot Guards) | 58 人 | 204 人 |
| | | 第 22 装甲团 | 加拿大禁卫掷弹兵团<br>(The Canadian Grenadier Guards) | 57 人 | 250 人 |
| | | 第 28 装甲团 | 英属哥伦比亚装甲团<br>(The British Columbia Regiment) | 35 人 | 270 人 |
| | 师属装甲侦察团 | 第 29 装甲侦察团 | 南艾伯塔装甲团<br>(The South Alberta Regiment) | 49 人 | 259 人 |
| 第 5 装甲师 | 第 5 装甲旅 | 第 2 装甲团 | 斯特拉思科纳勋爵直属骑兵团<br>(Lord Strathcona's Horse) | 59 人 | 268 人 |
| | | 第 5 装甲团 | 第 8 露易丝公主直属轻骑兵团<br>(8th Princess Louise's Hussars) | 27 人 | 179 人 |
| | | 第 9 装甲团 | 英属哥伦比亚龙骑兵团<br>(The British Columbia Dragoons) | 48 人 | 245 人 |
| | 师属装甲侦察团 | 第 3 装甲侦察团 | 总督直属禁卫骑兵团<br>(The Governor General's Horse Guards) | 39 人 | 246 人 |
| 第 1 装甲旅 | | 第 11 装甲团 | 安大略装甲团<br>(The Ontario Regiment) | 30 人 | 258 人 |
| | | 第 12 装甲团 | 三河城装甲团<br>(The Three Rivers Regiment) | 67 人 | 382 人 |
| | | 第 14 装甲团 | 卡尔加里装甲团<br>(The Calgary Regiment) | 44 人 | 273 人 |
| 第 2 装甲旅 | | 第 6 装甲团 | 第 1 轻骑兵团<br>(1st Hussars) | 105 人 | 344 人 |
| | | 第 10 装甲团 | 加里堡骑兵团<br>(The Fort Garry Horse) | 86 人 | 402 人 |
| | | 第 27 装甲团 | 舍布鲁克燧发枪装甲团<br>(The Sherbrooke Fusiliers Regiment) | 66 人 | 287 人 |

a: 加军第 4 侦察团 / 第 4 露易丝公主直属禁卫龙骑兵团伤亡人员较多的原因，主要在于其后来改编为步兵团，且在没有进行充分步兵训练的情况下就投入了实战。

# 附录 5
# 各战区盟军坦克损失抽样调查

| 战区 | 国别 | 年份 | 抽样总数 | 已知损失总数 | 损失于德军炮火 | | 损失于非敌对因素 | |
|---|---|---|---|---|---|---|---|---|
| | | | | | 数量 | 占损失总数比例 | 数量 | 占损失总数比例 |
| 北非 | 美国 | 1942 年 | 72 辆 | 37 辆 | 23 辆 | 62.2% | 12 辆 | 32.4% |
| | | 1943 年 | 205 辆 | 81 辆 | 36 辆 | 44.4% | 14 辆 | 17.3% |
| | 英国 | 1942 年 | 1123 辆 | 1123 辆 | 884 辆 | 78.7% | 1 辆 | 0.1% |
| | | 1943 年 | 182 辆 | 182 辆 | 140 辆 | 76.9% | 0 辆 | 0% |
| | 法国 | 1943 年 | 39 辆 | 39 辆 | 30 辆 | 76.9% | 未知 | |
| 西西里岛 | 美国 | 1943 年 | 58 辆 | 21 辆 | 10 辆 | 47.6% | 4 辆 | 19% |
| | 英国 | | 31 辆 | 31 辆 | 23 辆 | 74.2% | 0 辆 | 0% |
| | 加拿大 | | 20 辆 | 20 辆 | 6 辆 | 30% | 4 辆 | 20% |
| 意大利 | 美国 | 1943 年 | 55 辆 | 44 辆 | 18 辆 | 40.9% | 17 辆 | 38.6% |
| | | 1944 年 | 471 辆 | 407 辆 | 180 辆 | 44.2% | 103 辆 | 25.3% |
| | 英国 | 1943 年 | 128 辆 | 109 辆 | 60 辆 | 55% | 6 辆 | 5.5% |
| | | 1944 年 | 652 辆 | 521 辆 | 309 辆 | 59.3% | 18 辆 | 3.5% |
| | 加拿大 | 1943 年 | 73 辆 | 66 辆 | 21 辆 | 31.8% | 22 辆 | 33.3% |
| | | 1944 年 | 631 辆 | 488 辆 | 146 辆 | 29.9% | 246 辆 | 50.4% |
| 西欧 | 美国 | 1944 年 | 2579 辆 | 2065 辆 | 1051 辆 | 50.9% | 292 辆 | 14.1% |
| | 英国 | | 1103 辆 | 1048 辆 | 621 辆 | 59.2% | 21 辆 | 2% |
| | 加拿大 | | 473 辆 | 294 辆 | 161 辆 | 54.8% | 66 辆 | 22.4% |

资料来源：作战研究办公室第 117 号技术备忘录，图表 1，图表 2：《损失于各种原因的盟军坦克抽样调查》（*Sampling of Allied Tank Casualties to All Causes*）。

# 附录 6
# 德军"虎"式重型坦克对盟军坦克的穿甲效能表

| 射击部位 | | 德军"虎"式重型坦克击穿各型盟军坦克的射程 | | | |
|---|---|---|---|---|---|
| | | M4A1/"谢尔曼"A2（M3 式 75 毫米炮） | M4A3/"谢尔曼"A4（M1A1 式 76.2 毫米炮） | "克伦威尔"（M3 式 75 毫米炮） | "丘吉尔"（M3 式 75 毫米炮） |
| 正面装甲 | 炮塔装甲 | 1800 米 | 1800 米 | 2000 米 | 1700 米 |
| | 防盾装甲 | 200 米 | 200 米 | 2700 米 | 1400 米 |
| | 车体装甲 | 0 米 | 0 米 | 3500 米 | 1300 米 |
| | 上下结合部装甲 | 2100 米 | 2100 米 | 2400 米 | 1100 米 |
| 侧面装甲 | 炮塔装甲 | 3500 米以上 | 3500 米以上 | 3400 米以上 | 1700 米以上 |
| | 车体上部装甲 | 3500 米以上 | 3500 米以上 | 3500 米以上 | 3000 米以上 |
| | 车体下部装甲 | 3500 米以上 | 3500 米以上 | 3500 米以上 | 3000 米以上 |
| 后部装甲 | 炮塔装甲 | 3500 米以上 | 3500 米以上 | 3500 米以上 | 2600 米以上 |
| | 车体装甲 | 3500 米以上 | 3500 米以上 | 3500 米以上 | 3500 米以上 |

| 射击部位 | | 各型盟军坦克击穿德军"虎"式重型坦克的射程 | | | |
|---|---|---|---|---|---|
| | | M4A1/"谢尔曼"A2（M3 式 75 毫米炮） | M4A3/"谢尔曼"A4（M1A1 式 76.2 毫米炮） | "克伦威尔"（M3 式 75 毫米炮） | "丘吉尔"（M3 式 75 毫米炮） |
| 正面装甲 | 炮塔装甲 | 0 米 | 700 米 | 0 米 | 0 米 |
| | 防盾装甲 | 0 米 | 100 米 | 0 米 | 0 米 |
| | 车体装甲 | 0 米 | 600 米 | 0 米 | 0 米 |
| | 上下结合部装甲 | 0 米 | 400 米 | 0 米 | 0 米 |
| 侧面装甲 | 炮塔装甲 | 100 米 | 1800 米 | 100 米 | 100 米 |
| | 车体上部装甲 | 100 米 | 1800 米 | 100 米 | 100 米 |
| | 车体下部装甲 | 900 米 | 3200 米 | 900 米 | 900 米 |
| 后部装甲 | 炮塔装甲 | 100 米 | 1800 米 | 100 米 | 100 米 |
| | 车体装甲 | 0 米 | 1700 米 | 0 米 | 0 米 |

1993 年，伦敦：鱼鹰社（Osprey），汤姆·延茨，希拉里·多伊尔，《1942—1945 年，德军"虎" I 重型坦克》（*Tiger 1 Heavy Tank, 1942–1945*），第 19 页。

# 附录 7
# 1944 年 6 月 6 日—7 月 10 日，对诺曼底地区盟军坦克损失的分析

| 1944 年 6 月 6 日—7 月 10 日，M4"谢尔曼"中型坦克损失分析 | | |
|---|---|---|
| 一、坦克损失因素分析 | 损失坦克数量 | 占损失坦克总数比例 |
| 1、德军穿甲弹击穿 | 40 辆 | 89% |
| 2、德军地雷炸毁 | 4 辆 | 9% |
| 3、未查明损失原因，坦克殉爆 | 1 辆 | 2% |
| 二、殉爆坦克总数 | 37 辆 | 82% |
| 1、德军穿甲弹击穿后，坦克殉爆 | 33 辆 | 73% |
| 2、德军地雷炸毁，坦克殉爆 | 3 辆 | 7% |
| 3、未查明损失原因，坦克殉爆 | 1 辆 | 2% |

注: 在很多情况下，很难分辨究竟是 75 毫米炮弹，还是 88 毫米炮弹击穿了坦克，尤其是在坦克殉爆的情况下。尽管以上数据与加军第 21 集团军群司令部对两种不同口径火炮穿甲效能的估计是很接近的，但也不应太依赖于这些击穿统计的图表数据。有实战经历的士兵进行的估计也不可靠。很多坦克兵报告称德军 88 毫米炮击毁了自己的坦克，实际上是德军 75 毫米炮击毁了其坦克，而他们并未意识到这个错误。

| 三、德军穿甲弹击穿的坦克 | 中弹坦克的数量 | 占中弹坦克总数比例 |
|---|---|---|
| 1、全部中弹坦克数量 | 65 辆 | 100% |
| （1）75 毫米炮弹击中 | 53 辆 | 82% |
| （2）88 毫米炮弹击中 | 12 辆 | 18% |
| 2、击穿坦克数量 | 62 辆 | 95% |
| （1）75 毫米炮击穿数量 | 50 辆 | 77% |
| （2）88 毫米炮击穿数量 | 12 辆 | 18% |
| 3、未能击穿坦克数量 | 3 辆 | 5% |
| （1）75 毫米炮未能击穿 | 3 辆 | 5% |
| （2）88 毫米炮未能击穿 | 0 辆 | 0% |

| 击中部位分布 | | 正面装甲 | | 侧面装甲 | | 后部装甲 | |
|---|---|---|---|---|---|---|---|
| 车体 | | 7 次 | | 24 次 | | 6 次 | |
| 炮塔 | | 12 次 | | 12 次 | | 4 次 | |
| 总计 | | 19 次 | | 36 次 | | 10 次 | |
| 损毁坦克中弹数量 | 1 发 | 2 发 | 3 发 | 4 发 | 5 发 | 6 发 | 7 发 | 8 发 |
| | 25 辆 | 11 辆 | 2 辆 | 1 辆 | 0 辆 | 0 辆 | 0 辆 | 1 辆 |

| 中弹分布 / 着弹角 | 法线角 0°～9° | 法线角 9°～30° | 法线角 30°～90° |
|---|---|---|---|
| 车体 | 32 发 | 19 发 | 8 发 |
| 炮塔 | 19 发 | 16 发 | 3 发 |

| 对坦克中弹后未被击穿且依然能够作战坦克的调查 | |
|---|---|
| 检查坦克总数 | 124 辆 |
| 击中坦克但未能击穿 | 83 辆 |

注: RG 24：第 12 号报告：1944 年 6 月 6 日—7 月 10 日，英军第 21 集团军 75 毫米炮型"谢尔曼"中型坦克损失分析。

# 关于此书

本书是对 1944 年美军与加军坦克兵指挥官，在法国实践其战争艺术的军事评论，坦克战术亦追溯了北美装甲兵理论的演变。

亚里莫维奇利用作战报告，广泛的战场侦察（涉及盟军与德军双方的老兵），新近发现的对双方作战表现的评述，盟军与德军的审讯报告，战地日志与技术评估，来对比与评价战斗的成功与失败。他提供了详细的战术图解与坦克对战的分析，以说明在谨慎得令人恼怒的布拉德利与指挥不合理的蒙哥马利的命令下，那些试图进行运动战的指挥官所遭遇的挫败。

这篇透彻的分析着重回顾了洛林坦克战。在这场坦克战中，美军第 3 集团军的指挥官们展示出了其对任务导向型指挥理论的精通。通过对比美军与苏军进行战役机动的方法，亚里莫维奇描述了在"战斗群"成为北约用语之前，美军战斗群的创造性战术组合。

罗曼·约翰·亚里莫维奇中校
在渥太华金斯敦的加拿大军事参谋学院担任系主任

# 译后记

　　非常有幸，受邀翻译罗曼·约翰·亚里莫维奇的《坦克战术：从诺曼底到洛林》。虽然译者曾有数本拙作出版，皆有关二战装甲兵，但纯粹编译文献，却是首次。如果说过去自行搜集资料进行编译，即使达不到"天马行空"，也可谓"游刃有余"，那么全本翻译特定的文献，则甚至不及"戴着镣铐跳舞"，更近于"束手雕花"。这种感觉自然谈不上舒畅。在交予编辑之前，译者反复修改译稿，依然觉得"文章硬如铁，读后满嘴血"。寻寻觅觅，上下无处求索；绊绊磕磕，前后不得章法。

　　然而，译者深知，这不过是才薄智浅、功力不足的表现而已。但愧知识短浅，诚恐贻笑大方。无论是自己稚拙的外语水平，还是粗劣的军事知识，都不足以应付全本翻译的任务。不知读者能否从这本书的字里行间中，读出狼狈不堪的译者，翻译书稿时所陷入的窘境。

　　长期以来，国内对二战装甲兵的研究方向或与读者的兴趣点，集中于东线战场上苏军与德军的"钢铁碰撞"。少有专著文献，将目光投向二战时期西方盟军的装甲兵。即使偶有涉及，也往往如蜻蜓点水，没能深入溯及过往，两三言贬斥之作罢。在这种情况下，以二战时期美军、英军、法军与加军装甲兵为主要内容的《坦克战术：从诺曼底到洛林》无疑起到了一定的"填补空白"作用。

　　译者全本翻译后，查询了欧美国家对本书的评价，亦发现其确有争议。在2001年秋季号的《加拿大军事》杂志（*Canadian Military Journal*）上，迈克尔·麦克诺干（Michael McNorgan）少校发表文章《书评〈坦克战术：从诺曼底到洛林〉》（*Book Review: Tank tactics: from Normandy to Lorraine*）称："这是本有趣的书，但必须谨慎阅读与理解。"在2001—2002年冬季号《陆军理论与训练公报》（*The Army Doctrine and Training Bulletin*）上，曾在加军装甲兵服役30年的退役少校鲍勃·考德威尔（Bob Caldwell）发表文章《作为历史研究的案例：对二战时期装甲兵的调查》（*A Case Study as History: Examining Armour in the Second World War*）表示，这本书引用了大量新的原始材料，但这种引用却是选择性地进行的。

　　最后，译者的水平有限，翻译恐有不足，亦可能存在错误，烦请读者海涵，也欢迎读者指正！

王法

2020 年 11 月 10 日

---

　　王法，1985 年生于辽宁省鞍山市，法学本科毕业，军事研究爱好者。现任职于辽宁省盘锦市司法行政系统。生而平凡，但不甘平庸。出版过《二战盟军牵引式反坦克炮》《双塔奇兵——M3"格兰特"/"李"中型坦克技战史》《挡车之螳——第二次世界大战中的日军反坦克战》《屠虎驱豹——英国"萤火虫"中型坦克技战史》《辉煌与泥泞——洛林坦克战》等多本军事历史类图书，在《海陆空天惯性世界》《现代兵器》《世界军事》《飞碟探索》《看电影·周刊》《看电影·午夜场》《环球银幕》等多种杂志上发表过 60 多篇文章，共逾 140 万字。军事历史研究的主攻方向为二战时期北非、西线和太平洋战场的陆战，西方盟军的装备、人物与战史。愿以笔为枪，以墨为剑，努力再现那段历史的烽烟，以飨读者。